"十四五"职业教育国家规划教材

高等职业教育教学改革融合创新型教材·金融类

证券投资理论与实务

第二版

Zhengquan Touzi Lilun Yu Shiwu

◉ 谢沛善 廖玲玲 主编

东北财经大学出版社
Dongbei University of Finance & Economics Press
大连

图书在版编目（CIP）数据

证券投资理论与实务 / 谢沛善，廖玲玲主编．—2版．—大连：东北财经大学出版社，2023.2（2025.8重印）
（高等职业教育教学改革融合创新型教材·金融类）
ISBN 978-7-5654-4789-1

Ⅰ.证…　Ⅱ.①谢…②廖…　Ⅲ.证券投资-高等职业教育-教材
Ⅳ.F830.91

中国国家版本馆CIP数据核字（2023）第021095号

东北财经大学出版社出版
（大连市黑石礁尖山街217号　邮政编码　116025）
网　址：http://www.dufep.cn
读者信箱：dufep@dufe.edu.cn

大连天骄彩色印刷有限公司印刷　东北财经大学出版社发行

幅面尺寸：185mm×260mm　字数：444千字　印张：19.75
2023年2月第2版　2025年8月第8次印刷

责任编辑：魏　巍　龚小晖　责任校对：迎　心
封面设计：原　皓　版式设计：原　皓

定价：48.00元

教学支持　售后服务　联系电话：（0411）84710309

如有印装质量问题，请联系营销部：（0411）84710711

富媒体智能型教材出版说明

“财经高等职业教育富媒体智能型教材开发系统工程”入选国家新闻出版广电总局新闻出版改革发展项目库，并获得文化产业专项资金支持，是“国家文化产业资金支持媒体融合重大项目”。项目以“融通”“融合”“共建”“共享”为特色，是东北财经大学出版社积极落实国家推动传统媒体与新媒体融合发展的重要举措之一。

“财济书院”智能教学互动平台是该工程项目建设成果之一。该平台通过系统、合理的架构设计，将教学资源与教学应用集成于一体，具有教学内容多元呈现、课堂教学实时交互、测试考评个性设置、用户学情高效分析等核心功能，是高校开展信息化教学的有力支撑和可靠保障。

富媒体智能型教材是该工程项目建设成果之二。该类教材是我社在着力进行供给侧结构性改革中，进行前瞻性探索时策划、运作而成的创新型产品，是一种新形态立体化教材。富媒体智能型教材秉持严谨的教学设计思想和先进的教材设计理念，为财经职业教育教与学、课程与教材的融通奠定了良好的基础，较好地避免了传统教学模式和单一纸质教材容易出现的“两张皮”现象，有助于教学质量的提高和教学效果的提升。

从教材资源的呈现形式来说，富媒体智能型教材实现了传统纸质教材与数字技术的融合，通过二维码建立链接，将VR、微课、视频、动画、音频、图文和试题库等富媒体资源丰富多彩地呈现给用户；从教材内容的选取整合来说，其实现了职业教育与产业发展的融合，不仅注重专业教学内容与职业能力培养的有效对接、融汇，而且高效地解决了部分专业课程学与训、训与评的难题；从教材的教学使用过程来说，其实现了线下自主与线上互动的融合，学生可以在任何有网络支持的地方自主完成预习、巩固、复习等，教师可以在教学中灵活使用随堂点名、作业布置及批改、自测及组卷考试、成绩统计分析等平台辅助教学工具。

富媒体智能型教材设计新颖，一书一码，使用便捷。使用富媒体智能型教材的师生首先进入“财济书院”（www.idufep.com）平台完成注册，然后登录“财济书院”输入教材封四学习卡中的激活码，建立或找到班级，进入教材对应课程，就可以轻松开启个性化教与学之旅。

“重塑教学空间，回归教学本源！”“财济书院”平台不仅仅是出版社提供教学资源和服务的平台，更是出版社为作者和广大院校创设的一个教学空间，作者和院校师生既是这个空间的使用者和消费者，也是这个空间的创造者和建设者，在这里，出版社、作者、院校共建资源，共享回报，共创未来。

最后，感谢各位作者为支持项目建设所付出的辛劳和智慧，也欢迎广大院校在教学中积极使用富媒体智能型教材和“财济书院”平台，东北财经大学出版社愿意也必将陪伴广大职业教育工作者走向更加光明而美好的职教发展新阶段。

东北财经大学出版社

第二版 前言

2nd EDITION PREFACE

《证券投资理论与实务》教材是证券实务、财富管理、金融服务与管理等专业开设的专业核心课程的配套教材。本教材编写组经过多年的教学实践探索，以广西高水平高职学校及高水平专业建设、广西数字金融行业产教融合共同体为契机，以“专业理论知识基本够用，熟练掌握技术技能，德育与修技有机结合”为原则，更加突出职业教育的类型特点，更加突出校企“双元”合作开发，更加全面统筹教材、教法改革，最终成功编撰了这部将知识呈现、情景趣味、形式灵活相互融合的职业教育教学改革融合创新型教材。2022年本教材成功入选“十四五”首批广西壮族自治区职业教育规划教材，2023年入选首批“十四五”职业教育国家规划教材书目。

本教材自2020年首次出版以来，获得了广大读者、同类院校的认可。在第二版修订中，本教材积极融入党的二十大精神、中国特色金融文化，丰富思政育人、文化融合、富媒体资源等内容，新增量化投资策略、智能财富管理等新知识、新技术，校企双元深度开发，让教材更加贴近行业实际，更好地满足使用者的需求。

具体来说，修订后的教材具有以下特点：

1.创新体例，更加符合职业院校学生的学情特点

本教材坚持职教特色，更多考虑职业教育教学规律和学生身心发展特点，遵循技术技能人才成长规律，对以往教材的知识点和技能要求进行分解和重构，努力体现“教学做合一”理念，强调“工学结合”“做中学”“学中做”“做中教”教学模式，编写体例、形式和内容符合职业教育特点，教材结构设计符合学生认知规律，强化学生职业素养养成和专业技术积累。例如，“情景导入”以学生角色导入场景，然后按照项目内容逐层递进，贯穿全书主线，将学生想要解决、需要解决的困惑简明扼要地呈

现出来，最后通过“任务实施”，要求学生总结知识并付诸实践，激发学生学习的主动性。

2.融入思政，深入落实立德树人

本教材努力推动习近平新时代中国特色社会主义思想、党的二十大精神、中国特色金融文化进教材、进课堂、进头脑，促进本课程专业教学与思政教育同向同行，形成协同效应。通过解读党的二十大报告提出的“多渠道增加城乡居民财产性收入”的丰富内涵，增强学生的专业认同感和职业归属感、自豪感；从“健全资本市场功能，提高直接融资比重”的时代使命中，感受资本市场是如何服务实体经济高质量发展的；从“推进文化自信自强”的角度看中国资本市场30年来的发展成就，激发学生对中国特色资本市场发展的道路自信、制度自信和文化自信；从“守住不发生系统性风险底线”的角度，进一步增强资本市场法治化的改革导向，帮助学生养成敬畏市场、尊重规律、遵循规律的专业精神和法治素养；谨记习近平总书记“做有理想、敢担当、能吃苦、肯奋斗的新时代好青年”的嘱托，鼓励新时代青年脚踏实地钻研专业知识，磨练专业技能。

3.项目导向、任务驱动，彰显更强的实用性

本教材体例设计更加符合学生的认知规律和接受能力，基于工作过程系统化课程开发等理念，采用项目化设计，以任务为驱动，将相关理论知识点分解到工作任务中。按照“知识准备—任务实施—学习评价”的思路，将理论知识融入到实践运用中，并在教学过程中实施过程性评价，增强了本教材的实用性和可操作性；弱化“教学材料”的特征，强化“学习资料”的功能，设置了“知识拓展”“案例链接”“思维延伸”“思政专栏”等多个栏目，打破了知识平面讲述的常规，丰富了阅读形式；通过“情境导入”，更加突出实践性，力求实现情境化教学，激发学生的学习兴趣，明确学习目标。最终，学生通过完成任务总结知识，实现必要知识的积累、动手实践能力和分析问题能力的提高。

4.校企双元开发，体现更强的时效性

本教材编写团队由具有丰富一线教学经验的专业教师和行业企业专家共同组成，这样的编写团队极大地保障了教材不但能够紧跟产业发展趋势和行业人才需求，及时融入产业发展的新技术、新工艺、新规范，反映典型岗位（群）职业能力要求，而且能够根据“1+X”证书试点制度要求，在案例、正文内容上呈现最新的资讯。同时，本教材配套了大量的习题，也能够为学生考取相关的职业技能证书和从业资格证书提供帮助。

5.立体化融合创新，新形态教材助力“三教”改革

本教材紧跟网络化、终身化职业教育发展趋势，更加凸显“互联网+教材”的优势，充分运用现代信息技术，配套了大量富媒体资源，包括微课、动画、视频讲义、习题等。其中，动画、微课、视频讲义打通了教学中的重点和难点，学生通过扫描教材中的二维码，便可轻松进行自主学习；习题采用自测自评的形式，学生答题后即可得出答案，从而发现学习中的不足，巩固本项目所学内容。新形态立体化教材便于学生即时学习和个性化学习，极大地促进了教师课堂教学教法的改革创新。同时，编写团队对标国家精品在线开放课程标准开发建设了课程资源，网址为https://mooc1-1.chaoxing.com/course/204606401.html，给予读者全方位的学习支持。

本教材由广西金融职业技术学院谢沛善、廖玲玲任主编，谢沛善教授负责全书的总纂和定稿。具体编写分工如下：谢沛善负责编写项目一，廖玲玲负责编写项目二、附录，施维负责编写项目四，黎秋华负责编写项目五，许棣负责编写项目六和项目七，深圳希施玛数据科技有限公司丁丹丹、张凌霜负责编写项目三、项目八至项目十。

本教材在编写过程中，广西经贸职业技术学院江莹凤、南宁职业技术学院韩大涛、广西金融职业技术学院刘晓庆提出了许多宝贵意见，国海证券股份有限公司提供了部分案例素材，在此深表感谢。同时，我们还参阅了证券投资理论和操作类相关的教材，其中主要参考资料已经在参考文献中列出，在此向提供参考资料的各位作者表示诚挚的谢意。

虽然经过反复校对，但是由于编者水平有限，教材中难免存在疏漏、不足之处，恳请广大读者批评指正，将发现的差错以及提出的宝贵意见和建议发送到99488131@qq.com邮箱。

编　者

2025年1月

Contents

目 录

目录

Contents

数字资源目录

项目一 证券投资概述

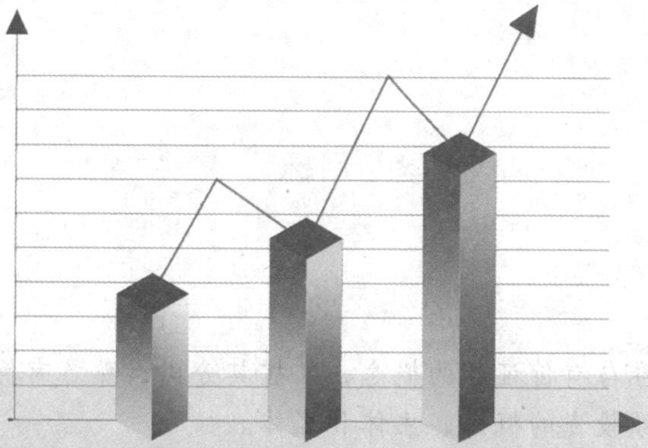

项目概述

证券投资是金融投资的重要形式，是人们通过买卖有价证券从而获取收益的一种投资行为。在本项目中，我们将分三个任务进行介绍，包括证券的种类及证券投资流程、证券市场的分类、参与证券市场的相关主体。主要解决以下关键问题：证券投资投什么？去哪里投资？市场都有谁参与投资？

学习目标

知识目标

1. 了解证券与有价证券的概念，掌握其分类，熟悉有价证券的基本特征。
2. 掌握证券投资的概念、主体和客体。
3. 了解证券市场的分类，熟悉证券市场的构成。

能力目标

1. 初步认识证券，对市场中常见的证券类型有大致的了解。
2. 能够运用证券市场的相关知识，对我国多层次资本市场的构成情况有基本的了解。
3. 熟悉证券市场主体的功能，对证券市场主体有一定的认识。
4. 能够区分投资、赌博与投机。

素养目标

树立理性的投资观念，坚定资本市场制度改革的信心，坚定道路自信。

任务一　认识证券投资

情景导入

小金是一个大二学生，早就想学习怎么炒股，听说学校开设证券投资相关课程，他很高兴，终于有机会学习了。但是从哪里入手呢？问了问同学，同学们的回答是这样的：

A：投资就是钱生钱呀！

B：证券投资就是买股票。我爸天天炒股，行情好也能赚点，我的模拟账户也小赚了一笔。

C：那和赌博差不多呀，赢了赚钱，输了赔钱。

……

小金听得云里雾里的，还是不明白：证券投资是否就是炒股呢？林林总总的市场怎么参与？都说“投资有风险，入市须谨慎”，面对风险应如何应对？带着小金的疑问，让我们开启证券投资的学习吧。

知识准备

一、证券与有价证券

（一）证券

证券是指各类记载并代表一定权利的法律凭证，它表明证券持有人或第三者有权取得该证券拥有的特定权益，或证明其曾经发生过的行为。按照证券性质的不同，证券可以分为无价证券和有价证券。

无价证券是票面上没有标明金额的证券，它一般不具有市场流通性，所以不存在流通价值，只是单纯证明事实的凭证，如信用证、借据等。

有价证券是指标有票面金额，用于证明持有人或该证券指定的特殊主体对特定财产拥有所有权或债权的凭证。有价证券不是劳动产品，所以其本身没有价值，但由于它代表着一定的财产权利，持有人可凭该证券直接取得一定量的商品、货币或利息、股息等收入，因而它可以在证券市场上买卖和流通，客观上就有了交易价格。

（二）有价证券

1.有价证券的种类

有价证券的概念有广义和狭义两种。广义的有价证券包括商品证券、货币证券和资本证券。狭义的有价证券就是指资本证券。

（1）商品证券。商品证券是证明持有人拥有商品所有权或使用权的凭证，取得这种证券就等于取得了这种商品的所有权，持有人对这种证券所代表的商品所有权受法律保护。商品证券有提货单、运货单、仓库栈单等。

（2）货币证券。货币证券是指本身能使持有人或第三者取得货币索取权的有价证券。货币证券主要包括两大类：一类是商业票据，主要是商业汇票和商业本票；另一类是银行票据，主要是银行汇票、银行本票和支票。

（3）资本证券。资本证券是指由金融投资或与金融投资有直接联系的活动而产生的证券。资本证券持有人有一定的收入请求权。资本证券包括股票、债券、证券投资基金和衍生品种，如金融期货、可转换证券等。资本证券是有价证券的主要形式，本书所指的证券主要是资本证券。

讲义 1-1

有价证券

2.有价证券的特征

（1）收益性。有价证券代表的是一定数额的某种特定资产的所有权或债权。投资者持有证券也就同时拥有取得这部分资产增值收益的权利，因而证券具有收益性。有价证券的收益通常表现为利息、红利或者买卖差价收入等。

（2）流动性。有价证券的流动性是其区别于无价证券的基本特征，即证券持有人可以用证券换取现金的特征。不同证券的流动性是不同的，可通过到期兑付、承兑、贴现、转让等方式实现。证券流动性的高低受制于信用级别、证券期限、证券市场的发达程度等。

（3）风险性。证券的风险性是指证券实际收益背离预期收益的可能性，或者说证券收益的不确定性。从整体上看，证券的风险与收益成正比。通常情况下，风险越高的证券，投资者要求的预期收益率越高；风险越低的证券，投资者要求的预期收益率越低。

（4）期限性。期限性是指投资者获得投资回报的时间跨度，不同的有价证券具有不同的期限。债券一般有明确的还本付息期限，以满足不同筹资者和投资者对融资期限以及与此相关的收益率需求。债券的期限具有法律约束力，是对投融资双方权益的保护。股票反映所有权关系，没有期限，可以视为无期证券。

思政专栏1-1　关于接受礼金、有价证券和支付凭证的禁止性规定

某政府纪委监察厅发出通知一则，部分内容如下：在传统节日春节即将来临之际，各级党的机关、人大机关、行政机关、政协机关、审判机关、检察机关以及人民团体和事业单位、国有企业等科级及相当于科级以上领导干部，必须严格遵守廉洁自律有关规定，严禁在公务活动中接受现金，贵重礼品，代币购物券、储蓄单、债券、股票及其他有价证券，支票、本票、汇票及各种有价识别卡、提货凭证等支付凭证；严禁利用职权或职务影响收受红包、节礼、各种有价证券和支付凭证。

送礼受礼行为败坏党风，腐蚀干部。《中国共产党党员领导干部廉洁从政若干准则》第一条规定："禁止利用职权和职务上的影响谋取不正当利益。"第一条第（三）项规定，不准"在公务活动中接受礼金和各种有价证券、支付凭证"。本项所称的"公务活动"，包括国内公务活动和对外公务活动。本项所称的"礼金和各种有价证券、支付凭证"，包括现金和代币购物券、礼仪储蓄单、债券、股票及其他有价证券，支票、本票、汇票等支付凭证。

资料来源　北京市人民政府．五十二个“不准”领导干部个个要牢记——解读《中国共产党党员领导干部廉洁从政若干准则》之一［EB/OL］．［2010-05-13］．http：//www.beijing.gov.cn/zhengce/zcjd/201905/t20190523_77026.html.

思政元素：廉洁从政　法治意识

思政感悟：预防和治理收受礼金、有价证券和支付凭证的行为，是国家推进领导干部廉洁自律工作的一项重要措施；同时，严禁用公款购买及违规收送商业预付卡等有价证券也是所有公务人员必须坚守的职业操守和法律底线。

二、投资与证券投资

（一）投资

在商品经济社会中，投资是普遍存在的现象，它是指投资者为了获取价值增值收益而垫付一定量货币或实物，以形成实物资产或金融资产的行为。投资从本质上看是一种以获取未来收益为目的而提前进行的财富预付行为。

（二）证券投资

投资的分类方法很多，按投资的对象不同，可分为实物投资和金融投资。实物投资是指投资者将资金用于建造购置固定资产和流动资产，直接用于生产经营，并以此获得未来收益的投资行为。

金融投资，也叫证券投资，是指投资者投入资本，通过买卖有价证券获取收益的投资行为。从宏观经济发展的角度来看，证券投资是社会储蓄向投资转换的重要途径，在优化资源配置、促进经济发展等方面发挥着越来越重要的作用。

股票、债券、基金等金融工具是最常见和普遍的证券投资品种，是证券投资的客体。证券市场中参与证券买卖的投资者就是证券投资的主体，具体包括机构投资者（也称法人投资者）和个人投资者（也称自然人投资者）两类。证券投资的运行如图1-1所示。

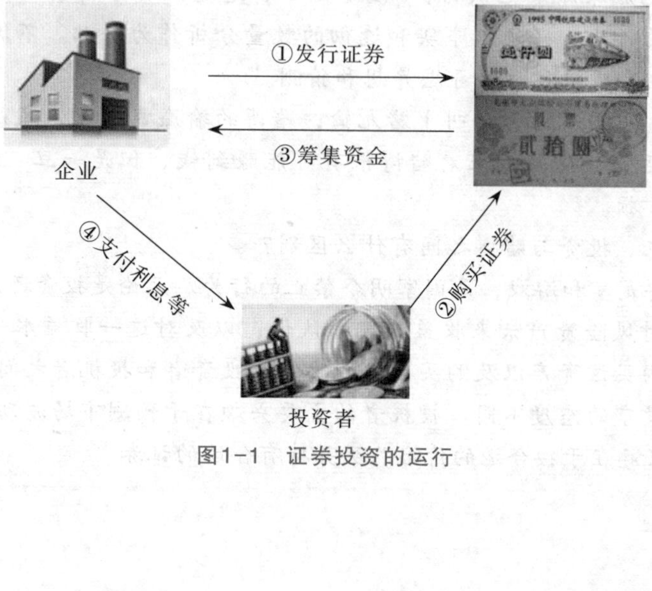

图1-1　证券投资的运行

案例链接1-1　　中国居民家庭资产配置结构

任泽平团队发布的《中国财富报告2022》显示，2021年中国居民财富总量达687万亿元，2005—2021年年均复合增速高达147%，财富增速远超美日，户均资产约134.4万元。

报告中提到，2021年中国实物资产占比高达69.3%，金融资产占比30.7%，2005—2021年居民持有的金融资产占比上升了5个百分点，但依然偏低。相比之下，2020年全球、北美、西欧、亚洲（不含日本）的金融资产在总资产中占比分别为48%、28%、55%和64%。

受"储蓄文化"的影响，国民投资偏保守，2005—2008年现金和存款在总资产中的占比曾高达78%，之后随着中国金融体制改革的不断深入有所下降，2021年占比约为53%，权益资产和公募基金占比约为19%。这不难看出，家庭资产以实物资产为主，住房是家庭实物资产的重要组成部分，居民资产分散化和多元化程度不足，居民家庭更偏好无风险金融资产，投资收益不高，资产抗风险能力较弱。全社会财富管理需求挖掘潜力巨大！

党的二十大报告专门提出，要多渠道增加城乡居民财产性收入。资本市场投资者数量稳步增长，居民投资渠道拓宽，从实物资产投资到金融资产投资，资本市场已成为增加居民财产性收入的重要平台，让投资者共享资本市场改革的红利，促进共同富裕。

资料来源　肖钢，周延礼，屠光绍．肖钢、周延礼、屠光绍解读二十大报告，涉及资本市场、养老金融等［EB/OL］．［2022-11-14］．http：//finance.sina.com.cn/china/2022-11-14/doc-imqmmthc4475183.shtml；佚名．中国居民户均资产134.4万元，2022如何做好家庭资产配置？［EB/OL］．［2022-06-10］．https：//baijiahao.baidu.com/s？id=1735120311960445970&wfr=spider&for=pc.

思维延伸1-1　　投机、投资与赌博

本杰明·格雷厄姆在《证券分析》一书中指出，表面和眼前的现象是金融世界的梦幻泡影与无底深渊。他认为："投资是一种通过认真分析研究，有望保本并能获得满意收益的行为，必须以事实和透彻的数量分析作为基础。不满足这些条件的行为被称为投机，投机往往是奇思异想和猜测。"

对于赌博，中国有句古话叫十赌九输，赌博的输赢靠运气，赢是一种偶然。赌博的盈利来自运气，从短期来看赌博很有可能赚到钱，但是一旦"运气不好"，就会出现较大的亏损。

思考：投机、投资与赌博之间有什么区别？

分析：赌博是零和游戏，是国家明令禁止的行为。无论是投资还是投机，投资者都是根据自己对风险资产未来收益状况的认识，以及对这一收益水平发生概率的判断，作出是否购买该资产以及购买数额的决定。投资者和投机者之间最现实的区别，在于他们对待股市的态度不同。投机者的主要兴趣在于预测市场波动，并从中获利；投资者的主要兴趣在于按合适的价格购买并持有合适的证券。

三、证券投资的流程

（一）了解自己的风险偏好，测评风险承受能力

投资者在进行投资前，首先要了解自己的风险偏好，明确自己的风险偏好属于哪种类型，正确地评估出自己的风险偏好。不同的投资者对风险有着不同的态度，一般分五种风险偏好类型：①保守型，不想承担任何风险，投资理财的目的在于保值；②稳健型，害怕风险，但是又希望在保本的基础上有一定的收益；③平衡型，综合考虑风险和收益；④积极型，倾向有风险、高收益的理财投资，对风险并不惧怕；⑤激进型，热衷于在高风险中博取高收益，不怕本金的损失。

案例链接1-2　　测试风险偏好

有一个著名的心理实验，现在给你两个选项，你会选哪个？

（1）玩一个游戏，你赢了就给你100元钱，输了就什么都没有，输赢概率都是50%。

（2）不参加游戏，直接获得50元钱。

实验结果：绝大多数人都会选择第二种，就是不玩这个游戏，直接拿50元钱，即绝大多数人都表现出风险厌恶型的特征。

知识拓展1-1　　普通投资者风险承受能力等级

证券经营机构应将普通投资者按其风险承受能力等级由低到高至少划分为五级，分别为：C1（含风险承受能力最低类别的投资者）、C2、C3、C4、C5。通过投资者填写《投资者风险承受能力评估问卷》等方法对其风险承受能力进行综合评估。将C1中符合下列情形之一的自然人，作为风险承受能力最低类别的投资者：

（1）不具有完全民事行为能力；

（2）没有风险容忍度或者不愿承受任何投资损失；

（3）法律、行政法规规定的其他情形。

资料来源　《证券经营机构投资者适当性管理实施指引（试行）》（中证协发〔2017〕153号）.

（二）明确投资目标，形成适合的投资策略

证券投资政策是投资者为实现投资目标应遵循的基本方针和基本准则，包括投资目标、投资规模和投资对象，以及采取的投资策略和措施等。投资目标可分为风险目标和收益目标，其中风险目标反映了投资者的风险容忍度，而收益目标则反映了投资者的收益要求。风险目标对投资者收益目标有约束作用。投资者不可能找到既能提供相对高的预期收益，又不用承担相对高的风险的投资产品。客观和合适的投资目标应该是在盈利的同时也承担可能发生的亏损。投资规模是指用于证券投资的资金数量，它取决于投资者的实际财务能力。投资对象是根据投资目标确定的证券品种。

（三）进行证券投资分析，把握投资价值与时机

在确定投资策略后，投资者就要进行有针对性的投资分析，进而确定所要投资的证券品种。证券投资分析的方法主要有基本分析和技术分析两种。基本分析重点通过对宏

观经济、行业和公司本身的分析，评估证券品种的内在价值，解决的是买卖什么的问题；技术分析是根据证券市场过去和现在的统计资料，研究证券市场未来的价格波动趋势，解决的是买卖时机的问题。我们将在后面的项目中详细介绍这两种分析方法。

（四）建立证券投资组合，合理分散风险

这一环节是决定证券投资成败的关键。证券投资组合的建立要做到正确选择证券、准确把握投资时机及多元化分散投资风险。选择证券主要依据证券投资分析的结论，从微观层面把握所关注的个别证券的价格走势及波动情况。时机选择是指从宏观层面上分析经济政策和经济形势及其对不同品种证券价格的现实和潜在的影响。多元化分散投资风险则是指依据一定的现实条件，确定合理的投资比例，组建一个风险最小的投资组合。

（五）动态调整投资组合

证券投资是一个动态的过程，随着时间的推移，投资者会改变投资目标，证券的价格也会随着资本市场上众多影响因素的变化而频繁变化，这使当前持有的证券投资组合不再是最优组合，需要通过一些必要的操作卖掉现有组合中的一些证券，并购买一些新的证券来对旧的组合进行调整，以形成新的组合。这一环节是对前三个环节的定期重温。

（六）投资组合业绩评估，综合考量投资业绩

在证券投资的动态循环过程中，组合的业绩评估是对前期投资表现的客观评价。这里不能简单地将投资收益率作为评估依据，还要同时考虑投资者所承担的风险，获得较高收益可能是建立在较高风险的基础之上的。因此，对证券投资组合的绩效进行评估时，应综合衡量投资收益和所承担风险的大小。

知识拓展1-2　　证券公司财富顾问岗位职责及任职要求

以国海证券零售业务板块的财富顾问岗位为例，岗位职责及任职要求如下：

岗位职责：

（1）开展投资者教育工作，向客户介绍公司的有关规定。

（2）销售（推介）公司的产品和服务，促使客户与公司建立商务关系。

（3）向客户介绍开户、交易、资金存取、产品和服务获取或购买等业务流程。

（4）开拓、维护指定区域的展业渠道，更新渠道宣传物料、开展渠道人员业务培训、实施各类联合营销活动。

（5）开展客户的维护工作，为客户提供配置方案及投资咨询服务。

任职要求：

（1）具备金融基础知识、市场营销技巧及较强的风险意识。

（2）具有适应公司发展所要求的能力、经验或潜力。

（3）具备以下特质及品质：举止大方，性格开朗；具备良好的理解能力，乐于并善于与人沟通；具备较强的学习能力、应变能力、抗压能力和自我管理能力；具备较强的开拓精神、挑战精神及自我成就动机。

任务实施

1.学生到当地的证券营业场所了解证券投资的品种以及证券投资流程。

2.具备条件的学生可尝试网上开户，填写《个人投资者风险承受能力评估问卷》等参与开户必需的知识测试等。

学习评价

学生提交《个人投资者风险承受能力评估问卷》，并以此来确定自己的投资目标和风险承受能力，教师点评。

任务二　证券市场

情景导入

小金在参观某证券公司营业部时，看到了市场中琳琅满目、数以千计的金融产品，听到了市场中林林总总的市场分类与提法。令他感到很疑惑的是：全国2亿多的投资者是通过什么方式如此高效、有序地参与到市场中来的，投资者能够参与哪些市场、如何参与这些市场，哪个市场更加符合自身的风险态度与投资目标……

带着这样的疑问，小金已经迫不及待地在教室里等着老师开始本任务的学习了。

知识准备

一、证券市场的概述

（一）证券市场的定义

证券市场是指以股票、债券、证券投资基金等有价证券为对象的发行和交易关系的总和。其实质是资金的供给方和资金的需求方通过竞争决定证券价格的场所。资本的供求矛盾是社会再生产的重要矛盾，一方面，社会上存在着大量的闲置资本，需要寻找投资机会以实现资本的增值，它们形成资本的供给；另一方面，经济的发展需要有更多新增资本投入，需要向社会筹集更多的资本，它们形成资本的需求。证券市场是市场经济发展到一定阶段的产物，是为解决资本供求矛盾和流动性而产生的市场。证券市场以证券发行与交易方式实现了筹资与投资的对接，有效化解了资本的供求矛盾和资本结构调整的难题。

知识拓展1-3　　**证券市场的起源**

回顾资本主义经济社会发展的历史，证券市场的萌芽可以追溯到16世纪初资本主义原始积累时期的西欧。当时法国的里昂、比利时的安特卫普已经有了证券交易活动，最早进入证券市场交易的是国家债券。

17世纪初，随着资本主义经济的发展，出现了所有权与经营权相分离的生产经营方式，即股份公司的形成和发展。股份公司为筹集资金开始发行股票、债券，从而使股票、公司债券等进入了有价证券交易的行列。1602年，在荷兰的阿姆斯特丹成立了世界上第一家股票交易所。1773年，英国第一家证券交易所在乔纳森咖啡馆成立，并于1802年获得英国政府的正式批准。1790年，美国第一家证券交易所费城证券交易所成立。1792年5月17日，24名证券经纪人在华尔街的一棵梧桐树下聚会，商定了一项名为"梧桐树协定"的协议，约定每天在此按约定规则进行证券交易。在此基础上，纽约证券交易所于1863年正式成立。

到了20世纪初，为了适应社会化大生产发展的需要，证券市场在促进社会资本积聚和集中过程中得到了飞速发展，股份公司数量剧增，有价证券的发行总额也迅速增加，尤其是公司股票和公司债券一举取代政府债券，成为证券市场最主要的交易品种。

资料来源 根据相关资料整理.

（二）证券市场的主要功能

1.融资投资功能

证券市场的融资投资功能是指证券市场一方面为资金需求者提供了通过发行证券筹集资金的机会，另一方面为资金供给者提供了投资对象。在证券市场上交易的任何证券既是筹资的工具，也是投资的工具。在经济运行过程中，既有资金盈余者，又有资金短缺者。资金盈余者为使自己的资金价值增值，必须寻找投资对象；资金短缺者为了发展自己的业务，就要向社会寻找资金。为了筹集资金，资金短缺者可以通过发行各种证券来达到筹资的目的，资金盈余者则可以通过买入证券来实现投资的目的。融资和投资是证券市场的首要功能。

2.资本定价功能

证券是资本的表现形式，所以证券的价格实际上是证券所代表的资本的价格。证券的价格是证券市场上证券供求双方共同作用的结果。证券市场的运行形成了证券需求者和证券供给者的竞争关系，这种竞争的结果是：能产生高投资回报的资本，市场的需求大，相应的证券价格就高；反之，证券的价格就低。因此，证券市场提供了资本的合理定价机制。

3.资本配置功能

证券市场的资本配置功能是指通过证券价格引导资本的流动，从而实现资本合理配置的功能。在证券市场上，证券价格的高低是由该证券所能提供的预期报酬率的高低来决定的。证券价格的高低实际上是该证券筹资能力的反映。那些能提供高回报率、经营良好、发展潜力巨大的企业，其市场价格相应高，投资者更愿意投资于这样的证券，这些证券的发行人就能获得更多的资金；反之，那些经营不太好、发展潜力不大的企业，能获得的资金就比较少。可见，证券市场通过合理的定价机制产生的证券价格信号，能够将紧缺的资金投向最需要资金且效益高的行业与企业，从而实现资本的优化配置。

案例链接1-3　　资本市场直接融资规模

党的二十大报告提出要“健全资本市场功能，提高直接融资比重”。发展直接融资一直是资本市场的重要使命。

2012年至2022年十年间，中国上市公司数量从2 472家增长至4 947家，上市公司总市值从26.74万亿元增长至83.29万亿元，总市值增长超过2倍，位居世界第二；中国上市公司总市值与GDP的比值从49.65%提升至86.66%。

中国资本市场直接融资占比大幅提升。2012年中国资本市场直接融资占比仅为15.9%，2015年首次突破20%，达到24%，2018年突破30%，达到34.9%，随后连续五年高于30%，2022年直接融资占比为32.4%；2012年至2022年期间，股票市场融资金额累计达到13.3万亿元，融资金额和融资企业数量均大幅增长，股票市场融资金额从2012年的4 452.68亿元增长至2021年的18 178.85亿元，融资企业数量从2012年的314家增长至2021年的1 219家。

国家统计局数据显示，2022年4月底工业企业利润总额2.66万亿元，较2012年同期增长83%；2021年年底工业企业利润总额8.71万亿元，较2012年同期增长57%，年复合增速5%。上市公司中，实体公司数量稳定增长，实体上市公司总额在工业企业利润总额中占比逐渐增加，从2012年的25%增长到2021年的45%，截至目前，已经增长到近50%。可以看出，实体公司上市规模逐渐增加，越来越多的实体公司到A股上市，中国资本市场对实体经济的助力不断增强。

资料来源　蔡越坤．“数说”中国金融十年之变［N］．经济观察报，2022-10-24.

二、证券市场的分类

（一）按证券进入市场的顺序划分，证券市场可分为证券发行市场和证券交易市场

1.证券发行市场

证券发行市场也称一级市场或初级市场，是发行人按照相关的法律规定和发行程序向投资者出售证券的市场。通过发行市场，公司、金融机构和政府等筹资者将新发行的证券发售给投资者，从而筹得自身需要的资金。证券发行市场作为一个抽象的市场，其买卖成交活动并不局限于一个固定的场所。证券发行市场主要由证券发行人、证券投资者和证券承销商三个主要角色构成。三者按各自不同的职责，发挥着不同的作用。其中，证券发行人是发行市场的主体，证券投资者是发行市场的客体，证券承销商是发行市场的中介。

（1）按发行对象分类，证券发行方式可分为公开发行和非公开发行两类。

公开发行是指发行人向不特定的社会公众投资者发售证券的发行行为。在公开发行方式下，任何合法的投资者都可以认购拟发行的证券。公开发行数额一般较大，发行人通常委托证券承销商代理发行，因而发行成本较高。

非公开发行是指以特定投资者为发行对象的发行，也被称为“私募”“定向募集”等等；非公开发行的对象有两类，一类是公司的老股东或发行公司的员工，另一类是投

资基金、社会保险基金、保险公司、商业银行等金融机构以及与发行人有密切往来关系的企业等机构投资者。

思维延伸1-2

2017年4月至2019年10月期间，吴某担任某股份有限公司的法定代表人。为了给单位募集资金，经股东大会决定，在未经证券监管部门批准的情况下，擅自委托中介公司与个人代理，向社会不特定公众转让该股份有限公司股东的股权，共计向300余人发行股票450万股，募集资金人民币1 200万余元，用于单位的经营活动及支付代理费用。

思考：该公司发行股票的行为是否合法？

分析：不合法。向社会不特定公众发行证券属于公开发行，按照《证券法》的规定，未经依法注册，任何单位和个人不得公开发行证券；向特定对象发行证券累计超过200人的，也属于公开发行的范畴。

（2）按有无发行中介分类，证券发行方式可分为直接发行和间接发行两种。

直接发行，即发行人直接向投资者推销、出售证券的发行。这种发行方式可以节省向发行中介机构缴纳的手续费，降低发行成本。在一般情况下，非公开发行的证券或公开发行有困难（如信誉低导致市场竞争力差、承担不了大额的发行费用等）的证券，或者实力雄厚、有把握实现巨额资金募集需求以节省发行费用的大股份公司，采用直接发行的方式。

间接发行，是由发行公司委托证券公司等证券中介机构代理出售证券的发行。对发行人来说，采用间接发行可在较短时期内筹集到所需资金，发行风险较小，但需支付一定的手续费，发行成本较高。

微课1-1

证券承销制度

间接发行根据证券发行机构所承担发行责任的大小不同，分为包销和代销两种。包销是指证券发行的中介机构将发行的证券按照协议全部购入，或者在承销期结束后将售后剩余证券全部自行购入的承销方式，包括全额包销和余额包销两种方式。代销是指证券公司代发行人发售证券，在承销期结束时，将未售出的证券全部退还给发行人的承销方式。

2.证券交易市场

证券交易市场是已发行证券转让与交易的场所，也称二级市场或次级市场。证券发行市场与证券交易市场是相互依存、共同发展的。证券发行市场是证券交易市场存在的前提与基础；证券交易市场是证券发行市场的扩大与延伸。证券交易市场按照市场组织形式的不同，可分为场内交易市场和场外交易市场两类。

（1）场内交易市场。场内交易市场又称有形市场，是由证券交易所组织的集中交易市场，它有固定的交易场所和交易时间，以符合有关法规的上市证券为交易对象，交易者为具备会员资格的证券经营机构，一般投资者不能直接进入交易所买卖证券，只能委托会员作为经纪人间接进行证券交易。证券经过证券发行市场的承销后即进入证券交易市场，它体现了新老投资者之间投资退出和投资进入的市场关系。因此，证券交易市场具有两个方面的职能：一是为证券持有者提供按市场价格将证券出卖变现的场所；二是为新的投资者提供投资机会。

（2）场外交易市场。场外交易市场又称无形市场、柜台交易市场或店头交易市场，是指在集中交易场所之外进行证券交易的市场。场外交易市场通常没有集中的交易场所和市场制度，主要是一对一交易，以非标准化的、私募类型的产品为主。随着时代的发展，场外市场的证券交易方式也逐渐演变为通过网络系统将订单汇集起来，再由电子交易系统处理。

（二）按照证券品种的不同，证券市场可分为股票市场、债券市场、基金市场和衍生产品市场

1.股票市场

股票市场是股票发行和买卖交易的场所。股票市场的发行人为股份有限公司。股份有限公司或通过发行股票募集公司的股本，或在公司营运过程中通过发行股票增加公司的股本。

2.债券市场

债券市场是债券发行和买卖交易的场所。债券的发行人有中央政府、地方政府、中央政府机构、金融机构、公司和企业。债券市场交易的对象是债券。

3.基金市场

基金市场是基金份额发行和流通的市场。

4.衍生产品市场

衍生产品市场是各类衍生产品发行和交易的市场，交易品种主要有金融期货、金融期权、可转换证券、存托凭证和认股权证等。

三、我国证券市场

（一）我国证券市场发展概况

20世纪90年代初深圳证券交易所（简称深交所）和上海证券交易所（简称上交所）的建立，标志着中国证券市场正式建立起来。1990年11月26日，上交所成立，并于12月19日正式营业。1990年12月1日，深交所成立，并于1991年7月3日正式营业。1999年7月1日，《中华人民共和国证券法》正式实施，标志着我国证券市场正式进入规范发展阶段。1992年中国B股市场建立，只有外国投资者可以参与。2001年2月，中国国内居民可以通过外汇账户方式参与B股市场。这段时期，中国证券市场并没有对外直接开放，外国投资者无法直接进入中国证券市场，本国和外国投资者“内外隔离”。2004年5月，中国证监会批复同意深圳证券交易所在主板市场内设立中小企业板块。2009年10月23日，在深圳证券交易所正式启动创业板，当年即有38家创业板公司上市交易，成为我国多层次资本市场建设的又一个重要里程碑。2010年3月31日，上海证券交易所和深圳证券交易所开始接受融资融券交易申报。2010年4月16日，我国股指期货开始上市交易。2011年推出RQFII制度，拓宽了境外人民币投资于国内证券市场的渠道。2013年1月16日，全国中小企业股份转让系统正式揭牌运营。2014年11月中国推出沪港通，2016年12月推出深港通。沪港通、深港通是中国内地

股票市场与中国香港股票市场的互联互通机制。沪港通和深港通的实施，有助于改善中国内地证券市场的投资结构，有助于培养价值投资理念，增强市场的流动性，为进一步开放证券市场奠定坚实基础。随着2019年7月22日科创板开市交易，我国资本市场迈入了一个崭新的时代。新《证券法》于2020年3月1日起施行，共设14章、226条，全面推行注册制，加大证券市场违法行为处罚力度，新增投资者保护专章，强化信息披露要求等，为打造一个规范、透明、开放、有活力、有韧性的资本市场，提供了有力的法治保障，具有非常重要而深远的意义。2021年4月6日，深交所主板与中小板合并，形成以主板、创业板为主体的市场格局，深市主板结构更简洁、特色更鲜明、定位更清晰。2021年9月3日北京证券交易所（简称北交所）注册成立，是经国务院批准设立的我国第一家公司制证券交易所，受中国证监会监督管理。

（二）我国多层次资本市场体系

2003年国务院提出建立多层次资本市场体系，满足不同企业融资需求，从战略角度确立了多层次资本市场方向。经过三十多年的发展，我国逐步建立起包括沪深交易所的主板市场、创业板市场、科创板市场和北京证券交易所、全国中小企业股份转让系统、区域性股权交易市场、券商柜台市场、机构间私募产品报价与服务系统、私募基金市场等内容的多层次资本市场体系，如图1-2所示。其中，主板市场、创业板市场、科创板市场、北京证券交易所、全国中小企业股份转让系统属于场内市场，区域股权交易市场、券商柜台市场、机构间私募产品报价与服务系统和私募基金市场属于场外市场。

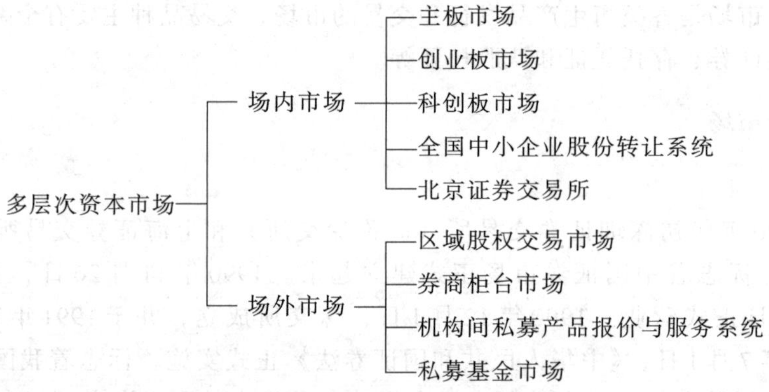

图1-2 我国多层次资本市场体系

讲义1-2

中国多层次资本市场的构成

1. 主板市场

主板市场是一个国家或地区证券发行、上市及交易的主要场所，一般而言，各国主要的证券交易所代表着国内主板市场。主板市场对发行人的营业期限、股本大小、盈利水平、最低市值等方面的要求较高，主板上市企业多为大型成熟企业，具有较大的资本规模以及稳定的盈利能力。相对创业板市场而言，主板市场是资本市场中最重要的组成部分，能够在很大程度上反映国家或地区的经济发展状况，有“宏观经济晴雨表”之称。上海证券交易所、深圳证券交易所是我国证券主板市场的基础。

2004年5月，经国务院批准，中国证券监督管理委员会（简称证监会）批复同意深圳证券交易所在主板市场内设立中小企业板块。设立中小企业板块的宗旨是为主业突出、具有成长性和科技含量的中小企业提供直接融资平台，是我国多层次资本市场体系建设的一项重要内容。

2021年2月5日，经中国证监会批准深交所正式启动两板合并工作，于同年4月6日，正式实施两板合并。至此，深圳证券交易所形成了以主板和创业板为主体的各有侧重、相互补充的新发展格局，我国多层次资本市场体系进一步优化。

2.创业板市场

创业板市场又被称为“二板市场”，是为具有高成长性的中小企业和高科技企业融资服务的资本市场。创业板市场是不同于主板市场的独特的资本市场，具有前瞻性、高风险、监管要求严格以及明显的高技术产业导向的特点。与主板市场相比，在创业板市场上市的企业规模较小、上市条件相对宽松，中小企业更容易上市募集发展所需资金。我国创业板市场主要面向成长型创业企业，重点支持自主创新企业，支持市场前景好、带动能力强、就业机会多的成长型创业企业，支持传统产业与新技术、新产业、新业态、新模式深度融合。特别支持新能源、新材料、电子信息、生物医药、节能环保、现代服务等新兴产业的发展。

3.科创板市场

科创板，全名为科技创新企业股份转让系统，由习近平总书记于2018年11月5日在首届中国国际进口博览会开幕式上宣布设立，是上海证券交易所新设板块，独立于现有主板市场，是我国首个实行注册制的场内市场。科创板坚持面向世界科技前沿、面向经济主战场、面向国家重大需求，主要服务于符合国家战略、突破关键核心技术、市场认可度高的科技创新企业，重点支持新一代信息技术、高端装备、新材料、新能源、节能环保以及生物医药等高新技术产业和战略性新兴产业，推动互联网、大数据、云计算、人工智能和制造业深度融合，引领中高端消费，推动质量变革、效率变革、动力变革。

微课 1-2

认识科创板

4.全国中小企业股份转让系统

全国中小企业股份转让系统又被称为“新三板”，是经国务院批准设立，继上交所、深交所之后的第三个全国性证券交易场所，也是我国第一个公司制运营的证券交易场所，成立于2012年9月20日，主要为创新型、创业型、成长型中小微企业发展服务。

全国中小企业股份转让系统设立创新层、基础层和精选层，符合不同条件的挂牌公司分别纳入不同市场层级管理。北交所设立后，精选层挂牌公司全部转为北交所上市公司。新三板基础层、创新层依然是全国性证券场所，基础层、创新层公司仍然是非上市公众公司。新三板正在探索与区域性股权市场的合作对接机制，以进一步发挥市场合力，服务小微企业向上发展。

5.北京证券交易所

北京证券交易所（简称北交所）于2021年9月3日注册成立，是经国务院批准设立的我国第一家公司制证券交易所。北交所于2021年11月15日正式开市，首批共81家公司上市。相较于创业板和科创板，北交所的服务对象将会“更早、更小、更新”，即聚集于“专精特新”中小企业，并通过发挥转板上市功能与沪深证券交易所、区域性股权市场互联互通，畅通其在多层次资本市场的纽带作用，形成相互补充、相互促进的中小企业直接融资成长路径，对更好地发挥资本市场功能作用、促进科技与资本融合、支持中小企业创新发展具有重要意义。

6.区域性股权市场

区域性股权市场是为其所在省级行政区域内中小微企业证券非公开发行、转让及相关活动提供设施与服务的场所。区域性股权市场是多层次资本市场体系的重要组成部分，是地方人民政府扶持中小微企业政策措施的综合运用平台，对于促进企业特别是中小微企业股权交易和融资，鼓励科技创新和激活民间资本，具有积极作用。

在区域性股权市场发行或转让证券的，限于股票、可转换债券以及国务院有关部门按程序认可的其他证券。区域性股权市场实行合格投资者制度。区域性股权市场运营机构负责组织区域性股权市场的活动，对市场参与者进行自律管理，从而保障市场规范稳定运行。

7.券商柜台市场

券商柜台市场是指证券公司为与特定交易对手方在集中交易场所之外进行交易或为投资者在集中交易场所之外进行交易提供服务的场所或平台。2012年12月10日，中国证监会同意中国证券业协会在遵循“限定私募、先行起步”基本原则的基础上，开展柜台市场试点工作。证券公司可以采取协议、报价、做市、拍卖竞价、标购竞价等方式发行、销售与转让私募产品，不得采用集合竞价方式，法律行政法规有明确规定的除外。

8.机构间私募产品报价与服务系统

机构间私募产品报价与服务系统（以下简称报价系统），是经中国证监会批准设立的为机构投资者提供私募产品报价、发行、转让及相关服务的专业化电子平台。报价系统秉承“多元、开放、竞争、包容”的理念，以私募市场、机构间业务市场、互联互通市场、互联网市场为基础定位，以为参与人提供私募产品报价、发行、转让及互联互通、登记结算、信息服务等为核心功能，以私募产品发行转让市场、私募股权发行转让市场、场外衍生品市场、大宗商品市场为主体架构，是多层次资本市场体系基础金融设施之一。

9.私募基金市场

私募投资基金（以下简称私募基金）是指在中华人民共和国境内，以非公开方式向投资者募集资金设立的投资基金。私募基金主要分为私募证券基金、创业投资基金、私募股权基金、其他类别私募基金四种。私募基金不能进行公开的发售和宣传推广，投资金额要求高，投资者的资格和人数常常受到严格的限制。相对于公募基金，私募基金在运作上具有较大的灵活性，它既可以投资于衍生金融产品进行买空、卖空交易，也可以进行汇率、商品期货投机交易等。私募基金行业在促进金融市场多元化发展、服务实体经济和投资者方面，发挥着越来越重要的作用。

我国多层次资本市场体系日益完善，各板块特色更加突出。沪深主板突出“大盘蓝筹”的特色，科创板坚守“硬科技”的特色，创业板保持“三创四新”的特点，北交所和新三板注重服务创新型中小企业。同时，创投和私募股权投资基金也发挥出日益重要的作用。资本市场服务实体经济的广度和深度显著拓展。

思政专栏1-2　　新“国九条”来了！资本市场高质量发展可期

2024年4月12日，国务院印发《关于加强监管防范风险推动资本市场高质量发展的若干意见》(简称新“国九条”)，从九个方面做出了具体部署。这是继2004年和2014年之后，国务院再次出台的资本市场指导性文件，它从多维度勾画出了一幅资本市场高质量发展蓝图。

同一天，中国证监会发布加强退市监管的配套政策文件，以及就若干项制度规则公开征求意见；交易所亦有一批具体业务规则向社会公开征求意见。这些配套文件，与新“国九条”共同形成“1+N”的政策体系。

首先，把好“入口”与“出口”两道关。新“国九条”提出“严把发行上市准入关”“加大退市监管力度”。

把好“入口”与“出口”两道关，对资本市场实现“增量提质”至关重要。其中，把好“入口关”是确保上市公司质量的“第一道防线”，是从源头上提高上市公司质量的必然之举；畅通“出口关”要做到更精准实现“应退尽退”，让多元化退市机制发挥作用，增强资本市场新陈代谢能力，让上市公司更加注重提升内在价值，增强市场竞争力。

其次，强调“强监管”。新“国九条”提出“严格上市公司持续监管”“加强证券基金机构监管，推动行业回归本源、做优做强”“加强交易监管，增强资本市场内在稳定性”。

强监管，要突出“严字当头”，要依法从严监管市场，强化机构监管、行为监管、功能监管、穿透式监管、持续监管，实现监管全覆盖。

第三，更多源头活水入市可期。新“国九条”提出“大力推动中长期资金入市，持续壮大长期投资力量”。

吸引更多中长期资金入市，能够增强市场的抗风险能力，活跃资本市场、提振投资者信心，亦是当前监管部门力推的工作之一。事实上，近年来，在多部门的共同推动下，各种中长期资金坚持市场化、专业化运营，整体保持净流入，在保值增值的同时，实现了与资本市场的良性互动。但从整体来看，其在资本市场中的占比仍显不足，所以有必要推动更多中长期资金入市，这是构建资本市场内在稳定性的重要基础之一。

资料来源：择远. 新“国九条”来了！资本市场高质量发展可期［N］. 证券日报，2024-04-13（1）.

思政元素：加强监管　防范风险　资本市场高质量发展

思政感悟：资本市场的新“国九条”是重要的纲领性文件，对于加快建设安全、规范、透明、开放、有活力、有韧性的资本市场，以资本市场自身的高质量发展更好地服务经济社会高质量发展的大局具有重要意义。

任务实施

1. 广泛收集当地上市公司素材，了解上市公司的股票发行融资和投资交易规模等情况。
2. 参观本地的股权交易机构，并以此来加深对多层次资本市场构成和作用的了解。

学习评价

学生对多层次资本市场的某一层次进行梳理，并提交总结报告和制作课件进行分享，教师评价并进行学生互评。

任务三　证券市场的主体

情景导入

经过任务二的学习，老师对小金说："要更全面地理解我国的证券市场，证券市场相关主体构成、功能的学习是必要的。"看到小金还在为短时间内把握我国众多市场主体及其功能所犹豫，老师又鼓励说："证券市场没有你想象的那么难理解，你完全可以从普通商品市场主体的视角，轻松地理解和把握证券市场主体及其功能。"

果真如此吗？小金带着半信半疑的心情走进了任务三的学习中。

知识准备

普通商品市场主体包括提供商品的供货商、购买商品的消费者、市场的监管者，同样，我国证券市场的主体包括证券发行人、证券投资者和各种证券运行的中介机构以及保障市场稳定、合规运行的监管机构和自律性组织，如图1-3所示。

- 证券市场的主体
  - 证券发行人
    - 政府和政府机构
    - 企业（公司）
    - 金融机构
  - 证券投资者
    - 机构投资者
    - 个人投资者
  - 证券中介机构
    - 证券服务机构
    - 证券公司
  - 自律性组织
    - 证券交易所
    - 中国证券业协会
    - 中国证券登记结算公司
  - 投资者保护机构
    - 证券投资者保护基金
    - 中证中小投资者服务中心
  - 证券市场监管机构—中国证券监督管理委员会

图1-3　证券市场的主体

一、证券发行人

证券发行人是指为筹措资金而发行债券、股票等证券的发行主体。证券发行人主要包括政府及其机构、企业（公司）和金融机构。

（一）政府和政府机构

随着国家干预经济理论的兴起，政府（中央政府和地方政府）和中央政府直属机构已成为证券发行的重要主体之一。政府发行的证券品种一般仅限于债券。通常情况下，中央政府债券不存在违约风险，因此，这一类证券被视为无风险证券，相对应的证券收益率被称为无风险利率，是金融市场上最重要的价格指标之一。

政府发行债券所筹集的资金既可以用于财政资金短期周转、弥补财政赤字、兴建政府投资的大型基础性的建设项目，也可以用于实施某种特殊的政策，如2020年发行的抗疫特别国债。

（二）企业（公司）

公司是现代企业的高级组织形式，是证券市场上最主要的资金需求者。现代公司主要采取股份有限公司和有限责任公司两种形式，其中，只有股份有限公司才能发行股票。

企业（公司）直接融资主要有股票融资和债券融资两种方式。公司发行股票所筹集的资金属于自有资本，而通过发行债券所筹集的资金属于借入资本。其中，发行股票和长期企业（公司）债券是企业（公司）筹措长期资本的主要途径，发行短期债券则是补充流动资金的重要手段。

（三）金融机构

金融机构作为证券市场的发行主体，既可以发行债券，也可以发行股票。在公司证券中，通常将银行和非银行金融机构发行的证券称为金融证券。

二、证券投资者

证券投资者是指以取得利息、股息或资本利得为目的，购买并持有有价证券，承担证券投资风险并行使证券权利的主体。证券投资者是证券市场的资金供给者。根据投资者身份的不同，证券投资者可以分为机构投资者和个人投资者。不同投资者的投资目的各不相同，有些偏重长期投资，以获取股息收益或意在参与股份公司的经营管理；有些则偏重短线投机，通过买卖证券，赚取市场差价。

（一）机构投资者

机构投资者是指用自有资金或者从分散的公众手中筹集的资金进行证券投资，以获得证券投资收益为主要经营目的的专业团体机构或企业，主要包括政府机构类投资者、金融机构类投资者、合格境外机构投资者（QFII）、合格境内机构投资者（QDII）、企业和事业法人类机构投资者以及基金类投资者。

1.政府机构类投资者

政府机构参与证券投资主要是为了调剂资金余缺、实施宏观调控、实行特定产业政策等。各级政府及政府机构可通过购买政府债券、金融债券投资于证券市场。中央银行以公开市场操作为政策手段，通过买卖政府债券或金融债券，影响货币供应量或利率水平，进行宏观调控。我国国有资产管理部门或其授权部门持有国有股，履行国有资产的保值增值和通过国家控股、参股来支配更多社会资源的职责。从各国的具体实践看，出于维护金融稳定的需要，政府还可以成立或指定专门机构参与证券市场交易，减少非理性的市场震荡。

2.金融机构类投资者

金融机构投资者包括证券经营机构、银行业金融机构、保险公司以及信托投资公司、金融租赁公司等。证券经营机构是证券市场上最为活跃的投资者，其以自有资本、营运资金和受托投资资金进行证券投资，我国证券经营机构主要为证券公司。银行业金融机构包括商业银行、农村信用合作社等吸收公众存款的金融机构以及政策性银行。根据规定银行业金融机构可用自有资金买卖政府债券和金融债券。保险公司是全球最重要的机构投资者之一，曾一度超过投资基金成为投资规模最大的机构投资者，除大量投资于各类政府债券、高等级公司债券外，还广泛涉足基金和股票投资。

3.合格境外机构投资者

合格境外机构投资者制度分为合格境外机构投资者制度（QFII）和人民币合格境外机构投资者制度（RQFII）。合格境外机构投资者、人民币合格境外机构投资者是指经中国证监会批准，使用来自境外的资金进行境内证券期货投资的境外机构投资者，包括境外基金管理公司、商业银行、保险公司、证券公司、期货公司、信托公司、政府投资机构、主权基金、养老基金、慈善基金、捐赠基金、国际组织等中国证监会认可的机构。这些投资者是从境外汇入资金，通过专门账户投资当地证券期货市场的一种市场开放模式。其实质是资本项目未完全开放下开放证券期货市场的过渡性制度。

4.合格境内机构投资者

合格境内机构投资者是指经中国证券监督管理委员会批准在中华人民共和国境内募集资金，运用所募集的部分或者全部资金以资产组合方式进行境外证券投资管理的境内基金管理公司和证券公司等证券经营机构。和QFII制度一样，QDII也是在货币没有实现完全可自由兑换、资本项目尚未完全开放的情况下，有限度地允许境内投资者投资境外证券市场的一项过渡性的制度安排。

5.企业和事业法人类机构投资者

企业可以用自己的积累资金或暂时不用的闲置资金进行证券投资。企业可以通过股票投资实现对其他企业的控股或参股，也可以将暂时闲置的资金通过自营或委托专业机构的方式进行证券投资以获取收益。我国现行的规定是，各类企业可参与股票配售，也可投资于股票二级市场，事业法人依规可用自有资金和有权自行支配的资金进行证券投资。

6.基金类投资者

各类基金包括证券投资基金、社保基金、企业年金和社会公益基金。我国的证券投资基金可投资于上市交易的股票、债券和国务院证券监督管理机构规定的其他证券及其衍生品种。

（二）个人投资者

个人投资者是指从事证券投资的社会自然人，他们是证券市场最广泛的投资者。个人进行证券投资应具备一些基本条件，这些条件包括了解国家有关法律、法规关于个人投资者投资资格的规定和具备一定的经济实力。为保护个人投资者利益，对于部分高风险证券产品的投资（如衍生品），监管法规还要求相关个人具有一定的产品知识并签署书面的知情同意书。

案例链接1-4　　机构投资者占比持续上升

中国证券登记结算公司的最新数据显示，截至2022年8月，自然人投资者开户数已经达到2.09亿户，相当于每七人中就有一人开户。从1990年上交所开锣算起，投资者数量从0增长到1亿户，资本市场走了二十五年时间，如今增长到超2亿户规模，仅用时六年。

十年间，机构投资者占比不断上升，过去以散户作为主导的市场特征已经发生明显的改变。从机构投资者数量来看，最新数据显示，非自然人投资者开户数为49.49万个。2021年非自然人投资者数量同比增幅12.51%，超过自然人投资者数量的增幅。

机构化是资本市场发展的必然趋势，机构化程度越高，市场愈加理性，越有利于价值投资。

资料来源　郭洁．多层次资本市场驶入“快车道”上市公司增“量”提“质”[N]．证券时报，2022-09-28（A004）．

三、证券中介机构

证券中介机构是指为证券发行、交易提供服务的各类机构。在证券市场起到中介作用的机构主要是证券公司和其他证券服务机构，通常把两者合称为证券中介机构。

微课1-3

证券市场组织结构

证券公司又称券商，是指依照《中华人民共和国公司法》（以下简称《公司法》）、《中华人民共和国证券法》（以下简称《证券法》）设立的经营证券业务的有限责任公司或股份有限公司。在我国，设立证券公司必须经国务院证券监督管理机构审查批准。证券公司是证券市场的主要中介机构，一方面，证券公司是证券市场投融资服务的提供者，为证券发行人和投资者提供专业化的中介服务，如证券经纪、投资咨询、保荐与承销等；另一方面，证券公司本身也是证券市场重要的机构投资者。此外，证券公司还通过资产管理方式，为投资者提供证券及其他金融产品的投资管理服务。

动画 1-1

证券经纪业务

案例链接1-5　　国海证券公司业务结构

国海证券成立于1988年，是国内首批设立并在广西注册的唯一全国性上市综合类证券公司，涵盖证券、基金、期货、私募股权投资、另类投资等多元业务体系。国海证券坚持贯彻“合规、诚信、专业、稳健”的证券行业文化，并将其与公司的经营管理深度融合，确立了“专业创造价值，卓越成就梦想”“成为专业领先、客户信赖、员工自豪的卓越综合金融服务商”的公司使命和愿景，以及“合规诚信、专业创新、坚韧担当、高效共赢”的核心价值观。

公司从事的主要业务如下：

零售财富管理业务：代理客户买卖股票、债券、基金、期货、期权及其他可交易证券，根据客户需求提供全方位、可定制的投资顾问、理财规划、资产配置服务，同时为专业投资者提供基金运营、投资交易风控系统等服务。

企业金融服务业务：致力于为各类型、各行业提供优质的股权融资、债务融资、并购重组等全生命周期的企业金融服务，具体涵盖首次公开发行（IPO）、增发、配股、公司债券、企业债券、可转换债券、重大资产重组、财务顾问等多种类型。

销售交易与投资研究业务：主要包括债券及股票自营投资、中小企业交易投资、另类投资（以自有资金开展科创板跟投和非上市公司股权投资）、金融债承销、证券及衍生品做市等金融市场业务、投资研究服务等。

资产管理业务：包括证券资产管理、公募基金管理、私募投资基金业务等。其中，证券资产管理业务范围包括为多个客户服务的集合资产管理业务、为单一客户服务的资产管理业务、资产证券化业务以及投资顾问等业务。

资料来源　根据国海证券公司公开资料整理.

证券服务机构是指依法设立的从事证券服务业务的法人机构，主要包括证券投资咨询机构、财务顾问机构、信用评级机构、资产评估机构、会计师事务所、律师事务所等。根据我国有关法规的规定，证券服务机构的设立需要按照国家相关法规的要求办理注册，从事证券服务业务必须得到中国证监会和有关主管部门的批准。

四、自律性组织

自律性组织是指通过自愿组织的行会、协会等形式，制定共同遵守的行业规则和管理制度，自我约束会员行为的一种管理组织。我国证券市场的自律性组织主要包括证券交易所和证券业协会。根据《证券登记结算管理办法》的规定，我国的证券登记结算机构实行行业自律管理。

（一）证券交易所

证券交易所是为证券集中交易提供场所和设施、组织和监督证券交易、实行自律管理的法人。证券交易所本身并不进行证券买卖，也不决定证券价格，而是为证券交易提供场所和设施，配备必要的管理和服务人员，并对证券交易进行周密的组织和严格的管理，使证券交易顺利进行且有一个稳定、公开、高效的系统，它是整个证券市场的核心。我国内地有三个证券交易所，分别是上海证券交易所、深圳证券交易所和北京证券交易所。

证券交易所的组织形式有两种，一种是公司制，另一种是会员制。公司制证券交易所是以股份有限公司形式组织并以营利为目的的法人团体，一般由金融机构及各类民营公司组建。公司制证券交易所的组织结构与普通股份有限公司相似，也由股东大会、董事会、监事会和经理层构成。会员制证券交易所是由会员自愿组成的、不以营利为目的的社会法人团体。会员制证券交易所设会员大会、理事会和监察委员会。《证券法》规定，证券交易所的设立和解散由国务院决定。上海证券交易所和深圳证券交易所均采用会员制组织形式，是非营利性的事业法人。北京证券交易所是我国第一家公司制证券交易所。

（二）中国证券业协会

中国证券业协会是证券业的自律性组织，是社会团体法人。中国证券业协会是依据《证券法》和《社会团体登记管理条例》的有关规定设立的具有独立法人地位的、由经营证券业务的金融机构自愿组成的行业性自律组织，是非营利性社会团体法人。它的设立是为了加强证券业之间的联系、协调、合作和自我控制，以促进证券市场的健康发展。中国证券业协会采取会员制的组织形式，证券公司应当加入中国证券业协会。中国证券业协会的权力机构为全体会员组成的会员大会。中国证券业协会章程由会员大会制定，并报中国证监会备案。

（三）中国证券登记结算公司

中国证券市场实行中央登记制度，即证券登记结算业务全部由中国证券登记结算有限责任公司（以下简称中国证券登记结算公司）承接，中国证券登记结算公司提供沪、深证券交易所上市证券的存管、清算和登记服务。中国证券登记结算公司是为证券交易提供集中登记、存管与结算服务，并且不以营利为目的的法人。

动画 1-2

证券登记
结算公司

五、投资者保护机构

（一）证券投资者保护基金

证券投资者保护基金是指按照《证券投资者保护基金管理办法》的规定筹集形成的、在防范和处置证券公司风险中用于保护证券投资者利益的资金。

为了建立防范和处置证券公司风险的长效机制，维护社会经济秩序和社会公共利益，保护证券投资者的合法权益，促进证券市场有序、健康发展，2005年6月，国务院批准中国证监会、财政部、中国人民银行发布《证券投资者保护基金管理办法》，同意设立国有独资的中国证券投资者保护基金有限责任公司（以下简称保护基金公司），并批准了公司的章程。2005年8月30日，保护基金公司在国家工商总局注册成立，由国务院出资，财政部一次性拨付注册资金63亿元。保护基金公司是负责证券投资者保护基金的筹集、管理和使用的，不以营利为目的的国有独资公司，由中国证监会管理。

（二）中证中小投资者服务中心

中证中小投资者服务中心（简称“投服中心”）是经中国证监会批准设立并直接管理的证券金融类公益机构，经国家市场监督管理总局登记，于2014年12月在上海注册成立。投服中心的成立，是中国证监会完善监管政策、丰富投资者保护体系、切实加强中小投资者合法权益保护工作的重要举措，也是我国资本市场迈向法治化、成熟化进程的重要标志。新《证券法》设置了“投资者保护”专章，投服中心作为依据国务院证券监督管理机构设立的投资者保护机构，可根据《证券法》开展相关投资者保护工作。

六、证券市场监管机构

我国证券市场监管机构是国务院证券监督管理机构。国务院证券监督管理机构依法对证券市场实行监督管理，维护证券市场秩序，保障其合法运行。国务院证券监督管理机构由中国证券监督管理委员会（简称中国证监会）及其派出机构组成。

中国证监会成立于1992年10月，是国务院直属事业单位，是全国证券、期货市场的监管部门，依照法律、法规和国务院授权，统一监督管理全国证券期货市场，维护证券期货市场秩序，保障其合法运行。中国证监会的核心职责为“两维护、一促进”，即维护市场公开、公平、公正，维护投资者特别是中小投资者的合法权益，促进资本市场健康发展。中国证监会在省、自治区、直辖市和计划单列市设立了36个证券监管局以及上海、深圳证券监管专员办事处。派出机构受中国证监会垂直领导，依法以自己的名义履行监管职责，负责辖区内的一线监管工作。

任务实施

1. 学生通过网络搜索或者实地调查等方式，了解当地的证券市场主体有哪些。
2. 登录证券市场主体官网，了解其功能、职责和日常活动。

学习评价

鼓励学生选择某一类证券市场的主体撰写调研报告，教师进行评价。

项目小结

1. 证券是指各类记载并代表一定权利的法律凭证。按照证券的性质可以将其划分为无价证券和有价证券。广义的有价证券包括商品证券、货币证券和资本证券，狭义的有价证券一般是指资本证券。人们通常所说的证券指的就是有价证券中的资本证券。

2. 有价证券的本质是虚拟资本，具有收益性、流动性、风险性和期限性。

3. 证券市场是股票、债券、投资基金等有价证券发行和交易的场所。证券市场具有融资投资功能、资本定价和资本配置功能。证券市场按照职能的不同可以分为发行市场和流通市场。

4. 我国的多层次资本市场体系包括沪深交易所的主板市场、创业板市场、科创板市场和北京证券交易所、全国中小企业股份转让系统、区域性股权交易市场、券商柜台市场、机构间私募产品报价与服务系统、私募基金市场等。

5.证券市场的投资主体包括证券发行人、投资者、中介机构、自律组织、投资者保护机构和证券市场监管机构。

项目练习

一、单项选择题

项目练习1-1

单项选择题

1.证券是指各类记载并代表一定权利的（ ）。

A.书面凭证 B.法律凭证 C.收入凭证 D.资本凭证

2.下列属于有价证券的是（ ）。

A.证据证券 B.凭证证券 C.货币证券 D.收据

3.下列属于商品证券的是（ ）。

A.商业票据 B.债券 C.股票 D.提货单

4.商业汇票属于（ ）。

A.商品证券 B.有价证券 C.资本证券 D.货币证券

5.证券的流动性不能通过（ ）方式实现。

A.贴现 B.记账 C.转让 D.承兑

6.证券持有者面临实际收益背离预期收益的可能性，或者说是证券收益的不确定性，这是指证券具有（ ）。

A.期限性 B.风险性 C.流动性 D.收益性

7.按是否在证券交易所挂牌交易，有价证券可分为（ ）。

A.上市证券和非上市证券 B.上市证券和挂牌证券

C.挂牌证券和公开证券 D.场内证券和场外证券

8.证券市场的基本功能不包括（ ）。

A.筹资、投资功能 B.资本定价功能

C.资本配置功能 D.规避风险功能

9.下列不属于证券中介机构的有（ ）。

A.证券业协会 B.会计事务所

C.律师事务所 D.资产评估机构

10.我国证券市场的自律性组织主要包括证券业协会和（ ）。

A.证券公司 B.证券交易所

C.中国证监会 D.投资俱乐部

二、多项选择题

项目练习1-2

多项选择题

1.证券是指（ ）。

A.各类记载并代表一定权利的法律凭证

B.各类证明持有者身份和权利的凭证

C.用以证明或设定权利而做成的书面凭证

D.用以证明持有人或第三者有权取得该证券拥有的特定权益的凭证

2.有价证券的特征包括（　　）。

A.风险性　　B.收益性　　C.流动性　　D.期限性

3.证券发行人包括（　　）。

A.政府　　B.个人　　C.企业　　D.金融机构

4.广义的有价证券是指（　　）。

A.商品证券　　B.货币证券　　C.资本证券　　D.银行证券

5.发行人以筹资为目的，按照一定的法律规定和发行程序，向投资者出售新证券所形成的市场称为（　　）。

A.一级市场　　B.场外市场　　C.初级市场　　D.场内市场

6.我国多层次资本市场体系已初步形成，分为场内市场和场外市场，其中场内市场包括（　　）。

A.沪深主板市场　　B.创业板市场

C.全国中小企业股份转让系统　　D.区域性股权交易市场

7.下列行为属于证券包销的有（　　）。

A.证券公司将发行人证券按照协议全部购入

B.证券公司将发行人证券按照协议在承销期结束后将售后剩余证券全部自行购入

C.证券公司在承销期结束后将售后剩余证券全部退还发行人

D.证券公司在证券销售时自行购买了一部分证券

8.在证券市场中，发行市场与交易市场的关系是（　　）。

A.交易市场是发行市场的前提　　B.发行市场是交易市场的前提

C.交易市场是发行市场的基础　　D.发行市场是交易市场的基础

9.下列属于机构投资者的是（　　）。

A.政府机构　　B.金融机构　　C.QFII　　D.QDII

10.中国证监会是全国（　　）的监管部门。

A.期货市场　　B.证券市场　　C.货币市场　　D.外汇市场

三、案例题

项目练习1-3

案例题答案

小张是某公司的职员，有了一些积蓄，想投资一些高收益的证券产品。有一天他接到自称投资公司的客服电话，从中得知该公司有专门的金融决策分析系统，有专业的分析师指导炒股，成功率高，赚钱快，保证有收益。小张也上网查询了该公司的注册地址、网页等，都有很全面的介绍，于是购买了该公司价格为9 980元的“财富终端”证券软件服务，并按照其提示进行操作。但小张并没有向客服宣传的那样赚到钱，反而赔了不少。于是他打电话找当时的客服，对方公司回复该员工“已经不在公司干了”。

请思考：你怎么看待小张的行为？投资者应该具有哪些投资知识？

推荐阅读及观看

[1] 霍华德．投资最重要的事［M］．李莉，石继志，译．北京：中信出版集团，2019.

［2］马尔基尔．漫步华尔街（原书第11版）［M］．张伟，译．北京：机械工业出版社，2017.

［3］肖钢．中国资本市场变革［M］．北京：中信出版社，2020.

［4］上海证券交易所，http：//www.sse.com.cn.

［5］深圳证券交易所，http：//www.szse.cn.

［6］北京证券交易所，http：//www.bse.cn

［7］中国证券监督管理委员会，http：//www.csrc.gov.cn/pub/newsite.

［8］中国证券业协会，https：//www.sac.net.cn.

［9］中央电视台大型电视纪录片《华尔街》。

［10］中央电视台大型电视纪录片《资本市场》。

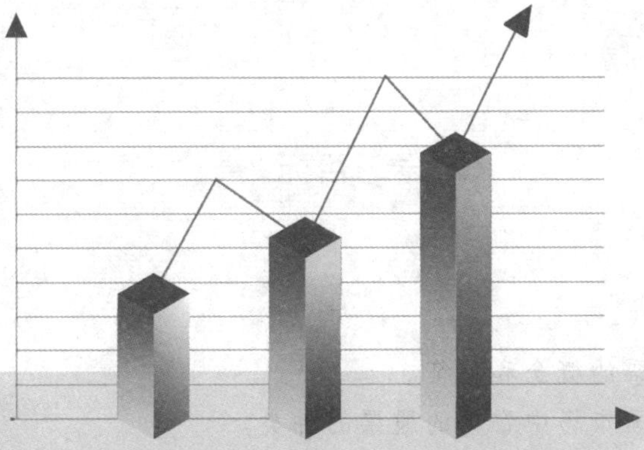

项目二 股票

项目概述

股票是一种有价证券，是金融投资产品中最常见的产品之一，发行股票也是公司筹集资金的重要渠道。在本项目中，我们将介绍股票的基本概念、股票的发行和交易以及融资融券业务，帮助投资者认识股票，熟悉股票交易的流程，理性参与融资融券。

学习目标

知识目标

1. 掌握股票的概念和特征。
2. 熟悉我国市场中常见的股票的种类。
3. 熟悉股票的发行制度。
4. 掌握股票交易的流程。
5. 了解股票价格指数。

能力目标

1. 能够准确理解股东拥有的权利。
2. 能够顺利完成新股申购。
3. 能够准确理解股票交易的流程和交易规则，并熟练进行模拟交易。
4. 能够读懂上市公司股利政策和分红方案。
5. 能够模拟完成沪港通和深港通、融资融券的交易。

素养目标

树立股票投资的风险意识，建立规则意识，坚定制度自信。

任务一 认识股票

情景导入

学习证券投资这门课程之前，小金听到不少关于股票、炒股、股民、股东等各种各样的说法。什么是股票？股票与股份有限公司、股票与股东有什么关系？如何参与股票投资？投资股票有哪些收益？小金却知之甚少。下面让我们一起来学习本项目的内容。

知识准备

一、股票的概念

股票是一种有价证券，它是股份有限公司在筹集资本时向投资者签发的证明股东所持股份和享有权益的凭证。股份有限公司将公司的资本划分为股份，每一股份的金额相等。股票一经发行，购买股票的投资者即成为公司的股东。股票实质上代表了股东对股份有限公司净资产的所有权，这种所有权是一种综合权利。股东凭借股票可以获得公司的股息和红利，参加股东大会并行使自己投票表决、参与公司重大决策等权利，同时也承担相应的责任与风险。

讲义 2-1 股票的前世今生

讲义 2-2 股本

知识拓展 2-1　股本、股份、股权、股票

股本即股份资本，是经公司章程授权、代表公司所有权的全部股份。股本代表股东在公司中所占的权益，它的大小会随着送股和配股而增加。

股份有限公司的资本划分为股份，每一股的金额相等。公司的股份采取股票的形式。股份的发行实行公平、公正的原则，同种类的每一股份具有同等权利。股票一经发行，购买股票的投资者即成为公司的股东。

股权就是股票持有者所具有的、与其拥有的股票比例相应的权益，以及承担一定责任的权利。

股票作为一种所有权凭证，具有一定的格式。《公司法》规定，股票采用纸面形式或者国务院证券监督管理机构规定的其他形式。股票采用纸面形式的，应当载明下列主要事项：公司名称；公司成立日期或者股票发行的时间；股票种类、票面金额及代表的股份数，发行无面额股的，股票代表的股份数。股票采用纸面形式的，还应当载明股票的编号，由法定代表人签名、公司盖章。发起人股票采用纸面形式的，应当标明“发起人股票”字样。

案例链接 2-1　中华人民共和国第一只股票的诞生

1983 年初，秦其斌被任命为上海飞乐电声总厂（以下简称电声总厂）第一副厂长，1984 年接任退休的老厂长成了电声总厂厂长。这时的秦其斌 43 岁，年富力强。

他不甘于仅仅为仪表系统的产品做配套，开始带领电声总厂开拓经营。当时，“音乐茶座”十分红火，他就大胆设想，提出本厂生产的扬声器除了给电视机做配套，还可以做成音响。于是，就有了电声总厂下设上海飞乐音响公司（即“小飞乐”）的创新，有了以后“小飞乐”发行股票的故事。

企业要发展，资金是关键。既然提出要设立新的企业，就得有资金。但这笔资金却是首要而棘手的问题。于是他想到以发行股票的方式来筹集这笔资金。1984年11月18日，经中国人民银行上海分行批准，由上海飞乐电声总厂、飞乐电声总厂三分厂、上海电子元件工业公司、中国工商银行上海市分行信托公司静安分部发起设立上海飞乐音响股份有限公司，向其职工及社会公众发行股票，由秦其斌出任董事长兼总经理。这只股票总股本1万股，每股面值50元，共筹集50万元股金，其中35%由法人认购，65%向社会和本企业职工公开发行，聚集了500多名社会股东。上海飞乐音响股份有限公司成为中华人民共和国成立以来第一个公开向社会发行股票的公司。上海飞乐音响公司股票如图2-1所示。

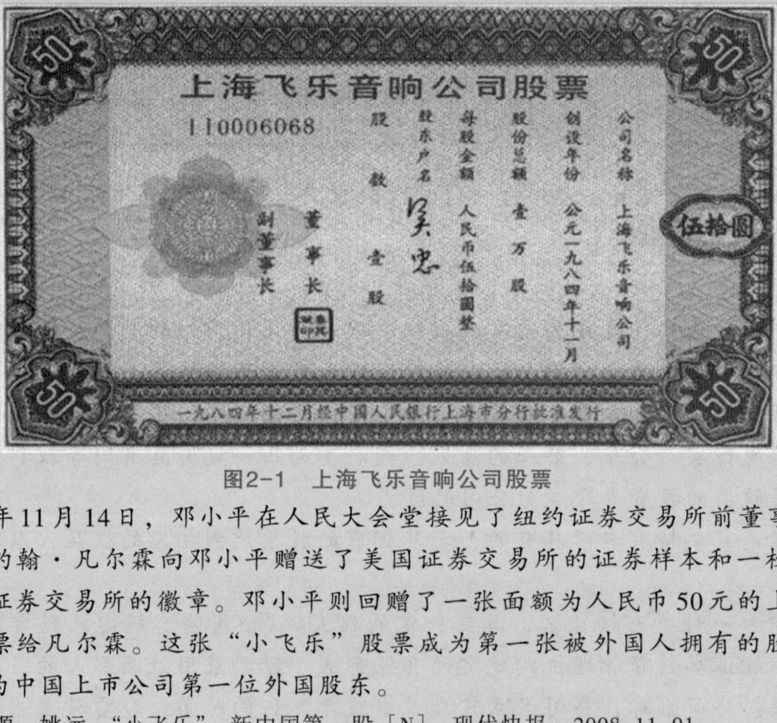

图2-1　上海飞乐音响公司股票

1986年11月14日，邓小平在人民大会堂接见了纽约证券交易所前董事长约翰·凡尔霖。约翰·凡尔霖向邓小平赠送了美国证券交易所的证券样本和一枚可以自由通行纽约证券交易所的徽章。邓小平则回赠了一张面额为人民币50元的上海飞乐音响公司股票给凡尔霖。这张“小飞乐”股票成为第一张被外国人拥有的股票，凡尔霖先生成为中国上市公司第一位外国股东。

资料来源　姚远.“小飞乐”：新中国第一股［N］. 现代快报，2008-11-01.

二、股票的特征

1.收益性

收益性是股票最基本的特征，它是指股票可以为其持有人带来收益的特性。持有股票的目的在于获取收益。股票的收益体现在两个方面：一是来自股份有限公司的投资收益。股东凭自己持有的股票，有权从公司领取股息和红利，获取投资的收益。股息和红利的多少，取决于公司的盈利水平和股利分配政策。二是来自股票流通的投机收益，即买卖的差价。通过低价买入、高价卖出股票，投资者可以赚取差价收益。这种差价收益称为资本利得。

2.风险性

股票风险性的内涵是股票投资收益的不确定性，或者说实际收益与预期收益之间的偏离、投资者在买入股票时，对其未来收益会有一个预期，但真正实现的收益可能会高于或低于原先的预期，这就是股票的风险性。很显然，风险是一个中性概念，风险不等于损失，高风险的股票可能给投资者带来较大的损失，也可能带来较大的收益，这就是“高风险高收益”的含义。由此可见，股票的风险性与收益性不仅并存，而且是对称的。从理论上讲，股票收益的大小与风险的大小成正比。

3.流动性

流动性又称变现性，是指股票可以依法转让而变现的特性，即在本金保持相对稳定、变现的交易成本很小的条件下，股票很容易变现的特性。股票持有人不能从公司退股，但股票转让为其提供了变现的渠道，流动性是股票的生命力所在。在我国，凡是能在上交所和深交所买卖的股票都具有极强的流动性，只要交易所开市都能够很方便地买入和卖出，完全可以根据投资者的需要随时变现。

需要注意的是，由于股票的转让可能受各种条件或法律和政策的限制，因此，并非所有股票都具有相同的流动性。通常情况下，大盘股流动性强于小盘股，上市公司股票的流动性强于非上市公司股票，而上市公司股票又可能因市场或监管原因而受到转让限制，从而具有不同程度的流动性。

4.永久性

永久性是指股票载有权利的有效性是始终不变的，因为它是一种无限期的法律凭证。股票的有效期与股份有限公司的存续期间相联系，二者是并存的关系。这种关系实质上反映了股东与股份有限公司之间比较稳定的经济关系。股票代表着股东的永久性投资，当然股票持有者可以出售股票而转让其股东身份；而对于股份有限公司来说，由于股东不能要求退股，所以通过发行股票募集到的资金，在公司存续期间是一笔稳定的自有资本。

5.参与性

参与性是指股票持有人有权参与公司重大决策的特性。普通股股票持有人作为公司的股东，有权出席股东大会，行使对公司经营决策的参与权。股东参与公司决策的权力大小，取决于其所持有股份的多少。

三、股票的种类

股票的种类很多，分类方法亦有差异。常见的股票种类见表2-1。

表2-1　股票的种类

序号	分类标准	种类
1	按股东享有权利的不同	普通股和优先股
2	按股票是否记载股东姓名	记名股票和无记名股票
3	按股票是否在票面上标明金额	有面额股票和无面额股票

（一）普通股和优先股

按照股东享有权利的不同，可以分为普通股和优先股。

1.普通股

普通股是指秉持“一股一权”规则之下收益权与表决权无差别、等比例配置的股票。普通股是股份有限公司最基本、最常见的一种股票，其持有者享有股东的基本权利和义务。普通股是标准的股票，通过发行普通股所筹集的资金，是股份有限公司注册资本的基础。目前在上海和深圳证券交易所上市交易的股票都是普通股。

思维延伸2-1

思考：股东可以哪种方式出资设立股份有限公司？

分析：我国《公司法》规定，股东可以用货币出资，也可以用实物、知识产权、土地使用权、股权、债权等可以用货币估价并可以依法转让的非货币财产作价出资；但是，法律、行政法规规定不得作为出资的财产除外。对作为出资的非货币财产应当评估作价、核实财产，不得高估或者低估作价。法律、行政法规对评估作价有规定的，从其规定。公司成立后，股东不得抽逃出资。

普通股的持有者是股份有限公司的基本股东，按照《公司法》的规定，公司股东依法享有资产收益、参与重大决策和选择管理者等权利。

（1）公司重大决策参与权。股东基于股票的持有而享有股东权利，这是一种综合权利，其中首要的是可以以股东身份参与股份有限公司的重大事项决策。作为普通股股东，行使这一权利的途径是参加股东大会、行使表决权。股份公司股东大会由全体股东组成，是公司的权力机构。股东大会应当每年召开一次年会，出现规定的情形，可以召开临时股东大会。股东出席股东大会会议，所持每一股份有一表决权。但是，公司持有的本公司股份没有表决权。股东可以委托代理人出席股东大会会议，代理人应当向公司提交股东授权委托书，并在授权范围内行使表决权。

（2）公司资产收益权和剩余资产分配权。资产收益权是股东按照其持有的股份比例分取股利的权利。剩余资产分配权是在公司解散清算时股东按照其持有的股份比例获取剩余财产的权利。

普通股股东行使资产收益权有一定的限制条件。第一，法律上的限制。一般原则是：股份有限公司只能用留存收益支付红利；红利的支付不能减少其注册资本；公司在无力偿债时不能支付红利。我国有关法律规定，公司缴纳所得税后的利润，在支付普通股的红利之前，应按如下顺序分配：弥补亏损；提取法定公积金：提取任意公积金。可见，普通股股东能否分到红利以及分得多少，取决于公司的税后利润以及公司未来发展的需要。第二，其他方面的限制，如公司对现金的需要、股东所处的地位、公司的经营环境、公司进入资本市场获得资金的能力等。

普通股股东行使剩余资产分配权也有一定的先决条件。第一，普通股股东要求分配公司资产的权利不是任意的，必须是在公司解散清算之时。第二，公司的剩余资产在分配给股东之前，一般应按下列顺序支付：支付清算费用，支付公司员工工资和劳动保险费用，缴付所欠税款，清偿公司债务；如还有剩余资产，再按照股东持股比例分配给各股东。《公司法》规定，公司财产在分别支付清算费用、职工的工资和社会保险费用及法定补偿金，缴纳所欠税款，清偿公司债务后的剩余财产，有限责任公司按照股东的出资比例分配，股份有限公司按照股东持有的股份比例分配。公司财产在未依照规定清偿前，不得分配给股东。

（3）其他权利。除了上述两种基本权利外，普通股股东还可以享有法律和公司章程规定的其他权利。主要有：

第一，知情权。《公司法》规定，股东有权查阅公司章程、股东名册、公司债券存根、股东大会会议记录、董事会会议决议、监事会会议决议、财务会计报告，对公司的经营提出建议或者质询。

第二，处置权。股东持有的股份可依法转让。股东转让股份应在依法设立的证券交易场所进行或按照国务院规定的其他方式进行。公司发起人、董事、监事、高级管理人员的股份转让受《公司法》和公司章程的限制。

第三，优先认股权。优先认股权是指当股份有限公司为增加公司资本而决定增发新股时，原普通股股东享有按其持股比例，以低于市价的某一特定价格优先认购一定数量新发行股票的权利。

2.优先股

（1）优先股的定义。优先股是指依照《公司法》，在一般规定的普通种类股份之外，另行规定的其他种类股份，其股份持有人优先于普通股股东分配公司利润和剩余资产，但参与公司决策管理等权利受到限制。

优先股既像债券，又像股票，其“优先”主要体现在：一是通常具有固定的股息（类似债券），并须在派发普通股股息之前派发，二是在破产清算时，优先股股东对公司剩余资产分配的权利先于普通股股东，但在债权人之后。

当然，优先股股东在享受上述两方面“优先”权利时，其他一些股东权利是受限的。一般来讲，优先股股东对公司日常经营管理事务没有表决权，仅在与之利益密切相关的特定事项上享有表决权，优先股股东对公司经营的影响力要小于普通股股东。

（2）优先股的特征。

第一，股息率固定。普通股的股息是不固定的，它取决于股份有限公司的经营状况和盈利水平；而优先股在发行之时就约定了固定的股息率，无论公司经营状况和盈利水平如何变化，该股息率不变。

第二，股息分派优先。在股份有限公司盈利分配顺序上，优先股排在普通股之前。各国公司法一般都规定，公司盈利首先应支付债权人的本金和利息，缴纳税金；其次支付优先股股息；最后才分配普通股股利。因此，从风险的角度看，优先股的风险小于普通股。

第三，剩余资产分配优先。当股份有限公司因破产或解散进行清算时，在对公司剩余资产的分配上，优先股股东排在债权人之后、普通股股东之前。也就是说，优先股股东可优先于普通股股东分配公司的剩余资产，一般按优先股的面值清偿。

第四，表决权受限。优先股股东权利是受限制的，最主要的是表决权受限。普通股股东参与股份有限公司的经营决策主要通过参加股东大会行使表决权，而优先股股东在一般情况下没有投票表决权，不享有公司的决策参与权。只有在特殊的情况下，如修改公司章程中与优先股相关的条款，优先股股东才能行使表决权。

3.优先股和普通股的区别

动画2-1

优先股和普通股

优先股和普通股的区别如下：

（1）普通股股东可以全面参与公司的经营管理，享有资产收益、参与重大决策和选择管理者等权利，而优先股股东一般不参与公司的日常经营管理，一般情况下不参与股东大会投票，但在某些特殊情况下，例如，公司决定发行新的优先股，优先股股东才有投票权。同时，为了保护优先股股东利益，如果公司在约定的时间内未按规定支付股息，优先股股东可按约定恢复表决权；如果公司支付了所欠股息，已恢复的优先股表决权终止。

（2）相对于普通股股东，优先股股东在公司利润和剩余资产的分配上享有优先权。

（3）普通股股东的股息收益并不固定，不仅取决于公司当年盈利状况，还要看当年具体的分配政策，有可能公司决定当年不分配普通股股利。而优先股的股息收益一般是固定的，尤其对于具有强制分红条款的优先股而言，只要公司有利润可以分配，就应当按照约定的数额向优先股股东支付。

（4）普通股股东除了获取股息收益外，二级市场上价格上涨的收益也是重要的；而优先股的二级市场股价波动相对较小，依靠买卖价差获利的空间也较小。

（5）普通股股东不能要求退股，只能在二级市场上变现退出；如有约定，优先股股东可依约将股票回售给公司。

（二）记名股票和无记名股票

按照股票是否记载股东姓名，可以分为记名股票和无记名股票。

1.记名股票

记名股票是指在股票票面和股份有限公司的股东名册上记载股东姓名的股票。《公司法》规定，公司发行的股票，可以是记名股票，也可以是无记名股票。股份有限公司向发起人、法人发行的股票，应当是记名股票，并应当记载该发起人、法人的名称，不得另立户名或者以代表人的姓名记名。公司发行记名股票的，应当置备股东名册，记载下列事项：股东的姓名或者名称及住所、各股东所持股份数、各股东所持股票的编号、各股东取得股份的日期。记名股票的特点是：股东权利归属于记名股东；可以一次或分次缴纳出资；转让相对复杂；便于挂失，相对安全。

2.无记名股票

无记名股票是指在股票票面和股份有限公司股东名册上均不记载股东姓名的股票。无记名股票也称不记名股票，它与记名股票相比，差别不是在股东权利等方面，而是在股票记载方式上。无记名股票发行时一般留有存根联，它在形式上分为两部分：一部分是股票的主体，记载了有关公司的事项，如公司名称、股票所代表的股数等；另一部分是股息票，用于进行股息结算和行使增资权利。《公司法》规定，发行无记名股票的，公司应当记载其股票数量、编号及发行日期。无记名股票的特点是：股东权利归属于股票的持有人；认购股票时要求一次缴纳出资；转让相对简便；安全性较差。

（三）有面额股票和无面额股票

按照股票是否在票面上标明金额，可以分为有面额股票和无面额股票。

1.有面额股票

有面额股票是指在股票票面上记载一定金额的股票。这一记载的金额也称为票面金额、票面价值或股票面值。大多数国家的股票都是有面额股票。有面额股票的特点是：第一，可以明确表示每一股所代表的股权比例。第二，为股票发行价格的确定提供依据。《公司法》规定，股票发行价格可以按票面金额，也可以超过票面金额，但不得低于票面金额。这样有面额股票的票面金额就成为股票发行价格的最低界线。

2.无面额股票

无面额股票也被称为比例股票或份额股票，是在票面上不记载股票面额，只注明它在公司总股本中所占比例的股票。无面额股票的价值随股份有限公司每股净资产和预期每股收益的增减而相应增减。目前世界上很多国家的公司法规定不允许发行这种股票。无面额股票有以下两个特点：第一，发行或转让价格较灵活。第二，便于股票分割。

四、我国股票的类型

在我国，按投资主体的不同性质，可将股票划分为国家股、法人股、社会公众股和外资股等不同类型。在完成股权分置改革后，我国境内证券市场在理论上实现了股权的全流通，但因有关规定的限制，仍有股份流通受阻的情况。按股份流通是否受限，可以分为有限售条件股份与无限售条件股份。

（一）国家股

国家股是指有权代表国家投资的部门或机构以国有资产向公司投资形成的股份，包括公司现有国有资产折算成的股份。在我国企业股份制改革中，原来一些全民所有制企业改组为股份公司，从性质上讲，这些全民所有制企业的资产属于国家，因此在改组成为股份公司时，就折成国家股。另外，国家对新组建的股份公司进行投资，也构成了国家股。国家股由国务院授权的部门或机构持有，或根据国务院的决定，由地方人民政府授权的部门或机构持有。

国家股是国有股权的一个组成部分（国有股权的另一组成部分是国有法人股）。国有资产管理部门是对国有股权进行行政管理的专职机构。国有股权可由国家授权投资的机构持有，也可由国有资产管理部门持有或由国有资产管理部门代政府委托其他机构或部门持有。国有股股利收入由国有资产管理部门监督收缴，依法纳入国有资产经营预算，并根据国家有关规定安排使用。国家股股权可以转让，但转让应符合国家的有关规定。

（二）法人股

法人股是指企业法人或具有法人资格的事业单位和社会团体以其依法可支配的资产投入公司形成的股份。法人持股所形成的也是一种所有权关系，是法人经营自身财产的一种投资行为。法人股股票以法人记名。如果是具有法人资格的国有企业、事业单位及其他单位以其依法占有的国有资产向独立于自己的股份有限公司出资形成或依法定程序取得的股份，可称为“国有法人股”，国有法人股属于国有股权。

（三）社会公众股

社会公众股是指社会公众依法以其拥有的财产投入公司时形成的可上市流通的股份。在社会募集方式下，股份有限公司发行的股份，除了由发起人认购一部分外，其余部分应该向社会公众公开发行。

上述国家股、法人股和社会公众股都属于A股。A股的正式名称是人民币普通股，是指由我国境内的股份有限公司发行的，供境内机构、组织和个人以及合格境外机构投资者以人民币认购和交易的普通股。

思政专栏2-1　　“同股不同权”制度助推科技创新

“同股不同权”又称“双层股权结构”，是指资本结构中包含两类或多类不同投票权的普通股架构，主要指公司通过给予小部分股东“选举董事会”等排他性特权、对特殊事项的表决权等安排，使得公司主要经营决策的制定权始终掌握在小部分特定人员手中。据了解，提供这种“同股不同权”制度安排的资本市场，往往更受新经济、新科技企业的青睐。

首先，双层股权结构在保障公司稳定发展的前提下，让公司创始人及管理层可以大胆进行股权融资，在民营企业融资链条越来越长、融资成本明显提高的今天，通过直接融资解决融资难、融资贵的问题。同时，直接融资比例的上升也将为投资机构带来更优质的投资标的，带动国内股权投资行业的快速发展。

其次，双层股权结构使得股东更愿意对公司高管进行股权激励，有利于公司绑定管理者利益，稳定高管团队，实现公司、产业的长期稳定发展。

最后，双层股权结构是我国资本市场“进一步深化资本市场改革，坚持市场化、法治化、国际化方向，坚持稳中求进”的又一重要表现。伴随着创业板注册制相关规则的落地，双层股权结构必将为创业板投资者带来更加优质、更能经得起市场考验的上市公司。我国资本市场作为促进经济高质量发展的助推器，也将在更好地实现金融服务实体经济的同时，为满足人民群众财富保值增值等多元诉求营造良好的市场生态。

资料来源　卓泳. 深圳出台科技创新条例　破冰“同股不同权”[N]. 证券时报，2020-08-28（A001）.

思政元素：制度创新

思政感悟：A股市场“同股不同权”制度，从国内上市公司的治理机制上讲，是一个大胆的创新，推动了科技创新，也是资本服务于产业的重大创新。其为国内高科技、互联网企业留在A股上市扫除了一大障碍，彰显了资本市场更加开放和包容。

（四）外资股

外资股是指股份有限公司向外国和我国香港、澳门、台湾地区投资者发行的股票。这是我国股份有限公司吸收外资的一种方式。外资股按上市地域，可以分为境内上市外资股和境外上市外资股。

1.境内上市外资股

境内上市外资股原来是指股份有限公司向境外投资者募集并在我国境内上市的股份，投资者限于外国的自然人、法人和其他组织，我国香港、澳门、台湾地区的自然人、法人和其他组织，定居在国外的中国公民等。这类股票称为B股。B股采取记名股票形式，以人民币标明股票面值，以外币认购、买卖，在境内证券交易所上市交易。

但从2001年2月对境内居民个人开放B股市场后，境内投资者逐渐成为B股市场的重要投资主体，B股的外资股性质发生了变化。境内居民个人可以用现汇存款和外币现钞存款以及从境外汇入的外汇资金从事B股交易，但不允许使用外币现钞。

2.境外上市外资股

境外上市外资股是指股份有限公司向境外投资者募集并在境外上市的股份。它也采取记名股票形式，以人民币标明面值，以外币认购。在境外上市时，可以采取境外存股凭证形式或者股票的其他派生形式。在境外上市的外资股除了应符合我国的有关法规外，还须符合上市所在地国家或者地区证券交易所规定的上市条件。

境外上市外资股主要由H股、N股、S股、L股等构成。H股是指注册地在我国内地、上市地在我国香港的外资股。“香港”的英文是Hong Kong，取其首字母，在中国香港上市的外资股被称为“H股”。以此类推，“纽约”的第一个英文字母是N，“新加坡”的第一个英文字母是S，“伦敦”的第一个英文字母是L，因此在纽约、新加坡、伦敦上市的外资股分别称为“N股”“S股”“L股”。

需要说明的是，红筹股不属于外资股。红筹股是指在中国境外注册、在中国香港上市，但主要业务在中国内地或大部分股东权益来自中国内地的股票。

（五）有限售条件股份和无限售条件股份

已完成股权分置改革的公司，按股份流通受限与否可分为有限售条件股份和无限售条件股份。

1.有限售条件股份

有限售条件股份是指股份持有人依照法律法规规定或按承诺有转让限制的股份，包括因股权分置改革暂时锁定的股份，内部职工股，董事、监事、高级管理人员持有的股份等。国家持股、国有法人持股、其他内资持股、外资持股必须满足国家规定的条件后才可以上市。

2.无限售条件股份

无限售条件股份是指流通转让不受限制的股份，具体包括：人民币普通股，即A股，含向社会公开发行股票时向公司职工配售的公司职工股；境内上市外资股，即B股；境外上市外资股等。

知识拓展2-2 **股票简称中的特殊字母**

所谓股票简称，是指证券交易所发布股票交易行情时用来代替上市公司全称的简要称呼。股票简称一般由三个或四个汉字构成。在我国的股票市场中，股票的简称以N、XD、XR、DR、ST、*ST开头和带有C、U、W、V字母的，分别代表着不同的含义。

（1）N+股票简称。字母N是单词New的缩写。当股票简称前出现了N，表示这只股票是当日新上市的股票。

（2）XD+股票简称。XD是英文Exclude（除去）Dividend（利息）的缩写，当股票名称前出现XD字样时，表示当日是这只股票的除息日。现实操作中，除息一般分派的是现金股利，俗称派现。

（3）XR+股票简称。XR是英文Exclude（除去）Right（权利）的缩写，当股票名称前出现XR字样时，表明当日是这只股票的除权日。现实操作中，除权一般分派的是股票股利，俗称送红股。

（4）DR+股票简称。DR中的“D”是单词Dividend（利息）的缩写，“R”是单词Right（权利）的缩写，当股票名称前出现DR字样时，表示当天是这只股票的除息除权日。有些上市公司分配时不仅派发现金股息还分派股票股利，或者同时配股，所以这种情况下会出现既除息又除权的现象。

（5）ST+股票简称。ST是英文Special Treatment缩写，意为“特别处理”。沪深证券交易所在1998年4月22日宣布，将对财务状况或其他状况出现异常的上市公司的股票交易进行特别处理。股票名称前面加了“ST”的这些股票就简称为ST股。

（6）*ST+股票简称。根据证监会规定，当一个公司连续两年亏损或者净资产低于股票面值的时候，在股票名称前就会加上“ST”，这些股票每天的涨跌都不得超过5%，用于警示投资者注意投资风险。若第三年公司的经营还没有改善，依旧处于亏损状态，股票名称前除“ST”外还会加上“*”，意为退市风险警示。

（7）股票简称中带有字母C、U、W、V。字母C代表股票上市后次日至第五日。股票简称中如果标有字母U，表示这家公司尚未盈利；若实现盈利，这个标识就会取消。股票简称中标有字母W，代表股票发行人具有表决权差异安排；而字母V则代表股票发行人具有协议控制架构或者类似特殊安排。

五、股票的股利政策

讲义2-3

股票股利政策

（一）股息和红利

股息是股份有限公司定期按照股票份额的一定比例支付给股东的收益，一般来说，优先股股东按照固定的股息率优先取得股息，不以公司盈利水平为转移。红利是股份有限公司按规定分配优先股股息之后，将剩余的利润再分配给普通股股东的部分。在企业微利或发生亏损时，普通股股东很可能就分不到红利，但是在企业盈利较多时，普通股的红利就远远高于优先股的股息。获取股息和红利，是股民投资于上市公司的基本目的，也是股民的基本经济权利。

（二）股利政策

股利政策是关于股份有限公司是否发放股利、发放多少股利以及何时发放股利等方面的制度与政策，所涉及的主要是股份有限公司对其收益进行分配还是留存以用于再投资的策略问题。股利政策体现了公司的发展战略和经营思路，稳定可预测的股利政策有利于股东利益最大化，是股份有限公司稳健经营的重要指标。

股利分配的形式主要有现金股利和股票股利两种。

1.现金股利

现金股利，也被称为派现，是指股份有限公司以现金分红方式将盈余公积和当期利润的部分或全部发放给股东。现金股利的发放使公司的资产和股东权益减少同等数额，导致公司现金流出。稳定的现金股利政策对公司现金流管理有较高的要求，通常把那些经营业绩较好、具有稳定且较高的现金股利支付的公司的股票称为蓝筹股。

2.股票股利

股票股利，也被称为送股，是指股份有限公司对原有股东无偿派发股票的行为。送股时，股份有限公司将留存收益转入股本账户，留存收益包括盈余公积和未分配利润，现实中股份有限公司一般只将未分配利润部分转入股本账户。送股实质上是留存收益的固化和资本化，表面上看，送股后，股东持有的股份数量因此而增长，其实股东在公司中占有的权益比例和账面价值均无变化。

3.四个相关日期

上市公司宣布分红派息方案后至除息除权日前，该上市证券为含息或含权证券。除息日是指证券不再含有最近已宣布发放的股息（现金股利）的日期；除权日是指证券不再含有最近已宣布的送股、配股及转增权益的日期。除息除权日后购买的该股票因没有资格获得股利，称之为除息股票或除权股票。从理论上说，除息日股票价格应下降与每股现金股利相同的数额，除权日股票价格应按送股、配股或转增比例相应下降。但实践中，除息除权后，实际股价与理论价格之间通常会存在差异。

（1）股利宣布日，即公司董事会将分红派息的消息公布于众的时间。

（2）股权登记日，即统计和确认参加本期股利分配的股东的日期，在此日期持有公司股票的股东方能享受股利发放。

（3）除权除息日，通常为股权登记日之后的1个工作日，本日之后（含本日）买入的股票不再享有本期股利。

（4）派发日，即股利正式发放给股东的日期。根据证券存管和资金划转的效率不同，通常会在几个工作日之内到达股东账户。

我国股利分配程序如图2-2所示。

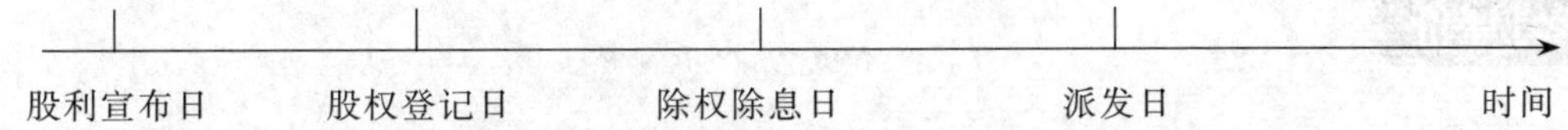

图2-2　我国股利分配程序

4.除息除权价的计算

我国证券交易所一般在股权登记日的下一个交易日对该股票做除息、除权处理。除息（权）日的股票买卖，除了证券交易所另有规定的以外，以除息（权）参考价作为计算涨跌幅度的基准。除息（权）参考价的计算公式为：

$$\text{除息参考价}=\text{股权登记日收盘价}-\text{每股所派现金}$$

$$\text{除权参考价}=\frac{\text{股权登记日收盘价}}{1+\text{每股送股比例}}$$

有些上市公司有时会按照一定的价格向老股东配售股份，俗称配股，配股和除权道理是一样的。

动画2-2

除权除息

$$配股除权参考价=\frac{股权登记日收盘价+配股价格\times每股配股比例}{1+每股配股比例}$$

知识拓展 2-3　　送股和配股的区别是什么？

送股是上市公司将本年的利润留在公司里，以股票为红利送给老股东。送股后公司的资产、负债、股东权益的总额和结构并没有发生改变，但总股本增大了，同时每股净资产降低了，股价也相应降低。

配股是上市公司向原股东配售股份的行为。原股东可以参与配股，也可以放弃配股权。现实中，由于配股价通常低于市场价格，配股后可能导致股价下跌。在实践中，对那些业绩优良、财务结构健全、具有发展潜力的公司而言，配股意味着将增加公司经营实力，会给股东带来更多回报，股价不仅不会下跌，可能还会上涨。

$$除息除权参考价=\frac{股权登记日收盘价-每股所派现金}{1+每股送股比例}$$

有派发现金红利、送股、配股的除息除权参考价计算公式为：

$$除息除权参考价=\frac{股权登记日收盘价-每股所派现金+配股价格\times每股配股比例}{1+每股送股比例+每股配股比例}$$

实际上，除息（权）日的开盘价不一定等于除息（权）价，除息（权）价仅是除息（权）日开盘价的一个参考价格。当实际开盘价高于这一理论价格时，就称为填权，在册股东即可获利；反之，实际开盘价低于这一理论价格时，就称为贴权。填权和贴权是股票除息除权后的两种可能。还有一种可能是实际开盘价刚好等于理论价格，即平权。填权、贴权及平权与整个市场的状况、上市公司的经营情况、送配的比例等多种因素有关，并没有确定的规律可循，但一般来说，上市公司股票送配后，其单位价格下降，流动性进一步加强，上升的空间也相应增加。

任务实施

登录同花顺或东方财富网，查找某只股票年度财务数据的分红方案，区分不同股利政策。

学习评价

根据学生查询的上市公司年度分红方案，抽查学生对上市公司股利政策的掌握程度，并进行随堂指导。

任务二　股票发行

情景导入

小金2022年11月10日看到一则新闻：力佳科技（835237）发布北交所IPO发行方案。

确定发行价格为18.18元/股，发行代码为889816，网上申购时间为2022年11月15日，初始发行股份为1 000万股，发行市盈率21.70倍。

小金查了关于力佳科技的资料，知道力佳科技为锂锰扣式电池“小巨人”，公司专注于锂微型一次电池的研发、生产及销售，主要产品为锂锰电池和锂氟化碳电池。

什么是IPO?公司为什么要发行股票？带着这样的问题，和小金一起来学习关于股票发行的基础知识吧。

知识准备

一、股票发行制度

（一）股票发行制度的概念

股票发行制度是指发行人在申请发行股票时必须遵循的一系列程序化的规范，具体而言，表现在发行监管制度、发行方式与发行定价等方面。

（二）审批制、核准制和注册制

讲义 2-4

股票发行的监管制度

股票发行监管制度主要有三种：审批制、核准制、注册制，每一种发行监管制度都对应一定的市场发展状况。在市场逐渐成熟的过程中，股票发行制度也应该逐渐地改变，以适应市场发展需求，其中审批制是完全计划发行的方式，核准制是从审批制向注册制过渡的中间模式，注册制则是依照法定条件进行证券发行申请注册的模式，是目前成熟股票市场普遍采用的模式。

1.审批制

审批制是一国在股票市场的发展初期，为了维护上市公司的稳定和平衡复杂的社会经济关系，采用行政计划的办法分配股票发行的指标和额度，由地方或行业主管部门根据指标推荐企业发行股票的一种发行制度。公司发行股票的一个重要条件是取得指标和额度。

2.核准制

核准制是介于注册制和审批制之间的中间形式。一方面，它取消了指标和额度管理，并引进证券中介机构的责任，判断企业是否达到股票发行的条件；另一方面，证券监管机构同时对股票发行的合规性和适销性条件进行实质性审查，并有权否决股票发行的申请。

在核准制下，发行人在申请发行股票时，不仅要充分公开企业的真实情况而且必须符合有关法律和证券监管机构规定的必要条件，证券监管机构有权否决不符合规定条件的股票发行申请。证券监管机构不仅对申报文件的真实性、准确性、完整性和及时性进行审查，还对发行人的营业性质、财力、素质、发展前景、发行数量和发行价格等条件进行实质性审查，并据此作出发行人是否符合发行条件的判断和是否核准申请的决定。

3.注册制

注册制是在市场化程度较高的成熟股票市场所普遍采用的一种发行制度。证券监管部门公布股票发行的必要条件，只要企业达到所公布的条件即可发行。未经依法注册，任何单位和个人不能公开发行证券。新《证券法》授权国务院对证券发行注册制的具体范围、实施步骤进行规定。

发行人申请发行股票时，必须依法将公开的各种资料完全准确地向证券监管机构申报。证券监管机构或者国务院授权的部门依照法定条件负责证券发行申请的注册。证券交易所等可以审核公开发行证券申请，判断发行人是否符合发行条件、信息披露要求，督促发行人完善信息披露内容，发行人的质量由证券交易所和证券中介机构来判断和决定。证券监管机构的职责是对申报文件的真实性、准确性、完整性和及时性进行合规性的形式审查。这种股票发行制度对发行人、证券交易所、证券中介机构和投资者的要求都比较高。

审批制、核准制和注册制的比较见表2-2。

表2-2 审批制、核准制和注册制的比较

项 目	审批制	核准制	注册制
发行指标和额度	有	无	无
发行上市标准	有	有	有
主要推荐人	政府或行业主管部门	中介机构	中介机构
对发行实质进行判断的主体	中国证监会	中介机构、中国证监会	中介机构
发行监管性质	中国证监会实质性审核	中国证监会和中介机构分担实质性审核职责	中国证监会形式审核，中介机构实质性审核

思政专栏2-2　　全面实施注册制的关键一跃

2022年11月10日，有研硅登陆科创板，这是科创板的第485家上市公司，也是A股注册制的第1 000家上市公司。截至目前，A股这1 000家注册制公司已汇聚成总市值约9.4万亿元的创新企业集群。其中，485家科创板上市公司集中于六大战略新兴行业，用"硬科技"编制公司最鲜明的标签；393家创业板上市公司覆盖九大战略新兴产业，推动我国经济结构转型和产业升级；122家北交所上市公司覆盖工业材料、信息技术、医药健康、"双碳"、消费等多元细分创新领域，"小巨人"不断集结。

注册制是全面深化资本市场改革的"牛鼻子"工程。从科创板"试验田"起步，到创业板、北交所，存量与增量改革稳步推进，注册制改革蹄疾步稳。一大批"硬科技""三创四新""专精特新"企业在资本市场崭露头角。2019年7月22日，科创板首批25家企业鸣锣上市，注册制试点正式落地。经过近3年试点探索，以信息披露为核心的注册制架构初步经受住了市场考验，配套制度和法治供给不断完善，全面实行股票发行注册制的条件已基本具备。

资料来源　吴少龙．第1 000家注册制上市公司诞生！A股将迎"关键一跃"[N]．证券时报，2022-11-10（A005）．

思政元素：专精特新　注册制改革

思政感悟：推行全面注册制是发展直接融资、支持产业转型升级的必要举措。市场预期，全面实施注册制，将进一步提高我国资本市场的活力和韧性，完善科技、产业、资本的良性循环，提升资本市场服务经济高质量发展的效能。

二、新股发行

（一）股票发行的种类

股份有限公司发行股票，其基本目的是筹措资金，根据发行时间，可分为设立发行和新股发行两种类型。

1.设立发行

设立发行是指为了设立新的股份有限公司而发行股票，分发起设立和募集设立。发起设立的公司，由发起人认购发行的全部股份，不向外公开筹集资金。募集设立的公司则是先由发起人认购发行股份的一部分，其余股份向社会募集。

2.新股发行

新股发行是指已设立的股份有限公司为增加资本而发行股票。公司为拓展业务，扩大经营规模，需要不断扩充自有资本，发行股票是极为有效的一种方法。

（二）新股发行的类型

新《证券法》规定，公司公开发行新股，应当具备健全且运行良好的组织机构，具有持续经营能力，最近3年财务会计报告被出具无保留意见审计报告，发行人及其控股股东、实际控制人最近3年不存在贪污、贿赂、侵占财产、挪用财产或者破坏社会主义市场经济秩序的刑事犯罪，以及经国务院批准的国务院证券监督管理机构规定的其他条件。

1.首次公开发行

动画2-3

IPO知多少

首次公开发行股票（IPO），是公司首次在证券市场公开发行股票募集资金并上市的行为。通常，首次公开发行是发行人在满足必须具备的条件，并经证券监管机构或国务院授权的部门注册后，通过证券承销机构面向社会公众公开发行股票并在证券交易所上市的过程。通过首次公开发行，发行人不仅能募集到所需资金，而且完成了股份有限公司的设立或转制，成为上市公司。

2.增资发行

股份有限公司增资是指公司依照法定程序增加公司资本和股份总数的行为。增资发行是指股份有限公司上市后为达到增加资本的目的而发行股票的行为。我国《上市公司证券发行管理办法》规定，上市公司增资的方式有：向原股东配售股份、向不特定对象公开募集股份、发行可转换公司债券、非公开发行股票。

（1）向原股东配售股份。向原股东配售股份，简称配股，是上市公司按股东的持股比例向原股东分配公司的新股认购权，准其优先认购股份的增资方式，即按老股一股配售若干新股，以保护原股东的权益及其对公司的控制权。

（2）向不特定对象公开募集股份。向不特定对象公开募集股份，简称增发或公募增发，是股份有限公司向不特定对象公开募集股份的增资方式。增发的目的是向社会公众募集资金，扩大股东人数，分散股权，增强股票的流通性，并可避免股份过分集中。公募增发的股票价格大都以市场价格为基础，是常用的增资方式。

（3）发行可转换公司债券。可转换公司债券是指其持有者可以在一定时期内按一定比例或价格将之转换成一定数量的另一种证券的债券，通常是转化为普通股。公司发行可转换公司债券主要是为了增强债券对投资者的吸引力，以较低的成本筹集到所需要的资金。可转换公司债券一旦转换成普通股，能将公司原来筹集的期限有限的资金转化成长期稳定的股本，扩大股本规模。

（4）非公开发行股票。非公开发行股票，也称定向增发，是上市公司采用非公开方式向特定对象发行股票的增资方式。特定对象包括公司控股股东、实际控制人及其控制的企业，与公司业务有关的企业、往来银行，证券投资基金、证券公司、信托投资公司等金融机构，公司董事、员工等。公司可以对认购者的持股期限有所限制。这种增资方式会直接影响公司原股东利益，需经股东大会特别批准。

三、股票发行的价格

按照股票面额和发行价格的关系，股票发行主要有面额发行、溢价发行、折价发行。

面额发行又称平价发行、等价发行，是以票面金额为发行价格发行股票。票面价格并不代表股票的实际价值，也不表示公司每股实际资产的价值。平价发行在证券市场不发达的国家和地区较为普遍。

溢价发行是指发行人按高于面额的价格发行股票，可以使公司用较少的股份募集到较多的资金，降低筹资成本。发行价格高于面额部分称为溢价，溢价带来的收益计入公司资本公积金。该方式通常在公募发行或第三者配售时采用，是成熟市场最基本、最常用的发行方式。

折价发行是指按照股票面额打一定的折扣作为发行价格。其折扣的大小由发行公司和证券承销商双方决定，主要取决于发行公司的业绩。允许折价发行的国家不多。我国《公司法》规定股票发行价格可以等于票面金额，也可以超过票面金额，但不得低于票面金额。

四、新股申购

投资者进行新股申购，也是就我们常说的打新股。申购新股必须在申购日以前办理好证券账户手续，然后到与交易所联网的证券公司网点开立资金账户。在这里我们主要介绍首次公开发行股票网上按市值申购的流程。

微课 2-1

如何打新股

首次公开发行股票网上按市值申购是指公司在首次公开发行时，将一定比例的新股向二级市场流通证券的投资者配售，投资者根据其持有上市流通证券的市值和折算的申购限量，自愿申购新股。

讲义 2-5

股票市值

深交所和上交所分别于2018年6月、2023年2月对《首次公开发行股票网上发行实施细则》进行了修订，其基本规则为：

（一）市值计算规则

目前沪深两市实行市值申购。持有上交所和深交所非限售A股股份和非限售存托凭证总市值（以下简称市值）1万元以上（含1万元）的投资者方可参与网上发行。沪深两市的市值不能合并计算。

投资者持有的市值以投资者为单位，按其T-2日（T日为发行公告确定的网上申购日，下同）前20个交易日（含T-2日）的日均持有市值计算。投资者相关证券账户持有市值按其证券账户中纳入市值计算范围的股份数量和存托凭证份额数量与相应收盘价的乘积计算。投资者相关证券账户开户时间不足20个交易日的，按20个交易日计算日均持有市值。非限售A股股份发生司法冻结、质押以及存在上市公司董事、监事、高级管理人员持股限制的，不影响证券账户内持有市值的计算。

（二）申购额度的计算

根据投资者持有的市值确定其网上可申购的额度，每5 000元市值可申购一个申购单位，不足5 000元的部分不计入申购额度。每一个新股申购单位为500股，申购数量应当为500股或其整数倍，但最高不得超过当次网上初始发行股数的1‰，且不得超过9 999.95万股（上交所）和999 999 500股（深交所），如超过则该笔申购无效。

每一存托凭证申购单位由发行人和主承销商协商确定并预先披露。申购数量应当为一个申购单位或其整数倍，但最高不得超过当次网上初始发行存托凭证的千分之一，且不得超过9 999.95万份（上交所）和999 999 500份（深交所）。

（三）申购的流程

1.T日投资者申购

T日，投资者可以通过其指定交易的证券公司查询其持有市值或可申购额度，并根据其持有的市值数据，在申购时间内通过指定交易的证券公司进行申购委托。投资者在进行申购时无须缴付申购资金。

2.T+1日摇号抽签

T+1日，主承销商在指定媒体公布中签率，并在有效申购总量大于网上发行总量时，在公证部门监督下根据总配号量和中签率组织摇号抽签。

3.T+2日中签处理

主承销商于T+2日公布中签结果。上海证券交易所每一个中签号可认购1 000股新股；深圳证券交易所每一个中签号可认购500股新股。

T+2日日终，中签的投资者应确保其资金账户有足额的新股认购资金，不足部分视为放弃认购。

4.T+3日结算

T+3日16：00，中国证券登记结算公司从结算参与人的资金交收账户中扣收实际应缴纳的新股认购资金，并于当日划至主承销商的资金交收账户。

5.T+4日登记

T+4日8：30后，主承销商可依据承销协议将新股认购资金扣除承销费用后划转到发行人指定的银行账户。中国证券登记结算公司根据新股认购资金交收结果完成网上发行股份登记。

注意：以上T+N日均为交易日，遇周六、周日顺延。

新股申购相关时间见表2-3。

表2-3　　新股申购相关时间

新股申购	时间
计算市值	T-2日
投资者无须预缴款申购、配号	T日
主承销商摇号、抽签	T+1日
中签投资者在16：00确保新股认购资金充足	T+2日
资金结算	T+3日
网上发行股份登记	T+4日

动画2-4
股票的代码和名称

五、股票退市

股票退市是指上市公司股票在证券交易所终止上市交易。股票退市制度是资本市场重要的基础性制度，有利于健全资本市场功能，降低市场经营成本，增强市场主体活力，提高市场竞争能力；有利于实现优胜劣汰，惩戒重大违法行为，引导理性投资，保护投资者特别是中小投资者合法权益。股票退市包括主动退市和强制退市。上市公司的股票终止上市后，其终止上市情形已消除，达到证券交易所规定的重新上市条件的，可以向证券交易所申请重新上市。

动画2-5
股票退市制度

（一）主动退市

上市公司通过对维持上市地位成本收益的理性分析，或者为充分利用不同证券交易场所的比较优势，或者为便捷、高效地对公司治理结构、股权结构、资产结构、人员结构等进行调整，或者为进一步实现公司股票的长期价值，可以依据《证券法》和证券交易所规则实施主动退市。上市公司出现下列情形之一，可以向证券交易所申请主动退市：股东大会决定解散公司；公司股本总额或股权分布情况发生变化，不再具备上市条件；公司因合并不再具有独立主体资格并被注销等。

案例链接2-2　　*ST上普主动退市

2019年3月21日晚间，*ST上普发布公告称，2015年—2017年，公司连续三年亏损，已被上海证券交易所暂停上市，且预计2018年年度经营业绩仍为亏损。为保护投资者利益，避免退市整理期股价波动给中小股东造成影响，公司拟以股东大会方式主动撤回A股和B股股票在上交所的交易，并在取得上交所终止上市批准后，转而申请在全国中小企业股份转让系统转让。

也就是说，3月21日起*ST上普就正式地退出了A股的舞台了。上市25年的*ST上普揖别A股，成为2014年退市制度改革后，A股第二家申请主动退市的公司。第一家申请主动退市的公司是*ST二重，于2015年4月向上交所提交了主动终止上市的申请，并于次月完成股票摘牌。

资料来源　佚名．央企带头，A股首例，*ST上普准备主动退市！[EB/OL]．[2019-03-21]．https：//baijiahao.baidu.com/s？id=1628629650763799981&wfr=spider&for=pc.

（二）强制退市

证券交易所为维护公开交易股票的总体质量与市场信心，依照规则要求交易不活跃、股权分布不合理、市值过低而不再适合公开交易的股票终止交易，特别是对于存在严重违法违规行为的公司，证券交易所可以依法强制其股票退出市场交易。强制退市分为交易类强制退市、财务类强制退市、规范类强制退市和重大违法类强制退市四类情形。

案例链接2-3　　昔日“鞋王”，退市！

随着退市新规逐渐显效，面值退市已不再是A股的“稀罕事”。2023年，面值退市数量创出历史新高，两市合计达到20只股票，较前两年增长明显。ST贵人已经连续20个交易日收盘价均低于1元，将成为2024年第7家面值退市公司。

股价跌破面值，本质上是公司失去市场信任——经营恶化、违规占用担保、资不抵债等问题，导致公司已不具备持续经营能力。投资者用脚投票，实现市场优胜劣汰。在“壳资源”快速消退的当下，这类公司的生存空间已越来越小。

资料来源　米洛. 定了！昔日“鞋王”，退市！[N]. 中国基金报，2024-03-11.

任务实施

选择某只待申购的股票，查询公司新股发行的关键信息，模拟完成某只新股申购的全部流程。

学习评价

教师检查学生完成新股申购的情况，并作出评价。

任务三　股票交易

情景导入

在实际生活中，我们购买普通商品都是一对一进行交易的，有人买入就会有人卖出，一手交钱一手交货。但是股票的买卖是如何进行的呢？几千只的股票、以千万计的投资金额，在一个无形的市场怎么参与交易、交易规则如何设定以及呈现在我们面前的高效有序、资金安全的交易市场是如何运作的？小金很是着急，连忙带着问题来找到老师。本任务将解答小金的困惑，赶紧跟上节奏，出发！

知识准备

一、证券交易原则

证券交易是指已发行的证券在证券市场上买卖的活动。证券这种商品本身的特殊性导致证券交易活动有三大特性，即流动性、收益性和风险性，从而决定了证券交易活动是一项机遇与挑战并存的行为。从国内外的证券交易活动来看，证券交易活动要遵循公开、公平和公正三大原则。

第一，公开原则，又被称为信息公开原则，指证券交易是一种面向社会的、公开的交易活动，其核心要求是实现市场信息的公开化。根据这一原则的要求，证券交易的参与各方要依法及时、真实、准确、完整地向社会发布有关信息。

第二，公平原则，即参与证券交易的各方应获得平等的交易机会。它要求证券交易活动中所有参与者都有平等的法律地位，各自的合法权益都能得到公平的保护。

第三，公正原则，指应当公正地对待所有的证券交易参与各方以及公正地处理证券交易事务。

知识拓展2-4　　收盘前3分钟竞价　凸显公平交易

2018年8月20日，根据上交所此前发布的《上海证券交易所交易规则》调整股票收盘交易机制，通过3分钟集合竞价方式产生收盘价，收盘集合竞价阶段为每个交易日的14：57至15：00。除了收盘前3分钟竞价不接受市价报单外，已经报单的在竞价阶段不可撤单，可以防范机构或者游资通过频繁地申报和撤销来操纵股价的行为，有利于稳定市场预期，让收盘最后3分钟走得更加平稳、更加真实，减少市场的操纵，保护投资人权益，对市场的走势产生积极的、正面的影响。

此前，上交所的收盘交易机制规定，沪市收盘价由当天该证券的最后一笔交易前一分钟所有交易的成交量加权平均价产生。相比老的收盘价形成机制，英大证券首席经济学家李大霄认为，新机制更能反映市场的真实供求关系。

资料来源　佚名．上交所调整股票收盘交易机制 实施3分钟收盘集合竞价［EB/OL］．［2018-08-06］．https：//baijiahao.baidu.com/s？id=1608062731110963902&wfr=spider&for=pc.

二、股票交易程序

由于证券交易所是我国证券交易的主要场所，因此，后面介绍的证券交易程序和规则均是针对证券交易所而言的。目前，我国上海和深圳证券交易所的股票交易程序如图2-3所示。

微课2-2

股票交易的流程

图2-3　股票交易程序

（一）开户

开户包括开立证券账户和开立资金账户。证券账户用来记载投资者所持有的证券种类、数量和相应的变动情况；资金账户则用来记载和反映投资者买卖证券的货币收付和结存数额。

1.开立证券账户

微课2-3 认识股票开户

开立证券账户是投资者进行证券交易的先决条件。根据《中国证券登记结算有限责任公司证券账户管理规则》的规定，投资者证券账户由一码通账户及关联子账户共同组成。一码通账户用于汇总记载投资者各个子账户下证券持有及变动的情况，还可用于记录投资者分级评价等适当性管理信息；子账户用于记载投资者参与特定交易场所或用于投资特定证券品种的证券持有及变动的具体情况。子账户包括人民币普通股票账户、人民币特种股票账户、封闭式基金账户、衍生品账户及其他证券账户等。1个投资者只能申请开立1个一码通账户，1个投资者在同一市场最多可以申请开立3个A股账户、3个封闭式基金账户，只能申请开立1个信用账户、1个B股账户。证券账户的开立方式包括现场开户和非现场开户（见证开户、网上开户以及证监会认可的其他非现场开户方式）。

人民币普通股账户简称A股账户，A股账户按持有人分为自然人证券账户、一般机构证券账户、证券公司自营证券账户和基金管理公司的证券投资基金专用证券账户等。A股账户是我国目前用途最广、数量最多的一种通用型证券账户，既可用于买卖人民币普通股，也可用于买卖债券、上市基金等各类证券。

证券公司和基金管理公司等特殊法人机构开立证券账户，由中国证券登记结算公司上海分公司和深圳分公司直接受理。这类特殊法人机构投资者需要前往中国证券登记结算公司上海分公司和深圳分公司现场办理。

自然人及一般机构开立证券账户，可以通过中国证券登记结算公司上海分公司和深圳分公司委托的分布在全国各地的开户代理机构办理。目前，上海证券账户当日开立，次一交易日生效。深圳证券账户当日开立，当日即可用于交易。个人和一般机构开户流程如图2-4所示。

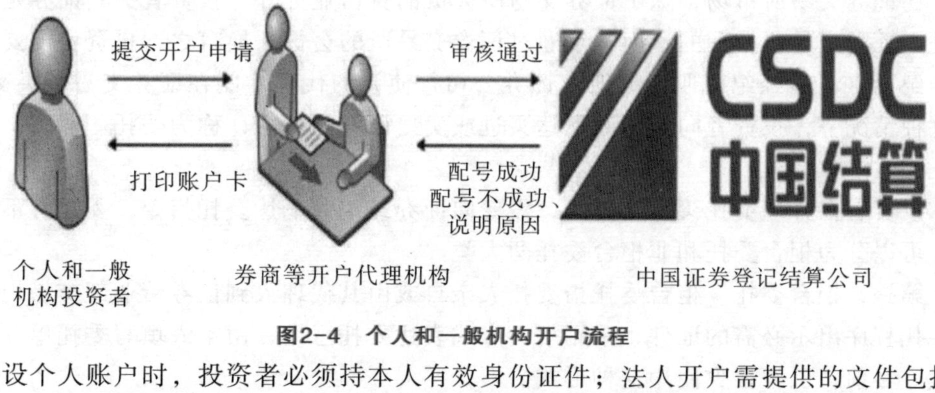

图2-4　个人和一般机构开户流程

开设个人账户时，投资者必须持本人有效身份证件；法人开户需提供的文件包括有效的法人证明文件（营业执照）及其复印件、法定代表人证明书及其居民身份证、法人委托书及委托人身份证件等，并交纳一定的开户费用。

2.开立资金账户

资金账户是指客户在证券公司开立的专门用于证券交易结算的账户。证券公司通过该账户对客户的证券买卖交易、证券交易资金支取进行前端控制，对客户证券交易结算资金进行清算交收和计付利息等。

投资者拥有证券账户后，与证券公司签订证券买卖代理协议，开立证券交易结算资金账户，自行设置交易密码和资金密码。其操作程序如下：

第一步，提供相关资料。个人开户需提供身份证原件。法人机构开户，需要提供法人营业执照原件及复印件、法定代表人证明书、法人授权委托书和被授权人身份证原件及复印件、单位预留印鉴等材料。

第二步，阅读并签署相关文件。一般包括《风险测评问卷》《风险测评告知书》《适当性匹配意见确认书》《客户回访问卷》等。如果要办理网上交易委托，还需要填写《网上交易委托协议书》等相关文件。

第三步，材料审核与开户。证券营业部工作人员根据有关规定，对开户申请者提供的资料进行审核，如符合规定，即为申请者办理开户手续。根据规定，我国目前实行客户交易结算资金第三方存管制度，该账户只能用于证券查询、买卖和委托等功能，客户不能通过此账户在证券营业部柜台进行资金存取活动。

知识拓展2-5　　证券公司客户交易结算资金第三方存管

证券公司客户交易结算资金第三方存管指按照《证券法》的有关规定，由商业银行作为独立第三方，为证券公司客户建立客户交易结算资金明细账，通过银证转账实行客户交易结算资金的定向划转，对客户交易结算资金进行监管并对客户交易结算资金总额与明细账进行账务核对，以保障客户交易结算资金安全。

第四步，开设客户银行结算账户。投资者在证券营业部开设资金账户后，要选择一家与该证券公司合作的商业银行开立一个与证券营业部资金账户相对应的“客户银行结算账户”，用于证券资金账户中资金的存取和划转等业务。

（二）委托

在证券交易所市场，除了证券交易所会员的自营业务外，投资者买卖证券是不能直接进入证券交易所办理的，而必须通过证券交易所的会员。换言之，投资者需要通过证券经纪商（证券经纪商职能一般由证券公司行使）的代理才能在证券交易所买卖证券。在这种情况下，投资者向经纪商下达买进或卖出证券的指令，称为委托。

1.委托形式

投资者在办理委托买卖证券时，需要向证券经纪商下达委托指令。委托有不同的形式，可以分为柜台委托和非柜台委托两大类。

第一，柜台委托。柜台委托指委托人亲自或由其代理人到证券营业部交易柜台，根据委托程序出示必需的证件，采用书面方式表达委托意向，由本人填写委托单并签章的形式。目前，已经很少使用这种形式。

第二，非柜台委托。非柜台委托主要有人工电话委托、传真委托、自助和电话自动委托、网上委托等形式。

2.委托内容

不管采用哪种委托方式，都需要反映客户买卖证券的具体要求，这些要求主要体现在委托指令的内容中。委托指令应当包括下列内容：证券账户号码、证券代码、买卖方向、委托数量、委托价格、交易所及其会员要求的其他内容。下面以目前最常用的网上委托为例对委托指令的基本内容进行说明。委托指令的基本内容如图2-5所示。

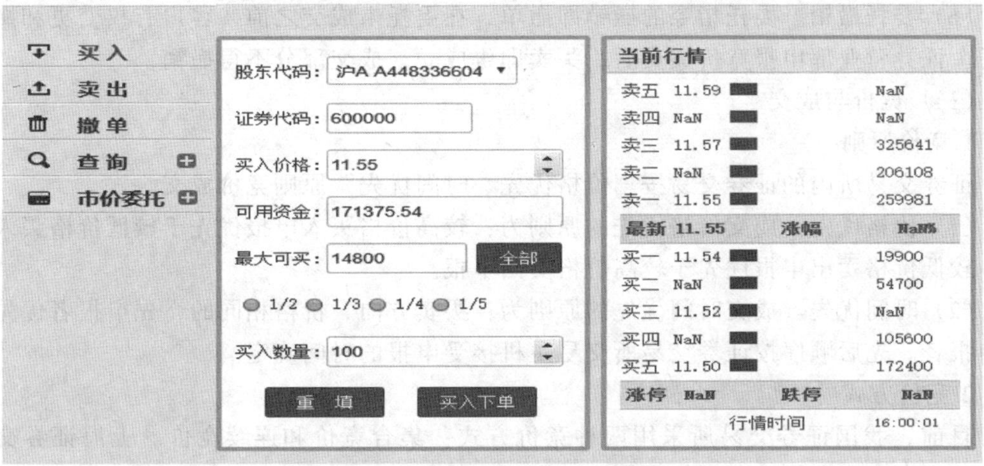

图2-5 委托指令的基本内容

（1）证券代码。证券代码一般为一组6位数字，填写时一定要注意核对，不要出现填写错误。简单的办法是在填写完毕后，核对与系统提示的证券简称是否一致。

（2）买卖方向。委托指令必须明确表明委托买卖的方向，即是买进还是卖出。

（3）委托数量。我国证券交易所规定，投资者在委托买入证券时，必须购买一个交易单位或一个交易单位的整数倍，又称作整数委托。1个交易单位俗称1手，按现行规定，股票100股为1手。在委托卖出证券时，可以委托卖出不足1个交易单位的零数，又称作零数委托。卖出零数必须一次性卖出，不能分批卖出。需要注意的是，填写委托单时仍然是填具体数量，而不是填手数。

（4）委托价格。委托买卖证券的价格是委托能否成交和盈亏的关键，从委托价格限制形式看，委托分为市价委托和限价委托。

市价委托，是指投资者委托证券经纪商按市场价格买卖证券。这种委托方式的优点是没有价格上的限制，证券经纪商执行委托指令比较容易，成交迅速且成交率高；其缺点是只有在委托执行后才知道实际的成交价格，可能会用意想不到的高价买入证券或以意想不到的低价卖出证券。

限价委托，是指投资者委托证券经纪商按其限定的价格买卖证券，证券经纪商必须按限定的价格或低于限定的价格申报买入证券；按限定的价格或高于限定的价格申报卖出证券。限价委托方式的优点是能以投资者预期的价格或更有利的价格成交，有利于投资者实现预期投资计划。但是，采用限价委托时，由于限价与市价之间可能有一定的距离，故必须等市价与限价一致时才有可能成交。此时，如果有市价委托出现，市价委托将优先成交。因此，限价委托成交速度慢，有时甚至无法成交。在证券价格变动较大时，投资者采用限价委托容易失去成交机会。

（5）申报时间。上海证券交易所、深圳证券交易所和北京证券交易所都规定，交易日为每周一至周五9：30至11：30、13：00至15：00。国家法定节假日和证券交易所公告的休市日，证券交易所市场休市。另外，根据市场发展需要，经中国证监会批准，证券交易所可以调整交易时间。证券市场内因故停市，交易时间不顺延。

（6）委托撤销。委托指令的撤销即撤单，在委托未成交之前，客户有权变更和撤销委托。证券营业部申报竞价成交后，买卖即告成立，成交部分不得撤销。

（三）竞价与成交

1.竞价原则

证券交易所内的证券交易按“价格优先、时间优先”原则竞价成交。

（1）价格优先。成交价格优先的原则为：较高价格买入申报优先于较低价格买入申报，较低价格卖出申报优先于较高价格卖出申报。

（2）时间优先。成交时间优先的原则为：买卖方向、价格相同的，先申报者优先于后申报者。先后顺序按证券交易所交易主机接受申报的时间确定。

2.竞价方式

动画2-6

集合竞价和连续竞价

目前，我国证券交易所采用两种竞价方式：集合竞价和连续竞价。上海证券交易所、深圳证券交易所和北京证券交易所都规定：采用竞价交易方式的，每个交易日9：15至9：25为开盘集合竞价时间，形成当天的开盘价，开盘集合竞价阶段，分为两部分：9：15至9：20投资者可以挂单也可以撤单，主力可以造假诱多或诱空；9：20至9：25投资者可以挂单，但不能撤单，这5分钟看到的委托是真实的，9：25集合竞价结束，出现第一笔真正的成交，成交的价格就是当天的开盘价。9：30至11：30、13：00至14：57为连续竞价时间，14：57至15：00为收盘集合竞价时间，形成当天的收盘价。每个交易日9：20至9：25、14：57至15：00竞价阶段，交易主机不接受撤单申报；其他接受交易申报的时间内，未成交申报可以撤销。撤销指令经所交易主机确认方为有效。

（1）集合竞价。集合竞价是指对在规定的一段时间内接受的买卖申报一次性集中撮合的竞价方式。根据我国证券交易所的相关规定，集合竞价确定成交的原则为：

第一，可实现最大成交量的价格。

第二，使高于该价格的买入申报与低于该价格的卖出申报全部成交的价格。

第三，与该价格相同的买方或卖方至少有一方全部成交的价格。

如有两个以上申报价格符合上述条件的，上海证券交易所规定使未成交量最小的申报价格为成交价格；若仍有两个以上使未成交量最小的申报价格符合上述条件的，其中间价为成交价格。深圳证券交易所则取在该价格以上的买入申报累计数量与在该价格以下的卖出申报累计数量之差最小的价格为成交价；买卖申报累计数量之差仍存在相等情况的，开盘集合竞价时取最接近即时行情显示的前收盘价为成交价；收盘集中竞价时取最接近最近成交价的价格为成交价。北京证券交易所规定取在该价格以上的买入申报累计数量与在该价格以下的卖出申报累计数量之差最小的价格为成交价。若买卖申报累计数量之差仍存在相等情况，取最接近最近成交价的价格为成交价；当日无成交的，取最接近前收盘价的价格为成交价。

集合竞价的所有交易以同一价格成交，然后进行集中撮合处理。按照价格优先、同等价格下时间优先的成交顺序依次成交，直至成交条件不满足为止。集合竞价中未能成交的委托，自动进入连续竞价。

（2）连续竞价。连续竞价是指对买卖申报逐笔连续撮合的竞价方式。连续竞价的特点是，每一笔买卖委托输入交易自动撮合系统后，当即判断并进行不同的处理：能成交者予以成交，不能成交者等待机会成交，部分成交者则让剩余部分继续等待。

按照上海证券交易所和深圳证券交易所的有关规定，在无撤单的情况下，委托当日有效。另外，开盘集合竞价期间未成交的买卖申报，自动进入连续竞价。深圳证券交易所还规定，连续竞价期间未成交的买卖申报，自动进入收盘集合竞价。

连续竞价时，成交价格的确定原则为：

第一，最高买入申报与最低卖出申报价位相同，以该价格为成交价。

第二，买入申报价格高于即时揭示的最低卖出申报价格时，以即时揭示的最低卖出申报价格为成交价。

第三，卖出申报价格低于即时揭示的最高买入申报价格时，以即时揭示的最高买入申报价格为成交价。

案例链接 2-4　　操纵股价，违法必究

某年1月13日14：25：43至14：52：10，汪某使用“黄某林”“王某”账户连续买入193.67万股“粤泰股份”，买入金额共29 196 203.24元。买入量占时段市场成交量的71.08%，占全天市场成交量的27.03%。90%买入的申报价格高于前一刻市场成交价，全部买入的申报价格不低于前一刻市场成交价。在连续买入“粤泰股份”过程中，70.53万股系汪某在其实际控制的“黄某林”“王某”账户间的交易，对倒金额共10 766 320.26元，对倒量占时段内市场成交量的25.89%，占全天市场成交量的9.84%。在汪某操纵期间内，“粤泰股份”价格从14.80元上涨至15.34元，上涨0.54元，涨幅3.65%。

同年1月13日14：53：29至14：59：45，汪某分4笔以均价14.98元卖出31万股，金额共464.57万元。1月16日14：53：28至14：58：48卖出26万股，金额共391.3万元。“黄某林”“王某”账户操纵股价获利24.25万元。

证监会对汪某操纵“粤泰股份”股价行为进行了立案调查、审理，依据《证券法》的规定，证监会决定：没收汪某违法所得24.25万元，并处以30万元的罚款。

资料来源　昝秀丽. 操纵“粤泰股份”股价 当事人被罚没54.25万元［EB/OL］.［2020-06-18］. http: //www.cs.com.cn/xwzx/hg/202006/t20200618_6069088.html.

3.涨跌幅限制与竞价申报的有效范围

讲义 2-6

涨停板与跌停板

竞价申报时还涉及证券价格的有效申报范围。为保护投资者利益，防止股价暴涨暴跌和投机盛行，证券交易所可根据需要对每日股票价格的涨跌幅度予以适当的限制。高于涨幅限制价格的委托和低于跌幅限制价格的委托无效。

涨跌幅限制价格的计算公式为：

涨跌幅限制价格=前一个交易日收盘价×（1±涨跌幅限制比例）

沪、深证券交易所对主板股票交易实行价格涨跌幅限制，涨跌幅限制比例为10%，其中主板风险警示股票价格涨跌幅限制比例为5%，退市整理股票价格涨跌幅限制比例为10%。上交所的科创板股票涨跌幅限制比例为20%，深交所的创业板股票涨跌幅限制比例为20%，北交所的股票涨跌幅限制比例为30%。

上海证券交易所规定，属于下列情形之一的，股票不实行价格涨跌幅限制：（1）首次公开发行上市的股票上市后的前5个交易日；（2）进入退市整理期交易的退市整理股票首个交易日；（3）退市后重新上市的股票首个交易日；（4）上交所认定的其他情形。

深圳证券交易所规定，属于下列情形之一的，股票不实行价格涨跌幅限制：（1）首次公开发行上市后的前五个交易日；（2）重新上市首日；（3）进入退市整理期的首日；（4）深交所认定的其他情形。

北京证券交易所规定，属于下列情形之一的，股票交易无价格涨跌幅限制：（1）向不特定合格投资者公开发行的股票（不包括上市公司增发的股票）上市交易首日；（2）退市整理期首日；（3）中国证监会或本所规定的其他情形。

4.竞价结果

竞价可能有三种结果：全部成交、部分成交、不成交。

（1）全部成交。委托买卖全部成交，证券经纪商应及时通知客户按规定时间办理交收手续。

（2）部分成交。客户的委托如果未能全部成交，证券经纪商在委托有效期内可继续执行，直到有效期结束。

（3）不成交。客户的委托如果未能成交，证券经纪商在委托有效期内可继续执行，等待机会成交，直到有效期结束。对失效的委托，证券经纪商须及时将冻结的资金或证券解冻。

5.交易费用

客户在委托买卖证券时，需支付多项费用和税费，如佣金、过户费、印花税等。

（1）佣金。佣金是客户在委托买卖证券成交后按成交金额一定比例支付的费用，是证券经纪商为客户提供证券代理买卖服务收取的费用。此项费用由证券公司经纪佣金、证券交易所手续费及证券交易监管费等组成。

（2）过户费。过户费是委托买卖的股票、基金成交后，买卖双方为变更证券登记所支付的费用。这笔收入一部分属于中国证券登记结算公司的收入，一部分由证券公司留存，由证券公司在同客户清算交收时代为扣收。

动画2-7

印花税

（3）印花税。印花税是根据国家税法规定，在A股和B股成交后对买卖双方按照规定的税率分别征收的税金。我国税法规定，股票成交后，国家税务机关应向成交双方分别收取印花税。为保证税源，简化缴款手续，现行的做法是由证券经纪商在同客户办理交收过程中代为扣收；然后，在证券经纪商同中国证券登记结算公司清算、交收时集中结算；最后，由中国证券登记结算公司统一向征税机关缴纳。

我国证券交易的印花税税率标准多次调整，目前的证券交易印花税实行单边征收（卖出时征收），税率为1‰。

A股交易费用见表2-4。

表2-4 A股交易费用

业务类别	费用项目	费用标准
沪、深A股	佣金	按成交金额的3‰（双向）收取，不得低于代收的证券交易监管费和证券交易经手费，起点5元
	印花税	按成交金额的1‰收取（出让方单边缴纳），不足1元按1元收取
	过户费	按照成交金额的0.2‰（双向）收取，深交所不收

（四）交易结算

每日交易结束后，证券公司要为客户办理证券和资金的清算与交收。

证券交易成交后，首先需要对买方在资金方面的应付额和在证券方面的应收种类和数量进行计算，同时也要对卖方在资金方面的应收额和在证券方面的应付种类和数量进行计算，这一过程属于清算，包括资金清算和证券清算。

清算结束后，需要完成证券由卖方向买方转移和对应的资金由买方向卖方转移，这一过程属于交收。目前我国A股市场实施T+1滚动交收，B股市场实行T+3滚动交收，权证市场实行T+0滚动交收。以T+1为例，指在T日成交证券交易的交收在成交日之后的第一个营业日完成。

（五）过户

我国发行的股票都是记名股票，完成了清算和交收，还有一个登记过户的环节。完成了登记过户，证券交易过程才结束。过户是指买入记名股票的投资者到证券发行机构或其指定代理机构办理变更股东名册记载事项的手续。在无纸化交易时，过户只存在形式上的意义，这一手续已在清算交割时由券商代为办理了，清算完成即实现了过户，投资者不需要亲自去有关机构办理手续。各板块交易规则的对比见表2-5。

表2-5 各板块交易规则的对比

规则要点	主板	创业板	科创板	北交所
交易机制	T+1	T+1	T+1	T+1
交易方式	竞价交易 大宗交易	竞价交易 大宗交易 盘后固定价格交易	竞价交易 大宗交易 盘后固定价格交易	竞价交易 大宗交易 盘后固定价格交易 协议转让
交易数量	单笔申报数量为100股或其整数倍且不超过100万股；卖出时，余额不足100股的部分应当一次性申报卖出	单笔申报数量为100股或其整数倍；限价申报≤30万股；市价申报≤15万股；盘后定价申报≤100万股；卖出时，余额不足100股的部分应当一次性申报卖出	单笔申报数量≥200股，以1股为单位递增；限价申报≤10万股；市价申报≤5万股；卖出时，余额不足200股的部分应当一次性申报卖出	单笔申报数量为100股或其整数倍；竞价申报≤100万股；卖出时，余额不足100股的部分应当一次性申报卖出

续表

规则要点	主板	创业板	科创板	北交所
涨跌幅限制	新股上市前五个交易日不设涨跌幅限制；五个交易日后涨跌幅限制为继续保持10%	新股上市前五个交易日不设涨跌幅限制；五个交易日后涨跌幅限制为20%	新股前五个交易日不设涨跌幅限制；五个交易日后涨跌幅限制为20%	新股上市首日、退市首日不设涨跌幅限制；其后涨跌幅限制为30%
临时停牌机制	无价格涨跌幅限制的股票，盘中交易价格较当日开盘价格首次上涨或下跌达到或超过30%、60%的，停牌10分钟			

三、股票价格指数

动画2-8

股票价格指数

（一）股票价格指数的概念

股票价格指数（简称股价指数）是用以反映整个市场上各种股票市场价格的总体水平及其变动情况的指标。在股票市场上，成百上千种股票同时交易，股票价格的涨跌各不相同，因此需要有一个总的尺度标准即股票价格指数来衡量整个市场的价格水平，观察股票市场的变化情况。因此股价指数被视为股市行情的指示器和经济的晴雨表。

股票价格指数一般由一些有影响力的机构编制，并定期公布。

（二）股票价格指数的编制

1.股票价格指数的编制步骤

股票价格指数的编制可分为四步：

第一步，选择样本股。选择一定数量有代表性的上市公司股票作为编制股价指数的样本股。样本股可以是全部上市股票，也可以是其中有代表性的一部分。样本股的选择主要考虑两个标准：一是样本股的市价总值要占在交易所上市的全部股票市价总值的大部分；二是样本股价格变动趋势必须能反映股票市场价格变动的总趋势。

第二步，选定基期，并以一定方法计算基期平均股价或市值。通常选择某一有代表性或股价相对稳定的日期为基期，并按选定的某一种方法计算这一天的样本股平均价格或总市值。

第三步，计算报告期平均股价或市值，并进行必要的修正。收集样本股在计算期的价格，并按选定的方法计算平均价格或市值。有代表性的价格是样本股收盘平均价。

第四步，指数化。如果计算股价指数，就需要将报告期的平均股价或市值转化为指数值，即将基期平均股价或市值定为某一常数（通常为10、100、1 000等），并据此计算报告期股价的指数值。公式如下：

$$\text{股票价格指数}=\frac{\sum(\text{报告期样本股票价格}\times\text{已发行数量})}{\sum(\text{基期样本股票价格}\times\text{已发行数量})}\times\text{基准值}（100\text{或}1\,000）$$

2.股票价格指数的编制方法

股票价格指数的编制方法主要有三种，即算术平均法、几何平均法和加权平均法。

（1）算术平均法。该方法是先选定具有代表性的样本股票，以某年某月某日为基期，并确定基期指数，然后计算某一日样本股的价格平均数，将该平均数与基期对应的平均数相比，最后乘以基期指数即得出该日的股票价格平均数。

（2）几何平均法。在几何平均法中，报告期和基期的股票平均价采用样本股票价格的几何平均数。国际金融市场上有一部分较有影响的股票指数是采用几何平均法编制的，其中以伦敦金融时报指数和美国价值线指数为代表。

（3）加权平均法。不同股票的地位不同，对股票市场的影响也不同。加权平均法首先按样本股在市场上的不同地位赋予其不同的权数，即地位重要的权数大，地位次要的权数小；然后将各样本股的价格与其权数相乘后求和，再与总权数相除，得到按加权平均法计算的报告期和基期的平均股价；最后据此计算股票价格指数。加权平均法权数的选择，可以是股票的成交金额，也可以是上市股数。

（三）我国主要的股票价格指数

1.中证指数有限公司的股价指数

中证指数有限公司成立于2005年8月，是由沪深证券交易所共同出资成立的金融市场指数提供商。

（1）沪深300指数。沪深300指数由沪、深证券交易所于2005年4月8日正式发布，是沪、深证券交易所联合发布的第一只跨市场指数。中证指数有限公司（简称中证指数公司）成立后，沪深300指数移交中证指数公司进行管理。

沪深300指数由沪深A股市场中规模大、流动性好、最具代表性的300只股票组成，以综合反映沪深A股市场整体表现。沪深300指数是内地首只股指期货的标的指数，被境内外多家机构开发为指数基金和ETF产品，跟踪资产在A股股票指数中高居首位。

（2）中证1 000指数。中证1 000指数选取中证800指数样本以外的规模偏小且流动性好的1 000只证券作为指数样本，旨在综合反映沪深市场小盘股上市公司证券的整体表现，与沪深300和中证500等指数形成互补。该指数发布于2014年10月17日，指数基日为2004年12月31日，基点为1 000点。

2.上海证券交易所的股价指数

上海证券交易所的股价指数是反映上海证券交易所上市股票价格整体水平和变动趋势的指标，包括以上证综指、上证50、上证180、上证380、科创50指数等为核心的上证指数体系，并衍生出大量行业、主题、风格、策略指数。

（1）上证综指。上证综指于1991年7月15日发布，是上海证券交易所第1个反映市场整体走势的旗舰型指数，也是中国资本市场影响力最大的指数，包含A股、B股等上交所全部上市股票，以总股本为权重加权计算，代表中国资本市场的发展历程，是中国资本市场的象征。

（2）科创50指数。科创50指数由上海证券交易所科创板中市值大、流动性好的50只证券组成，反映最具市场代表性的一批科创企业的整体表现。该指数以2019年12月31日为基期，基期指数为1 000点，样本股包括科创板上市的股票及红筹企业发行并在科创板上市的存托凭证。

3.深圳证券交易所的股价指数

深圳证券交易所的股价指数是反映深圳证券交易所上市股票价格整体水平和变动趋

势的指标，包括以深证成分指数、深证100指数、中小板指数、创业板指数、深证300价格指数等为核心的深证指数体系，并衍生出大量行业、主题、风格、策略指数。

（1）深证成分指数。深证成分指数于1995年1月23日发布，是中国证券市场中历史最悠久、数据最完整的成分股指数。深证成分指数选取深圳证券市场中市值规模与流动性综合排名前500位的A股组成样本股，市值结构、行业结构、板块结构等方面均能有效地表现深圳市场特点。

（2）创业板综合指数。创业板综合指数于2010年8月20日发布，以在深圳证券交易所创业板上市的全部股票为样本股，以样本股可流通股本数为权数进行加权逐日连锁计算。

（3）深证综合指数。深证综合指数于1991年4月4日发布，以在深圳证券交易所主板、中小板、创业板上市的全部股票为样本股，以样本股发行总股本数为权数进行加权逐日连锁计算。深证综合指数反映了在深圳证券交易所全部股票的价格综合变动情况以及市场总体走势。

4.北京证券交易所的股价指数

北证50成分指数由北交所规模大、流动性好的最具市场代表性的50只上市公司证券组成，以综合反映市场整体表现。指数以2022年4月29日为基日，基点为1 000点。作为北交所市场的首只指数，北证50指数定位于反映北交所市场最具代表性的50只证券的整体表现，兼顾表征性和投资性，在客观、准确评价市场的同时，为市场提供投资基准及指数产品标的。

5.香港和台湾的主要股价指数

（1）恒生指数。恒生指数由香港恒生银行全资附属的恒生指数服务有限公司编制，是以香港股票市场中的50家上市股票为成分股样本，以其发行量为权数的加权平均股价指数。恒生指数是香港最早的股票市场指数之一，自发布以来，一直被广泛引用，成为反映香港股票市场表现的重要指标。

恒生指数于1969年11月24日首次公开发布，基期为1964年7月31日，基期指数定为100，以33种有代表性的上市股票为成分股，用加权平均法计算。33种成分股市值占香港联合交易所所有上市股票市值的70%左右。恒生指数的成分股并不固定，自1969年以来已做了10多次调整，从而使成分股更具有代表性，使恒生指数更能准确反映市场变动状况。

为进一步反映市场各类别证券的价格走势，恒生指数于1985年推出四个分类指数，并把所有成分股分别纳入金融、公用事业、地产和工商业四个分类指数中。为此，恒生指数基期改为1984年1月13日，并将该日收市指数的975.47点定为新基期指数。

2006年2月，恒生指数首次将H股纳入恒生指数成分股。恒生指数服务有限公司于2006年6月30日宣布将成分股数目由33只增加至38只（包括33只非H股及5只H股），并于2007年2月9日宣布将成分股逐渐增加至50只，其中的H股与非H股数目将不会被固定于特定数量。

（2）台湾证券交易所发行量加权股价指数。我国台湾证券交易所自行编制的发行量加权股价指数，是台湾证券交易所最具有代表性的股价指数，被视为反映台湾经济走向的主要指标之一。此外，台湾证券交易所还与英国金融时报合作编制台湾指数系列，包括台湾50指数、台湾中型100指数、台湾资讯科技指数、台湾发达指数、台湾高股息指数等。

案例链接2-5 **上证指数改革落地**

上交所公告称，上海证券交易所与中证指数有限公司决定自2020年7月22日起修订上证综合指数的编制方案。主要有三点：

第一，样本股由在上交所上市的股票和红筹企业发行的存托凭证组成，剔除ST、*ST股。首先是增加了科创板的红筹股的CDR，这个意思非常明显，就是要增加上证指数的科技属性。未来，腾讯等真正代表中国经济过去几十年巨大发展的公司，通过CDR进入科创板，并纳入上证指数，才能让上证指数真正地反映中国经济的发展！这是要给上证指数大换血。其次是ST、*ST股被剔除，一定程度上实现优胜劣汰的作用。

第二，样本的纳入时间方面，上市后日均总市值排名在沪市前10位的证券，修正为自上市满三个月后计入指数，其他证券于上市满一年后计入指数。目前是上市后的第11个交易日纳入上证指数。新股上市之后一般都会连板涨停，第11个交易日左右基本上就是最高点，然后就是漫漫的下跌路，拖累指数。这项改革很重要，上市一年之后，基本上价值回归得差不多了，对指数的拖累就小了。三个月总市值能达到沪市前10位的，门槛太高。所以能达到这条标准的，大概只有腾讯、阿里、京东、美团等少数科技巨头。

第三，实施时间：自7月22日起实施。7月22日，科创板开通的日子，正好一周年，科创板首批25家企业，就可以正式纳入上证指数了。另外，上海证券交易所和中证指数有限公司将于2020年7月22日收盘后发布上证科创板50成分指数历史行情，7月23日正式发布实时行情。有了科创板50指数，跟踪科创板的指数基金也会来了，这也是一波增量资金。

资料来源 佚名. 上证指数改革落地 “指数牛”要来了吗［EB/OL］.［2020-06-19］. https: //baijiahao.baidu.com/s? id=1669940197843345719&wfr=spider&for=pc.

（四）境外主要股票市场的股票价格指数

1.道琼斯股票价格指数

道琼斯股票价格指数是世界上最早、最享盛誉、最有影响力的股票价格指数，被认为是反映美国政治、经济和社会状况最灵敏的指标。道琼斯股票价格指数由道琼斯公司的创始人查尔斯·亨利·道于1884年6月3日开始编制并刊登在《每日通讯》上，现今发表在《华尔街日报》上。道琼斯股票价格指数以1928年10月1日为基期，基期指数为100点，最初采用简单算术平均法编制，从1928年起采用除数修正的简单平均法，使平均数能连续、真实地反映股价变动情况。现在人们所说的道琼斯股票价格指数实际上是一组股价平均数，包括工业股价平均数、运输业股价平均数、公用事业股价平均数、股价综合平均数、道琼斯公正市价指数5组指标。其中使用最多的是工业股价平均数。

2.标准普尔500指数

标准普尔500指数是由美国最大的证券研究机构标准普尔公司于1957年开始编制的。最初的成分股由425种工业股票、15种铁路股票和60种公用事业股票组成。从1976年7月1日开始，其成分股改由400种工业股票、20种运输业股票、40种公用事业股票和40种金融业股票组成。标准普尔500指数以1941—1943年为基期，基期指数为10，采用加权平均法进行计算，以股票上市量为权数，按基期进行加权计算。

3.纳斯达克指数

纳斯达克（NASDAQ）的中文全称是"全美证券交易商自动报价系统"，于1971年正式启用。纳斯达克指数包括纳斯达克综合指数、纳斯达克100指数、纳斯达克金融100指数、纳斯达克银行指数、纳斯达克生物指数、纳斯达克计算机指数、纳斯达克工业指数、纳斯达克保险指数、纳斯达克其他金融指数、纳斯达克通信指数、纳斯达克运输指数、纳斯达克全国市场综合指数和纳斯达克全国市场工业指数等。

4.金融时报证券交易所指数

金融时报证券交易所指数（也被译为富时指数）是英国最具权威性的股价指数，原由《金融时报》编制和公布，现由《金融时报》和伦敦证券交易所共同拥有的富时集团编制。

金融时报证券交易所指数包括三种指标：

（1）金融时报工业股票指数，又被称为30种股票指数。

（2）100种股票交易指数，又被称为FT 100指数。

（3）综合精算股票指数。

5.日经平均股价指数

日经平均股价指数是日本经济新闻社编制和公布的反映日本股票市场价格变动的股价指数。日经平均股价指数从1950年9月开始编制，最初根据在东京证券交易所第一市场上市的225家公司的股票算出修正平均股价，被称为东证修正平均股价。1975年5月1日，日本经济新闻社向道琼斯公司买进商标使用权，采用道琼斯修正指数法计算，指数也被改称为日经道式平均股价指标。1985年5月合同期满，经协商，又将名称改为日经平均股价指数。

四、沪港通和深港通

为促进内地与香港资本市场共同发展，推动资本市场双向开放，推动人民币国际化进程，2014年11月17日开通沪港通，2016年12月5日开通深港通。

（一）沪港通

动画2-9

聚焦"沪港通"

沪港通，即沪港股票市场交易互联互通机制，是指上海证券交易所和香港联合交易所建立技术连接，使内地和香港投资者可以通过当地证券公司或经纪商买卖规定范围内的对方交易所上市的股票。

沪港通包括沪股通、沪港通下的港股通两部分。

1.沪股通

沪股通，是指投资者委托香港经纪商，经由香港联合交易所在上海设立的证券交易服务公司，向上海证券交易所进行申报，买卖沪港通规定范围内的上海证券交易所上市的股票。

沪股通的股票范围包括上证180指数成分股、上证380指数成分股以及A+H股上市公司的上交所上市的A股。沪股通起始额度为每日520亿元人民币。

2.沪港通下的港股通

沪港通下的港股通，是指投资者委托内地证券公司，经由上海证券交易所在香港设立的证券交易服务公司，向香港联合交易所进行申报（买卖盘传递），买卖沪港通规定范围内的香港联合交易所上市的股票。

沪港通下的港股通的股票范围是联交所恒生综合大型股指数成分股、恒生综合中型股指数成分股和A+H股上市公司的H股。香港证监会要求参与港股通的境内投资者仅限于机构投资者及证券账户及资金账户资产合计不低于50万元人民币的个人投资者。沪港通下的港股通起始额度为每日420亿元人民币。

（二）深港通

深港通，是深港股票市场交易互联互通机制的简称，指深圳证券交易所和香港联合交易所建立技术连接，使内地和香港投资者可以通过当地证券公司或经纪商买卖规定范围内的对方交易所上市的股票。

深港通包括深股通、深港通下的港股通两部分。

动画 2-10 玩转“深港通”

1.深股通

深股通，是指投资者委托香港经纪商，经由香港联合交易所在深圳设立的证券交易服务公司，向深圳证券交易所进行申报，买卖深港通规定范围内的深圳证券交易所上市的股票。

深股通的股票范围是成分股定期调整考察截止日前6个月A股日均市值不低于60亿元人民币的深证成分指数和深证中小创新指数的成分股，以及A+H股上市公司在深交所上市的A股。深股通起始额度为每日520亿元人民币。

2.深港通下的港股通

深港通下的港股通，是指投资者委托内地证券公司，经由深圳证券交易所在香港设立的证券交易服务公司，向香港联合交易所进行申报，买卖深港通规定范围内的香港联合交易所上市的股票。

深港通下的港股通的股票范围是恒生综合大型股指数的成分股、恒生综合中型股指数的成分股、市值50亿元港币及以上的恒生综合小型股指数的成分股以及香港联合交易所上市的A+H股公司股票。深港通下的港股通起始额度为每日420亿元人民币。

知识拓展2-6 **沪伦通**

2016年6月17日沪伦通正式启动，华泰证券发行的沪伦通下首只全球存托凭证产品在英国伦敦证券交易所挂牌交易。沪伦通到底怎么“通”?

根据上交所的定义，沪伦通，即上海证券交易所与伦敦证券交易所互联互通机制，是指符合条件的两地上市公司，依照对方市场的法律法规，发行存托凭证（DR）并在对方市场上市交易。

具体来讲，伦交所上市公司的基础股票可以通过跨境转换等方式，转换成中国存托凭证（CDR）在上交所交易；上交所上市公司可以把股票转换成全球存托凭证（GDR）在伦交所交易。也就是说，有了沪伦通，投资者就可以在上交所交易一部分伦交所上市公司的存托凭证了。

任务实施

学生登录自己注册的模拟证券交易账户，在交易时间内购买某股票，一段时间后卖出，感受股票交易的过程，熟悉股票的交易规则。

学习评价

教师查看学生的交易账户，及时与学生沟通其买卖股票的情况，掌握学生对股票交易规则的理解程度。

任务四　融资融券

情景导入

小金利用模拟炒股账户20万的虚拟资金进行买卖交易已经有一段时间了，有了一些收益。看着市场内科创板、创业板股票涨跌幅20%，真是很刺激。但是看看自己虚拟资金才20万元，确实有点可怜。他问老师：“现实交易中，有没有正规的机构可以借钱买股票？怎么办理？”老师回答：“有借钱买股票的，也有借股票卖出的，这就是本节任务要学习的融资融券。”

知识准备

一、融资融券概述

（一）融资融券的概念

动画2-11

融资融券

融资融券，又称证券信用交易或保证金交易，是指投资者向具有融资融券业务资格的证券公司提供担保物，借入资金买入证券（融资交易）或借入证券并卖出（融券交易）的行为，包括券商对投资者的融资、融券和金融机构对券商的融资、融券。从世界范围来看，融资融券制度是一项基本的信用交易制度。2010年3月30日，上交所、深交所分别发布公告，表示将于2010年3月31日起正式开通融资融券交易系统，开始接受试点会员融资融券交易申报，融资融券业务正式启动。

（二）融资融券交易与普通证券交易有何区别

融资融券交易与普通证券交易相比，在许多方面有较大的区别，归纳起来主要有以下几点：

（1）保证金要求不同。投资者从事普通证券交易须提交100%的保证金，即买入证券须事先存入足额的资金，卖出证券须事先持有足额的证券。而从事融资融券交易则不同，投资者只需交纳一定的保证金，即可进行保证金一定倍数的买卖（买空、卖空），在预测证券价格将要上涨而手头没有足够的资金时，可以向证券公司借入资金买入证券，并在高位卖出证券后归还借款；在预测证券价格将要下跌而手头没有证券时，则可以向证券公司借入证券卖出，并在低位买入证券归还。

（2）法律关系不同。投资者从事普通证券交易时，其与证券公司之间只存在委托买卖的关系；而从事融资融券交易时，其与证券公司之间不仅存在委托买卖的关系，还存在资金或证券的借贷关系，因此还要事先以现金或证券的形式向证券公司交付一定比例的保证金，并将融资买入的证券和融券卖出所得资金交付证券公司一并作为担保物。投资者在偿还借贷的资金、证券及利息、费用，并扣除自己的保证金后有剩余的，即为投资收益。

（3）风险承担和交易权利不同。投资者从事普通证券交易时，风险完全由其自行承担，所以几乎可以买卖所有在证券交易所上市交易的证券品种（少数特殊品种对参与交易的投资者有特别要求的除外）；而从事融资融券交易时，如不能按时、足额偿还资金或证券，还会给证券公司带来风险，所以投资者只能在证券公司确定的融资融券标的证券范围内买卖证券，而证券公司确定的融资融券标的证券均在证券交易所规定的标的证券范围之内，这些证券一般流动性较大、波动性相对较小、股价不易被操纵。

融资融券交易与普通证券交易的区别见表2-6。

表2-6 融资融券交易与普通证券交易的区别

差异项	普通证券交易	融资融券交易
保证金要求	存入保证金全部可用于证券交易，未进行交易的保证金随时可提取	根据融资融券需求交纳少量的保证金作为担保，即可进行放大的买空、卖空交易。根据维持担保比例，部分或全部保证金不可提取
法律关系	委托买卖关系	委托买卖关系、借贷关系和担保关系
风险承担和交易权利	由客户自行承担证券风险	融资交易证券下跌风险、融券交易证券上涨风险，风险因杠杆而被放大，风险由客户自行承担。因借贷关系，证券公司也相应承担部分风险

二、融资融券的交易规则

（一）账户开立

证券公司经营融资融券业务，应当以自己的名义，在证券登记结算机构分别开立融券专用证券账户、客户信用交易担保证券账户、信用交易证券交收账户和信用交易资金交收账户。同时在商业银行分别开立融资专用资金账户和客户信用交易担保资金账户。

融券专用证券账户用于记录证券公司持有的拟向客户融出的证券和客户归还的证券，不得用于证券买卖；客户信用交易担保证券账户用于记录客户委托证券公司持有、证券公司因向客户融资融券产生债权的证券；信用交易证券交收账户用于客户融资融券交易的证券结算；信用交易资金交收账户用于客户融资融券交易的资金结算。证券公司信用账户体系如图2-6所示。

- 证券公司信用账户
  - 在证券登记结算机构开立
    - 融券专用证券账户
    - 客户信用交易担保证券账户
    - 信用交易证券交收账户
    - 信用交易资金交收账户
  - 在商业银行开立
    - 融资专用资金账户
    - 客户信用交易担保资金账户

图2-6 证券公司信用账户体系

投资者进行融资融券交易，首先应听取证券公司有关人员讲解业务规则和合同内容，了解自身权利、义务及风险，特别是关于违约处置的风险控制安排；其次，在风险揭示书上签名确认，并与证券公司签订融资融券合同；最后，与证券公司、商业银行签署客户信用资金存管协议，委托证券公司为其开立实名信用证券账户和信用资金账户。客户信用账户体系如图2-7所示。

- 客户信用账户
  - 在证券公司开立：信用证券账户
  - 在商业银行开立：信用资金账户

图2-7 客户信用账户体系

（二）委托申报

融资融券交易采用竞价交易方式。我国沪深证券交易所规定，证券公司接受客户融资融券交易委托，应当按照交易所规定的格式申报，申报指令应包括客户的信用证券账户号码、交易单元代码、证券代码、买卖方向、价格、数量、融资融券标识等内容。

融资买入、融券卖出股票或基金的，申报数量应当为100股（份）或其整数倍。融资买入、融券卖出债券的，上交所要求申报数量应当为1手或其整数倍，深交所要求申报数量应当为10张或其整数倍。

融券卖出的申报价格不得低于该证券的最新成交价；当天没有产生成交的，申报价格不得低于其前一个交易日收盘价。低于上述价格的申报为无效申报。融券期间，投资者通过其所有或控制的证券账户持有与融券卖出标的相同证券的，卖出该证券的价格应遵守上述规定，但超出融券数量的部分除外。

交易型开放式指数基金或经证券交易所认可的其他证券，其融券卖出不受上述关于申报数量和申报价格规定的限制。

（三）融资融券期限

我国沪深证券交易所规定，证券公司与客户约定的融资融券期限自客户实际使用资金或使用证券之日起计算，融资融券期限最长不得超过6个月。合约到期前，证券公司可以根据客户的申请为其办理展期，每次展期的期限不得超过6个月。证券公司在为客户办理合约展期前，应当对客户的信用状况、负债情况、维持担保比例水平等进行评估。

（四）标的证券

标的证券是指经证券交易所认可，可以融资买入或融券卖出的证券。从目前我国沪深证券交易所公布的标的证券来看，主要是股票和ETF。在实际操作过程中，沪深证券交易所将按规定确定融资融券标的证券名单，证券公司可在交易所公布的融资融券标的证券范围内进一步选择，并随交易所名单变动而相应调整。

（五）保证金及强制平仓

沪深证券交易所规定，证券公司向客户融资融券，应当向客户收取一定比例的保证金。

保证金可以用在交易所上市交易的股票、证券投资基金、债券，货币市场基金、证券公司现金管理产品及交易所认可的其他证券充抵。

投资者融资买入证券时，融资保证金比例不得低于50%。融资保证金比例是指投资者融资买入时交付的保证金与融资交易金额的比例，计算公式为：

融资保证金比例=保证金÷（融资买入证券数量×买入价格）×100%

投资者融券卖出时，融券保证金比例不得低于50%。融券保证金比例是指投资者融券卖出时交付的保证金与融券交易金额的比例，计算公式为：

融券保证金比例=保证金÷（融券卖出证券数量×卖出价格）×100%

投资者融资买入或融券卖出时所使用的保证金不得超过其保证金可用余额。保证金可用余额是指投资者用于充抵保证金的现金、证券市值及融资融券交易产生的浮盈经折算后形成的保证金总额，减去投资者未结算融资融券交易已占用保证金和相关利息、费用后的余额。

为控制风险，证券公司可与客户约定强制平仓条件。一旦达到强制平仓条件，证券公司有权根据双方约定采取强制平仓措施。此时，证券公司可按证券交易所规定的格式申报强制平仓指令。申报指令应当包括客户的信用证券账户号码、融资融券专用交易单元代码、证券代码、买卖方向、价格、数量、融资强制平仓或融券强制平仓标识等内容。

三、融资融券的特有风险

融资融券业务是具有杠杆特征的信用交易业务，存在一定的风险性与投机性。除普通证券交易具有的政策风险、市场风险、系统风险外，还有以下三个方面的特有风险：

1.投资亏损放大风险

看空某只股票的情况下借券卖掉，然后等股票价格跌下来，再买回来归还。可见，融资融券交易具有明显的杠杆交易的特点，亏损和收益都随之放大。因此，投资者有可能遭受比普通证券交易大得多的亏损。

2.强制平仓风险

如果投资者违反了相关规定或者达到了其与证券公司约定的强制平仓条件，将面临被证券公司强制平仓的风险。

3.提前结算交易风险

按现行规定，如果投资者融入的证券被调整出标的证券范围、标的证券暂停交易或终止上市，或因投资者自身原因导致其资产被司法机关采取财产保全或强制执行措施以及出现投资者丧失民事行为能力、破产、解散等情况时，投资者可能面临证券公司提前结算融资融券交易的风险，从而造成经济损失。

案例链接2-6 **强制平仓风险**

融资融券交易作为证券市场一项具有重要意义的创新交易方式，一方面为投资者提供了新的盈利模式，另一方面也蕴含着比普通交易更大的风险，当投资者触发融资融券合同约定的强制平仓条件时，将面临被证券公司强制平仓的风险，现用以下案例揭示强制平仓风险：

假设投资者小王在证券公司开立信用账户并转入担保物后，向证券公司融资买入证券，后因证券价格下跌，小王信用账户维持担保比例（指投资者担保物价值与其融资融券债务之间的比例）低于证券公司规定的平仓线，证券公司向小王发送了追加担保物通知书，但因小王资金周转出现问题，未能按证券公司的要求在规定时限内补足担保物，构成违约，触发了融资融券合同约定的强制平仓条件，证券公司根据融资融券合同约定对小王信用账户采取强制平仓措施以提高维持担保比例。

任务实施

登录某证券公司的官网，了解该公司融资融券的条件和要求，查询可以进行融资融券的标的股票。

学习评价

抽查学生查询的相关资料，并结合学生的风险态度谈谈对融资融券的态度。

项目小结

1.股票是一种有价证券，它是股份有限公司签发的证明股东所持股份的凭证。股份有限公司将公司的资本划分为股份，每一股份的金额相等。股票是资本证券。股票的特征包括收益性、风险性、流动性、永久性和参与性。目前股票的种类繁多，普通股和优先股是其中两种主要形式。

2.目前我国主要股利政策包括现金股利政策和股票股利政策。股票代码都是6位编码，股票的简称以N、XD、XR、DR、ST和*ST字母开头或带有C、U、W、V字母的，分别代表着不同的含义。

3.股票发行监管制度主要有三种：审批制、核准制、注册制，每一种发行监管制度都对应一定的市场发展状况。

4.根据发行时间的先后，股票发行的种类可分为设立发行和新股发行两种。新股发行的类型包括首次公开发行股票（IPO）和上市公司增资发行股票。

5.按照股票面额和发行价格的关系，股票发行价格的类型主要有面额发行、溢价发行、折价发行。《公司法》规定股票发行价格可以等于票面金额，也可以超过票面金额，但不得低于票面金额。

6.股票退市是指上市公司股票在证券交易所终止上市交易。股票退市包括主动退市和强制退市。

7.在证券交易所进行证券交易的基本程序包括开户、委托、竞价成交、交易结算和过户等步骤。开户包括证券账户和资金账户；委托分为柜台委托和非柜台委托；竞价分为集合竞价和连续竞价；结算分为资金清算和证券清算；过户在无纸化交易时，只存在形式上的意义，这一手续已在清算交割时由券商代为办理了。

8.股票价格指数是用以反映整个市场上各种股票市场价格的总体水平及其变动情况的指标。道琼斯指数是世界上最早、最享盛誉、最有影响力的股价指数。我国证券市场股票价格指数有上证综指、创业板指数、沪深300指数、恒生指数、台湾证券交易所发行量加权股价指数等。

9.沪港通，即沪港股票市场交易互联互通机制。深港通，即深港股票市场交易互联互通机制。

10.融资融券交易属于证券信用交易，又称作保证金交易，其实质是在证券交易中由证券经纪商在投资者进行证券交易时以投资者提供的部分现金或有价证券作为抵押，为投资者垫付一定的资金或证券来完成交易，即借给投资者资金来购买证券或借给投资者证券供其卖出。

项目练习

一、单项选择题

项目练习2-1

单项选择题

1.股票实质代表了股东对股份有限公司的（　　）。

A.债权　　B.收益权　　C.所有权　　D.物权

2.股票是投入股份有限公司的资本份额的证券化，表明股票是（　　）。

A.有价证券　　B.要式证券　　C.证权证券　　D.资本证券

3.（　　）是股票最基本的特征。

A.收益性　　B.风险性　　C.流动性　　D.波动性

4.股票按照股东享有权利的不同，可以分为（　　）。

A.普通股和优先股　　B.A股和B股

C.有面额股票和无面额股票　　D.记名股票和不记名股票

5.股份有限公司发行的最基本、最常见、风险最大的股票是（　　）。

A.无记名股票　　B.优先股　　C.普通股　　D.有面额股票

6.在上海证券交易所上市的股票中B股是以人民币标明面值，以（　　）买卖的股票。

A.人民币　　B.美元　　C.港元　　D.日元

7.在深圳证券交易所上市的股票中B股是以人民币标明面值，以（　　）买卖的股票。

A.人民币　　B.美元　　C.港元　　D.日元

8.目前，我国的境内上市外资股指的是（　　）。

A.B股　　B.H股　　C.S股　　D.以上都不是

9.王某购买了A公司股票，由于做生意急需资金，王某将股票出售而没有要求退股，不能要求退股体现了股票的（　　）。

A.参与性　　B.风险性　　C.流动性　　D.永久性

10.按照《公司法》的规定，公司公开发行新股的条件中不包括（　　）。

A.健全且运行良好的组织机构

B.具有持续经营能力

C.至少持续盈利3年

D.最近3年财会会计报告被出具无保留意见审计报告

11.证券交易通常须遵循（　　）。

A.价格优先原则和时间优先原则　　B.时间优先原则和价格优先原则

C.价格优先原则和数量优先原则　　D.客户优先原则和时间优先原则

12.我国证券交易所规定的A股每次申购和成交的最小数量单位（除零股交易外）是（　）。

A.10手　　B.10股　　C.1手　　D.1股

13.股票名称前面加上“*ST”，表示（　　）。

A.终止上市　　B.退市风险警示　　C.暂停上市　　D.风险提示

14.目前，融资融券的交易期限最长是（　　）个月。

A.3　　B.4　　C.5　　D.6

15.融资是指客户向证券公司借入（　　）。

A.债券　　B.基金　　C.资金　　D.股票

16.目前我国沪深两市A股实行（　　）申购。

A.面值　　B.市值　　C.净值　　D.价格

17.科创板上市的股票代码以（　　）开头。

A.688　　B.600　　C.002　　D.300

18.在深圳证券交易所申购新股时，每一个申购单位为（　　）股。

A.300　　B.400　　C.500　　D.1 000

19.我国股票的代码一般由（　　）位数字组成。

A.3　　B.4　　C.5　　D.6

20.上市公司出现下列（　　）情形的，可以向证券交易所申请主动退市。

A.股权分布不合理　　B.市值过低而不再适合公开交易的股票

C.有严重违法违规行为的公司　　D.上市公司新设合并并被注销

二、多项选择题

项目练习2-2

多项选择题

1.优先股的“优先”主要体现在（　　）。

A.对企业经营参与的优先　　B.股息分配的优先

C.认购新发行股票的优先　　D.剩余资产清偿的优先

2.我国现行的股票按投资主体可分为（　　）。

A.国家股　　B.法人股　　C.公众股　　D.社会股

3.境内居民个人可以用（　　）从事B股交易。

A.现汇存款　　B.外币现钞存款

C.境外汇入的外汇资金　　D.外币现钞

4.我国外资股有（　　）。

A.A股　　B.H股　　C.S股　　D.B股

5.某公司拟上市发行股票，已知股票每股面额为1元，按照《公司法》要求，该公司的股票发行价格可以是（　　）。

A.20元　　B.0.5元　　C.1元　　D.5.4元

6.进行连续竞价时，成交价格的确定原则包括（　　）。

A.买入申报价格与卖出申报价格相同，以该价格为成交价格

B.买入申报价格高于卖出申报价格时，以二者的平均价格为成交价格

C.买入申报价格高于即时揭示的卖出申报价格的，以即时揭示的卖出申报价格为成交价格

D.卖出申报价格低于即时揭示的买入申报价格的，以即时揭示的买入申报价格为成交价格

7.当上市公司出现以下（　　）情形时，上海证券交易所和深圳证券交易所对在主板上市的股票交易实行退市风险警示。

A.近2年连续亏损（以近2年年度报告披露的当年经审计净利润为依据）

B.法院依法受理公司重整、和解或者破产清算申请

C.未在法定期限内披露年度报告或者中期报告，且公司股票已停牌2个月

D.因股权分布不具备上市条件，公司在规定期限内向交易所提交解决股权分布问题的方案，并获得交易所同意

8.上海证券交易所的连续竞价时间为（　　）。

A.9：25至11：30　　B.9：30至11：30

C.13：00至15：15　　D.13：00至14：57

9.证券交易程序中，开立账户包括（　　）。

A.证券账户　　B.资金账户　　C.存款账户　　D.交易账户

10.非柜台委托主要有（　　）。

A.现场委托　　B.人工电话委托　　C.传真委托　　D.网上委托

11.张先生买卖股票，他需要支付（　　）。

A.佣金　　B.印花税　　C.过户费　　D.个人所得税

12.关于撤单，下列说法正确的是（　　）。

A.在委托未成交之前，委托人有权变更委托

B.对委托人撤销的委托，证券营业部须在次日将冻结的资金或证券解冻

C.委托成交部分不得撤单

D.在委托未成交之前，委托人有权撤销委托

13.下列（　　）属于境外主要股票市场的股票价格指数。

A.道琼斯指数　　B.标准普尔500指数

C.纳斯达克指数　　D.金融时报证券交易所指数

14.下列做法中，符合相关开户规定的是（　　）。

A.赵某是政府部门工作人员，申请开设了个人证券账户

B.张某在开设证券账户时，采用的是其身份证上的姓名

C.王某使用其妻子的名义开设了证券账户

D.中国证券登记结算有限责任公司为李某开立一码通账户和相应子账户

15.下列说法正确的是（　　）。

A.沪港通，即沪港股票市场交易互联互通机制

B.深港通，即深港股票市场交易互联互通机制

C.深股通起始额度为每日520亿元人民币

D.沪股通起始额度为每日520亿元人民币

三、实训题

项目练习2-3

实训题答案

1.同学进行角色扮演，模拟证券开户业务流程。分柜台开户、网上开户、微信开户组，教师进行评价。

2.若某股票在前一天的收盘价为23元，计算该股票第二天的涨停价格和跌停价格。

3.A公司定于T日在深交所主板进行新股网上申购，网上发行量为2 000万股，主承销商规定的申购上限为2万股，发行价格为8元。申购日前2个交易日收市后，投资者李先生持有深市非限售A股股份在前20个交易日（包括当天）的每日平均市值为10.3万元，李先生的新股申购单位和股数分别是多少？

4.有A、B、C、D投资者四人，均申报卖出某股票，申报价格和申报时间见表2-7，你知道这四位投资者交易的优先顺序吗？

表2-7 某股票的申报卖出价格与申报时间

投资者	申报卖出价格（元）	申报时间
A	15.23	10：05
B	15.20	10：07
C	15.23	10：09
D	15.21	10：08

推荐阅读

［1］巴菲特，芒格，坎宁．巴菲特致股东的信［M］．路本福，译．北京：北京联合出版有限公司，2017.

［2］上海证券交易所IPO业务专栏，http：//www.sse.com.cn/services/ipo/home.

［3］上海证券交易所沪港通，http：//www.sse.com.cn/services/hkexsc/home.

［4］创业板发行上市审核信息公开，http：//listing.szse.cn.

［5］深圳证券交易所深港通，http：//www.szse.cn/szhk/index.html.

项目三 债券

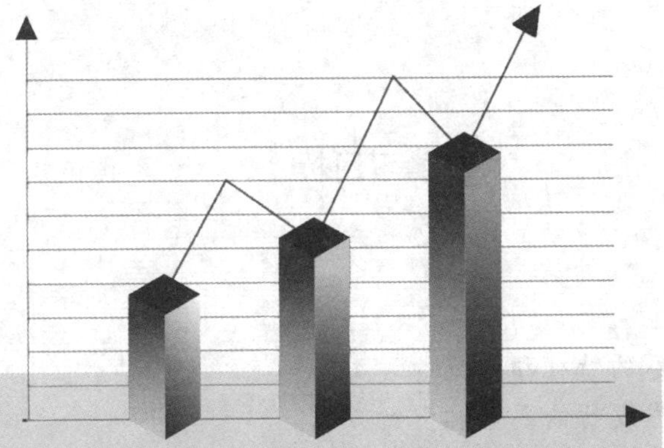

项目概述

随着我国资本市场日趋成熟，人们投资理财的渠道越来越丰富。如今，储蓄、债券和股票已形成“三足鼎立”之势。本项目的主要任务是学习债券的基本概念、特征和分类，掌握债券的发行和交易流程，为投资者进行债券投资提供知识储备。

学习目标

知识目标

1. 熟悉债券的特征和常见的种类。
2. 了解债券发行的要素和发行方式。
3. 熟悉债券交易的流程。
4. 了解债券的评级。

能力目标

1. 能够准确理解市场中常见的债券种类。
2. 能够熟练进行债券的模拟交易。
3. 能够通过债券评级结果，识别债券风险等级。

素养目标

培养以本金安全为主的投资理念，感悟债券支撑国家实体经济发展的重要作用。

任务一　认识债券

情景导入

小金放假回家，隔壁张奶奶听说小金学了金融方面的知识，于是让他帮忙出出主意。张奶奶目前手上有一笔养老的退休金，不想放在银行存定期，但又不想投资风险大的金融产品。有没有哪种产品收益稳定且高于储蓄的？

小金之前在学习其他课程时了解到债券是还本付息的，低风险且收益不错，但通过行情软件看到的债券种类繁多，小金犯愁了。债券背后的关键信息不但决定着还本的可靠性，而且还影响着未来利息的收益水平，听说有一些创新的债券品种在还本付息的基础上，还会有令人心动的投资机会。选择什么样的债券进行投资、如何向不同投资偏好的投资者推荐合适的债券品种，小金明显感到知识储备不足。

知识准备

一、债券的概念

讲义 3-1

认识债券

（一）债券的定义

债券是一种有价证券，是社会各类经济主体为筹集资金而向债券投资者出具的、承诺按一定利率定期支付利息并到期偿还本金的债权债务关系凭证。债券反映了发行人与购买者之间的债权债务关系。债券的发行人（政府、金融机构、企业等机构）是债务人，购买债券的投资者则是债权人。

（二）债券的基本性质

1.债券属于有价证券

债券反映和代表一定的价值，通常它是债券投资者投入资金的量化表现，债券与其代表的权利联系在一起，拥有债券就相当于拥有了债券所代表的权利，转让债券也就是将债券代表的权利转移。

2.债券是一种虚拟资本

债券尽管有面值，代表了一定的财产价值，但它也只是一种虚拟资本，而非真实资本。因为债券的本质是证明债权债务关系的证书，在债权债务关系建立时所投入的资金已被债务人占用，债券是真实资本的证书。债券的流动并不意味着它所代表的实际资本也同样流动，债券独立于实际资本之外。

3.债券是债权的表现

债券代表债券投资者的权利，这种权利不是直接支配财产的权利，也不以资产所有权表现，而是一种债权。拥有债券的人是债权人，债权人不同于公司股东，是公司的外部利益相关者。

（三）债券的票面要素

债券作为证明债权债务关系的凭证，一般有一定格式的票面形式。通常，债券票面上有四个基本要素。

1.票面价值

债券的票面价值，也称面值，是债券票面标明的货币价值，是债券发行人承诺在债券到期日偿还给债券持有人的金额，也是企业向债券持有人近期支付利息的计算依据。债券票面金额的确定要根据债券的发行对象、市场资金供给情况及债券发行费用等因素综合考虑。债券的面值是固定的，但它的价格却是经常变化的。

2.到期期限

债券到期期限是指债券从发行之日起至应当偿清本息之日止的时间，也是债券发行人承诺履行合同义务的全部时间。债券有不同的偿还期限，短则几个月，长则几十年，习惯上有短期债券、中期债券和长期债券之分。

3.票面利率

票面利率也称名义利率，是债券年利息与债券票面价值的比率，投资者每张债券获得的年利息等于债券面值乘以票面利率。票面利率的形式有单利、复利和贴现利率。利率是债券票面要素中不可缺少的内容。

4.发行者名称

这一要素指明了该债券的债务主体，既明确了债券发行人应履行对债权人偿还本息的义务，也为债权人到期追索本金和利息提供了依据。

需要说明的是，在债券无纸化发行的情况下，债券发行者主要以发行公告的形式向社会公开宣布某债券的票面要素。除了上述债券票面的四个基本要素以外，有时在发行契约中还会赋予债券发行人或持有人某种选择的权利，如赎回选择权、回售选择权、可转换权、新股认购权等。

二、债券的特征

（一）偿还性

偿还性是指债券有规定的偿还期限，债务人必须按期向债权人支付利息和偿还本金。债券的性质决定了它必须是可偿还的，在发行之前就必须明确规定其归还期限，并按约定条件偿还本息。债券的偿还性使资金筹措者不能无限期地占用债券购买者的资金，换言之，他们之间的借贷经济关系将随偿还期结束、还本付息手续办理完毕而不复存在。这一特征与股票的永久性有很大的区别。

（二）流动性

流动性是指债券持有人可按需要和市场的实际状况，灵活地转让债券，以提前收回本金和实现投资收益。流动性首先取决于市场为转让债券提供的便利程度；其次取决于债券在迅速转变为货币时，是否在以货币计算的价值上蒙受损失。债券一般都可以在流通市场上自由转让。但由于债券市场交易的活跃程度要弱于股票市场，因此债券的流动性也要弱于股票。

（三）安全性

安全性是指债券持有人的收益相对稳定，不随发行者经营收益的变动而变动，并且可按期收回本金。一般来说，具有高度流动性的债券同时也是较安全的，因为它不仅可以迅速地转换为货币，而且还可以按一个较稳定的价格转换。与其他有价证券相比，债券的安全系数较大，主要因为：一是债券在发行时利率就已确定，几乎不受市场利率变动的影响，收益较稳定；二是债券本息的偿还和支付有法律上的保障；三是债券的发行必须具备一定的条件，而且要经过严格的审查，对发行量也有严格的限制；四是在企业破产时，债券持有者享有优先于股东的剩余资产索取权。

（四）收益性

收益性是指债券能为投资者带来一定的收入，即债券投资报酬。在实际经济活动中，债券收益可以表现为三种形式：利息收入、资本利得和再投资收益。该部分内容将在项目九的任务一中有关债券收益部分详细介绍。

三、债券的分类

债券的种类很多，依据不同的标准有不同的分类方式，具体如下：

（一）按发行主体分类

按发行主体的不同，债券可以分为政府债券、金融债券和公司债券。

政府债券的发行主体是政府，具体包括中央政府债券、地方政府债券和政府担保债券等。中央政府发行的债券被称为中央政府债券，也称国债，主要用于解决由政府投资的公共设施或重点建设项目的资金需要和弥补国家财政赤字。地方政府发行的债券被称为地方政府债券。除了政府部门直接发行的债券外，有些国家把政府担保的债券也划归为政府债券体系，称为政府担保债券。

思维延伸3-1

2020年1万亿元抗疫特别国债采用市场化方式，全部面向记账式国债承销团成员公开招标发行。6月18日发行的两期抗疫特别国债采取记账式国债发行方式，一期国债为5年期固定利率附息债券，债券面值100元，票面利率为2.41%，二期国债为7年期固定利率附息债券，债券面值100元，票面利率为2.71%。

资料来源 陈红．需开立专用账户，购买抗疫特别国债有“讲究”[EB/OL]．[2020-06-28] https：//xw.qq.com/amphtml/20200628A0MMAB00.

思考：国家为什么要发行特别国债？

分析：不同于一般国债用于弥补财政赤字，特别国债是专门服务于特定政策、支持特定项目的，而且使用起来更加灵活。抗疫特别国债是为应对新冠肺炎疫情影响，由中央财政部门统一发行的特殊国债，不计入财政赤字，纳入国债余额限额，全部转给地方主要用于公共卫生等基础设施建设和抗疫相关支出。

金融债券是银行或非银行金融机构为筹措中长期信用资金而向社会发行的一种债务凭证，具体分为全国性金融债券和地方性金融债券。发行金融债券的目的主要是筹资用于某种特殊用途和改变本身的资产负债结构。对于金融机构来说，发行债券是金融机构的主动负债，金融机构有更大的主动权和灵活性。金融债券的期限以中期较为多见。

案例链接3-1　　绿色金融债发行提速

大力发展绿色金融是金融服务经济高质量发展的内在要求，作为我国绿色金融市场的重要参与者，商业银行在绿色金融领域的探索不断深入。2022年以来，各银行机构积极发行绿色金融债券，《证券日报》记者根据Wind数据统计发现，截至2022年11月14日，年内已有36家银行发行47只绿色金融债券，发行规模合计达2 539.87亿元，无论是发债机构数量还是发行规模都远超2021年。2021年，共有17家银行发行25只绿色金融债券，发行规模合计为950.55亿元。

中小银行绿色金融债券发债数量与发行规模提升明显。截至2022年11月14日，年内已有27家城商行、农商行累计发行29只绿色金融债券，发行规模累计达687.57亿元，较2021年全年增长超两倍。2021年全年，共13家城商行、农商行发行17只绿色金融债券，发行规模累计为284.55亿元。

资料来源　彭妍. 政策助力绿色金融发展　银行年内发行绿色金融债规模超2 500亿元[EB/OL]. [2022-11-15]. https://finance.china.com.cn/esg/20221115/5901147.shtml.

公司债券是公司依照法定程序发行的、约定在一定期限还本付息的有价证券。公司发行债券主要是为了满足经营需要。由于公司的情况千差万别，有些经营有方、实力雄厚、信誉好，也有一些经营较差，可能处于倒闭的边缘，因此，公司债券的风险相对于政府债券和金融债券要高一些。公司债券有中长期的，也有短期的，视公司的需要而定。需要注意的是，在国外发达资本市场，公司债券和企业债券是同一种债券，其原因在于国外发行债券的企业必须是公司制企业。但在我国，公司债券和企业债券是两类不同的债券，具有不同的发行条件和管理体系。

（二）按到期期限分类

按到期期限的不同，债券可以分为短期债券、中期债券和长期债券。

一般来说，偿还期限在1年以下的为短期债券。中期债券一般指期限在1年以上、10年以下的债券。偿还期限在10年以上的为长期债券。

（三）按利息支付方式分类

按利息支付方式的不同，债券可以分为零息债券、附息债券和息票累积债券。

零息债券是指以贴现方式发行，不附息票，而于到期时按面值一次性支付本利的债券，这种利息支付方式主要适用于中短期债券。附息债券是指合约中明确规定，在债券的存续期内，对持有人定期支付利息，附息债券的利息支付方式一般为每半年或一年付息一次。息票累积债券与附息债券相似，这类债券也规定了票面利率，但是债券持有人只能在债券到期时一次性获得本息，存续期间没有利息支付。

（四）按形态分类

按形态的不同，债券可以分为实物债券、凭证式债券和记账式债券。

实物债券是一种具有标准格式实物券面的债券。在其券面上，一般印制了债券面值、债券利率、债券期限、债券发行人全称、还本付息方式等各种债券票面要素，其一般特点是不记名，不挂失，可上市流通，不可提前兑现。凭证式债券是债权人认购债券的一种收款凭证，而不是债券发行人制定的标准格式的债券，可记名、挂失，不能上市流通。记账式债券是指没有实物形态的票券，利用证券账户通过电脑系统完成债券发行、交易及兑付的全过程，可以记名、挂失和流通，安全性较高。

（五）按利率是否固定分类

按利率是否固定，债券可以分为固定利率债券与浮动利率债券。

固定利率债券是利率在发行时就被固定下来的债券。这种债券通常在票面上印制有固定利息息票和到期日，发行人每半年或一年支付一次利息。浮动利率债券是指发行时规定债券利率随市场利率定期浮动的债券，也就是说，债券利率在偿还期内可以进行变动和调整，可以较好地抵御通货膨胀风险。

（六）按信用状况分类

按信用状况的不同，债券可以分为利率债和信用债。

利率债是指直接以政府信用为基础或是以政府提供偿债支持为基础而发行的债券。由于有政府信用背书，正常情况下利率债的信用风险很小，影响其内在价值的因素主要是市场利率或资金的机会成本，故名“利率债”。在我国，狭义的利率债包括国债和地方政府债。

信用债是指以企业的商业信用为基础而发行的债券，除了利率，发行人的信用是影响该类债券的重要因素。信用债券与政府债券相比最显著的差异就是存在信用风险，所以信用债券比国债有着更高的收益。

（七）按是否可以转换为公司股票分类

按是否可以转换为公司股票，债券可以分为可转换债券和不可转换债券。

可转换债券是指在特定时期内可以按某一固定比例转换成普通股票的债券。这种债券附加转股选择权，在转换前是公司债券，转换后相当于增发了股票。因此，可转换债券兼有债权投资和股权投资的双重优势。

不可转换债券是指不能转换为普通股票的债券，又称为普通债券。由于其没有赋予债券持有人将来成为公司股东的权利，所以其利率一般高于可转换债券。

（八）按发行方式分类

按发行方式的不同，债券可分为公募债券和私募债券。

公募债券是指按法定手续，经证券主管机构批准在市场上公开发行的债券。这种债券的认购者可以是社会上的任何人，除政府机构、地方公共团体外，一般私营企业必须符合规定的条件才能发行公募债券。由于发行对象是不特定的广泛分散的投资者，因而要求发行者必须遵守信息公开制度，向投资者提供各种财务报表和资料，并向证券主管部门提交有价证券申报书，以保护投资者的利益。

私募债券是指向与发行者有特定关系的少数投资者发行的债券。其发行和转让均有一定的局限性，私募债券的发行手续简单，一般不能在证券市场上交易，流动性较差。

思政专栏 3-1　　中国债券市场改革、创新、开放的大发展之路

自2016年起，我国就已成为世界第二大债券市场。截至2022年5月末，我国债券市场总规模达139万亿元人民币，较2012年年末增长了4.3倍，稳居世界第二。其中，公司信用类债券规模为32万亿元人民币，是仅次于信贷的实体经济融资渠道。

市场体量实现飞跃的同时，债券品种也呼应着实体需求与时代大势，创新不断。近几年，民营企业债券融资支持工具、小微企业债券、绿色债券、扶贫债券、"一带一路"债券等不同品种的债券相继问世，成为化解民营小微企业融资困境、推动绿色发展、助力脱贫攻坚、支持"一带一路"建设的有力支撑。

中国债券市场对外开放打开"新空间"，引入境外投资者，融入全球金融市场。自"债券通"开通以来，境外机构持债规模年均增速达34.7%。"熊猫债"发行规模持续提升，截至2022年5月，中国债券市场"熊猫债"累计发行金额约5 800亿元。截至2022年5月末，进入银行间市场的境外机构有1 038家，覆盖了美国、加拿大、英国、法国、德国、意大利、日本、新加坡、澳大利亚等60多个国家和地区。

我国债券市场影响力也在显著提升。2018年以来，我国境内债券市场已先后被纳入彭博巴克莱、摩根大通、富时罗素三大国际债券指数，成为中国债市对外开放的关键里程碑。此外，标普、惠誉等外资评级机构先后入市展业，债券市场各个领域、各层面境外机构参与程度均得到明显提升，国际化程度进一步加深。

资料来源　服务实体经济"活水"奔流 中国债券市场在开放中大发展［N］. 上海证券报，2022-10-10（1）.

思政元素：品种创新　对外开放　国际化

思政感悟：债券市场坚持渐进可控、平衡效率与安全的开放原则，注重顶层设计与统筹安排，取得了长足进步。稳步扩大债券市场规模，丰富债券品种。中国债券市场循着支持实体经济的主线，走出了一条在改革、创新、开放推动下的大发展之路，为经济高质量发展增添强劲动力。

四、债券与股票的关系

（一）债券与股票的相同点

1.债券与股票都属于有价证券

尽管债券和股票有各自的特点，但它们都属于有价证券。债券和股票作为有价证券体系中的一员，都是虚拟资本，它们本身无价值，但又都是真实资本的代表。持有债券或股票，都有可能获取一定的收益，并能行使各自的权利并流通转让。债券和股票都在证券市场上交易，是各国证券市场的两大支柱类交易工具。

2.债券与股票都是直接融资工具

经济主体在社会经济活动中必然会产生对资金的需求，从资金融通角度看，债券和股票都是筹资人向资金供给者直接发行的有价证券，是直接融资工具。

动画3-1

债券与股票的区别

（二）债券与股票的区别

1.权利不同

债券是债权凭证，债券持有者与债券发行人之间的经济关系是债权债务关系，债券持有者只可按期获取利息及到期收回本金，无权参与公司的经营决策。股票是所有权凭证，股票所有者是发行股票公司的股东，股东一般拥有表决权，可以通过参加股东大会选举董事、监事，参与公司重大事项的审议和表决，行使对公司的经营决策权和监督权。

2.目的不同

发行债券获取的资金属于公司的负债，不是资本金，有偿还的义务。发行股票筹措的资金列入公司资本，是股份有限公司创立和增加资本的方式。

3.主体不同

发行债券的经济主体很多，中央政府、地方政府、金融机构、公司等一般都可以发行债券，但能发行股票的经济主体只有股份有限公司。

4.期限不同

债券一般有规定的偿还期，期满时债务人必须按时归还本金，因此，债券是一种有期证券。股票通常是无须偿还的，一旦投资入股，股东便不能从股份有限公司抽回本金，因此股票是一种无期证券，或称为永久证券。但是，股票持有者可以通过市场转让收回投资资金。

5.收益不同

债券通常有规定的票面利率，可获得固定的利息。股票的股息红利不固定，一般视公司经营情况而定。

6.风险不同

股票风险较大，债券风险相对较小。这是因为：第一，债券利息是公司的固定支出，属于费用；股票的股息红利是公司利润的一部分，公司有盈利才能支付，而且支付顺序列在债券利息支付和纳税之后。第二，倘若公司破产，剩余资产有余额偿还时，债券偿付在前，股票偿付在后。第三，在二级市场上，债券因其利率固定、期限固定，市场价格也较稳定；而股票无固定期限和利率，市场价格受各种宏观因素和微观因素的影响，波动频繁，涨跌幅度较大。

五、我国债券市场的发展

（一）我国债券市场概览

中国债券市场从1981年财政部恢复发行国债开始至今，经历了曲折的探索和发展历程。目前我国已经建立了以人民银行、银保监会、证监会、发改委为主要监管机构，以银行间场外市场、交易所场内市场、柜台市场为主要交易场所，以中证登、中债登和上清所为债券登记、托管和清算场所的多元化、分层次债券市场体系。根据Wind数据，截至2022年8月末，我国各类债券余额达142.3万亿元，每年增速均保持在10%以上，年均增速达15%。目前，债券净融资规模占社会融资规模的31%，有效提升了社会金融资源的利用率。同时，随着贷款利率市场化，实体经济的融资成本更加有效地随着债券利率的下行而下行。

（二）我国债券的种类

同发达资本市场国家相比，我国债券种类繁多，各债券品种分类与定位不够明确。由于我国债券市场的多头管理体制，业界习惯根据监管机关的不同，将我国目前的债券划分为五种类型：财政部负责监管的国债及地方政府债券、中国人民银行会同中国银保监会监管的金融债券、国家发改委监管的企业债券、中国证监会监管的公司债券、中国人民银行监管的银行间债券市场非金融企业债务融资工具。

1.政府债券

（1）中央政府债券。我国中央政府发行的债券称为国债，主要由财政部制定每年的发行计划，计划与当年的财政政策息息相关。1981年以后我国发行的国债品种有普通国债及其他类型国债。我国发行的普通国债有记账式国债和储蓄国债（凭证式）、储蓄国债（电子式）。其他类型国债主要有国家重点建设债券、特种债券、基本建设债券、特别国债等。

记账式国债是由财政部面向全社会各类投资者、通过无纸化方式发行的、以电子记账方式记录债权，并可以上市交易的债券。上市后债券价格随行就市，具有一定的风险。

储蓄国债（凭证式）是指财政部发行的，有固定票面利率，采用填制“中华人民共和国储蓄国债（凭证式）收款凭证”方式记录债权关系的不可流通人民币国债。储蓄国债（凭证式）通过部分商业银行和邮政储蓄柜台，面向城乡居民个人和各类投资者发行。

储蓄国债（电子式）是指财政部在境内发行，面向个人投资者销售的、以电子方式记录债权的不可流通人民币债券。储蓄国债（电子式）不可流通转让，但可以办理提前兑取或终止投资。

（2）地方政府债券。地方政府债券，是指地方政府根据本地区经济发展和资金需求状况，以承担还本付息责任为前提，向社会筹集资金的政府债券。地方政府债券包括一般债券和专项债券。一般债券是为没有收益的公益性项目发行，主要以一般公共预算收入作为还本付息资金来源的政府债券；专项债券是为有一定收益的公益性项目发行，以公益性项目对应的政府性基金收入或专项收入作为还本付息资金来源的政府债券。

2.金融债券

我国金融债券分为三类：政策性金融债券、商业银行金融债券和非银行金融债券。政策性金融债券是以国家开发银行、中国进出口银行和中国农业发展银行为发行主体的金融债券，基本在银行间发行，有部分试点在交易所市场交易，个别品种可在商业银行柜台交易。商业银行金融债券发行主体为境内设立的商业银行法人。非银行金融债券发行主体为境内设立的非银行金融机构法人，包括证券公司债券、保险公司次级债务、财务公司债券、金融租赁公司和汽车金融公司的金融债券。

3.企业债券

在我国，企业债券有广义和狭义之分。广义的企业债券包括公司债券、狭义的企业债券和银行间市场发行的非金融企业债务融资工具。狭义的企业债券是我国存在的一种法律规定的特殊债券形式，它的出现与我国债券发展历史有关。企业债券是按照《企业债券管理条例》规定发行与交易的，由国家发展和改革委员会监督管理的，约定在一定期限内还本付息的有价证券。企业债券的发行主体可以是股份有限公司，可以是有限责任公司，也可以是尚未改制为现代公司制度的企业法人，但不可以是上市公司。

4.公司债券

2015年之前，我国公司债券的发行主体限于沪、深证券交易所上市公司及发行境外上市外资股的境内股份有限公司，其中创业板上市公司可以按照《关于创业板上市公司非公开发行债券的有关事项的公告》非公开发行公司债券。2015年1月15日，中国证监会发布的《公司债券发行与交易管理办法》将公司债券发行主体扩大至所有公司制法人，但此管理办法规定的发行主体不包括地方政府融资平台公司。

知识拓展3-1　　我国公司债券与企业债券的区别

我国公司债券与企业债券的区别主要有以下几个方面：

第一，发行主体的差别。企业债券的发行主体可以是股份有限公司和有限责任公司，也可以是尚未改制为公司制的企业法人，但不可以是上市公司；公司债券的发行主体已经由原来限于境内证券交易所上市公司、发行境外上市外资股的境内股份有限公司、证券公司的发行范围扩大至所有公司制法人。

第二，监管机构不同。公司债券的发行由核准制改为注册制。公开发行公司债券由证券交易所负责受理、审核，报中国证监会注册。而发行企业债券由核准制改为注册制。国家发改委为企业债券的法定注册机关，发行企业债券应当依法经国家发改委注册。

第三，募集资金的用途不同。公司债券可根据公司自身的具体经营需要提出发行需求，而企业债券募集的资金用途主要限制在固定资产投资和技术革新改造方面，并与政府部门审批的项目直接关联。

第四，发行市场不同。企业债券发行市场包括银行间债券市场和证券交易所市场。公司债券发行市场仅为证券交易所市场。

资料来源　中国证券业协会. 金融市场基础知识［M］. 北京：中国财政经济出版社，2022.

5.银行间债券市场非金融企业债务融资工具

根据中国人民银行2008年4月12日发布的《银行间债券市场非金融企业债务融资工具管理办法》，非金融企业债务融资工具是指“具有法人资格的非金融企业在银行间债券市场发行的，约定在一定期限内还本付息的有价证券”。非金融企业债务融资工具目前主要包括短期融资券、超级短期融资券、中期票据、中小非金融企业集合票据、非公开定向发行债务融资工具等。

6.国际债券

国际债券是指一国借款人在国际证券市场上以外国货币为面值、向外国投资者发行的债券。国际债券的发行人主要是各国政府、政府所属机构、银行或其他金融机构、工商企业及一些国际组织等。国际债券的投资者主要是银行或其他金融机构、各种基金会、工商财团和自然人。对外发行债券是我国吸引国外资金的一个重要渠道，我国发行国际债券始于20世纪80年代初期。当时，在改革开放政策的指导下，为利用国外资金，加快我国的建设步伐，我国开始利用国际债券市场筹集资金，主要的债券品种有政府债券、金融债券和公司债券。

任务实施

登录中国债券信息网，查询近期发行的国债、金融债和企业债，并了解发行的主体、票面利率、债券期限等债券的票面要素。

学习评价

按照上述任务要求，学生提交作业，教师根据完成情况，给予任务评价，并记录学习成果。

任务二 债券发行

情景导入

小金：“老师提醒我们不要随便借钱，如果真的要借，一定要白纸黑字写清楚。”

某同学：“那是当然，到时还不了钱，还有证据呀！完美！”

小金：“老师说今天学的债券是一种债权债务凭证，哪些主体可以发行债券？满足什么条件才可以发行？难道不担心他们发行的债券到期不能偿还吗？”

某同学：“这个不用担心吧。肯定要满足条件才可以发行债券的，要不然证券市场就乱套了。”

正如上面的同学讨论的那样，要想在债券市场上发行债券，得符合一定的条件和要求，只有保护了投资者的利益，才能让债券发行人获得债权人的信任，才能达到筹集资金的目的。

知识准备

债券发行是发行人以借贷资金为目的，依照法律规定的程序向投资者要约发行代表一定债权和兑付条件的债券的法律行为。债券发行是证券发行的重要形式之一。

一、债券发行的要素

（一）债券的种类

债券种类的选择是发行债券之前首先应考虑的问题。发行债券的种类选择主要考虑发行人的资信状况、在投资者心目中的印象、发行人的性质以及债券筹资的用途等。

（二）债券的发行额

债券的发行额是指债券发行人一次发行债券预计筹集的资金总量。债券发行人应根据自身的资信状况、资金需求程度、市场资金供给情况以及债券自身的吸引力等因素进行综合判断后，再确定一个合适的发行额。发行额定得过高，会造成发售困难；发行额太低，又不易满足筹资的需求。

（三）债券的期限

从债券起息日起到偿还本息日止的这段时间为债券的期限。企业通常根据资金需求的时间、预期未来市场利率走势、流通市场的发达程度、债券市场上其他债券的期限情况、投资者的偏好等来确定发行债券的期限结构。一般而言，当资金需求量较大，债券流通市场较发达，利率有上升趋势时，可发行中长期债券，否则，应发行短期债券。

（四）债券的偿还方式

按照债券偿还日期的不同，债券的偿还方式可分为期满偿还、期中偿还和延期偿还三种；按照债券偿还形式的不同，可分为以货币偿还、以债券偿还和以股票偿还三种。企业可根据自身实际情况和投资者的需求灵活决定。

（五）票面利率

票面利率可分为固定利率和浮动利率两种。企业应根据自身资信情况、公司承受能力、利率变化趋势、债券期限的长短等决定选择何种利率形式与确定利率的高低。如果发行人认为未来市场利率会提高，可能会偏向于发行固定利率债券。用票面利率乘以债券面值，就可以得到利息额。

（六）付息方式

付息方式一般可分为一次性付息和分期付息两种。企业可根据债券期限情况、筹资成本要求、对投资者的吸引力等确定不同的付息方式，如对中长期债券可采取分期付息方式，按年、半年、季度付息等，对短期债券可以采取一次性付息方式。

（七）发行价格

债券的发行价格即债券投资者认购新发行债券的价格。理论上，债券的发行价格为未来债券所能带来的现金流（包括本金与利息）的贴现值。债券的发行价格可以分为三种：当债券发行价格高于债券面值时，称为溢价发行；当债券发行价格低于债券面值时，称为折价发行；当债券发行价格等于债券面值时，称为平价发行。选择发行价格的主要考虑因素是使投资者得到的实际收益与市场收益率相近，企业可根据市场收益率和市场供求情况自行决定。一般当市场利率高于票面利率时选择折价发行，相等时选择平价发行，市场利率低于票面利率时选择溢价发行。

（八）发行方式

企业可根据市场情况、自身信誉和销售能力等因素，选择采取向特定投资者发行的私募发行方式或者向社会公众发行的公募发行方式，采取公开招标发行方式或者与中介机构协商议价的非招标发行方式等。

（九）担保情况

债券的担保是债券发行的重要因素之一。一般而言，由信誉卓著的第三方担保或以企业自己的财产作抵押担保可以增加债券投资的安全性，减少投资风险，提高债券的吸引力。企业可以根据自身的资信状况决定是否以担保形式发行债券。

（十）发行费用

债券发行费用指发行者支付给有关债券发行中介机构和服务机构的费用，债券发行者应尽量减少发行费用。在保证发行成功和有关服务质量的前提下，选择发行费用较低的中介机构和服务机构。

二、债券发行方式

（一）定向发行与公开发行

定向发行又被称为私募发行、私下发行，即面向特定投资者发行。一般由债券发行人与某些机构投资者，如人寿保险公司、养老基金、退休基金等直接洽谈发行条件和其他具体事务，属于直接发行。

公开发行又称公募发行，是指发行人通过中介机构（一般称承销商）向不特定的投资者即所有合格的社会公众投资者公开发行债券的行为。

（二）承购包销

承购包销是指发行人与由商业银行、证券公司等金融机构组成的承销团通过协商条件签订承购包销合同，由承销团分销拟发行债券的发行方式。商业银行网点发行国债的方式是承购包销方式。

（三）招标发行

招标发行指通过招标方式确定债券承销商和发行条件的发行方式。按照国际惯例，根据标的物的不同，招标发行可分为缴款期招标、价格招标、收益率招标；根据中标规则的不同，可分为荷兰式招标（单一价格中标）和美式招标（多种价格中标）。

三、债券的承销

债券发行的最后环节是将债券推销给投资者。发行人推销债券的方法有两种：一是自己销售，称为自销；二是委托他人代为销售，称为承销。一般情况下，公开发行以承销为主。债券承销是指承销商或投资银行接受客户的委托，按照客户的要求将债券销售到机构投资者和社会公众投资者手中，实现客户筹措资金目的的行为或过程。

按照发行风险的承担、所筹资金的划拨以及手续费的高低等因素，承销方式有包销和代销两种。该内容在项目二股票发行中已作详细介绍，在此不再赘述。

任务实施

登录证券行情分析软件，查找国债、企业债、公司债券的基本信息，了解不同债券的发行主体、发行方式、发行价格和承销方式。

学习评价

根据上述任务要求，学生完成教师布置的任务，提交实训报告，教师进行抽查，掌握学生对本任务的理解程度。

任务三　债券交易

情景导入

小金发现股票的价格波动较大，于是他打开债券的行情走势图，却发现了奇怪的现象，债券的走势不像股票那样波动大，几个小时的交易价格和交易量的变动都不大，为什么是这样的？难道投资者不愿意交易债券吗？买卖债券要遵守怎样的规则？

知识准备

一、债券交易的概念

上市债券的交易方式大致有现券交易、回购交易、期货交易和远期交易四种。目前我国个人债券投资主要以现券交易为主，辅之以回购交易。

（一）现券交易

现券交易也被称为债券的即期交易，是指证券买卖双方在成交后就办理交收手续，买入者付出资金并得到证券，卖出者交付证券并得到资金，也就是所谓二级市场的债券交易。

在证券交易所市场上，普通投资者只要持有沪、深交易所的证券账户就可以参与现券交易。只要注明买卖债券品种的代码、价格和数量，投资者就可以像买卖股票一样委托券商进行债券买卖。

（二）回购交易

回购交易是指买卖双方（资金融入方和资金融出方）在成交的同时约定于未来某一时间以某一约定价格再进行反向交易的行为。与现券交易不同，一笔回购交易涉及出券方和购券方两个交易主体，也涉及初始交易和回购期满时的逆回购交易两次交易以及相应的两次清算。

正回购是一方以一定规模债券作抵押融入资金，并承诺在日后再购回所抵押债券的交易行为。这也是央行经常使用的公开市场操作手段之一，央行利用正回购操作可以达到从市场回笼资金的效果。

逆回购为央行向一级交易商购买有价证券，并约定在未来特定日期将有价证券卖给一级交易商的交易行为。逆回购为央行向市场上投放流动性的操作，逆回购到期则为央行从市场收回流动性的操作。简单解释就是主动借出资金，获取债券质押的交易就称为逆回购交易。

（三）期货交易

期货交易是在交易所进行的标准化的远期交易，即交易双方在集中的市场以公开竞价方式进行的期货合约的交易。债券期货属于金融期货的一种，是一种高级金融衍生工具。它是在20世纪70年代美国金融市场不稳定的背景下，为满足投资者规避利率风险的需求而产生的。

案例链接3-2　　我国国债期货的发展

1992年12月18日，上海证券交易所开办国债期货交易，并于1993年10月25日向社会公众开放。此后，深圳证券交易所、北京商品交易所也向社会推出了国债期货交易。国债期货推出后，受到市场的广泛欢迎，但是，由于现货市场所存在的固有缺陷以及期货交易规则的不完善，引发了以“327国债期货事件”为代表的大量风险事件，造成市场秩序紊乱。1995年5月17日，中国证监会决定暂停国债期货试点。在国债期货暂停交易18年之后，中国金融期货交易所于2013年9月6日首次上市交易了5年期国债期货合约，并于2015年3月20日推出了10年期国债期货。

资料来源　中国证券业协会. 金融市场基础知识［M］. 北京：中国财政经济出版社，2019.

（四）远期交易

远期交易是双方约定在未来某一时刻（或时间段内）按照现在确定的价格买卖标的债券的行为。

二、债券交易的流程和规则

我国债券交易市场分为场外市场和场内市场。场外市场包括银行间市场和银行柜台市场，前者的市场参与者限定为机构，属于场外债券批发市场；后者的市场参与者限定为个人，属于场外债券零售市场。场内市场包括上海证券交易所和深圳证券交易所。

（一）场内债券交易的流程和规则

场内债券交易也叫交易所交易，证券交易所是市场的核心。场内交易的交易程序要符合证券交易所规定，其具体步骤明确而严格。债券的交易程序有：开户、委托、成交、清算和交割。本书重点介绍可转换公司债券（简称可转债）的交易。

1.可转债的申购、交易的权限

投资者需要开立证券账户，并开通可转债权限才能进行可转债的购买。2022年6月17日上海证券交易所和深圳证券交易所发布了《关于可转换公司债券适当性管理相关事项的通知》，规定从6月18日起，个人投资者参与向不特定对象发行的可转债申购、交易的，应当同时符合下列条件：①申请权限开通前20个交易日证券账户及资金账户内的资产日均不低于人民币10万元（不包括该投资者通过融资融券融入的资金和证券）；②参与证券交易24个月以上。

2.可转债的交易规则

（1）可转债的代码。12开头的是深市可转债代码，11开头的是沪市可转债代码。

（2）交易方式。可转债实行T+0交易，即可以当天买当天卖。

（3）申报数量。债券面值每张100元，交易单位1手=10张=1 000元，最小变动单位0.001元。

（4）上市首日涨跌幅限制。设置-43.3%至57.3%的涨跌幅限制，并实施20%、30%

两档临时停牌机制。盘中成交价格较发行价首次上涨或下跌达到或者超过20%的，临时停牌持续时间为30分钟；盘中成交价格较发行价首次上涨或下跌达到或者超过30%的，临时停牌时间持续至当日14：57；临时停牌时间跨越14：57的，于当日14：57复牌。

（5）上市次日起，日涨跌幅限制在20%，并且取消临时停牌机制。

（6）采用匹配成交、协商成交等交易方式。向不特定对象发行的可转债采用匹配成交、协商成交等交易方式。

匹配成交是指交易系统按价格优先、时间优先的原则，对向不特定对象发行的可转债交易申报自动匹配成交的交易方式。

协商成交是指可转债投资者之间通过协商等方式达成可转债交易意向，并向交易系统申报，经交易系统确认成交的交易方式。

（7）交易时间。上交所每个交易日的9：15至9：25为集合匹配时间，9：30至11：30、13：00至15：00为连续匹配时间。深交所每个交易日的9：15至9：25为开盘集合匹配时间，9：30至11：30、13：00至14：57为连续匹配时间，14：57至15：00为收盘集合匹配时间。每个交易日的9：20至9：25、14：57至15：00，交易主机不接受参与匹配成交的撤销申报。

（8）相关字母的含义。向不特定对象发行的可转债，最后一个交易日证券简称首位字母为"Z"。首日新上的可转债证券简称首位字母为"N"。字母"P"表示即将到期。

（9）当日收盘后涨跌幅达到15%或当日振幅达30%的前五名可转债，收盘后公布其对应的龙虎榜，公布当日买入、卖出金额最大的5家会员证券营业部的名称及各自的买入、卖出金额。

符合以下条件之一的转债交易所公开买入和卖出前五名交易席位：

新债上市首日：当日收盘价涨跌幅达到±15%的前五只可转债；当日价格振幅达到30%的前五只可转债。

非首日上市的其他可转债交易：连续3个交易日内日收盘价格涨跌幅偏离值累计达到±30%。

知识拓展3-2　　**可转债交易员岗位技能要求**

（1）熟悉可转债的发行、交易规则，对信用利差的变动情况进行分析，为可转债的投资提供建议。

（2）建立转债投资库，定期进行跟踪研究，及时维护和分析。

（3）对将要发行的可转债进行研究，撰写投资价值报告。

（4）跟踪可转债对标的上市公司，分析正股与转债的联系。

（二）场外债券交易的流程和规则

这里主要介绍银行柜台记账式债券交易流程。

柜台记账式债券是指商业银行通过其营业网点（含电子银行渠道）与投资人进行记账式债券投资交易的产品。柜台记账式债券的债券品种为经中国人民银行等监管部门批准可在商业银行进行交易，并在中央国债登记结算有限责任公司和银行间市场清算所股份有限公司等债券登记托管结算机构托管的债券。记账式债券无须投资者持有债券凭证，通过在商业银行和债券托管机构开立的债券托管账户以电子方式记录。目前，柜台记账式债券包括经发行人认可的已发行国债、地方政府债券、国家开发银行债券、政策性银行债券和发行对象包括柜台业务投资者的新发行债券。交易类型包括现券买卖以及经中国人民银行认可的其他交易类型。

1.开户

境内外具有完全民事行为能力的个人投资者以及在中华人民共和国境内依法设立的企事业单位、国家机关、社会团体、金融机构、投资公司、投资管理机构等机构投资者，均可申请办理柜台记账式债券业务开户。在银行开立作为交易柜台记账式债券产品的资金账户，并开立一个债券托管账户，用于柜台记账式债券的托管簿记。个人可到开办柜台记账式债券业务的商业银行营业网点或通过电子银行渠道（网上银行、手机银行）办理柜台记账式债券业务开户。机构投资者只能到银行的营业网点办理柜台记账式债券业务开户。根据中国人民银行相关管理规定，目前办理柜台记账式债券开户需要交纳每户10元的记账式债券托管账户开户手续费。

2.交易渠道

投资者可通过网上银行、手机银行及电话银行等电子银行渠道或境内营业网点进行柜台记账式债券交易。其中，电子银行渠道适用于债券发行认购、债券续发行认购、现券买卖和债券转托管等交易；营业网点柜面渠道适用于债券发行认购、债券续发行认购、现券买卖、债券转托管和债券非交易过户等交易。

3.交易币种和交易单位

柜台记账式债券的交易币种是人民币。交易报价单位为“元/百元面值”，保留小数点后两位数字；资金清算单位为元，保留小数点后两位数字（四舍五入法）。债券交易报价和应计利息在报价界面显示时，保留小数点后两位数字；债券到期收益率在报价界面显示时，保留小数点后四位数字。

柜台记账式债券的单笔交易起点数量为100元面值，交易最小递增单位为100元面值。

4.T+0交易

柜台记账式债券不限制当日交易次数，当天买入的债券可以在当天交易时间内卖出。在柜台记账式债券交易时间内，卖出债券后的资金实时清算，并划入投资者的资金账户。

三、债券登记、托管、兑付及付息的有关规定

（一）债券登记

债券登记是指债券登记结算机构为债券发行人建立和维护债券持有人名册的行为，也就是证券要素和证券权利的记录和确认。债券登记是确定或变更债券持有人及其权利的法律行为，是保障投资者合法权益的重要措施。

（二）债券托管

中华人民共和国境内的商业银行及其授权分行、信托投资公司、企业集团财务公司、金融租赁公司、农村信用社、城市信用社、证券公司、基金管理公司及其管理的各类基金、保险公司、外资金融机构以及经金融监管当局批准可投资于债券的其他金融机构均可在中央国债登记结算有限责任公司、银行间市场清算所股份有限公司和中国证券登记结算有限责任公司按实名制原则以自己名义开立债券托管账户。债券托管量等于已经发行但尚未到期的债券总量。

（三）债券兑付和付息

债券兑付是偿还本金，债券付息是支付利息。一般情况下，债券有五种兑付方式：到期兑付、提前兑付、债券替换、分期兑付和转换为普通股兑付。债券利息的支付方式主要有三种：息票方式（剪息票方式）、折扣利息方式、本息合一方式。

四、债券评级

债券评级是以企业或经济主体发行的有价债券为对象进行的信用评级。进行债券信用评级最主要的目的是方便投资者进行债券投资决策。投资者购买债券是要承担一定风险的。如果发行者到期不能偿还本息，投资者就会蒙受损失，这种风险称为信用风险。债券的信用风险因发行后债务人偿还能力不同而有所差异，对广大投资者尤其是中小投资者来说，事先了解债券的信用等级是非常重要的。由于受到时间、知识和信息的限制，投资者无法对众多债券进行分析和选择，因此需要专业机构对准备发行的债券的还本付息能力，进行客观、公正和权威的评定，也就是进行债券信用评级，以方便投资者决策。

目前国际上公认的最具权威性的信用评级机构，主要有美国标准普尔公司、穆迪投资服务公司和惠誉国际信用评级有限公司。上述三家公司负责评级的债券广泛，包括地方政府债券、公司债券、外国债券等。它们有详尽的资料，采用先进科学的分析技术，又有丰富的实践经验和大量专门人才，因此它们作出的信用评级具有很高的权威性。

表3-1是世界三大评级机构的信用评级划分。

表3-1 世界三大评级机构的信用评级划分

穆迪	标准普尔	惠誉国际	解释
长期	长期	长期	
Aaa	AAA	AAA	最高评级
Aa1	AA+	AA+	高评级
Aa2	AA	AA	
Aa3	AA-	AA-	

续表

<table>
<tr><th>穆迪</th><th>标准普尔</th><th>惠誉国际</th><th rowspan="2">解释</th></tr>
<tr><th>长期</th><th>长期</th><th>长期</th></tr>
<tr><td>A1</td><td>A+</td><td>A+</td><td rowspan="3">中高级</td></tr>
<tr><td>A2</td><td>A</td><td>A</td></tr>
<tr><td>A3</td><td>A-</td><td>A-</td></tr>
<tr><td>Baa1</td><td>BBB+</td><td>BBB+</td><td rowspan="3">中低级</td></tr>
<tr><td>Baa2</td><td>BBB</td><td>BBB</td></tr>
<tr><td>Baa3</td><td>BBB-</td><td>BBB-</td></tr>
<tr><td>Ba1</td><td>BB+</td><td>BB+</td><td rowspan="3">投机级</td></tr>
<tr><td>Ba2</td><td>BB</td><td>BB</td></tr>
<tr><td>Ba3</td><td>BB-</td><td>BB-</td></tr>
<tr><td>B1</td><td>B+</td><td>B+</td><td rowspan="3">高度投机级</td></tr>
<tr><td>B2</td><td>B</td><td>B</td></tr>
<tr><td>B3</td><td>B-</td><td>B-</td></tr>
<tr><td>Caa1</td><td>CCC+</td><td rowspan="5">CCC</td><td>有实质性风险</td></tr>
<tr><td>Caa2</td><td>CCC</td><td>极端投机级</td></tr>
<tr><td>Caa3</td><td>CCC-</td><td rowspan="3">大概率破产</td></tr>
<tr><td rowspan="2">Ca</td><td>CC</td></tr>
<tr><td>C</td></tr>
<tr><td>C</td><td>D</td><td>DDD</td><td>已破产</td></tr>
</table>

根据中国人民银行2006年3月29日发布的《中国人民银行信用评级管理指导意见》（银发〔2006〕95号）以及2006年11月21日发布的《信贷市场和银行间债券市场信用评级规范》等文件的有关规定，银行间债券市场中长期债券信用等级划分为三等九级，用符号表示为AAA、AA、A、BBB、BB、B、CCC、CC、C。除AAA级和CCC级（含）以下等级外，每一个信用等级可用“+”“-”符号进行微调，表示略高或略低于本等级。中国人民银行关于银行间债券市场中长期债券信用评级的划分见表3-2。

表3-2　　银行间债券市场中长期债券信用评级的划分

级别设置	含　义
AAA	偿还债务的能力极强，基本不受不利经济环境的影响，违约风险极低
AA	偿还债务的能力很强，受不利经济环境的影响不大，违约风险很低
A	偿还债务能力较强，较易受不利经济环境的影响，违约风险较低
BBB	偿还债务能力一般，受不利经济环境影响较大，违约风险一般
BB	偿还债务能力较弱，受不利经济环境影响很大，违约风险较高
B	偿还债务的能力较大地依赖于良好的经济环境，违约风险很高
CCC	偿还债务的能力极度依赖于良好的经济环境，违约风险极高
CC	在破产或重组时可获得保护较小，基本不能保证偿还债务
C	不能偿还债务

任务实施

根据证券行情分析软件，查找债券的代码，查看债券的基本信息，了解企业债券的评级与债券利率的关系，并在模拟账户中进行债券的买卖交易。

学习评价

学生依照要求完成实训任务，教师查看学生模拟账户，了解学生对债券交易要点和操作流程的熟悉程度。

项目小结

1.债券是一种有价证券，是社会各类经济主体为筹集资金而向债券投资者出具的、承诺按一定利率定期支付利息并到期偿还本金的债权债务关系凭证，具有偿还性、流动性、安全性、收益性。债券票面上有四个基本要素：票面价值、到期期限、票面利率、发行者名称。债券与股票存在着区别，包括权利不同、目的不同、主体不同、期限不同、收益不同、风险不同。

2.根据不同的分类标准，债券可分为不同的类型：（1）按发行主体的不同，债券可以分为政府债券、金融债券和公司债券。（2）按债券期限的不同，债券可以分为短期债券、中期债券和长期债券。（3）按利息支付方式的不同，债券可以分为零息债券、附息债券和息票累积债券。（4）按债券形态的不同，债券可以分为实物债券、凭证式债券和记账式债券。（5）按利率是否固定，债券可以分为固定利率债券和浮动利率债券。（6）按信用状况的不同，债券可以分为利率债券和信用债券。（7）按是否可以转换为公司股票分类，债券可以分为可转换债券和不可转换债券。（8）按照发行方式的不同，债券可以分为公募债券和私募债券。

3.债券发行人发行债券需要考虑的要素包括债券种类、发行额、期限、偿还方式、票面利率、付息方式、发行价格、发行方式、担保情况、发行费用等。发行的方式可以选择定向发行与公开发行、承购包销和招标发行。

4.上市债券的交易方式大致有债券现券交易、回购交易、期货交易和远期交易四种。目前我国个人债券投资以债券现券交易为主，辅之以回购交易。

5.债券场内市场可转债的交易规则，包括证券账户开通权限、T+0、涨跌幅限制、交易时间等。场外市场介绍银行柜台记账式债券的交易流程。

项目练习

一、单项选择题

项目练习3-1

单项选择题

1.债券是一种有价证券，是社会各类经济主体为筹集资金而向债券投资者出具的、承诺按一定利率定期支付利息并到期偿还本金的（　　）凭证。

A.所有权、使用权　　B.债权债务

C.转让权　　D.设权

2.下面不是债券基本性质的是（　　）。

A.发行人必须在约定的时间还本付息　　B.债券是一种虚拟资本

C.债券是债权的表现　　D.债券属于有价证券

3.根据发行主体的不同，债券可以分为（　　）。

A.零息债券、附息债券和息票累积债券　　B.实物债券、凭证式债券和记账式债券

C.政府债券、金融债券和公司债券　　D.国债和地方债券

4.利率是债券票面要素中不可缺少的内容，债券利率亦受很多因素影响，其主要影响因素不包括（　　）。

A.借贷资金市场利率水平　　B.筹资者的资信状况

C.资金使用方向　　D.债券期限长短

5.关于记账式债券的论述不正确的是（　　）。

A.记账式债券是有实物形态的票券，所以可以记名、挂失，安全性较高

B.发行时间短，发行效率高，交易手续简便，成本低，交易安全

C.投资者进行记账式债券买卖，必须在证券交易所设立账户

D.我国1994年开始发行记账式债券

6.可转换债券利率一般（　　）普通公司债券利率。

A.高于　　B.相当于　　C.低于　　D.低于或高于

7.记名且可流通的债券为（　　）。

A.实物债券　　B.凭证式债券　　C.国家储蓄债　　D.记账式债券

8.兼具债务与权益双重属性的证券为（　　）。

A.优先股　　B.可转换债券　　C.可转换优先股　　D.抵押债券

9.下列关于债券与股票的关系的描述中，正确的是（　　）。

A.两者所代表的经济权利关系相同，均证明持有者具有某种经济权利

B.两者都是有价证券中的资本证券

C.后者是虚拟资本，前者不是

D.债券投资者与股票投资者均具有参与企业管理的权利

10.金融债券的发行利率与普通企业债券的发行利率相比，一般是（　　）。

A.前者高于后者　　B.两者相等

C.前者低于后者　　D.前者低于或等于后者

二、多项选择题

项目练习3-2 多项选择题

1.债券的特征包括（　　）。

A.偿还性　　B.风险性　　C.收益性　　D.安全性

2.债券与股票相比，（　　）。

A.股票风险较大，债券风险相对较小

B.债券是一种有期投资，股票是一种无期投资

C.债券通常有固定的利率，股票的股息红利不固定

D.发行债券的经济主体很多，但能发行股票的经济主体只有股份有限公司

3.在实际经济活动中，债券收益可以表现为（　　）。

A.资本利得　　B.利息收入　　C.再投资收益　　D.债务人违约金

4.根据债券发行条款中是否规定了在约定期限向债券持有人支付利息，债券可分为（　　）。

A.浮动利率债券　　B.附息债券　　C.零息债券　　D.息票累积债券

5.发行人在确定债券期限时，要考虑多种因素的影响，主要有（　　）。

A.市场利率变化　　B.资金使用方向

C.筹资者的资信状况　　D.债券变现能力

6.债券的票面要素包括（　　）。

A.债券发行者名称　　B.债券的到期期限

C.债券的票面价值　　D.债券的票面利率

7.关于债券的票面金额描述正确的是（　　）。

A.债券票面金额的确定要根据债券的发行对象、市场资金供给情况及债券发行费用等因素综合考虑

B.票面金额定得较小，发行成本也就较小

C.票面金额定得较大，有利于小额投资者购买

D.在国际金融市场筹资，通常以债券发行地所在国家的货币或以国际通用货币为计量单位

8.我国的金融债券主要有（　　）。

A.政策性银行金融债券　　B.商业银行债券

C.保险公司次级债务　　D.证券公司债券

9.个人投资者开通可转债交易的权限，说法正确的是（　　）。

A.无须证券投资经验

B.无须资金要求

C.需要满足2年的证券交易经验

D.申请权限开通前20个交易日证券账户及资金账户内的资产日均不低于人民币10万元

10.债券的发行方式有（　　）。

A.定向发行

B.承购包销

C.招标发行

D.对一般投资者网上发行和对法人配售相结合的发行方式

三、案例题

项目练习3-3

案例题答案

债券违约常态化

近年来我国债券违约事件有所增多，债券违约进入常态化阶段。Wind数据显示，2020年上半年已有65只债券违约，涉及金额共814.77亿元，违约债券规模已达去年全年的55%。违约的65只债券中，有33只债券发行人为民营企业，占比51%。此外，还有多只违约债券的发行人为国有企业，其中包括23只债券的发行人为中央国有企业、3只债券的发行人为地方国有企业。

我国债券违约历史还比较短，过程中暴露出了处置效率不高、处置周期长等问题。建立完善的债券违约处置机制、提升违约处置效率是防范化解债券市场风险、保护投资者合法权益的有效路径之一，也是市场发展的必经之路。

资料来源　姜诗蔷．上半年债券违约规模超800亿元：新增违约主体减少 疫情影响仍存[EB/OL]．[2020-07-02]．http：//www.21jingji.com/2020/7-2/3MMDEzNzhfMTU3MjQ3MQ.html.

思考：你怎么看待债券违约事件？作为投资者进行债券投资时，应该注意哪些问题？

推荐阅读

[1] 法尔博．债券及债券基金投资从入门到精通[M]．中国农业大学期货与金融衍生品研究中心培训部，译．北京：人民邮电出版社，2013.

[2] 中国证券业协会．金融市场基础知识[M]．北京：中国财政经济出版社，2019.

[3] 中国债券信息网，https：//www.chinabond.com.cn.

[4] 上证债券信息网，http：//bond.sse.com.cn.

项目四 证券投资基金

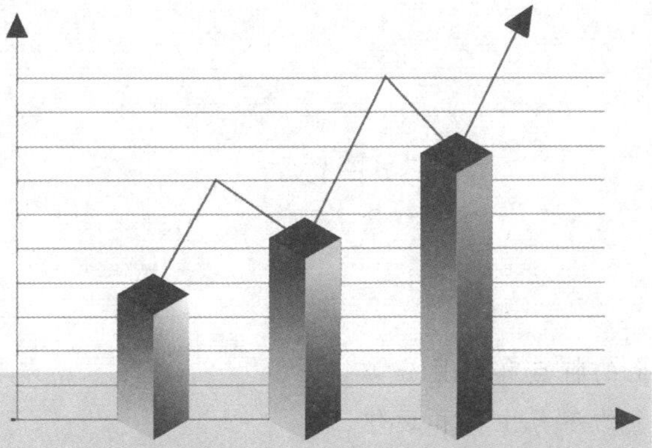

项目概述

证券投资基金是一种实行组合投资、专业管理、利益共享、风险共担的集合投资方式。与股票、债券不同，证券投资基金是一种间接投资工具。在本项目中，我们将分三个任务介绍证券投资基金的相关概念、运行方式和参与主体，指导大家掌握基金的认购、申购与赎回方法。

学习目标

知识目标

1. 掌握基金的特点和常见分类。
2. 熟悉基金的参与主体和运作。
3. 熟悉基金募集的程序。
4. 掌握基金的认购、申购和赎回。

能力目标

1. 能够准确理解市场中常见的基金类型。
2. 能够进行基金的认购、申购、赎回的操作。
3. 能够准确理解基金操作中的净值计算和费用计算。

素养目标

树立通过基金进行专业投资的理念，提升基金等机构投资者对推动共同富裕的认同感。

任务一　认识证券投资基金

情景导入

小金拿着自己积攒的零花钱在股票交易上体验了一把。他发现股票价格的影响因素太多，作为普通人很难掌握投资技巧，并且自己也没有太多的时间去钻研。事实也证明这样的投资成功率很低。小金向老师请教，说出了自己交易的心得。老师建议小金最好不要实盘，可以先进行模拟股票交易。如果想找有专人管理、又不用太操心的投资工具，基金是不错的选择！基金被认为是一个完全适合懒人投资和小白投资的最佳工具！

小金听了非常心动，他决定先弄明白：什么是基金？有哪些类型的基金？带着小金的疑问，让我们开启对基金的学习吧。

知识准备

一、证券投资基金

证券投资基金（以下简称基金）是指通过发售基金份额，将众多投资者的资金集中起来，形成独立财产，由基金托管人托管，基金管理人管理，以投资组合的方式进行证券投资的一种利益共享、风险共担的集合投资方式（如图4-1所示）。

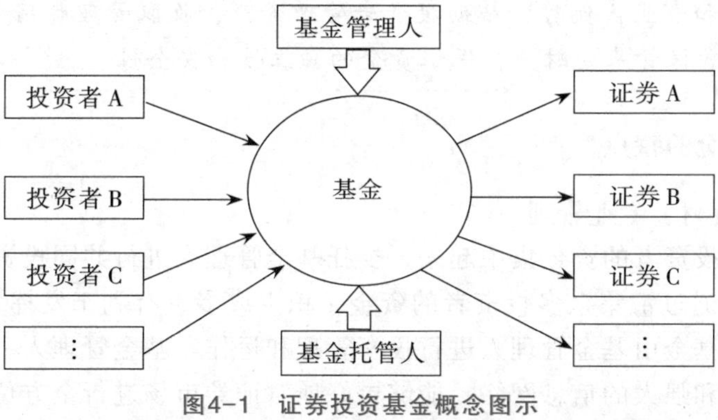

图4-1　证券投资基金概念图示

基金通过发行基金份额的方式募集资金。基金份额，也称基金单位，是指基金发起人向不特定的投资者发行的，表示持有人对基金享有资产所有权、收益分配权和其他相关权利，并承担相应义务的凭证。基金份额就是投资人购买基金时得到或持有的数量单位。

基金所募集的资金在法律上具有独立性，由选定的基金托管人保管，并委托基金管理人进行股票、债券等分散化组合投资。基金投资者是基金的所有者。基金投资收益扣除由基金承担的费用后的盈余全部归基金投资者所有，并依据各个投资者所购买的基金份额的多少在投资者之间进行分配。

与直接投资股票或债券不同，证券投资基金是一种间接投资工具。一方面，证券投资基金以股票、债券等金融证券为投资对象；另一方面，基金投资者通过购买基金份额的方式间接进行证券投资。

思维延伸4-1　　一则关于基金的小故事

在一个小山村，住着一群踏实、勤奋的村民，他们早出晚归地靠种田维持生计。

这些村民中有一个叫小飞的，天天研究投资之道。后来，他竟然买了新车，换了新房。

村民们羡慕不已，都来找小飞，愿意跟着小飞投资。小飞说："可以跟着我投资，但是我要收点手续费，每1 000元收1元。"村民感觉也不贵，就同意了。

但是有人担心，如果小飞拿着我们的钱跑了怎么办呢？后来，大家就找来了村支书，将钱保存在村支书那里，等到投资的时候才能用，当然村支书也不白做，收取了保管费用。

最后大家筹集了20万元给小飞，小飞的投资思路是：用15万元购买其精心研究挑选的10家优质公司的股票，用3万元购买一些国债和信誉好的企业债券，还剩2万元由村支书保管，以备有人急用钱时可将自己的钱拿回去，还可用来支付小飞和村支书的报酬。

思考：故事中体现了基金的哪些原理？

分析：通过上面的故事，我们不难理解，其实村民是投资者，将自己手中零散的资金交给专业人士打理，而获得收益，同时承担相应的风险。小飞是基金管理人，汇集资金优势和专业化优势，帮助投资者管理资产，收取管理费用。村支书则是基金托管人，负责保管基金财产，保证资金的独立性和安全性。

二、证券投资基金的特点

（一）集合理财、专业管理

基金将众多投资者的资金集中起来，委托基金管理人进行共同投资，表现出一种集合理财的特点。通过汇集众多投资者的资金，积少成多，有利于发挥资金的规模优势，降低投资成本。基金由基金管理人进行投资管理和运作。基金管理人一般拥有大量的专业投资研究人员和强大的信息网络，能够更好地对证券市场进行全方位的动态跟踪与深入分析。将资金交给基金管理人管理，使中小投资者也能享受到专业化的投资管理服务。

（二）组合投资、分散风险

为降低投资风险，一些国家的法律通常规定基金必须以组合投资的方式进行基金的投资运作，从而使"组合投资、分散风险"成为基金的一大特色。中小投资者由于资金量小，一般无法通过购买数量众多的股票分散投资风险。基金通常会购买几十种甚至上百种股票，投资者购买基金就相当于用很少的资金购买了一篮子股票。在多数情况下，某些股票价格下跌造成的损失可以用其他股票价格上涨产生的盈利来弥补，因此可以充分享受到组合投资、分散风险的好处。

（三）利益共享、风险共担

证券投资基金实行利益共享、风险共担的原则。基金投资者是基金的所有者。基金投资收益扣除由基金承担的费用后的盈余全部归基金投资者所有，并依据各投资者所持有的基金份额比例进行分配。为基金提供服务的基金托管人、基金管理人只能按规定收取一定比例的托管费、管理费，并不参与基金收益的分配。

（四）严格监管、信息透明

为切实保护投资者的利益，增强投资者对基金投资的信心，各国（地区）基金监管机构都对基金行业实行严格的监管，对各种有损于投资者利益的行为进行严厉的打击，并强制基金进行及时、准确、充分的信息披露。在这种情况下，严格监管、信息透明也就成为基金的另一个显著特点。

（五）独立托管、保障安全

基金管理人负责基金的投资操作，本身并不参与基金财产的保管，基金财产的保管由独立于基金管理人的基金托管人负责，这种相互制约、相互监督的制衡机制为投资者的利益提供了重要的保障。

思政专栏4-1　　**公募基金从高速发展迈向高质量发展**

作为践行普惠金融，门槛最低的大众理财工具，公募基金自诞生之日起就备受关注，特别是近十年突飞猛进的发展，令人瞩目。党的十八大以来，公募基金行业，不管是在管理规模、产品数量上，还是在基金投资者的人数上，都发生了巨大的变化。

Wind数据显示，2012年年初，公募基金的管理规模约为2.19万亿元，产品数量还不到千只；到了2022年7月底，公募基金的管理规模不仅突破了27万亿元，且产品数量超过了1万只。可以看出，10年时间，公募基金管理规模从2.19万亿元到27万亿元，增长超12倍，产品数量增长了10倍。进一步细分来看，主动股票型基金规模在这10年间涨幅超30倍，而且从2012年到2022年上半年，公募基金在这10年间的累计分红已超过1.28万亿元。

中国证券业协会发布的《2021年度证券公司投资者服务与保护报告》显示，截至2021年年底，我国基金投资者超过7.2亿户。而在2012年年初时，基金账户的开户总数还不到4 000万户。10年时间，公募基金投资者数量增加了17倍。

资料来源　佚名．公募基金这十年：管理规模增长超12倍！27万亿新起点，从高速发展迈向高质量发展［EB/OL］．［2022-10-10］．https：//baijiahao.baidu.com/s？ id=1746285301274229800&wfr=spider&for=pc.

思政元素：高质量发展

思政感悟：公募基金行业植根于资本市场的高质量发展，同时作为重要的机构投资者，在资本市场改革发展稳定中发挥着日益重要的作用。公募基金通过将资金投向符合国家产业政策的优质上市公司，为其科技创新提供动力，同时让更多的普通老百姓分享中国经济发展和改革开放的红利。

三、证券投资基金与股票、债券的区别

证券投资基金与股票、债券的区别具体表现为：

1.反映的经济关系不同

股票反映的是所有权关系，债券反映的是债权债务关系，而基金反映的则是信托关系，但公司型基金除外。

2.筹集资金的投向不同

股票和债券都是直接投资工具，筹集的资金主要投向实业，而基金是间接投资工具，筹集的资金主要投向有价证券等金融工具。

3.收益风险水平不同

股票的直接收益取决于发行公司的经营效益，不确定性强，投资于股票有较大的风险。债券的直接收益取决于债券利率，而债券利率一般是事先确定的，投资风险较小。基金主要投资于有价证券，投资选择灵活多样，从而使基金的收益有可能高于债券，投资风险又可能小于股票。因此，基金能满足那些不能或不宜直接参与股票、债券投资的个人或机构的需要。

四、证券投资基金的分类

微课4-1 证券投资基金的分类

（一）基金按组织形式划分，可分为契约型基金和公司型基金

1.契约型基金

契约型基金，又称单位信托基金，是指以投资者、管理人、托管人三者作为基金的当事人，通过签订基金契约的形式，发行受益凭证而设立的一种基金。契约型基金是基于契约原理而组织起来的代理投资行为，没有基金章程，也没有董事会，而是通过基金契约来规范三方当事人的行为。基金管理人负责基金的管理操作。基金托管人作为基金资产的名义持有人，负责基金资产的保管和处置，对基金管理人的运作实行监督。目前，我国的基金全部是契约型基金。

2.公司型基金

公司型基金是以公司形态组成的，该基金公司以发行股份的方式募集资金，一般投资者则为认购基金而购买该公司的股份，也就成为该公司的股东，凭其持有的股份依法享有投资收益。这种基金要设立董事会，重大事项由董事会讨论决定。公司型基金的特点是：基金公司的设立程序类似于一般股份公司，基金公司本身依法注册为法人，但不同于一般股份公司的是，它是委托专业的财务顾问或管理公司来经营与管理；基金公司的组织结构也与一般股份公司类似，设有董事会和持有人大会，基金资产由公司所有，投资者则是这家公司的股东，承担风险并通过股东大会行使权力。

动画4-1 封闭式基金和开放式基金

（二）基金按运作方式划分，可分为封闭式基金和开放式基金

1.封闭式基金

封闭式基金是指经核准的基金份额总额在基金合同期限内固定不变，基金份额可以在依法设立的证券交易场所交易，但基金份额持有人不得申请赎回的基金。由于封闭式基金在封闭期内不能追加认购或赎回，投资者只能通过证券经纪商在二级市场上进行买

卖。封闭式基金的偿还期限是指基金的存续期，即基金从成立起到终止的时间。在现实中，存续期主要依据基金发起人和众多投资者的要求来确定。基金偿还期限届满即为基金终止，此时，基金管理人应组织清算小组进行清产核资，并将清产核资后的基金净资产按照投资者的出资比例进行公正合理的分配。

2.开放式基金

开放式基金是指基金份额总额不固定，基金份额可以在基金合同约定的时间和场所申购或者赎回的基金。为了满足投资者赎回资金、实现变现的要求，开放式基金一般都从所筹资金中拨出一定比例，以现金形式保持这部分资产。虽然这会影响基金的盈利水平，但是作为开放式基金来说是必需的。

（三）基金按投资标的划分，可分为债券基金、股票基金、混合基金和货币基金

1.债券基金

债券基金是一种以债券为主要投资对象的证券投资基金。我国规定债券基金投资于债券的比例占基金资产的80%以上。由于债券的年利率固定，因此这类基金的风险较低，适合于稳健型投资者。债券基金的收益受到市场利率的影响，当市场利率下调时，其收益会上升；而当市场利率上调时，其收益将下降。

2.股票基金

股票基金是指以股票为主要投资对象的证券投资基金。我国规定股票基金投资于股票的比例占基金资产的80%以上。股票基金的投资目标侧重于追求资本利得和长期资本增值，基金管理人拟定投资组合，将资金投放到一个或几个国家甚至全球的股票市场，以达到分散投资、降低风险的目的。

3.混合基金

混合基金是指投资于股票、债券以及货币市场工具，且不符合债券基金和股票基金分类标准的基金。根据股票、债券投资比例及投资策略的不同，混合基金可分为偏股型基金、偏债型基金、股债平衡型基金和灵活配置型基金等。

（1）偏股型基金。在偏股型基金中，股票的配置比例较高，其范围是50%～70%；债券的配置比例较低，其范围是20%～40%。

（2）偏债型基金。一般来说，在偏债型基金中债券的配置比例较高（在50%以上），股票的配置比例较低。

（3）股债平衡型基金。在股债平衡型基金中，股票和债券的配置比例较为均衡，其范围基本都处在40%～60%。

（4）灵活配置型基金。在灵活配置型基金中，股票和债券的配置比例没有固定的范围。基金经理人根据其对股票市场和债券市场未来走势的判断，动态调整基金组合中股票和债券的配置比例。

4.货币基金

货币基金是以货币市场工具为投资对象的一种基金，其投资期限为1年以内，包括银行短期存款、国库券、公司短期债券、银行承兑票据和商业票据等。由于货币基金具有资本安全性高、购买限额低、流动性强、收益高、管理费用低（有的还不收取赎回费用）等优点，因此它常被认为是低风险的投资工具。

知识拓展4-1　　　　　　货币市场基金应当投资的金融工具

（1）现金。

（2）期限在1年以内（含1年）的银行存款、债券回购、中央银行票据、同业存单。

（3）剩余期限在397天以内（含397天）的债券、非金融企业债务融资工具、资产支持证券。

（4）中国证监会、中国人民银行认可的其他具有良好流动性的货币市场工具。

（四）基金按投资目标划分，可分为成长型基金、收入型基金和平衡型基金

1.成长型基金

成长型基金追求的是基金资产的长期增值。为了达到这一目标，基金管理人通常将基金资产投资于信誉度较高、有长期成长前景或长期盈余的成长型公司的股票。成长型基金又可分为稳健成长型基金和积极成长型基金两种。

2.收入型基金

收入型基金主要投资于可带来现金收入的有价证券，以获取当期的最大收入为目的。收入型基金资产的成长潜力较小，损失本金的风险相对也较低，一般可分为固定收入型基金和股票收入型基金两种。

3.平衡型基金

平衡型基金将资产分别投资于两种不同特性的证券上，并在以取得收入为目的的债券及优先股和以资本增值为目的的普通股之间进行平衡。平衡型基金的主要目的是从其投资组合的债券中得到适当的利息收益，同时从普通股中获取升值收益。其优点是风险比较低，缺点是成长的潜力不大。

（五）基金按投资理念划分，可分为主动型基金和被动型基金

1.主动型基金

主动型基金是指通过积极的选股和择时，力图超越基准组合表现的基金。一般来说，这种基金的基金经理人认为股票市场是无效市场，或是弱有效市场，或是半强有效市场，可以通过主动操作获得高于市场的投资回报。

2.被动型基金

被动型基金通常称为指数基金，是指以特定指数作为跟踪对象，试图复制指数表现的一类基金。指数基金的优势是管理费、交易费较低，同时可以有效降低非系统性风险。

（六）基金按募集方式划分，可分为公募基金和私募基金

1.公募基金

公募基金是指可以面向社会公众公开发售基金份额、募集资金而设立的基金。公募基金具有的主要特征是：可以面向社会公众公开发售基金份额和宣传推广基金，基金募集对象不固定；投资金额要求低，适宜中小投资者参与；必须遵守基金法律法规的约束，并接受监管部门的严格监管。

思政专栏4-2　　　　　　公募基金助力实现共同富裕

共同富裕是共同和富裕的结合。富裕是共同富裕的前提，也是共同富裕的最终目标。实现共同富裕，首先要强调经济的高质量发展，经济落后不可能实现共同富裕。

从居民收入端来看，无论是初次分配、再分配，还是三次分配，分配的财富都不可能无中生有，只是把财富从一部分人手里转到另一部分人手里。只有实现了实体经济的高质量发展，才能有可分配的财富，“三次分配”才能更好地发挥作用。

投资上市公司股权是一件高度专业化的工作，一般公众往往缺少足够的时间、精力、信息以及方法来选出真正优质的企业，且难以承受市场的大幅波动。公募基金从诞生以来就自带“普惠”基因，为老百姓提供了专业化投资渠道——1元起投门槛的背后，是亿万个家庭的财富积累。根据基金业协会的数据，中小投资者是基民的主体，金融资产规模在50万元以下的比例超过63%，小于10万元的占比在25%左右；收入方面，税后收入在10万元至50万元的基民最多（占比55.4%），而税后收入10万元以下的客户占比36%。公募基金走进千家万户过程中，也将长期投资理念普及给每个普通投资者，使得居民资金的投资行为更加合理。

从1990年到2020年，中国的资本市场从零开始成为世界第二大资本市场，公募基金也“乘风破浪”迎来大发展。通过专业运作展现出的长期赚钱效应，是基金行业过去二十几年赢得投资者认可的基础，投资者也逐渐达成了“炒股不如买基金”的共识。2005年至2020年，代表公募股票基金平均收益水平的中证股票基金指数上涨了914.45%，代表公募债券基金平均收益水平中证债券基金指数上涨了175.32%，远高于同期中证全指462.17%和中证全债指数106.80%的回报。目前公募基金已成为资本市场重要组成部分，更为实体经济发展提供了长期资金支持。

资料来源　佚名.发展FOF基金　助力共同富裕［EB/OL］.［2021-09-27］. https://finance.eastmoney.com/a2/202109272119844324.html.

思政元素：共同富裕

思政感悟：公募基金要始终坚持努力做好投资者教育，分享先进、科学的长期投资理念，不忘初心切实做好投资本职工作，不断开发丰富的、更适合普通投资者长期持有的基金产品，做好投资陪伴，帮助基金持有人度过市场的不同阶段，以及在养老理财等特定领域做好产品开发和投资工作，帮助广大投资者分享我国经济和资本市场的增长红利，助力实现共同富裕。

2.私募基金

私募基金是指以非公开方式向特定合格投资者发售基金份额、募集资金而设立的基金。与公募基金相比，私募基金不能进行公开的发售和宣传推广，投资金额要求高，投资者的资格和人数常常受到严格的限制。中国证券投资基金业协会发布的数据显示，截至2022年10月末，存续私募基金140 988只，存续基金规模20万亿元。

（七）特殊类型基金

1.交易所交易基金（ETF）

ETF是一种在交易所上市交易并可申购和赎回的、基金份额可变的基金运作方式。ETF结合了封闭式基金与开放式基金的运作特点，不但可以像封闭式基金一样在二级市场进行买卖，还可以像开放式基金一样进行申购和赎回。ETF最大的特点是实物申购、赎回机制，即ETF的申购是用一揽子股票换取基金份额，赎回也是换回一揽子股票或债券而不是现金，这种交易制度使ETF存在在一、二级市场之间的套利机制。

ETF联接基金是指将大部分基金资产（通常在90%以上）投资于跟踪同一标的指数的ETF，密切跟踪标的指数表现，追求跟踪误差最小化的开放式基金。

2.上市开放式基金（LOF）

LOF是一种可以同时在场外市场进行基金份额申购和赎回，又可以在交易所进行交易，并通过基金份额转托管机制将场外市场与场内市场有机联系在一起的开放式基金。

与ETF不同，LOF不一定采用指数基金模式，也可以是主动管理型基金；同时，申购和赎回均以现金进行，对申购和赎回没有规模上的限制，可以在交易所申购、赎回，也可以在场外市场各渠道进行申购、赎回。LOF所具有的可以在场内外申购、赎回以及场内外转托管的制度安排，使LOF不会出现封闭式基金大幅度折价交易的现象。

3.QDII基金

QDII基金是指在某国境内设立，经该国有关部门批准从事境外证券市场的股票、债券等有价证券业务的证券投资基金，其为国内投资者参与国际市场投资提供了便利。

4.基金中基金（FOF）

基金中基金是以其他基金为投资对象的基金。在我国，根据中国证监会对基金类别的分类标准，80%以上的基金资产投资于其他基金份额的，即为基金中基金。

案例链接4-1　　FOF基金的三大优势

根据数据统计，截至2021年年底，公募基金市场上的FOF基金一共有142只，累计规模910亿元，虽然在数量和规模上并不是特别占优势，但是FOF基金相比于其他普通公募基金，具有以下独特优势：

（1）优化资产配置。FOF基金是通过基金经理从众多基金中优选基金组成投资组合，为投资者提供更加专业化的资产配置方案，依靠不同资产之间的弱相关性把握资产中长期主要趋势并适当分散风险。

（2）优中选优。近两年来，公募基金市场的规模快速扩张，数量也在不断增加，目前市场上的公募基金已经接近8 000只。FOF基金可以帮助投资者从专业的角度精选基金，为不同的投资者提供不同风险收益特征的基金产品。

（3）资产种类丰富。FOF基金投资的资产种类比一般基金要多，可以同时投资普通公募基金，QDII基金、商品基金等，也可以直接投资股票、债券等资产。

资料来源　佚名.FOF基金有三大优势，适合哪些人？[EB/OL]．[2021-01-28]．https：//baijiahao.baidu.com/s? id=1690124252684679563&wfr=spider&for=pc.

5.伞形基金

伞形基金，又称系列基金，是指多个基金共用一个基金合同，子基金独立运作并可以直接相互转换的一种基金结构形式。不同的子基金隶属于一个总契约和一个总体管理框架，可以降低新基金设立的成本，形成品牌优势，有利于在不同国家或地区销售。

6.基础设施公募REITs

基础设施公募REITs的含义是指不动产投资信托基金，是依法向社会投资者公开募集资金形成基金财产，通过基础设施资产支持证券等特殊目的载体持有基础设施项目，由基金管理人主动管理运营上述基础设施项目，并将产生的绝大部分收益分配给投资者的标准化金融产品。

任务实施

学生登录天天基金网站，查询基金的种类，熟悉基金的特点。

学习评价

教师抽查学生的完成情况，进行课堂分享，借此来评价学生的掌握情况。

任务二　证券投资基金的运作与资产估值

情景导入

在学习了基金的概念、种类和优势后，小金对基金产生了更浓厚的兴趣，自己也查看了一些资料，经常看到“基民养基”这些词，知道买基金的投资者就是基民。基金市场还有哪些参与者？各参与者发挥什么作用？这也是大多数小白投资者需要熟悉的知识点，让我们和小金一起来学习吧。

知识准备

一、基金市场的参与主体

在基金市场上，存在许多不同的参与主体。依据所承担的职责与作用的不同，可以将基金市场的参与主体分为基金当事人、基金市场服务机构、基金监管机构与自律组织三类。基金投资者、基金管理人与基金托管人都是基金的主要当事人，基金市场上的各类中介机构通过自己的专业服务参与基金市场，基金监管机构则对基金市场上的各类参与主体实施全面监管。在基金运作的过程中，基金管理人居于主导与核心位置。证券投资基金运作的关系如图4-2所示。

（一）基金当事人

我国的证券投资基金依据基金合同设立，基金份额持有人、基金管理人与基金托管人是基金合同的当事人。

1.基金份额持有人

基金份额持有人，即基金投资者，是基金的出资人、基金资产的所有者和基金投资

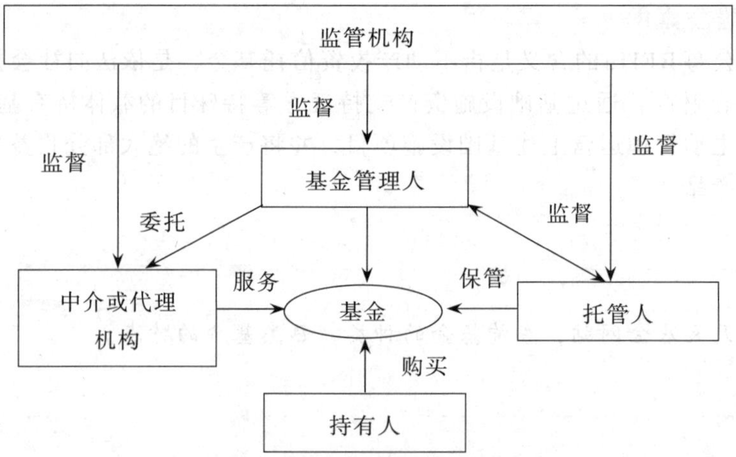

图4-2 证券投资基金运作的关系

收益的受益人。按照《中华人民共和国证券投资基金法》（以下简称《证券投资基金法》）的规定，我国基金份额持有人享有以下权利：分享基金财产收益，参与分配清算后的剩余基金财产，依法转让或者申请赎回其持有的基金份额；按照规定要求召开基金份额持有人大会，对基金份额持有人大会审议事项行使表决权；查阅或者复制公开披露的基金信息资料；对基金管理人、基金托管人、基金销售机构损害其合法权益的行为依法提出诉讼；基金合同约定的其他权利。

2.基金管理人

基金管理人是基金产品的募集者和管理者，其最主要的职责是按照基金合同的约定，负责基金资产的投资运作，在有效控制风险的基础上为基金投资者争取最大的投资收益。基金管理人在基金运作中具有核心作用，基金产品的设计、基金份额的销售与注册登记、基金资产的管理等重要职能多半由基金管理人或基金管理人选定的其他服务机构承担。在我国，公募基金的基金管理人，由基金管理公司或者经国务院证券监督管理机构按照规定核准的其他机构担任。

3.基金托管人

为了保证基金资产的安全，《证券投资基金法》规定，基金资产必须由独立于基金管理人的基金托管人保管，从而使得基金托管人成为基金的当事人之一。基金托管人的职责主要体现在基金资产保管、基金资金清算、会计复核以及对基金投资运作的监督等方面。在我国，基金托管人由依法设立的商业银行或者其他金融机构担任。

（二）基金市场服务机构

基金管理人和基金托管人既是基金的当事人，又是基金的主要服务机构。除基金管理人和基金托管人外，基金市场上还有许多面向基金提供各类服务的其他机构。这些机构主要包括基金销售机构、基金销售支付机构、基金份额登记机构、律师事务所、会计师事务所、基金投资咨询机构、基金评级机构等。

（三）基金监管机构与自律组织

1.基金监管机构

为了保护基金投资者的利益，世界上不同国家和地区都对基金活动进行严格的监督管理。基金监管机构通过依法行使审批或核准权，依法办理基金备案，对基金管理人、基金托管人以及其他从事基金活动的中介机构进行监督管理，对违法违规行为进行查处，因此其在基金的运作过程中起着重要的作用。在我国，中国证监会依法对证券投资基金活动实施监督管理。

2.基金自律组织

中国证券投资基金业协会是基金行业的自律组织，于2012年6月6日成立，接受中国证监会和民政部的业务指导和监督管理。该协会在促进同业交流、提高从业人员素质、加强行业自律管理、促进行业发展等方面具有重要作用。根据《证券投资基金法》，基金管理人、基金托管人应当加入中国证券投资基金业协会，基金服务机构可以加入中国证券投资基金业协会。

知识拓展4-2　　基金从业人员职业道德规范

中国证券投资基金业协会发布的《公开募集证券投资基金管理人及从业人员职业操守和道德规范指南》，有利于基金行业加快培育并践行“合规、诚信、专业、稳健”的行业文化，保护基金份额持有人的合法权益，规范公开募集证券投资基金管理人及从业人员的职业行为。具体的职业道德规范包括：专业胜任，防范利益冲突与利益输送，守法合规，廉洁从业，严格管理公开发表言论，真实、准确、完整、及时进行信息披露，公平合理的收费，合规开展宣传推介，深入落实投资者适当性管理，审慎专业开展投资研究，规范高效执行交易，审慎勤勉对待客户信息和账户、资产，认真履行反洗钱、反恐怖融资、反逃税义务。

资料来源　公开募集证券投资基金管理人及从业人员职业操守和道德规范指南（2021）.

二、基金的募集

基金的运作包括基金的募集、基金投资管理、基金资产托管、基金份额的登记与交易、基金资产的估值与会计核算、基金信息披露以及其他相关环节。在基金运作的过程中，基金的募集是基金设立的关键环节。

基金的募集是指基金管理公司根据有关规定向中国证监会提交募集申请文件、发售基金份额、募集基金的行为。基金的募集一般要经过申请、注册、发售、基金合同生效四个步骤。

（一）申请

在我国，基金管理人进行基金的募集，必须根据《证券投资基金法》的有关规定，向中国证监会提交相关文件。申请募集基金应提交的主要文件包括募集基金的申请报告、基金合同草案、基金托管协议草案和招募说明书草案等。

（二）注册

根据《证券投资基金法》的规定，国务院证券监督管理机构应当自受理基金募集注册申请之日起6个月内依照法律、行政法规及国务院证券监督管理机构的规定进行审查，作出注册或者不予注册的决定。

目前，基金注册程序分为简易程序和普通程序。对于常规基金产品，如常规的股票基金、混合基金、债券基金、指数基金、货币基金、QDII基金等，按简易程序注册，注册审查时间原则上不超过20个工作日；对于其他基金产品，如分级基金等，按照普通程序注册，注册审查时间不超过6个月。

（三）发售

基金经注册后，方可发售基金份额。基金管理人应当自收到核准文件之日起6个月内进行基金份额的发售。基金的募集期限自基金份额发售日开始计算，募集期限不得超过3个月。

基金管理人应当在基金份额发售的3日前公布招募说明书、基金合同及其他有关文件。在基金募集期间，募集的资金应当存放在专门账户，在基金募集行为结束前，任何人不得动用。投资者在缴纳认购的基金份额的款项时，基金合同成立。

（四）基金合同生效

基金合同生效的条件是：基金募集期限届满，基金募集份额总额不少于2亿份，基金募集金额不少于2亿元人民币，基金份额持有人的人数不少于200人。基金管理人应当自募集期限届满之日起10日内聘请法定验资机构验资，向国务院证券监督管理机构提交备案申请和验资报告，办理基金备案手续。基金备案自中国证监会书面确认之日起，基金合同生效。基金收到确认文件次日，发布基金合同生效公告。

案例链接4-2　　基民画像

中国证券投资基金业协会发布《2020年全国公募基金市场投资者状况调查报告》（以下简称报告），报告样本量为84 807份。报告显示，相信定投、接受产品风险与自身匹配、不频繁交易等，是新一届基民的特点。

1.股民变基民

报告数据显示，个人投资者投资公募基金的主要资金来源为“从存款转入”“新增收入”，分别有76.3%和74.5%的投资者符合此选项；“从银行理财产品转入”以及“从股票转入”为次选择，分别有37.6%、35.8%的投资者选择，如图4-3所示。

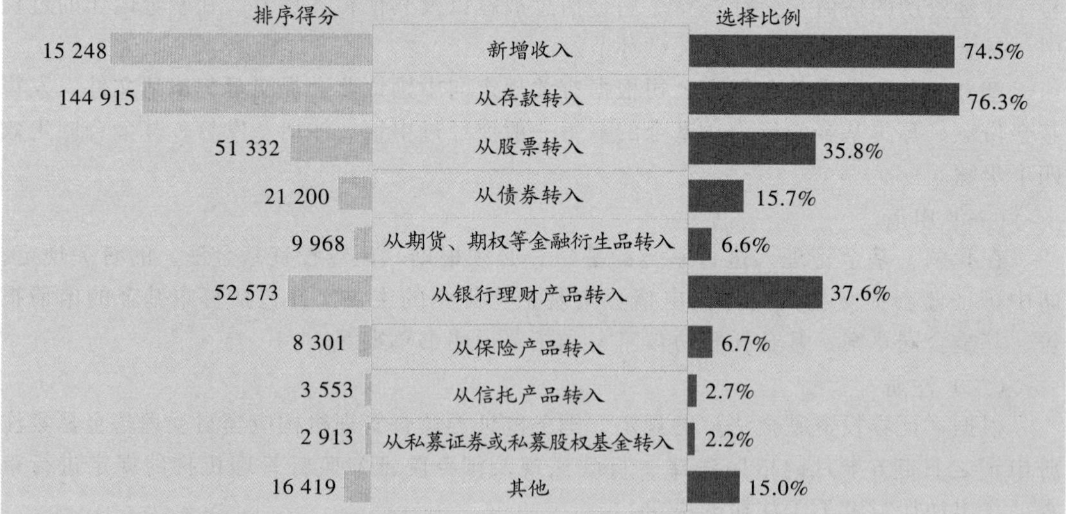

图4-3　个人投资者投资公募基金的主要资金来源

这意味着，闲钱（存款和新增收入）是基金投资的主要来源。再者，随着资管新规逐步落地、银行理财产品打破刚兑向净值化转型，居民理财资金也把基金作为理财出口。此外，随着基金赚钱效应的强化，股民变基民正成为趋势。

2.学历越高承担风险能力越强

报告显示，学历越高的人，越青睐基金投资。风险承受能力与学历背景之间有较稳固的关系。具体来看，中专、高中、初中及以下学历的投资者，更倾向于"尽可能保证本金安全，不在乎收益率比较低"。专科及以上学历的投资者，对风险的承受能力开始增强：专科学历的投资者追求"产生一定的收益，可以承担一定的投资风险"，而且不同风险偏好类型的投资者比例大致相当。本科和硕士学历的投资者追求"产生较多的收益，可以承担较大的风险"，且除了"实现资产大幅增长，愿意承担很大的投资风险"外，随着风险加大，投资者比例也在不断上升，硕士学历的投资者这种梯度上升趋势更为明显。此外，博士学历的投资者更偏好高风险类型，追求"实现资产大幅增长，愿意承担很大的投资风险"的比例更加突出，如图4-4所示。

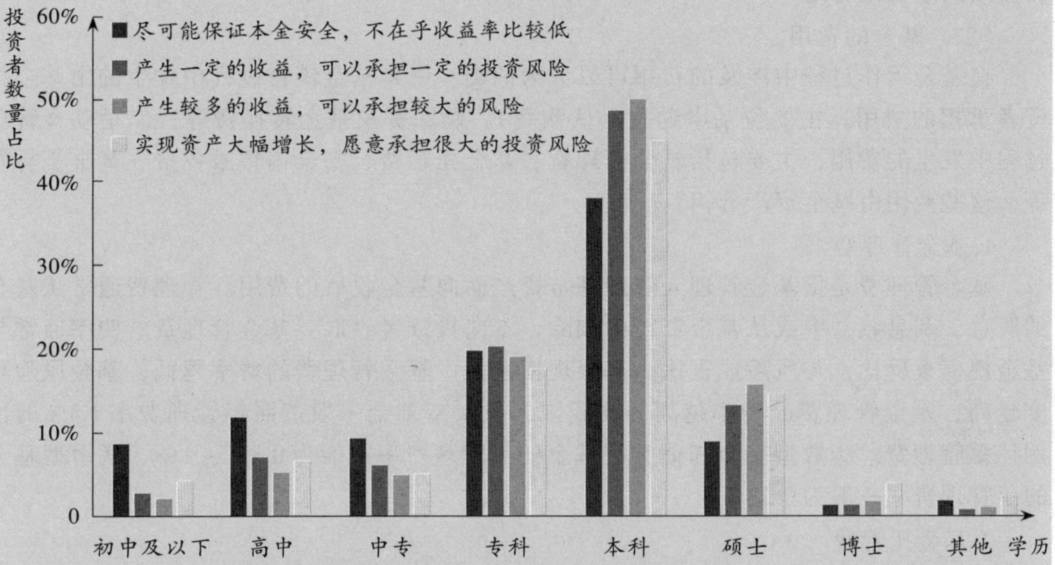

图4-4　不同风险承受能力的受调查个人投资者学历分布

这意味着，随着投资者对金融产品的认知更充分，对投资产品的风险收益比的认知也更高，也就更愿意参与到基金的投资当中。

3."小白投资者"更接受基金定投

调查数据显示，约九成投资者表示投资收益基本达到或超过预期；仅有10.8%的投资者表示收益未达到预期且相差较大，在所有被调查的投资者中占比最小；且大部分自然人投资者对基金定投持肯定态度；超七成投资者认为基金定投"可以分散投资风险，是一种省心省力的投资方式"。

资料来源　梁银妍.8万多份基民画像透露这些细节：股民变基民　高学历者更爱"冒险"[N].上海证券报，2022-01-10.

三、证券投资基金的资产估值与费用

(一) 基金的资产估值

基金资产估值是指通过对基金所拥有的全部资产及所有负债按一定的原则和方法进行估算，进而确定基金资产公允价值的过程。在基金的运作过程中，基金单位价格会随着基金资产净值和收益的变化而变化，为了比较准确地对基金进行计价和报价，使基金价格能较准确地反映基金的真实价值，就必须对某个时点上的基金的每一单位或每一股份实际代表的价值予以估算，并将估值结果以资产净值的形式公布。

基金资产净值的计算包括基金资产净值总额的计算和基金份额净值的计算。基金资产总值是指基金全部资产的价值总和，从基金资产总值中扣除所有负债就是基金资产净值。基金资产净值除以基金当前的总份额，就是基金份额净值。用公式表示为：

基金资产净值=基金资产总值-基金负债

基金份额净值=（基金资产总值-基金负债）÷基金总份额

基金份额净值是计算投资者申购基金份额、赎回资金金额的基础，也是评价基金投资业绩的基础指标之一。

(二) 基金的费用

在基金运作过程中涉及的费用可以分为两类：一是基金销售过程中发生的由基金投资者承担的费用，主要包括申购费（认购费）、赎回费及基金转换费等；二是基金管理过程中发生的费用，主要包括基金管理费、基金托管费、基金销售服务费、基金交易费等，这些费用由基金资产分担。

1.基金管理费

基金管理费是指基金管理人管理基金资产而向基金收取的费用。管理费通常从基金的股息、利息收益中或从基金资产中扣除，不向投资者收取。基金管理费的费率通常与基金规模成反比，与风险成正比。基金规模越大，基金管理费的费率越低；基金风险程度越高，基金管理费的费率越高。在我国，股票型基金一般按照年管理费率1.5%的比例计提管理费，指数型基金和债券型基金的年管理费率一般为0.3%～1%，货币型基金的年管理费率一般为0.33%。

2.基金托管费

基金托管费是指基金托管人为基金提供托管服务而向基金收取的费用。收取的比例与基金的规模、类型有一定的关系。股票型基金的托管费率要高于债券型基金和货币型基金的托管费率。股票型基金的年托管费率一般为0.25%，指数型基金和债券型基金的年托管费率一般为0.1%～0.25%，货币型基金的年托管费率一般为0.05%～0.1%。

3.基金销售服务费

基金销售服务费是用于基金的持续销售和为基金份额持有人提供服务而收取的费用。货币型基金和债券型基金可以从基金资产中列支基金销售服务费，年销售服务费率一般不高于0.8%。

我国的基金管理费、基金托管费及基金销售服务费均是按前一日基金资产净值的一定比例逐日计提、按月支付。

4.基金交易费

基金交易费是指基金在进行证券买卖时所发生的相关交易费用。目前，我国证券投资基金的交易费用主要包括印花税、交易佣金、过户费、经手费、证券监管费等。交易佣金是由证券公司按成交金额的一定比例向基金收取，印花税、过户费、经手费和证管费等则是由中国证券登记结算有限责任公司或证券交易所按有关规定收取。参与银行间债券交易的，还需向中央国债登记结算有限责任公司支付银行间账户服务费、向全国银行间同业拆借中心支付交易手续费等服务费。

5.基金运作费

基金运作费是指为保证基金正常运作而发生的应由基金承担的费用，包括审计费、律师费、上市年费、信息披露费、分红手续费、持有人大会费用、开户费、银行汇划手续费等。

任务实施

学生登录天天基金网，选择某只基金查询基金档案，重点了解基金管理人、基金托管人以及基金的管理费、托管费及销售服务费等情况。

学习评价

根据上述任务抽查学生完成情况，并进行讲解，评价学生的掌握情况。

任务三　证券投资基金的认购、申购、赎回与交易

情景导入

在老师的帮助下，小金终于开通了自己的基金模拟交易账户。可是，新的问题又来了，小金被认购、申购、赎回等名称搞得一头雾水。买基金到底看哪个价格，是累计净值还是单位净值?要收哪些费用？这些费用又是怎么计算的？这可是涉及交易成本和投资收益的事，可不能马虎。小金想了又想，必须把这些问题搞清楚。

知识准备

一、开放式基金的认购

在基金募集期内购买基金份额的行为通常被称为基金的认购。通常认购价为基金单位面值1元加上一定的认购费率。

（一）开放式基金的认购渠道

投资者认购开放式基金，一般通过基金管理人或管理人委托的商业银行、证券公

司、期货公司、保险机构、证券投资咨询机构、独立基金销售机构以及经国务院证券监督管理机构认定的其他机构办理。

（二）开放式基金的认购步骤

认购开放式基金通常经过开户、认购和确认三个步骤。

1.开户

拟进行基金投资的投资者，必须先开立基金账户和资金账户。基金账户是基金注册登记机构为基金投资者开立的、用于记录其持有的基金份额及其变动情况的账户；资金账户是投资者在基金代销银行、证券公司开立的用于基金业务的资金结算账户。

2.认购

投资者在办理基金认购申请时，须填写认购申请表，并需按销售机构规定的方式全额缴款。投资者在募集期内可以多次认购基金份额。一般情况下，已经正式受理的认购申请不得撤销。

3.确认

销售机构对认购申请的受理并不代表该申请一定成功，而仅代表销售机构接受了认购申请，申请的成功与否应以注册登记机构的确认结果为准。投资者T日提交认购申请后，可自T+2日起到办理认购的网点查询认购申请的受理情况。认购申请无效的，认购资金将退回投资者资金账户。认购的最终结果要待基金募集期结束后才能确认。

（三）开放式基金的认购方式

开放式基金的认购采取金额认购的方式，即投资者在办理认购申请时，不是直接填写需要认购多少份基金份额，而是填写需要认购多少金额的基金份额。基金注册登记机构在基金认购结束后，再按基金份额的认购价格，将申请认购基金的金额换算成投资者应得的基金份额。

（四）开放式基金的认购费率和收费模式

在具体实践中，基金管理人会针对不同的基金类型、不同的认购金额设置不同的认购费率。《证券投资基金销售管理办法》规定，开放式基金的认购费率不得超过认购金额的5%。我国股票基金的认购费率大多在1%～1.5%，债券基金的认购费率通常在1%以下，货币基金一般不收取认购费。

在基金份额认购上存在两种收费模式：前端收费模式和后端收费模式。前端收费模式是指在认购基金份额时就支付认购费用的付费模式。后端收费模式是指在认购基金份额时不收费，在赎回基金份额时才支付认购费用的收费模式。后端收费模式设计的目的是鼓励投资者长期持有基金，因为认购费率一般会随着投资时间的延长而递减，甚至不再收取认购费用。

（五）开放式基金认购份额的计算

根据规定，基金认购费率将统一以净认购金额为基础收取，其计算公式为：

净认购金额=认购金额÷（1+认购费率）

认购费用=净认购金额×认购费率=认购金额-净认购金额

认购份额=（净认购金额+认购利息）÷基金份额面值

其中，认购金额是指投资者在认购申请中填写的认购金额总额；认购费率是指与投资者认购金额对应的认购费率；认购利息是指认购款项在基金合同生效前产生的利息。一般来说，开放式基金的认购会设定最低认购金额。

案例链接4-3　　计算认购费用和认购份额

某投资人投资10万元认购基金，认购资金在募集期产生的利息为3元，其对应的认购费率为1.2%，基金份额面值为1元，计算认购费用和认购份额分别是多少？

根据题意，计算可得：

净认购金额＝100 000÷（1+1.2%）=98 814（元）

认购费用=100 000−98 814=1 186（元）

认购份额=（98 814+3）÷1=98 817（份）

由此得出，投资人认购该基金的认购费用是1 186元，认购份额是98 817份基金。

知识拓展4-3　　QDII基金份额的认购

QDII基金份额的认购程序、认购渠道与一般开放式基金基本相同。QDII基金主要投资于境外市场，因而与仅投资于境内证券市场的其他开放式基金相比，在募集认购的具体规定上有以下独特之处：

（1）发售QDII基金的基金管理人必须具备境内机构投资者资格和经营外汇业务资格。

（2）基金管理人可以根据产品特点确定QDII基金份额的面值。

（3）QDI基金份额除可以用人民币认购外，也可以用美元或其他外汇货币为计价货币认购。

二、开放式基金的申购、赎回

（一）申购、赎回的概念

投资者在开放式基金合同生效后，申请购买基金份额的行为通常被称为基金的申购。开放式基金的赎回是指基金份额持有人要求基金管理人购回其所持有的开放式基金份额的行为。开放式基金的申购和赎回与认购一样，可以通过基金管理人的直销中心与基金销售代理人的代销网点办理。

知识拓展4-4　　认购与申购的区别

认购是指在基金设立募集期内，投资者申请购买基金份额的行为。申购是指在基金合同生效后，投资者申请购买基金份额的行为。基金认购与基金申购略有不同，二者的一般区别在于：

（1）认购费一般低于申购费，在基金募集期内认购基金份额，一般会享受到一定的费率优惠。

（2）认购价格通常为1元/份，而申购基金时按未知价确认。

（3）认购份额在基金合同生效时确认，并且在封闭期后才能赎回。申购份额通常在T＋2日内确认，确认后的下一个工作日就可以赎回。

（二）申购、赎回的原则

目前，开放式基金所遵循的申购、赎回的主要原则为：

1.按固定价格申购、赎回原则

对货币基金而言，基金份额价格固定为1元人民币，因此投资者在申购、赎回货币基金时，按固定价格进行申购、赎回。

2."未知价"交易原则

对一般开放式基金（如股票基金、债券基金、混合基金等）而言，在申购、赎回时则遵循"未知价"交易原则，投资者在申购、赎回一般开放式基金份额时并不能即时获知买卖的成交价格。申购、赎回价格只能以申购、赎回日交易时间结束后基金管理人公布的基金份额净值为基准进行计算，这与股票、封闭式基金等金融产品按"已知价"原则进行买卖不同。

3."金额申购、份额赎回"原则

"金额申购、份额赎回"原则，是指投资者在申购时以金额申请，赎回时以份额申请。这是适应在"未知价"情况下进行申购、赎回的最方便、最安全的方式。投资者在申购和赎回基金时，确切的申购数量和赎回金额在申报当时是无法确定的，只有在交易次日才能获知。

（三）申购费、赎回费和销售服务费

1.申购费

投资者在办理开放式基金申购时，一般需要缴纳申购费。和认购费一样，申购费可以采用在基金份额申购时收取的前端收费方式，也可以采用在赎回时从赎回金额中扣除的后端收费方式。

2.赎回费

投资者在办理开放式基金赎回时，一般需要缴纳赎回费，货币基金及中国证监会规定的其他品种除外。基金管理人可以根据基金份额持有人持有基金份额的期限适用不同的赎回费标准，通常持有时间越长，适用的赎回费率越低。

3.销售服务费

基金管理人可以从开放式基金财产中计提一定比例的销售服务费。例如，对于不收取申购费（认购费）、赎回费的货币基金，基金管理人可以依照相关规定从基金财产中持续计提销售服务费，用于基金的持续销售和为基金份额持有人提供服务，申购和赎回费率为0。

（四）申购份额及赎回金额的计算

1.申购份额的计算

基金申购份额的计算公式为：

净申购金额=申购金额÷（1+申购费率）

申购费用=净申购金额×申购费率=申购金额-净申购金额

申购份额=净申购金额÷申购当日基金份额净值

当申购费用为固定金额时，申购份额的计算方法为：

净申购金额=申购金额-固定金额

申购份额=净申购金额÷T日基金份额净值

2. 赎回金额的计算

赎回金额的计算公式为：

赎回总金额=赎回份额×赎回当日基金份额净值

赎回费用=赎回总金额×赎回费率

赎回金额=赎回总金额-赎回费用

赎回费率一般按持有时间的长短分级设置。持有时间越长，适用的赎回费率越低。实行后端收费模式的基金，还应扣除后端认购/申购费，才是投资者最终得到的赎回金额。如果本书中不指出，均视为前端收费模式。其计算公式为：

赎回金额=赎回总金额-赎回费用-后端收费金额

案例链接4-4　　申购份额与赎回金额的计算

某投资者通过银行投资1万元申购某开放式基金，假设基金管理人规定的申购费率是1.5%，申购当日基金份额净值为1.025元，计算申购费用和申购份额分别是多少？

如果持有该基金1年半，投资者将基金赎回，对应的赎回费率为0.5%，赎回当日基金份额净值为1.305元，计算可赎回金额是多少？

根据题意，计算可得：

净申购金额=10 000÷（1+1.5%）=9 852（元）

申购费用=10 000-9 852=148（元）

申购份额=9 852÷1.025=9 612（份）

若赎回该基金，则可赎回金额为：

赎回总金额=9 612×1.305=12 543.66（元）

赎回费用=12 543.66×0.5%=62.72（元）

赎回金额=12 543.66-62.72=12 480.94（元）

（五）基金的交易

交易所交易的开放式基金是传统封闭式基金的交易便利性与开放式基金可赎回性相结合的一种新型基金。目前，我国沪、深交易所已经分别推出交易型开放式指数基金（ETF）和上市开放式基金（LOF）两类。普通投资者参与ETF、LOF投资最便捷、最高效的方式，就是像买卖股票一样在二级市场交易ETF、LOF份额。投资者只需要开立证券交易所A股账户或者证券投资基金账户即可。

讲义4-1

基金定投的方法

1. ETF基金的交易规则

ETF的交易与股票和封闭式基金的交易相同，基金份额是在投资者之间买卖的。最小交易单位为1手（1手为100份），同时每日涨跌幅按照10%进行限制。ETF报价的最小变动单位为0.001元，只收取交易佣金，无须缴纳印花税。

2. LOF基金的交易规则

LOF在交易所的交易规则与封闭式基金基本相同，买入LOF申报数量应当为100份或其整数倍。LOF的价格涨跌比例是10%，自上市首日起执行。投资者T日卖出基金份额后的资金T+1日就能到账，而赎回资金至少T+2日。

知识拓展4-5 **基金定投**

基金定投就是在固定的时间，以固定的金额投资到指定的开放式基金中的一种投资方式。定投凭借其“聚少成多聚沙成塔、低位多买高位少买”的理性投资方式，让投资者轻松获得回报，因此基金定投也获得了更多投资者的认可。基金定投的核心逻辑是：放弃择时，持续小额买入，降低成本。

1.什么样的基金适合定投

最适合做定投的是混合基金和股票基金，尤其是指数基金。原因是其跌涨的幅度比较大。基金定投的本质是高位减仓，低位加仓，也就是说，在上涨时，赚收益，在下跌时，赚份额，加倍盈利。市场有波动才会产生价差，故而才有收益产生。

2.何时进行基金定投

“先跌后涨”，也就是常说的“微笑曲线”（如图4-5所示）是基金定投最适合的市场条件；“震荡向下”的市场条件，基金定投能够有效地降低持仓成本，等待市场回升即可；“震荡向上”可能增加定投成本，导致盈利减少，但由于市场整体向上，定投基金仍然能保持盈利；最后，“先涨后跌”是基金定投相对不适合的市场条件，因为前期定投成本不断增减，后期市场下跌吞没了收益。

3.怎样进行基金定投

（1）选择申购费率优惠的平台，降低投资成本。

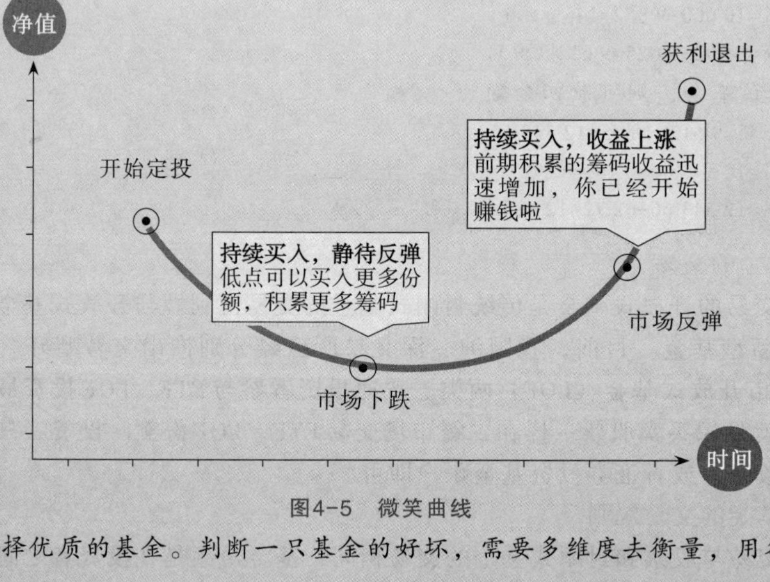

图4-5 微笑曲线

（2）选择优质的基金。判断一只基金的好坏，需要多维度去衡量，用各种指标进行验证。

一看基金业绩。选定一只基金后，先看看其10年、5年、3年、1年的盈亏情况，再看看这些年份中，这只基金在同类基金中排名是否靠近前1/4，再看短期表现，即6个月、3个月、1个月的盈亏情况，在同类基金中排名是否靠近前1/3。

二看基金经理。一般判定一只基金稳定性的参考条件之一是看有没有频繁更换基金经理，再者就是看基金经理操盘过的基金业绩。同时，基金经理的工作时间也很重要，一般经历过牛熊市场交替的经理为佳。

三看基金公司。一般选择经营时间长，基金规模较大的公司会比较安全。

(3) 长期持有。根据历史数据统计，长期持有优质的基金，定投的收益大部分都为正，而且相对较高。不同持有时长股基指数累计收益率平均数如图4-6所示。

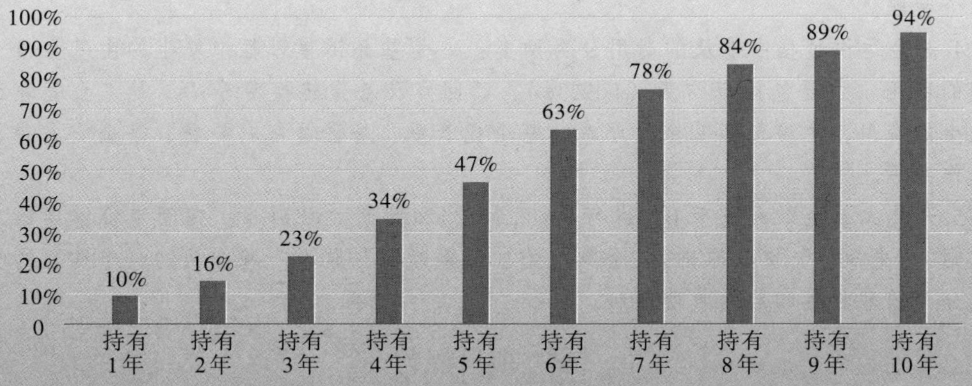

图4-6　不同持有时长股基指数累计收益率平均数

(4) 止盈卖出，落袋为安。当基金定投做到一定时间（一般为三年）和一定金额的时候，会产生边际递减效应，即收益不会像当初刚刚定投时那么明显。这时候就要考虑赎回一部分基金，将收益放到自己的口袋里。

任务实施

1.学生登录天天基金网，查询新发行的基金，熟悉认购的流程。

2.利用天天基金网提供的费率计算功能，进行申购、赎回费用的计算。

3.通过模拟账户进行基金交易，掌握操作流程。

学习评价

教师查看学生操作界面、交易记录等情况，评价学生对基金交易的掌握程度。

项目小结

1.证券投资基金是指通过发售基金份额，将众多投资者的资金集中起来，形成独立财产，由基金托管人托管，基金管理人管理，以投资组合的方式进行证券投资的一种利益共享、风险共担的集合投资方式。基金市场的参与主体包括基金当事人、基金市场服务机构、基金监管机构与自律组织三类。

2.基金按运作方式划分，可分为封闭式基金和开放式基金；基金按组织形式划分，可分为契约型基金和公司型基金；基金按投资对象划分，可分为债券基金、股票基金、混合基金、货币基金和指数基金；基金按投资目标划分，可分为成长型基金、收入型基金和平衡型基金；基金按投资理念划分，可分为主动型基金和被动型基金；基金按募集方式划分，可分为公募基金和私募基金。特殊类型基金主要包括交易所交易基金(ETF)、上市开放式基金（LOF)、QDII基金、基金中基金（FOF)、基础设施公募

REITs等。

3.基金的募集是指基金管理公司根据有关规定向中国证监会提交募集申请文件、发售基金份额、募集基金的行为。基金的募集一般要经过申请、注册、发售、基金合同生效四个步骤。

4.基金运作过程中涉及的费用分为两类：一是基金销售过程中发生的由基金投资者承担的费用，主要包括申购费（认购费）、赎回费及基金转换费等；二是基金管理过程中发生的费用，主要包括基金管理费、基金托管费、基金销售服务费、基金交易费、基金运作费等。

5.开放式基金以人民币1元进行认购，申购和赎回的原则为：按固定价格申购、赎回原则，“未知价”交易原则，“金额申购、份额赎回”原则。基金认购（申购）的收费模式分为前端收费和后端收费两种。

项目练习

项目练习4-1

单项选择题

一、单项选择题

1.证券投资基金有集合理财的特点，其集合理财的优点是（　　）。

A.具有规模优势　　B.强化监管

C.收益稳定　　D.风险固定

2.基金与股票、债券的差异不包括（　　）。

A.反映的经济关系不同　　B.所筹资金投向不同

C.投资收益与风险大小不同　　D.筹集资金来源不同

3.关于证券投资基金的表述，不正确的有（　　）。

A.基金投资者是基金资产的所有者　　B.基金管理人负责基金财产的托管

C.基金实行组合投资，以便分散风险　　D.基金管理人负责基金的投资操作

4.下列不属于按投资对象分类的基金是（　　）。

A.债券基金　　B.股票基金

C.货币基金　　D.全球股票基金

5.基金资产的（　　）以上投资于股票的，称为股票基金。

A.60%　　B.70%

C.80%　　D.90%

6.证券投资基金筹集的资金主要投向（　　）。

A.实业　　B.有价证券

C.房地产　　D.第三产业

7.某投资人认购100万元的基金份额，基金份额面值为1元/份，认购费率为1%，认购期间产生的利息为3元，则认购份额为（　　）份。

A.990 102　　B.990 099

C.1 000 003　　D.990 399

8.下列有关开放式基金申购、赎回的原则，正确的说法是（　　）。

A.基金实行“金额申购、份额赎回”原则

B.基金实行“份额申购、金额赎回”原则

C.基金实行“份额申购、份额赎回”原则

D.基金实行“金额申购、金额赎回”原则

9.基金托管费是指（　　）为基金提供托管服务而向基金收取的费用。

A.监管机构　　B.发起人

C.基金份额持有人　　D.基金托管人

10.关于基金交易费，下列说法中不正确的是（　　）。

A.基金交易费是指基金在进行证券买卖交易时所发生的相关交易费用

B.我国证券投资基金的交易费主要包括印花税、交易佣金、过户费、经手费、证券监管费

C.交易佣金由证券公司按成交金额的一定比例向基金收取

D.印花税、过户费、经手费、证管费等由托管人按有关规定收取

二、多项选择题

项目练习4-2

多项选择题

1.证券投资基金的主要特征包括（　　）。

A.集合投资　　B.专业管理

C.利益共享、风险共担　　D.组合投资、分散风险

2.关于开放式基金，下列说法中正确的是（　　）。

A.开放式基金的投资者可以根据需要随时申购或赎回基金，导致基金总数不断变化

B.开放式基金没有固定的存续期限

C.与封闭式基金相比，开放式基金的信息披露要求较高

D.开放式基金持有人面临的风险主要是基金管理人能力风险，不存在二级市场风险

E.开放式基金具有独立法人资格

3.除下述（　　）情形外，基金管理人不得拒绝接受基金投资人的赎回申请。

A.不可抗力

B.证券交易所交易时间非正常停市，导致基金管理人无法计算当日基金资产净值

C.发生巨额赎回

D.其他在基金合同、基金招募说明书中已经载明并获得批准的特殊情形

E.任何情况下都不可以

4.基金管理公司收取的管理费和基金业绩报酬直接取决于（　　）。

A.所管理的基金资产规模

B.基金投资取得的业绩

C.基金管理公司对基金资产的运作和管理能力

D.对基金持有人提供的产品及相关服务

5.基金持有人承担的费用包括（　　）。

A.申购费　　B.红利再投资费用

C.转换费　　D.赎回费

E.托管费

6.目前，我国基金管理人的管理费实行（　　）。

A.每日计提并累计　　B.每周计提并累计

C.按周支付　　D.按月支付

三、实训题

1.列举股票型基金、混合型基金、债券型基金各1只，比较它们的收益情况。

2.以某开放式基金为例，完成以下任务：

（1）该基金是什么类型的基金？

（2）基金在同类基金中的业绩排名如何（今年以来）？

（3）可以通过哪些途径购买该基金？

（4）该基金当前的净值是多少？

（5）如果参加该基金的定投，每月存500元，按其成立以来的年平均收益率，20年后，账户里将有多少资金？

推荐阅读

[1] 书签客．手把手教你买基金［M］．北京：人民邮电出版社，2018.

[2] 老罗．基金定投：让财富滚雪球［M］．北京：电子工业出版社，2018.

[3] 博格．共同基金常识［M］．巴曙松，等译．北京：北京联合出版公司，2017.

[4] 中国证券投资基金业协会，https：//investor.amac.org.cn.

[5] 东方财富网，https：//www.eastmoney.com.

[6] 天天基金网，https：//fund.eastmoney.com.

项目五 金融衍生工具

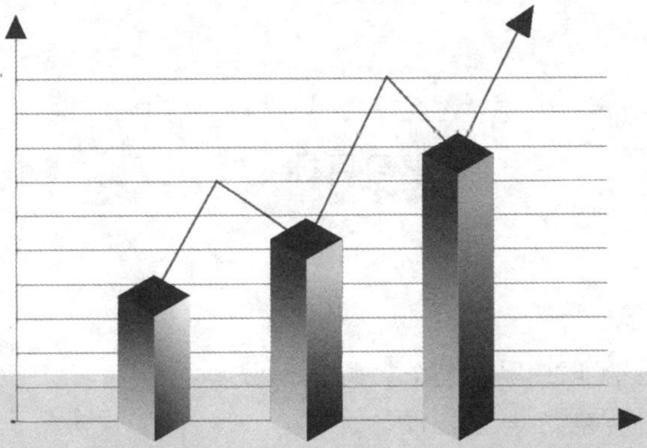

项目概述

金融衍生工具实质上是一种金融合约，根据合约不同属性可分为远期、期货、互换和期权。金融衍生产品的产生、普及改变了整个市场结构，并为市场不同的主体提供投资（投机）机会。在本项目中我们将分三个任务分别介绍：金融衍生工具的相关概念、分类和基本特征；金融期货的相关交易制度和功能；金融期权的分类和基本功能。要求掌握的关键问题是，什么是金融衍生工具，它们有什么作用，金融期货与金融期权有什么区别，二者是如何交易的。

学习目标

知识目标

1. 理解金融衍生工具的概念、特征和分类。
2. 了解我国金融衍生工具市场。
3. 熟悉金融期货合约的交易制度。
4. 熟悉金融期权合约的交易制度。

能力目标

1. 能够初步认识不同金融衍生工具的作用。
2. 能够区分金融期货与金融期权。
3. 能够熟练运用我国的金融衍生工具的基本交易规则。

素养目标

感受金融衍生工具市场在我国现代经济发展过程中的地位和作用，树立合理控制杠杆交易风险的投资观念。

任务一　认识金融衍生工具

情景导入

小金最近看了一部电影《大空头》，影片中描述了在2007年8月美国次贷危机席卷全美、欧盟和日本等主要金融市场之际，华尔街却有四拨人在风暴来临之前准确地预估到即将发生的危机，于是猛做空头，最后成为这场浩劫中极少数的大赢家。其中一方最高得到了489%的回报，净赚26亿美元。这给了小金很大的震撼，影片中描述了很多值得深思的衍生产品交易，让小金对金融衍生工具产生了极大的兴趣，同时也在脑海中产生了一些疑惑：金融衍生品投资为什么会让一些投资者疯狂？为什么会有这么高的收益？投资收益目标是否定得越高越好呢？

金融衍生品投资之所以受到一些投资者追捧，其中最大的原因就在于它的高收益，但高收益的背后，是高杠杆、高风险。带着小金的疑问，下面我们就来学习金融衍生工具的基本知识。

知识准备

一、金融衍生工具的概念和特征

（一）金融衍生工具的概念

金融衍生工具，又称“金融衍生产品”，是与基础金融工具相对应的一个概念，是指建立在基础产品或基础金融变量之上，其价格取决于后者价格变动的派生金融产品。通过预测股价、利率、汇率等未来行情走势，采用支付少量保证金或权利金来签订远期合同或互换不同金融商品等交易形式的新兴金融工具。这里所说的基础产品是一个相对的概念，不仅包括现货金融产品（如债券、股票、银行定期存款单等），还包括金融衍生工具。作为金融衍生工具基础的变量，其种类繁多，主要是各类资产价格、价格指数、利率、汇率、费率、通货膨胀率以及信用等级等。近年来，某些自然现象（如气温、降雪量、霜冻、飓风）甚至人类行为（如选举、温室气体排放）也逐渐成为金融衍生工具的基础变量。

（二）金融衍生工具的特征

从金融衍生工具的定义可以看出，它具有四个显著的特性：

1.跨期性

金融衍生工具是交易双方通过对利率、汇率、股价等因素变动趋势的预测，约定在未来某一时间按照一定条件进行交易或选择是否交易的合约。无论是哪一种金融衍生工具，都会影响交易者在未来一段时间内或未来某时点上的现金流，跨期交易的特点十分突出。这就要求交易双方对利率、汇率、股价等价格因素的未来变动趋势作出判断，而判断的准确与否直接决定了交易者的交易盈亏。

2.杠杆性

金融衍生工具交易一般只需要支付少量的保证金或权利金就可以签订远期大额合约或互换不同的金融工具。例如，若期货交易保证金为合约金额的5%，则期货交易者可以控制20倍于所交易金额的合约资产，实现以小搏大的效果。在收益可能成倍放大的同时，交易者所承担的风险与损失也会成倍放大，基础工具价格的轻微变动也许就会带来交易者的大盈、大亏。金融衍生工具的杠杆效应在一定程度上决定了它的高投机性和高风险性。

3.联动性

联动性是指金融衍生工具的价值与基础产品或基础变量紧密联系、规则变动。通常，金融衍生工具与基础变量相联系的支付特征由衍生工具合约规定，其联动关系既可以是简单的线性关系，也可以表达为非线性函数或者分段函数。

4.不确定性或高风险性

金融衍生工具的交易后果取决于交易者对基础工具（变量）未来价格（数值）的预测和判断的准确程度。基础工具价格的变幻莫测决定了金融衍生工具交易盈亏的不稳定性，这是金融衍生工具高风险性的重要诱因。

思维延伸5-1　　金融衍生品和金融基础品

老王每天挑着自家种的菜到村口的市场叫卖。天气好的时候，菜的收成很好，拿到市场上卖的菜就多，价格也就便宜；如果遇到雨灾、旱灾、台风等恶劣天气，种的菜死了大半，只剩很少能拿去卖，全村人都抢着买，菜价自然就高了。

小李发现菜价有时高有时低，渐渐摸出了规律。于是他就在老王摊子旁边铺了几张报纸，竖了个牌子，上面写着“猜猜老王下周能赚多少钱”。

老王种菜卖菜的行为，就是实体经济；每天以不同的价格卖出不同数量的菜，就类似金融基础品交易；小李召集大家猜老王能赚多少钱，就是金融衍生品交易。

老王卖菜，卖者赚的钱，是劳有所得；买者付的钱，是物有所值。我们把这叫作“正和博弈”，或者“双赢”。而小李竞猜的行为，不同的人有不同的分析，猜不同的结果，一方赢了，另一方必然输。

思考：金融衍生品和金融基础品有什么区别？

分析：股票、债券、利率、汇率、现货商品（包括贵金属、能源品、工业原料、农产品等），都是“金融基础品”。它们属于金融中的“实体”，因为它们的背后都有实物支撑。比如股票，背后的实物就是上市公司的股权和资产；债券的背后是借贷关系，没钱还了可以变卖资产。

有了实物，又有了交易实物的价格，而这个交易价格又经常波动。期货和期权，反映的是股票、债券、外汇汇率未来的价格变化，交易的是它们价格的未来走势，而不是它们自身的价值。简单说就是猜未来这些东西的价格是涨还是跌，涨跌幅度有多大，猜中就赢。把这种操作作为交易品种，就统称“金融衍生品”。

实体商品的交易，多数是买卖双方的共赢。金融基础品的交易，也有可能是正和博弈。这就像是投资一个有价值的上市公司股票，公司做大做强了，股东能分红，也能享受股价上涨带来的收益。我们平常说的“成长型投资”就属于这种。

而金融衍生品的交易，盈亏完全负相关，一方赚了，另一方必然亏。这是一个“零和博弈”的市场。想要从这种零和博弈中长期获胜，必须练就一双慧眼，能够通过各种细枝末节判断出未来趋势，而且下手必须快、狠、准，一旦犹豫了，可能赢的就会输回去，输的就会输更多。这种交易策略，常见于我们所说的“趋势投资”。

资料来源　佚名. 金融基础品和金融衍生品的区别［EB/OL］.［2019-09-09］. https：//www.163.com/dy/article/EOKTSIDQ053661TJ.html.

二、金融衍生工具的分类

金融衍生工具可以按照自身交易方式、交易场所、基础工具种类和产品形态的不同进行分类。

（一）按照自身交易方式分类

金融衍生工具按自身交易方式的不同，可分为金融远期合约、金融期货、金融期权、金融互换和结构化金融衍生工具。

1.金融远期合约

金融远期合约是指交易双方在场外市场上通过协商，按约定价格（称为“远期价格”）在约定的未来日期（交割日）买卖某种标的金融资产（或金融变量）的合约。金融远期合约规定了将来交割的资产、交割的日期、交割的价格和数量，合约条款根据双方需求协商确定。金融远期合约主要包括远期利率协议、远期外汇合约和远期股票合约。

2.金融期货

金融期货是以金融工具（或金融变量）为基础工具的期货交易。它主要包括外汇期货、利率期货、股票指数期货和股票期货四种。近年来，不少交易所又陆续推出更多新型的期货品种，如房地产价格指数期货、通货膨胀指数期货等。

3.金融期权

金融期权是指合约买方向卖方支付一定费用（称为“期权费”或“期权价格”），在约定日期内（或约定日期）享有按事先确定的价格向合约卖方买卖某种金融工具的权利的契约。它主要包括现货期权和期货期权两类。

4.金融互换

金融互换是指两个或两个以上的当事人按共同商定的条件，在约定的时间内定期交换现金流的金融交易。它主要包括货币互换、利率互换、股权互换、信用违约互换等类别。

5.结构化金融衍生工具

前述四种常见的金融衍生工具通常被称为建构模块工具，它们是最简单、最基础的金融衍生工具，利用其结构化特性，通过相互结合或者与基础金融工具相结合，能够开发设计出更多具有复杂特性的金融衍生产品，后者通常被称为结构化金融衍生工具，或简称为结构化产品。例如，在股票交易所交易的各类结构化票据、各家商业银行推广的挂钩不同标的资产的理财产品等都是其典型代表。

（二）按照交易场所分类

金融衍生工具按交易场所的不同，可分为交易所交易的衍生工具和OTC交易的衍生工具。

1.交易所交易的衍生工具

交易所交易的衍生工具是指在有组织的交易所上市交易的衍生工具。例如，在股票交易所交易的股票期权产品，在期货交易所和专门的期权交易所交易的各类期货合约、期权合约等。

2.OTC交易的衍生工具

OTC交易的衍生工具是指通过各种通信方式，不通过集中的交易所，实行分散的、一对一交易的衍生工具。

（三）按照基础工具种类分类

金融衍生工具按基础工具种类的不同，可分为股权类产品的衍生工具、货币衍生工具、利率衍生工具、信用衍生工具和其他衍生工具。

1.股权类产品的衍生工具

股权类产品的衍生工具是指以股票或股票指数为基础工具的金融衍生工具。它主要包括股票期货、股票期权、股票指数期货、股票指数期权以及上述合约的混合交易合约。

2.货币衍生工具

货币衍生工具是指以各种货币作为基础工具的金融衍生工具。它主要包括远期外汇合约、货币期货、货币期权、货币互换以及上述合约的混合交易合约。

3.利率衍生工具

利率衍生工具是指以利率或利率的载体为基础工具的金融衍生工具。它主要包括远期利率协议、利率期货、利率期权、利率互换以及上述合约的混合交易合约。

4.信用衍生工具

信用衍生工具是指以基础产品所蕴含的信用风险或违约风险为基础变量的金融衍生工具，用于转移或防范信用风险，是20世纪90年代以来发展最为迅速的一类衍生产品。它主要包括信用互换、信用联结票据等。

5.其他衍生工具

除以上四类金融衍生工具之外，还有相当数量的金融衍生工具是在非金融变量的基础上开发的。例如，用于管理气温变化风险的天气期货、管理政治风险的政治期货、管理巨灾风险的巨灾衍生产品等。

（四）按照产品形态分类

金融衍生工具按产品形态的不同，可分为独立衍生工具和嵌入式衍生工具。

1.独立衍生工具

独立衍生工具是指本身即为独立存在的金融合约，如期权合约、期货合约和互换交易合约等。

2.嵌入式衍生工具

嵌入式衍生工具是指嵌入到非衍生合同（以下简称主合同）中的衍生金融工具，该衍生工具使主合同的部分或全部现金流量将按照特定利率、金融工具价格、汇率、价格或利率指数、信用等级或信用指数，以及类似变量的变动而发生调整。例如，目前公司债券条款中包含的赎回条款、返售条款、转股条款、重设条款等。

三、我国的金融衍生工具市场

我国的金融衍生工具市场分为交易所交易市场、场外交易市场。其中，场外交易市场包括银行间与银行柜台衍生工具市场、证券公司机构间与证券公司柜台衍生工具市场两个部分。

（一）交易所交易市场

1992年12月28日，上海证券交易所推出了面向证券公司的国债期货交易，并于1993年12月25日正式向社会公众开放。到1995年，各地挂牌的国债期货合约已达60多个品种。以“327国债期货风波”为代表的一系列重大风险事件的发生促使了1995年5月17日中国证监会《关于暂停全国范围内国债期货交易试点的紧急通知》的发布，终止了该项交易。

1993年3月10日，海南证券交易中心推出股票指数期货交易，这是中国第一只股票指数期货合约。但到1993年9月底，仅仅运营了半年时间，就由于存在严重的投机行为，股票指数期货被停止了交易。

2006年9月8日，中国金融期货交易所成立，并于2010年4月16日正式上市交易沪深300股票指数期货，此后，陆续推出了中证500股指期货、上证50股指期货、5年期国债期货、10年期国债期货等。

2015年2月9日，上海证券交易所上市交易了上证50ETF期权合约品种，这是内地交易市场第一只期权品种。上证50ETF期权的标的物为上证50交易型开放式指数证券投资基金，包括认购期权、认沽期权两种合约类型，到期月份分别为当月、下月及随后两个季月，行权方式为到期日行权，采用实物交割方式。

除可转换公司债券、股指期货和期权外，交易所交易的衍生产品还包括少量资产支持证券。

（二）场外交易市场

1.银行间与银行柜台衍生工具市场

（1）中国银行间衍生工具市场主要集中于中国外汇交易中心和全国银行间同业拆借中心。该中心于2005年6月15日推出债券远期交易；2005年8月15日，开展银行间远期外汇交易；2006年2月9日开始人民币利率掉期交易，同年4月24日推出外汇掉期业务；2007年4月6日推出利率互换交易；2011年4月1日正式启动人民币对外汇期权交易。从2005年起，银行间债券市场还推出了资产支持证券，但2009年之后没有新证券发行。

（2）银行柜台衍生工具市场。根据中国银行保险监督管理委员会的规定，取得衍生产品交易资格的银行业金融机构可与机构客户进行衍生产品交易，目前主要涉及远期结售汇、外汇远期与掉期、利率衍生品交易等。同时，商业银行在个人理财产品和业务的经营活动中，也较多涉及嵌入式金融衍生品的交易。

2.证券公司机构间与证券公司柜台衍生工具市场

（1）机构间市场，又称机构间私募产品报价与服务系统（以下简称报价系统），是经中国证监会批准设立的为机构投资者提供私募产品报价、发行、转让及相关服务的专业化电子平台。自2014年8月18日报价系统首只产品正式上线发行以来，产品种类日益丰富，日均发行量和发行总规模不断攀升。

（2）证券公司柜台衍生工具市场。根据中国证监会的规定，获得场外期权、互换业务资格的证券公司，可以在证券公司柜台开展相关衍生产品业务。

知识拓展5-1　　期货从业人员禁止行为

《期货从业人员执业行为准则》是对期货从业人员的职业品德、执业纪律、专业胜任能力及职业责任等方面的基本要求和规定，是从业人员在执业过程中必须遵守的行为规范，是中国期货业协会对从业人员进行纪律惩戒的主要依据。期货公司的从业人员不得有下列行为：

（1）以个人名义接受客户委托代理客户从事期货交易；

（2）进行虚假宣传，诱骗客户参与期货交易；

（3）挪用客户的期货保证金或者其他资产；

（4）中国证监会禁止的其他行为。

任务实施

收集查阅资料，了解我国金融衍生品市场发展概况，以某一产品为例谈谈金融衍生品与金融基础产品的联系与区别。

学习评价

根据上述任务，抽查学生对金融衍生品高杠杆性和高风险性的理解，并进行评价。

任务二　金融期货

情景导入

小白问小金：“我最近听了一个新词叫‘期货’，期货是什么货物？”

小金笑道："期货不是货物，是和现货相对应的概念。打个比方，我今天去老王家买白菜，一元一斤，一手交钱一手交货，这白菜就叫现货。如果我觉得他家白菜很新鲜，明天还想再买，但又担心明天涨价。于是，我和老王协商后签了份合约，约定明天我还以一元一斤的价钱买他的白菜，这明天的白菜就是期货，即未来的货物。"

小白说："我明白了。那明天的买卖交易是不是就属于'期货交易'？"

小金一脸高深莫测地说道："对的。不过刚刚说的是一个通俗的例子，期货交易不仅仅这么简单。"

此时，小白满脸期待地说："那你能不能跟我讲讲真正的期货是什么样的，怎样进行期货交易呢？"

小金说："这个……其实具体的内容我也不是很懂，等我向老师请教以后再告诉你吧！"

知识准备

一、期货的定义和种类

（一）期货的定义

期货与现货相对应，并由现货衍生而来。期货不是货物，通常是指以某种大宗商品或金融资产为标的、可交易的标准化远期合同——期货合约。期货合约是期货交易所统一制定的、规定在将来某特定的时间和地点交割一定数量标的物的标准化合约。期货合约中的标的物既可以是实物商品，也可以是金融产品或相关产品。标的物为实物商品的期货合约称为商品期货；标的物为金融产品的期货合约称为金融期货。

（二）期货的种类

根据期货合约标的物的不同，期货合约可分为商品期货、金融期货和其他期货。

1.商品期货

商品期货是指标的物为实物商品的期货合约。商品期货历史悠久、种类繁多，主要包括农产品期货、金属期货和能源化工期货等，如图5-1所示。

商品期货
- 农产品期货(如小麦、玉米、棉花、白糖、咖啡、可可、天然橡胶等)
- 金属期货(如铜、铝、铅、锌、镍、钢材、黄金、白银等)
- 能源化工期货(如原油、汽油、天然气、乙醇、电力等)

图5-1　商品期货的种类

2.金融期货

金融期货的基础工具是各种金融工具（或金融变量），如外汇、债券、股票、股价指数等。也就是说，金融期货是以金融工具（或金融变量）为基础工具的期货交易。按照基础工具划分，金融期货主要有外汇期货、利率期货、股权类期货三种类型（如图5-2所示）。

金融期货
- 外汇期货(如欧元期货、日元期货、英镑期货、欧元兑日元交叉汇率期货等)
- 利率期货(如国债期货、伦敦银行间同业拆放利率期货等)
- 股权类期货(如单只股票期货、股票价格指数期货等)

图5-2　金融期货的种类

（1）外汇期货。外汇期货，又称货币期货，是以外汇为标的物的期货合约，是金融期货中最先产生的品种，主要用于规避外汇风险。

（2）利率期货。利率期货是以利率为标的物的期货合约。利率期货主要是为了规避利率风险而产生的主要针对市场上债务资产的利率波动而设计的期货合约，是继外汇期货之后产生的又一个金融期货品种。按期限的不同，利率期货可分为短期利率期货和长期利率期货。

（3）股权类期货。股权类期货是以单只股票、股票组合或者股票价格指数为基础资产的期货合约。股票价格指数期货是以股票价格指数为标的物的期货合约，简称股指期货。股指期货是应人们控制股市风险，尤其是系统性风险的需要而产生的，也是目前金融期货市场中最热门、发展最快的期货交易。股指期货的交易单位等于基础指数的数值与交易所规定的每点价值的乘积，采用现金结算。

知识拓展5-2　　《中华人民共和国期货和衍生品法》正式颁布实施

《中华人民共和国期货和衍生品法》（以下简称《期货和衍生品法》）自2022年8月1日起施行。专家普遍认为，此法补齐了我国期货和衍生品领域的法律“短板”，为促进规范行业和市场发展，保护投资者权益，推动期货市场更好地服务实体经济提供了强有力的法律保障。

《期货和衍生品法》包括13章155条，主要内容包括明确立法宗旨、原则和监管体制；规定期货交易结算和交割制度；确立期货交易者保护制度；规范期货经营机构、期货交易场所、期货结算机构和期货服务机构运行。

期货市场通过价格发现、风险管理等功能，对促进生产、流通、消费、分配循环，服务实体经济发展发挥着积极作用。近年来，我国期货市场得到持续健康稳定发展，商品期货交易总量连续11年位居全球第一，股指期货、国债期货、股票期权等全融期货及衍生品也蓬勃发展，制定出台专门的期货法，规范和促进期货交易，更好地发挥期货市场的功能，对活跃商品流通、推动产业升级、促进经济高质量发展等具有重要意义。

二、金融期货的主要交易制度

金融期货交易有一定的交易规则，这些规则是期货交易正常进行的制度保证，也是期货市场运行机制的外在体现。

1.集中交易制度

金融期货在期货交易所或证券交易所进行集中交易。期货交易所是专门进行期货合约买卖的场所，是期货市场的核心，承担着组织、监督期货交易的重要职能。

2.标准化的期货合约和对冲机制

期货合约是由交易所设计、经主管机构批准后向市场公布的标准化合约。期货合约设计成标准化的合约是为了便于交易双方在合约到期前分别做一笔相反的交易进行对冲，从而避免实物交收。期货交易中的对冲是指交易者利用期货合约标准化的特征，在开仓和平仓的时候分别做两笔品种、数量、期限相同但方向相反的交易，不进行实物交割，而是以结清差价的方式结束交易的独特交易机制。实际上，绝大多数的期货合约都不进行实物交割，通常在到期日之前即已对冲平仓。中国金融期货交易所股指期货合约见表5-1。

表5-1 中国金融期货交易所股指期货合约

合约名称	沪深300股指期货合约	上证50股指期货合约	中证500股指期货合约
合约标的	沪深300指数	上证50指数	中证500指数
合约乘数	每点300元	每点300元	每点200元
报价单位	指数点		
最小变动单位	0.2点		
合约月份	当月、下月及随后两个季月		
交易时间	9：30—11：30，13：00—15：00		
每日价格最大波动限制	上一个交易日结算价±10%		
最低交易保证金	合约价值的8%		
最后交易日	合约到期月份的第三个周五，遇国家法定假日顺延		
交割日期	同最后交易日		
交割方式	现金交割		
交易代码	IF	IH	IC
上市交易所	中国金融期货交易所		

知识拓展5-3　　我国主要金融期货品种

中国已在交易所上市的金融期货有股指期货和国债期货。股指期货有四种，分别是上证50股指期货、沪深300股指期货、中证500股指期货、中证1000股指期货。国债期货也有三种，分别是2年期国债期货、5年期国债期货和10年期国债期货，简称二债、五债和十债。无论是股指期货还是国债期货，都有较高的开户门槛。

3.保证金制度

为了控制期货交易的风险和提高期货交易效率，期货交易所的会员经纪公司必须向交易所或结算所缴纳结算保证金，而期货交易双方在成交后都要通过经纪人向交易所或结算所缴纳一定数量的保证金。由于期货交易的保证金比率很低，因此有高度的杠杆作用，这一杠杆作用使套期保值者能用少量的资金为价值量很大的现货资产找到回避价格风险的手段，也为投机者提供了用少量资金获取盈利的机会。

4.结算所与无负债结算制度

结算所是期货交易的专门清算机构，通常附属于交易所，但又以独立的公司形式组建。结算所实行无负债的每日结算制度，又被称为逐日盯市制度，就是以每种期货合约在交易日收盘前规定时间内的平均成交价作为当日结算价，与每笔交易成交时的价格作对照，计算每个结算所会员账户的浮动盈亏，进行随市清算。由于逐日盯市制度是以一个交易日为最长的结算周期，对所有账户的交易头寸按不同到期日分别计算，并要求所有的交易盈亏都能及时结算，从而能及时调整保证金账户，控制市场风险。

5.限仓制度

限仓制度是交易所为了防止市场风险过度集中和防范操纵市场的行为，而对交易者持仓数量加以限制的制度。

6.大户报告制度

大户报告制度是期货交易所建立限仓制度后，当会员或客户某品种持仓合约的投机头寸达到交易所对其规定的投机头寸持仓限量时，必须向交易所申报有关开户、交易、资金来源、交易动机等情况，以便交易所审查大户是否有过度投机和操纵市场行为，并判断大户交易风险状况的风险控制制度。

7.每日价格波动限制

为防止期货价格出现过大的非理性变动，交易所通常对每个交易时段允许的最大波动范围作出规定，一旦达到涨（跌）幅限制，则高于（低于）该价格的买入（卖出）委托无效。

8.强行平仓制度

强行平仓制度是指按照有关规定对会员或客户的持仓进行平仓的一种强制措施，包括交易所对会员持仓、客户持仓进行的强行平仓及期货公司对其客户持仓进行的强行平仓。

9.强制减仓制度

强制减仓制度是指交易所将当日以涨（跌）停板价格申报的未成交平仓报单，以当日涨（跌）停板价格与该合约净持仓盈利客户按照持仓比例自动撮合成交。

除上述常规制度之外，期货交易所为了确保交易安全，还规定了临时调整保证金比例（金额）等交易规则，交易者在入市之前务必透彻掌握相关规定。

三、金融期货的基本功能

金融期货具有套期保值功能、价格发现功能、投机功能和套利功能四项基本功能。

1.套期保值功能

套期保值是指企业为规避外汇风险、利率风险、商品价格风险、股票价格风险、信用风险等，指定一项或一项以上套期工具，使套期工具的公允价值或现金流量变动能够预期抵消被套期项目全部或部分公允价值或现金流量变动。

利用金融期货进行套期保值，就是通过在现货市场与期货市场建立相反的头寸，从而锁定未来现金流或公允价值的交易行为。

（1）套期保值原理。期货交易之所以能够套期保值，其基本原理在于某一特定商品或金融工具的期货价格和现货价格受相同经济因素的制约和影响，从而它们的变动趋势大致相同；而且，现货价格与期货价格在走势上具有收敛性，即当期货合约临近到期日时，现货价格与期货价格将逐渐趋同。因此，若同时在现货市场和期货市场建立数量相同、方向相反的头寸，则到期时不论现货价格上涨或者下跌，两种头寸的盈亏恰好抵消，使套期保值者避免承担风险损失。

（2）套期保值的基本做法。套期保值的基本做法是：在现货市场买进或卖出某种金融工具的同时，做一笔与现货交易品种、数量、期限相当但方向相反的期货交易，以期在未来某一时间通过期货合约的对冲，以一个市场的盈利来弥补另一个市场的亏损，从而规避现货价格变动带来的风险，实现保值的目的。套期保值的基本类型有两种：一是多头套期保值，是指持有现货空头（如持有股票空头者）的交易者担心将来现货价格上涨（如股市大盘上涨）而给自己造成经济损失，于是买入期货合约（建立期货多头）。

若未来现货价格果真上涨，则持有期货头寸所获得的盈利正好可以弥补现货头寸的损失。二是空头套期保值，是指持有现货多头（如持有股票多头）的交易者担心未来现货价格下跌，在期货市场卖出期货合约（建立期货空头），当现货价格下跌时以期货市场的盈利来弥补现货市场的损失。

期货交易的对象是标准化产品，因此套期保值者很可能难以找到与现货头寸在品种、期限、数量上均恰好匹配的期货合约。如果选用替代合约进行套期保值操作，则套期保值者并不能完全锁定未来现金流，由此带来的风险称为基差风险。

2.价格发现功能

价格发现功能是指在一个公开、公平、高效、竞争的期货市场中，通过集中竞价形成期货价格的功能。期货价格具有预期性、公开性、连续性和权威性的特点，能够比较准确地反映出未来商品价格的变动趋势。期货市场之所以具有价格发现功能，是因为期货市场将众多影响供求关系的因素集中于交易所内，通过买卖双方公开竞价，集中转化为一个统一的交易价格。这一价格一旦形成，立即传向世界各地，并影响供求关系，从而形成新的价格。如此循环往复，使价格不断趋于合理。

因为期货价格与现货价格的走势基本一致并逐渐趋同，所以今天的期货价格可能就是未来的现货价格，这一关系使世界各地的套期保值者和现货经营者都利用期货价格来衡量相关现货商品的近期、远期价格发展趋势，利用期货价格和传播的市场信息来制定各自的经营决策。这样，期货价格成为世界各地现货成交价的基础。当然，期货价格并非时时刻刻都能准确地反映市场的供求关系，但这一价格克服了分散、局部的市场价格在时间上和空间上的局限性，具有公开性、连续性、预期性的特点。应该说期货价格比较真实地反映了一定时期世界范围内供求关系影响下的商品或金融工具的价格水平。

价格发现功能并不意味着期货价格必然等于未来的现货价格，正好相反，多数研究表明，期货价格不等于未来现货价格才是常态。由于资金成本、仓储费用、现货持有便利等因素的影响，理论上期货价格要反映现货的持有成本，即便现货价格不变，期货价格也会与之存在差异。

3.投机功能

与所有有价证券交易相同，期货市场上的投机者也会利用对未来期货价格走势的预期进行投机交易，预计价格上涨的投机者会建立期货多头；反之，投资者则会建立期货空头。投机者的存在对维持期货市场流动性具有重大意义，当然，过度的投机行为必须受到限制。

期货市场投机与现货市场投机相比，存在两个重要的区别：一是目前我国现货市场实行T+1清算制度，而期货市场实行T+0清算制度，可以进行一日内投机；二是期货交易的保证金制度导致期货投机具有较高的杠杆效应，盈亏相应放大，具有更高的风险性。

4.套利功能

套利的理论基础在于经济学中的一价定律，即忽略交易费用的差异，同一商品只能有一个价格。严格意义上的期货套利是指利用同一合约在不同市场上可能存在的短暂价格差异进行买卖，赚取差价，称为跨市场套利。行业内通常也根据不同品种、不同期限合约之间的比价关系进行双向操作，分别称为跨品种套利和跨期限套利，但其结果不一定可靠。对于股票价格指数等品种，还可以和成分股现货联系起来进行指数套利。若股指期货价格高于理论值，则做空股指期货，做多指数组合，称为“正套”；反之，若股指期货价格低于理论值，则做多股指期货，做空指数组合，称为“反套”。期货套利机制的存在对于提高金融市场的有效性具有重要意义。

任务实施

1.利用互联网了解我国境内期货交易所，并分别梳理交易所交易的金融期货产品种类及交易情况。

2.思考金融期货保值与投机的主要群体及目标需求。

学习评价

学生分组对市场中某一金融期货产品及其模拟操作情况制作课件进行分享，并由教师和学生互评。

任务三　金融期权

情景导入

通过前面的学习，小金了解到期货有专门的交易地点，即期货交易所，并且交易的是标准化合约，以某种大众产品如棉花、大豆、石油等，以及金融资产如股票、债券等为标的。当小金打开期权交易平台时，发现期权的盈亏曲线是非线性的，而期货市场的盈亏曲线是线性的，二者都属于金融衍生产品。为什么会有这么大的差异？期权和期货到底存在哪些不同呢？期权又是怎样交易的呢？

知识准备

一、期权与金融期权的定义

期权是一种权利，是指期权的持有方有权在约定的期限内，按照事先确定的价格，买入或卖出一定数量某种资产的权利。期权交易就是对这种选择权的买卖，它实际上是一种权利的单方面有偿让渡。

金融期权是指以金融工具或金融变量为基础工具的期权交易形式。具体地说，其购买者在向出售者支付一定费用后，获得了能在规定期限内以某一特定价格向出售者买进或卖出一定数量的某种金融工具的权利。目前，我国境内市场上交易的期权包括上海证券交易所推出的上证50ETF期权、中国金融期货交易所的仿真股票价格指数期权和银行间交易的人民币外汇期权等，均为金融期权。

知识拓展 5-4　　**我国主要的金融期权品种**

目前国内期权品种分为两大类，金融期权和商品期权。我国的金融期权品种包括在交易所上市交易的股票期权和在证券公司机构间与证券公司柜台市场交易的场外期权。

股票期权在三家交易所均有上市，分别为上海证券交易所（以50ETF期权为代表）、深圳证券交易所（以沪深300ETF期权为代表）、中国金融期货交易所（以沪深300指数期权为代表），2022年9月19日上海证券交易所上市交易了中证500ETF期权合约品种，以更好地满足广大投资者的风险管理需求。

证券公司场外期权业务是指证券公司在机构间市场或在柜台，根据与交易对手达成的协议，与交易对手直接开展的期权交易。场外期权业务自2013年开始试点，合约标的主要有以沪深300、中证500、上证50为主的股指，A股个股，黄金期现货及部分境外标的。

二、金融期权的特征

与金融期货相比，金融期权的主要特征在于它仅仅是买卖权利的交换。期权的买方在支付了期权费后，就获得了期权合约所赋予的权利，即在期权合约规定的时间内，以事先确定的价格向期权的卖方买进或卖出某种金融工具的权利，但并没有必须履行该期权合约的义务。期权的买方可以选择行使其所拥有的权利；期权的卖方在收取期权费后就承担着在规定时间内履行该期权合约的义务。也就是说，当期权的买方选择行使权利时，卖方必须无条件地履行合约规定的义务，而没有选择的权利。

三、金融期货与金融期权的区别

讲义 5-1

期货与期权

（一）基础资产不同

金融期权与金融期货的基础资产不尽相同。一般地说，凡可作期货交易的金融工具都可作期权交易；然而，可作期权交易的金融工具却未必可作期货交易。在实践中，只有金融期货期权，而没有金融期权期货，即只有以金融期货合约为基础资产的金融期权交易，而没有以金融期权合约为基础资产的金融期货交易。一般而言，金融期权的基础资产多于金融期货的基础资产。

（二）交易者权利与义务的对称性不同

金融期货交易双方的权利与义务是对称的，即对任何一方而言，都既有要求对方履约的权利，又有自己向对方履约的义务；而金融期权交易双方的权利与义务存在明显的不对称性，期权的买方只有权利没有义务，而期权的卖方只有义务没有权利。

（三）履约保证不同

金融期货交易双方均需开立保证金账户，并按规定缴纳履约保证金；而在金融期权交易中，只有期权出售者，尤其是无担保期权的出售者才需要开立保证金账户，并按规定缴纳保证金，以保证其履约义务。至于期权的购买者，因期权合约未规定其义务，无须开立保证金账户，也无须缴纳保证金。

（四）现金流转不同

金融期货交易双方在成交时不发生现金收付关系，但在成交后，由于实行逐日结算制度，交易双方将因价格的变动而发生现金流转，即盈利一方的保证金账户余额将增加，而亏损一方的保证金账户余额将减少。当亏损方保证金账户余额低于规定的维持保证金时，亏损方必须按规定及时缴纳追加的保证金。因此，金融期货交易双方都必须保有一定的流动性较高的资产，以备不时之需。在金融期权交易中，在成交时，期权购买者为取得期权合约所赋予的权利，必须向期权出售者支付一定的期权费，但在成交后，除了到期履约外，交易双方将不发生任何现金流转。

（五）盈亏特点不同

金融期货交易双方都无权违约，也无权要求提前交割或推迟交割，而只能在到期前的任一时间通过反向交易实现对冲或到期进行交割。而在对冲或到期交割前，价格的变动必然使其中一方盈利而另一方亏损，其盈利或亏损的程度取决于价格变动的幅度。因此，从理论上说，金融期货交易中双方潜在的盈利和亏损都是无限的。期货交易盈亏示意图如图5-3所示。

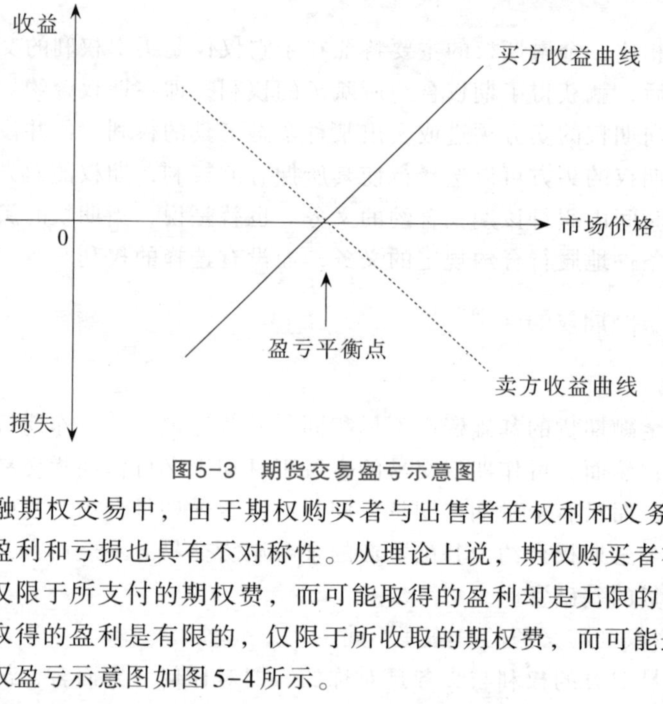

图5-3 期货交易盈亏示意图

相反，在金融期权交易中，由于期权购买者与出售者在权利和义务上的不对称性，他们在交易中的盈利和亏损也具有不对称性。从理论上说，期权购买者在交易中的潜在亏损是有限的，仅限于所支付的期权费，而可能取得的盈利却是无限的；相反，期权出售者在交易中所取得的盈利是有限的，仅限于所收取的期权费，而可能遭受的损失却是无限的。看涨期权盈亏示意图如图5-4所示。

（六）套期保值的作用与效果不同

金融期权与金融期货都是人们常用的套期保值工具，但它们的作用与效果是不同的。人们利用金融期货进行套期保值，在避免价格不利变动造成损失的同时，必须放弃因价格有利变动可能获得的利益。人们利用金融期权进行套期保值，若价格发生不利变动，套期保值者可通过执行期权来避免损失；若价格发生有利变动，套期保值者又可通过放弃期权来保护利益。这样，通过金融期权交易，既可避免价格不利变动造成的损失，又可在相当程度上保住价格有利变动而带来的利益。但是，这并不是说金融期权比金融期

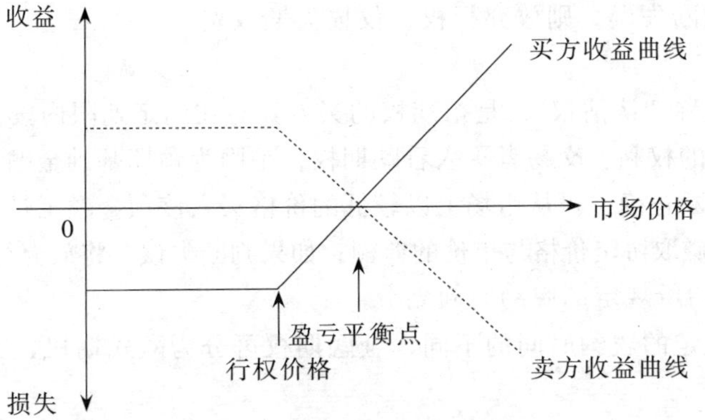

图5-4　看涨期权盈亏示意图

货更为有利。如果从保值的角度来说，金融期货通常比金融期权更为有效，也更为便宜，而且要在金融期权交易中真正做到既保值又获利，事实上也并非易事。所以，金融期权与金融期货可谓各有所长，各有所短。在现实的交易活动中，人们往往将二者结合起来，通过一定的组合或搭配来实现某一特定目标。金融期货与金融期权的区别见表5-2。

表5-2　金融期货与金融期权的区别

项　目	金融期货	金融期权
基础资产	凡可作期货交易的金融工具都可作期权交易；然而，可作期权交易的金融工具却未必可作期货交易	
交易者权利与义务的对称性	买卖双方的权利与义务是对称的	买方只有权利没有义务，卖方只有义务没有权利
履约保证	需要保证金	不需要保证金
现金流转	双方都需要一定的流动性资产	除到期履约外，不发生任何现金流转
盈亏特点	双方潜在的盈利和亏损都是无限的	买方亏损是有限的，盈利是无限的；卖方亏损是无限的，盈利是有限的
套期保值的作用与效果	在避免价格不利变动造成损失的同时，必须放弃因价格有利变动可能获得的利益	可避免价格不利变动造成的损失，又可在相当程度上保住价格有利变动而带来的利益

四、金融期权的分类

（一）按照选择权性质划分

按照选择权性质的不同，金融期权可分为看涨期权和看跌期权。

1.看涨期权

看涨期权，也称“认购权”，是指期权的买方具有在约定期限内（或合约到期日）按协定价格（也称“敲定价格”或“行权价格”）买入一定数量基础金融工具的权利。交易者之所以买入看涨期权，是因为预期基础金融工具的价格在合约期限内将会上涨。如果判断正确，按协定价格买入该项金融工具并以市价卖出，可赚取市价与协定价格之间的差额；如果判断失误，则放弃行权，仅损失期权费。

2. 看跌期权

看跌期权，也称“认沽权”，是指期权的买方具有在约定期限内按协定价格卖出一定数量基础金融工具的权利。交易者买入看跌期权，是因为预期基础金融工具的价格在近期将会下跌。如果判断正确，可从市场上以较低的价格买入该项金融工具，再按协定价格卖给期权的卖方，将赚取协定价格与市价的差额；如果判断失误，将放弃行权，损失期权费。

（二）按照合约所规定的履约时间划分

按照合约所规定的履约时间的不同，金融期权可分为欧式期权、美式期权和修正的美式期权。

欧式期权只能在期权到期日执行；美式期权则可在期权到期日或到期日之前的任何一个营业日执行；修正的美式期权，又称“百慕大期权”或“大西洋期权”，可以在期权到期日之前的一系列规定日期执行。

（三）按照基础资产性质划分

按照基础资产性质的不同，金融期权可分为股权类期权、利率期权、外汇期权、金融期货合约期权、互换期权等。

1. 股权类期权

与股权类期货类似，股权类期权包括单只股票期权、股票组合期权和股票指数期权三种类型。

2. 利率期权

利率期权是指买方在支付了期权费后，即取得在合约有效期内或到期时以一定的利率（价格）买入或卖出一定面额的利率工具的权利。利率期权合约通常以政府短期、中期、长期债券，欧洲美元债券，大额可转让存单等利率工具为基础资产。

3. 外汇期权

外汇期权，又称“货币期权”，是指买方在支付了期权费后，即取得在合约有效期内或到期时以约定的汇率购买或出售一定数额的某种外汇资产的权利。外汇期权主要以美元、欧元、日元、英镑、瑞士法郎、加拿大元及澳大利亚元等为基础资产。

4. 金融期货合约期权

金融期货合约期权是一种以金融期货合约为交易对象的选择权，它赋予其持有者在规定时间内以协定价格买卖特定金融期货合约的权利。

5. 互换期权

互换期权是以金融互换合约为交易对象的选择权，它赋予其持有者在规定时间内以规定条件与交易对手进行互换交易的权利。

此外，与标准的交易所交易相比，金融期权还存在奇异型期权的期权类产品。奇异型期权通常在选择权性质、基础资产以及期权有效期等内容上与标准化的交易所交易期权存在差异，其种类庞杂，较为流行的就有数十种之多。

五、金融期权的基本功能

金融期权与金融期货有着类似的功能。从一定的意义上来说，金融期权是金融期货功能的延伸和发展，具有与金融期货相同的套期保值功能和价格发现功能，是一种行之有效的控制风险的工具。上证50ETF期权合约要素（部分）见表5-3。

表5-3 上证50ETF期权合约要素（部分）

合约标的	上证50交易型开放式指数证券投资基金（上证50ETF）
合约类型	认购期权和认沽期权
合约单位	10 000份
合约到期月份	当月、下月及随后两个季月
行权方式	到期日行权（欧式）
交割方式	实物交割（业务规则另有规定的除外）
到期日	到期月份的第四个星期三（遇到法定节假日顺延）
行权日	同合约到期日，行权指令提交时间为9：15—9：25；9：30—11：30；13：00—15：30
交收日	行权日次一交易日
交易时间	上午9：15—9：25（开盘集合竞价时间）；9：30—11：30 下午13：00—15：00（14：57—15：00为收盘集合竞价时间）
委托类型	普通限价委托、市价剩余转限价委托、市价剩余撤销委托、全额即时限价委托、全额即时市价委托以及业务规则规定的其他委托类型
买卖类型	买入开仓、买入平仓、卖出开仓、卖出平仓、备兑开仓、备兑平仓以及业务规则规定的其他买卖类型
最小报价单位	0.0001元
申报单位	1张或其整数倍

思政专栏5-1　　金融衍生品的发展迎来新机遇

2015年2月，我国首个场内期权产品上证50ETF期权正式上市交易，实现了场内股票期权“零”的突破。2019年12月，上交所、深交所上市交易沪深300ETF期权，开启了沪深交易所股票期权市场多标的运行的新阶段，2022年9月上交所上市交易中证500ETF期权合约品种，深交所上市交易创业板ETF期权和中证500ETF期权。创业板ETF期权、中证500ETF期权合约的上市，对期权市场和现货市场都具有里程碑式的意义。一方面会极大提升国内期权市场的整体规模，有助于提升资本市场的定价效率，促进ETF市场的蓬勃发展；另一方面也丰富了市场上的风险管理工具，有利于充分发挥吸引市场长期资金的正向功能。

期权作为衍生品风险管理工具，拥有诸多重要的特征与功能。首先，ETF期权为持有股票组合或者ETF的投资者提供了有效的风险管理手段：投资者可以通过认购、认沽期权进行风险对冲，在对冲掉风险的同时保留上涨收益。其次，期权也能为投资者提供更加多样化、精准化的投资方向，期权的交易方向相较于现货ETF更加多维，同时期权合约也有着不同执行价格档位的选择。通过期权合约构建不同的期权策略能够更为精准地表达投资者对市场的看法，同时期权的非线性损益结构能够帮助投资者构建更为丰富的交易策略。最后，合理的期权交易与直接交易股票ETF相比，可以有效地降低资金使用成本，在期权交易中获取更高的杠杆。当然，对于期权衍生品的杠杆特征，投资者也需要做好完备的风险管理计划。

资料来源　新浪财经. ETF期权再扩容：中证500、创业板两品种19日上市［EB/OL］.［2022-09-17］. https：//baijiahao.baidu.com/s? id=1744182321352985954&wfr=spider&for=pc.

思政元素：中国特色资本市场　制度自信

思政感悟：ETF期权标的试点的扩大，在助力提高市场定价能力、提升市场流动性和稳定性，丰富风险管理工具，吸引中长期资金入市方面发挥着重要作用。

任务实施

学生打开期权交易软件，了解金融期权交易品种、交易流程和规则。

学习评价

检查学生模拟交易账户操作，掌握学生对上述任务的熟练程度，进行评价。

项目小结

1.金融衍生工具的基本知识包括金融衍生工具的概念、特征和分类，我国金融衍生工具市场，初步认识不同衍生金融工具的作用。

2.期货分为商品期货、金融期货两类。金融期货的主要交易制度包括集中交易制度、标准化的期货合约和对冲机制、保证金制度、结算所与无负债结算制度、限仓制度、大户报告制度、每日价格波动限制与断路器规则、强行平仓制度和强制减仓制度。金融期货具有四项基本功能，即套期保值功能、价格发现功能、投机功能和套利功能。

3.期权交易就是一种对资产选择权的买卖。金融期权与金融期货存在一定的区别。按照选择权性质的不同，金融期权可分为看涨期权和看跌期权；按照合约所规定的履约时间的不同，金融期权可分为欧式期权、美式期权和修正的美式期权；按照基础资产性质的不同，金融期权可分为股权类期权、利率期权、外汇期权、金融期货合约期权、互换期权等。

项目练习

一、单项选择题

项目练习5-1　单项选择题

1.世界上最早产生的金融期货是（　　）。

A.利率期货　　B.股指期货　　C.外汇期货　　D.股票期货

2.2015年，（　　）正式在上海证券交易所挂牌上市，揭开了中国衍生品市场产品创新的一页。

A.中证500股指期货　　B.上证50股指期货

C.10年期国债期货　　D.上证50ETF期货

3.（　　）是指以某种大宗商品或金融资产为标的、可交易的标准化合约。

A.期货　B.期权　C.现货　D.远期

4.期货市场通过（　　）实现规避风险的功能。

A.投机交易　B.跨期套利　C.套期保值　D.跨市套利

5.中国金融期货交易所实行的强制减仓制度，根据的是（　　）。

A.结算价　B.涨（跌）停板价　C.平均价　D.开盘价

6.下列关于大户报告制度的说法，正确的是（　　）。

A.期货交易所会员或客户所有品种持仓合约达到交易所对其规定的持仓标准时，会员或客户应向期货交易所报告

B.期货交易所会员或客户某品种持仓合约达到交易所对其规定的持仓标准时，会员或客户应向中国证监会报告

C.期货交易所会员或客户某品种持仓合约达到交易所对其规定的持仓标准时，会员或客户应向期货交易所报告

D.期货交易所会员或客户所有品种持仓合约达到交易所对其规定的持仓标准时，会员或客户应向中国证监会报告

7.关于期货说法错误的是（　　）。

A.交易对象可以是实物商品或金融产品　B.交易的合约内容是标准化的

C.期货可以在场外交易　D.交易双方必须缴纳一定数额的保证金

8.期货合约与远期合约的不同点主要表现在（　　）方面。

A.标的资产　B.结算方式　C.流动性　D.信用风险

9.期货合约的条款由（　　）确定。

A.买方和卖方　B.仅由买方

C.交易所　D.中间人和交易商

10.套期保值是通过（　　）的机制以规避价格风险的一种交易方式。

A.期货市场取代现货市场　B.期货市场与现货市场盈亏相抵

C.以小搏大的杠杆　D.买空卖空的双向交易

11.套期保值将风险转移给（　　）。

A.套期保值者　B.企业生产者

C.期货交易所　D.期货投机者

12.通常在金融期权交易中，（　　）需要开立保证金账户，并按规定缴纳保证金。

A.期权买卖双方　B.期权买卖双方均不

C.期权买方　D.无担保期权的出售者

13.按照买方行权时间的不同，期权可分为（　　）。

A.欧式期权和美式期权　B.商品期权和金融期权

C.看涨期权和看跌期权　D.现货期权和期货期权

项目练习5-2

多项选择题

二、多项选择题

1.金融衍生工具按照自身交易方式的不同，可分为（　　）。

A.金融远期合约　B.金融期权　C.金融期货　D.金融互换

2.金融互换主要包括（　　）。

A.股票互换　　B.货币互换　　C.利率互换　　D.债券互换

3.在下列商品期货选项中，属于能源化工期货的有（　　）。

A LLDPE（线性低密度聚乙烯）　　B.甲醛

C.棕榈油　　D.天然橡胶

4.金融期货的种类不包括（　　）。

A.农产品期货　　B.股指期货　　C.金属期货　　D.外汇期货

5.下列关于期货交易的描述，正确的是（　　）。

A.期货交易实行当日无负债结算制度　　B.期货交易以公开竞价的方式集中进行

C.期货交易的对象均为实物商品　　D.期货交易的目的在于买卖现货商品

6.下列各项中，属于金融期货的有（　　）。

A.利率期货　　B.股票期货　　C.外汇期货　　D.股票指数期货

7.期货市场中，价格发现功能的特点有（　　）。

A.预期性　　B.连续性　　C.公开性　　D.权威性

8.金融期权与金融期货的区别主要表现在（　　）。

A.交易者权利和义务的对称性不同　　B.基础资产不同

C.履约保证不同　　D.资金流转不同

9.按照买方行权方向的不同，期权可分为（　　）。

A.看涨期权　　B.看跌期权　　C.欧式期权　　D.美式期权

10.金融衍生工具的特征包括（　　）。

A.跨期性　　B.杠杆性　　C.联动性　　D.低风险性

三、实训题

1.选择某一金融期货产品，对其合约内容进行讲解。

2.选择某一金融期权产品，对其合约内容进行讲解。

推荐阅读

[1] 赫尔．期权、期货及其他衍生产品 [M]．王勇，索吾林，译．北京：机械工业出版社，2018.

[2] 石川哲也．一个金融衍生品交易员的自白 [M]．施铁，译．北京：中国人民大学出版社，2013.

[3] 沈良，傅海棠．一个农民的亿万传奇 [M]．北京：中国经济出版社，2013.

[4] 中国金融期货交易所，http：//www.cffex.com.cn.

[5] 大连商品交易所，http：//www.dce.com.cn.

[6] 上海期货交易所，http：//www.shfe.com.cn.

[7] 郑州商品交易所，http：//www.czce.com.cn.

[8] 广州期货交易所，http：//www.gfex.com.cn.

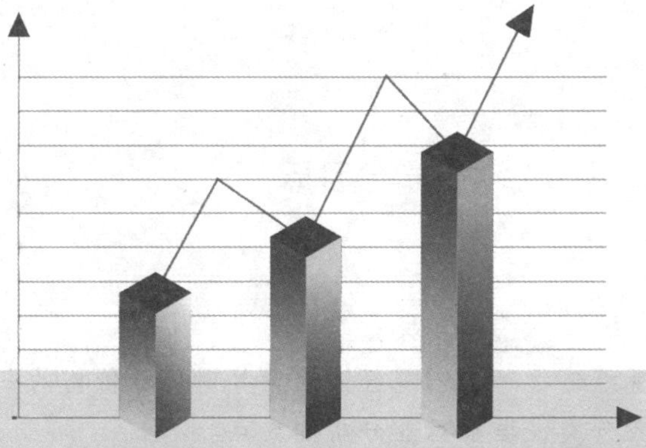

项目六 证券投资基本分析

项目概述

基本分析是指证券投资者（或分析师）根据经济学、金融学、财务管理以及投资学等基本原理，对决定证券价值及价格的基本要素进行分析，评估证券的投资价值，判断证券的合理价位，作出相应投资策略选择的一种分析方法。基本分析基于两个假设:一是股票的价值决定其价格；二是股票的价格围绕价值波动。基本分析以宏观经济形势、行业特征以及上市公司基本财务数据作为投资分析对象，具体包括宏观分析、行业分析和公司分析三大部分。

学习目标

知识目标

1. 理解宏观经济运行、宏观经济政策等对证券价格的影响。
2. 了解行业分类，理解行业分析的要点。
3. 了解公司财务报表，掌握财务比率分析。

能力目标

1. 能够理解宏观经济运行指标的内涵，掌握宏观经济政策变动对证券市场的影响。
2. 能够对具体上市公司所属行业类型、所处生命周期及行业地位等进行分析。
3. 能够对上市公司财务比率进行分析，并判断投资价值。

素养目标

1. 感受股市是经济的晴雨表，全面认识中国经济长期向好的基本面和证券市场发展的趋势。
2. 培养投资者更加聚焦上市公司高质量发展，推动市场理性投资、价值投资理念真正生根落地。

任务一　宏观经济分析

情景导入

小金在一些课外投资书籍上看到这样一句话：股市是国民经济的晴雨表。作为经济晴雨表，股市通常会提前6～18个月反映宏观经济的走势。如果能很好地研判和把握宏观经济的未来走向，就能在股市投资上把握好市场的趋势，投资成功的概率和效率就能得到明显提升。今天我们就来学习本节任务，分析宏观经济运行，了解宏观经济政策，看懂这些数字和政策背后的经济内涵，进而帮助我们更好地研判证券市场的未来走向。

知识准备

一、宏观经济运行分析

对宏观经济运行进行分析，首先要了解国内生产总值、经济周期、通货膨胀、利率和汇率等经济变量，并根据它们的变动对证券投资作出相应的判断。

（一）国内生产总值

讲义 6-1

股票分析的两大流派

国内生产总值（GDP）是指一个国家（或地区）所有常驻单位，在一定时期内，生产的全部最终产品和服务价值的总和，是衡量国家（或地区）经济状况的指标。从长期来看，在上市公司的行业结构与该国产业结构基本一致的情况下，股票平均价格的变动与国内生产总值的变化趋势是相吻合的。

然而，我们不能简单地认为，伴随国内生产总值的增长，证券市场就一定是上升的走势。事实上，有时二者的走势恰恰相反。我们必须将国内生产总值与经济形势结合起来进行考察。当国内生产总值处于不稳定的非均衡增长状态时，暂时的高产出并不能代表好的经济形势。下面将对几种基本情况进行阐述：

（1）持续、稳定、高速的国内生产总值增长，一般推动证券市场呈上升走势。这是因为在这种情形下，经济增长往往源于需求刺激下资源更充分的利用，社会总供求协调增长，经济结构趋于平衡、合理，经济的健康发展为证券市场的上升提供了良好的推动力量，具体体现在：上市公司利润持续上升，投资风险逐渐减小，股票和债券全面升值；国民收入和个人收入增加，扩大了对债券的需求；人们对经济形势的乐观预期进一步提升了证券投资的积极性。

（2）高通货膨胀下的国内生产总值增长，必将导致证券市场行情下跌。高通货膨胀率的出现是由于社会总需求大大超过社会总供给，经济严重失衡，如果调控不当，极可能导致未来的滞涨。这时，经济中的各种矛盾会逐渐显现，企业经营面临困境，人们的收入降低，对未来的悲观预期加重，必将导致证券市场行情下挫。

（3）宏观调控下的国内生产总值减速增长，将使证券市场呈现出平稳渐升的态势。

为了控制失衡状态下的国内生产总值高速增长，政府一般采取一些紧缩性的政策来减缓国内生产总值的增长速度，维持经济的稳定。如果调控得力，国内生产总值仍然保持适度增长而非负增长或者低增长，各种经济矛盾逐步缓解，人们对经济的发展将重新恢复信心，证券市场行情也因此平稳渐升。

（4）转折性的国内生产总值增长，将会促使证券市场走强。当国内生产总值负增长速度逐渐减缓并呈现向正增长转变的趋势时，证券市场走势也将由下跌转为上升；当国内生产总值由低速增长转向高速增长时，证券市场也将伴之以快速上涨的态势。

但是，股票市场的变化和宏观经济的增长之间的关系并不是这么简单的。以上分析我们均是沿着国内生产总值正增长的方向进行的，当事实呈反方向运行时，则会导出相反的结果。股票市场反映的是投资者对未来经济的预期。同时，股票市场资金的供给与需求、投资者的行为等都会影响股票市场的表现。

案例链接 6-1　　GDP与股市的关系

我们先来看看美国这个有200多年历史的发达国家的成熟股市。根据世界银行网站上美国历史的国内生产总值（GDP）数据，1960—2009年，不限起始年份，共有46个5年期，美国国内生产总值和标准普尔500指数的5年期累计涨幅平均值分别为33%和34%，5年期年复合增长率平均值分别为5.8%和5.3%；过去50年，以5年期来看，无论是累计涨幅，还是年复合增长率，美国股市涨幅和国内生产总值增幅都十分接近。

我们再来看看中国这个发展中国家的新兴市场。1990—2009年，不限起始年份，共有16个5年期，中国国内生产总值和上证指数的5年期累计涨幅平均值分别为87%和92%，5年期年复合增长率平均值分别为12.9%和11.4%；尽管5年期股市累计涨幅大，但是其年复合增长率平均值却较小，可见股市波动率比国内生产总值大得多。但是，以5年期计算，无论是累计涨幅，还是年复合增长率，中国股市涨幅和国内生产总值增幅也相当接近，且略有领先而已。

由此，我们可以得出一个结论，从5年期来看，股市确实是国民经济的晴雨表，股市涨幅与国内生产总值增幅的确十分接近，尽管有些年份股市的涨幅和国内生产总值的增长率相差较大，但是从长期来看平均涨幅十分接近。

美国和中国的股市涨幅都领先于国内生产总值增幅，可以理解为，股价反映的是未来经济的发展。

资料来源　刘建位. 股市真是国民经济晴雨表？[EB/OL]. [2010-01-30]. http://finance.ce.cn/rolling/201001/30/t20100130_15466863.shtml.

（二）经济周期

经济周期一般是指经济活动沿着经济发展的总体趋势所经历的有规律的扩张和收缩，是国民总产出、总收入和总就业的波动，是国民收入或总体经济活动扩张与紧缩的交替或周期性波动变化。经济周期分为萧条、复苏、繁荣和衰退四个阶段，如图6-1所示。

经济的周期波动直接影响整个社会的投资、生产和消费，影响上市公司的经营业绩和股市中投资者的心理预期，从而影响股价变动。经济周期对证券市场走势的影响可以从经济周期四个阶段的运行轨迹来分析。

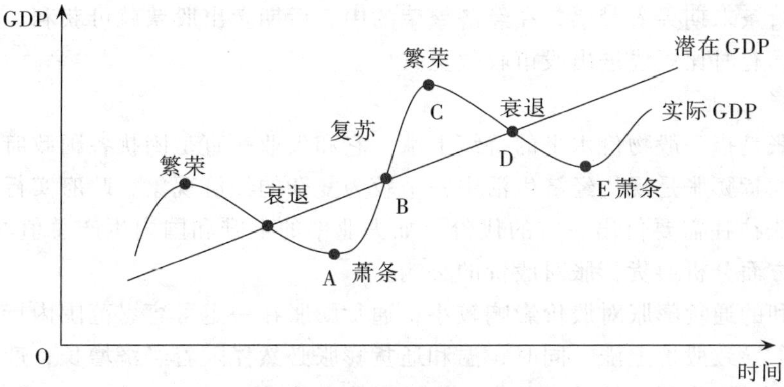

图6-1 经济周期的四个阶段

1.萧条阶段

萧条阶段，即经济活动低于正常水平的阶段。此时，信用收缩，投资减少，生产下降，失业严重，消费萎缩，悲观情绪笼罩着整个经济领域。在股市中，利空消息频出，市场人气极度低迷，成交量萎缩，股指不断探新低，一片熊市景象。当经济萧条到一定时期，人们压抑的需求开始显露，公司开始积极筹划未来，政府为了刺激经济增长，出台放松银根及其他有利于经济增长的政策。由于对经济复苏的预期，一些有远见的投资者开始默默吸纳股票，股价在缓缓回升。

2.复苏阶段

复苏阶段是萧条与繁荣的过渡阶段。在这一阶段，各项经济指标显示，经济已开始回升，公司的经营转好，盈利水平提高，因经济的复苏使居民的收入增加，加之良好的预期，流入股市的资金开始增多，对股票的需求增大，从而推动股价上扬。股市的获利效应使投资者对股市的信心增强，更多的居民投资股市，形成股价上扬的良性循环。

3.繁荣阶段

在这一阶段，信用扩张，投资增加，生产高涨，就业充分，消费旺盛，整个经济领域显现出乐观情绪。在股市中，投资者信心十足，交易活跃，成交剧增，股价指数屡创新高。当经济繁荣达到过热阶段时，政府为调控经济会提高利率实行紧缩银根的政策，公司业绩会因成本上升收益减少而下降，股价上升的动力衰弱。此时股价所形成的峰位往往成为牛市与熊市的转折点。

4.衰退阶段

在这一阶段，生产总值开始下降，股价由繁荣末期的缓慢下跌变成急速下跌，由于股市的总体收益率降低甚至低于利率，加之对经济的预期看淡，人们纷纷离开股市，股市进入漫长的熊市。

股票市场是一国经济状况的晴雨表，经济活动的变化都会在股价上显示出来，而且股价还会对可能的经济变动提前作出反应。当经济由萧条开始走向复苏乃至繁荣时，整个社会的需求扩大，这个时期的产出、价格、利率和就业不断上升，公司盈利不断提高，投资者预期良好，投资需求扩大，因此股票价格会提前上涨；相反，当经济即将进入衰退时，投资者预测生产者的利润会下降，股票收益受影响，投资信心受挫，因而股价就会领先下跌。由于股价变动要早于周期变动，因此只要投资者能预测出经济周期变动，在经济萧条末期买入股票，在经济繁荣的中、后期卖出股票就可获利。这种长期性的投资操作，有时比短线进出股市收效更大。

（三）通货膨胀

通货膨胀是指一般物价水平的持续上涨，它和失业一直是困扰各国政府的两个主要经济问题。通货膨胀是现代经济生活中一个较为复杂的经济现象，政府实行宏观政策来抑制通货膨胀往往需要付出一定的代价，如失业率的上升和国内生产总值的低增长等。我们从以下方面分析通货膨胀对股价的影响：

（1）温和的通货膨胀对股价影响较小，通货膨胀在一定可容忍范围内持续，企业名义资产增值，导致股价上涨。同时，温和通货膨胀必然伴随着经济增长，产量和就业持续增长，人们对未来预期较乐观，也会推动股价上涨。

（2）严重和恶性的通货膨胀对股价影响较大，它将导致经济被严重扭曲，货币大幅贬值，人们会抢购商品，购买房屋以期保值。此时，通货膨胀主要从两个方面影响股价：一方面，股市资金分流，引起股价下跌；另一方面，企业生产所需原材料、劳务价格及资金成本飞涨，企业经受重挫，盈利下降，股价随之下跌。

（3）严重或恶性的通货膨胀必然招致政府干预，动用某些紧缩性宏观经济政策影响经济运行，这种影响将改变资金流向和企业利润，从而影响股价。

综合来看，适度的通货膨胀对证券市场有利。通货膨胀的初期由于负债效应、税收效应和存货效应，刺激了企业利润增长，股价上涨。但是，在持续过度的通货膨胀下，企业成本增加，高价格使需求下降，企业经营状况恶化，对股市产生负面效应，股价由涨到跌。此时，政府不得不采用严厉的紧缩性宏观政策抑制通货膨胀。

（四）利率

利率是指一定时期内利息额与借贷资金额（即本金）的比率。在证券市场上，证券价格对市场利率最为敏感，利率波动反映市场资金供求的变动状况。利率变化会影响证券市场的价格水平，引起证券收益的变动，从而影响证券投资活动。一般而言，证券价格与利率呈反方向运动，市场利率升高，证券价格便会下降；相反，市场利率下降，证券价格便会上升。

利率是决定企业资金成本高低的主要因素，也是企业筹资、投资的决定性因素。利率变化会影响企业利润，从而影响股价水平，利率上升，企业融资成本上升，利润水平会相对降低。也就是说，利率上升意味着企业资金紧张，当企业难以顺利融资时，可能会压缩原有的生产规模，使企业预期利润降低。利率下降，对企业的影响刚好相反。利率变化会影响投资者的机会成本，会影响投资者的投资行为与储蓄行为的相互转换。

利率上升时，金融资产中如银行存款的收益上升，投资者投资证券的需求减弱，储蓄行为加强，证券市场价格因投资需求下降而呈下降趋势；利率下降时，银行存款收益下降，投资者的储蓄行为减弱，投资行为加强，投资需求增大，证券市场价格呈上涨趋势。

利率变化对债券价格也会产生一定的影响。若市场利率上涨，超过债券票面利率，债券持有人会以较低的价格出售债券，转而选择其他利率较高的金融资产，则债券需求减少，价格下降；反之，若市场利率下降，债券票面利率相对较高，资金又会流向债券市场，则债券价格上升。债券价格与利率呈反方向运动。

（五）汇率

汇率是指两国货币相互兑换的比率，是通过一国货币来衡量另一国货币的价格，因而又称汇价。汇率变化对证券市场影响是多方面的。一般而言，一国经济越开放，证券市场国际化程度越高，汇率影响就越大。

影响汇率的内在因素是本国货币的实际购买力、通货膨胀以及国内利率的变化等。汇率变动对证券市场的影响是复杂的，对外向型的上市公司来讲，汇率变动对其股价影响较大。对内向型的上市公司来讲，汇率的影响是通过对资金供应量的增减来实现的。以汇率上升为例，所引起的股价变化如下：

（1）汇率上升，本币贬值，引发通货膨胀，一旦恶化将导致股价下跌。

（2）汇率上升，导致资本外流，减少本国证券市场投资需求，股价因此下跌。

（3）汇率上升，本币贬值，有利于出口型企业获利，股价上涨；依赖进口的企业成本增加，收益减少，股价下跌。

（4）汇率上升，政府为稳定汇率，抛售外汇，减少本币供应，引发证券价格下跌。

二、宏观经济政策分析

为了增进整个社会经济福利、改善国民经济的运行状况，使宏观经济的运行尽可能达到充分就业、物价稳定、经济增长、国际收支平衡的理想状态，政府有意识和有计划地运用一定的货币政策或财政政策及其工具对宏观经济的运行进行调控。

（一）货币政策对证券市场的影响

货币政策是政府为实现一定宏观经济目标所制定的关于货币供应和货币流通组织管理的基本方针和基本准则。货币政策对经济的调控是全方位的，反映在股市上，对股价总体走向的影响更大。在这里我们重点介绍一般性货币政策工具对证券市场的影响。

1.法定存款准备金制度

法定存款准备金制度是中央银行为实现货币政策目标所采用的政策措施。中央银行提高法定存款准备金率，商业银行可运用的资金减少，贷款能力下降，货币乘数变小，市场货币流通量便会相应减少。因此，在通货膨胀时，中央银行可提高法定存款准备金率；反之，则可降低法定存款准备金率。

当增加货币供应量时，证券市场的资金增多，通货膨胀的加剧使人们为了保值而购买证券，从而推动证券市场价格上涨；反之，当减少货币供应量时，证券市场的资金减少，价格的回落使人们对通过证券保值的欲望降低，从而使证券市场价格呈回落趋势。

调整法定存款准备金率对证券价格的影响如下：

法定存款准备金率↑→商业银行可运用的资金↓→货币供应量↓→证券价格↓

法定存款准备金率↓→商业银行可运用的资金↑→货币供应量↑→证券价格↑

2.再贴现政策

再贴现政策是中央银行通过直接调整或制定对合格票据的贴现利率来干预和影响市场利率，从而调节货币供应量的政策措施。贴现利率实质上是中央银行向商业银行的放款利率，如果中央银行降低再贴现率，则意味着中央银行鼓励商业银行通过再贴现来扩张信贷规模，从而增加货币供给量，证券投资的机会成本降低，上市公司的营运成本下降，业绩向好，证券价格上涨；反之，中央银行提高再贴现率，则意味着货币供应量下降，证券市场价格下跌。再贴现率调整对证券价格的影响如下：

再贴现利率↑→商业银行信贷规模↓→货币供应量↓→证券价格↓

再贴现利率↓→商业银行信贷规模↑→货币供应量↑→证券价格↑

动画 6-1

货币政策对证券市场的影响

3.公开市场业务

公开市场业务是指中央银行在证券市场上公开买卖各种有价证券以控制货币供应量及影响利率水平的行为。与一般金融机构所从事的证券买卖不同，中央银行买卖证券的目的不是盈利，而是调节货币供应量。根据经济形势的变化，如果中央银行认为有必要放松银根，则在证券市场上买进债券，使市场上货币供给量增加，这会推动利率下调，资金成本降低，企业和个人的投资和消费热情高涨，生产扩张，利润增加，进而推动股票价格上涨；如果中央银行认为需要收紧银根，则在证券市场上抛售债券，此时证券的供给量增加，引起证券市场价格下跌。由于货币政策的主要内容在于调节货币供给和利率水平，因此对证券市场的影响较为直接、迅速。我们之所以特别强调公开市场业务对证券市场的影响，还在于中央银行公开市场业务的运作是直接以国债为操作对象的，从而直接关系到国债市场的供求变动，影响到国债市场的波动。公开市场业务的传导机制如下：

中央银行卖出证券→市场中的货币流入中央银行→货币供应量↓→证券价格↓

中央银行买入证券→中央银行的库存货币流入市场→货币供应量↑→证券价格↑

思维延伸6-1　　央行宣布全面降准，对股市、债市影响几何？

央行于2022年12月5日降低金融机构存款准备金率0.25个百分点（不含已执行5%存款准备金率的金融机构）。本次下调后，金融机构加权平均存款准备金率约为7.8%。此次降准共计释放长期资金约5 000亿元。

关于本次降准的目的，央行有关负责人表示：一是保持流动性合理充裕，保持货币信贷总量合理增长，落实稳经济一揽子政策措施，加大对实体经济的支持力度，支持经济质的有效提升和量的合理增长。二是优化金融机构资金结构，增加金融机构长期稳定资金来源，增强金融机构资金配置能力，支持受疫情严重影响行业和中小微企业。三是此次降准降低金融机构资金成本每年约56亿元，通过金融机构传导可促进降低实体经济综合融资成本。

周茂华从股市、债市等方面分析了降准的影响。股市方面，他表示，从目前内外环境看，国内经济主要矛盾是有效需求不足，加大实体经济复苏的金融支持，中小微企业、基建项目、房地产等行业融资获得更大支持，有助于提振市场信心，激发微观主体活力，促进经济加快恢复；市场流动性保持合理充裕，加之股市估值整体低洼，整体利好市场风险偏好。

关于债市，他认为，短期经济仍处于恢复阶段，国内加大实体经济支持力度，市场流动性有望保持合理充裕；随着近期市场情绪逐步恢复平稳，对债市整体利好；但另一方面，由于国内经济尚未偏离复苏轨道，基本面不支持债市利率大幅下行。

资料来源　肖世清.重磅！央行宣布全面降准，对股市、债市影响几何？专家解读来了[EB/OL].[2022-11-25].https://www.nbd.com.cn/articles/2022-11-25/2568564.html.

思考：央行下调金融机构存款准备金率对A股市场有什么影响？

分析：从中长期来讲，央行下调金融机构存款准备金率，对股市是一个重大利好。因为降低存款准备金率，在一定程度上会刺激市场需求，推动企业的发展，进而提高上市公司的业绩，这为股市的上扬提供了坚实的基础。

（二）财政政策对证券市场的影响

财政政策是政府依据客观经济规律制定的指导财政工作和处理财政关系的一系列方针、准则和措施的总称。财政政策主要通过财政赤字、财政补贴、税收政策、国债政策等手段影响总需求，促进社会总供给和总需求趋于平衡。财政政策的松紧对经济总量的变化影响很大。

财政政策分为扩张性财政政策、紧缩性财政政策。总的来说，紧缩性财政政策将使过热的经济受到控制，进而使证券市场走弱；而扩张性财政政策将刺激经济发展，使证券市场走强。

1.扩张性财政政策及其对证券市场的影响

（1）减少税收，降低税率，扩大减免税范围。扩张性财政政策可增加微观经济主体的收入，以刺激经济主体的投资需求，从而扩大社会供给，进而增加人们的收入、投资需求和消费支出。对证券市场的影响表现为：增加收入直接引起证券市场价格上涨，增加投资需求和消费支出，进而拉动社会总需求；社会总需求的增加又反过来拉动投资需求，从而使企业扩大生产规模，增加企业利润；企业利润增加，又将刺激企业扩大生产规模的积极性，进一步增加企业利润总额，提高企业股票价值，股价上涨。因市场需求活跃，企业经营环境改善，盈利能力增强，进而降低了还本付息风险，证券价格也将上扬。

（2）扩大财政支出，加大财政赤字。扩张性财政政策可扩大社会总需求，从而刺激投资，扩大就业。政府通过购买和公共支出增加商品和劳务需求，激励企业增加投入，扩大产品销售，于是企业利润提高，经营风险降低，从而使股票价格和债券价格上涨。尤其是与政府购买和公共支出相关的企业将最先、最直接地从财政政策中获益，发行的证券率先出现价格上涨。同时，居民在经济复苏中增加了收入，持有货币增加，景气的趋势更增加了投资者的信心，证券市场趋于活跃，价格自然上扬。如果过度使用此项政策，在财政支出出现巨额赤字时，虽然进一步扩大了需求，但是也增加了经济的不稳定因素，通货膨胀加剧，物价上涨，有可能使投资者对经济的预期不乐观，反而造成股价下跌。

（3）减少国债发行。国债是证券市场上重要的交易品种，国债发行规模的缩减，使市场供给量减少，从而对证券市场原有的供给平衡产生影响，导致更多的资金转向股票，推动证券市场价格上扬。

（4）增加财政补贴。财政补贴往往使财政支出扩大，其政策效应是扩大社会总需求和刺激供给增加，同时提高了企业和居民的收入，促使更多资金流入股市，从而使整个证券市场的总体水平趋于上涨。

2.紧缩性财政政策及其对证券市场的影响

紧缩性财政政策及其对证券市场的影响与扩张性财政政策相反，这里不再叙述。

案例链接6-2　　历史四次特别国债发行，A股影响几何？

梳理发现，我国历史上只发行过四次特别国债，其中三次新发、一次续发。从用途来看，第一次是1998年补充四大行资本金、第二次是2007年解决国内流动性过剩问题并成立中投公司、第三次是续发2017年的到期国债、第四次是2020年应对新冠疫情的抗疫国债。

从发行特别国债后股市的反映来看，发行特别国债后，股市都出现了上涨。

第一次是1998年8月18日，财政部向四大国有独资商业银行发行2 700亿元长期特别国债，所筹集的资金全部用于补充国有独资商业银行资本金。二级市场在发行当天迅速反映，上证指数结束为期54天、幅度为26.70%的暴跌行情，当日见到长期大底1 043.02点，随后3个月反弹至1 300.15点，涨幅为24.65%。值得一提的是，1 043.02点的大底支撑了长达7年的时间。

第二次是2007年6月18日，财政部批准发行1.55万亿元特别国债，用于购买约2 000亿美元外汇，作为即将成立的国家外汇投资公司的资本金。

2007年6月18日当天，上证综指从4 132点上升至4 253点，日涨幅为2.9%，13个交易日区间跌幅17.36%。随后股市有所下调，直到7月5日达到3 615点重启上升行情，10月16日达到最高6 092点。而牛市见顶后，一年狂泻72.81%。

第三次是续发，在2017年8月29日，2007年第一期6 000亿元特别国债到期兑付，经国务院批准，财政部采取了滚动发行的方式，向有关银行定向发行6 000亿元特别国债。在接下来的半年时间，上证指数一路上涨，2018年1月29日达到3 587.03最高点，按最高点数据计算，上涨幅度达7.67%。

第四次是2020年3月30日，为应对新冠肺炎疫情影响发行的抗疫特别国债，发行规模为1万亿元，全部面向记账式国债承销团成员公开招标发行。随后大盘开始回升，由3月30日的2 747.21点到7月13日的3 458.79点，涨幅达24.77%。

资料来源　佚名.历史四次特别国债发行，A股影响几何？[EB/OL].[2022-05-12].https://view.inews.qq.com/k/20220511A09G6700?web_channel=wap&openApp=false.

任务实施

学生登录国家统计局、中国人民银行等网站，收集我国历年国内生产总值数据和货币政策，对比同年上证指数的走势，分析宏观经济数据对股市的影响。

学习评价

学生通过查找历年国内生产总值数据、中央银行的货币政策，分组讨论宏观经济数据对股市的影响，并制作课件进行分享，教师点评学生完成情况。

任务二　行业分析

情景导入

市场中常用“男怕入错行，女怕嫁错郎”来比喻股票投资中行业选择的重要性。行业的高成长确实造就了行业内企业的高成长，只有选择了有前景的行业及企业进行投资，成功的概率才能大幅提升。那对交易所5 000多家上市公司如何进行有效的行业划分，并帮助投资者进行合理的投资选择？小金带着问题找到老师。老师说不着急，这节课就是奔着这个问题来的。

知识准备

行业作为一个企业群体，其成员因产品在很大程度上的可相互替代性而处于一种彼此紧密联系的状态，并且因产品可替代性的差异而与其他行业相区别。了解行业的增长情况，对正确作出投资策略是有帮助的。

行业分析主要以行业市场结构分析和行业生命周期分析为切入点，根据它们的发展前景对证券投资作出相应的判断。

一、行业的定义与划分

（一）行业的定义

行业是指从事国民经济中同性质的生产或其他经济社会的经营单位或者个体的组织结构体系，如林业、汽车业、银行业等。行业分析的主要任务是解释行业本身所处的发展阶段及在国民经济中的地位，分析影响行业发展的各种因素以及判断对行业的影响力度，预测并引导行业的未来发展趋势，判断行业投资价值，揭示行业风向，为各组织机构提供投资决策或投资依据。

（二）行业的划分

为了能对不同行业的发展作出判断，有必要对行业进行分类。下面介绍几种主要的行业划分方法：

1.道琼斯分类法

道琼斯分类法是在19世纪末为选取在纽约证券交易所上市的有代表性的股票而对各公司的分类，是证券指数统计中最常用的方法之一。

道琼斯分类法将股票分为工业、运输业和公用事业三类。在道琼斯指数中，工业类股票取自工业部门的30家公司，包括采掘业、制造业和商业等的公司；运输业类股票取自20家交通运输业公司，包括航空、铁路、汽车运输与航运业等的公司；公用事业类股票取自6家公用事业公司，包括电话公司、煤气公司、电力公司等。

2.国际行业分类标准

2009年第四版《国际标准行业分类》（1948年第一版），包括21个门类和9个大类，反映了当前世界经济的结构，认可在过去20年间出现的新兴产业，并通过增加与现有地区性分类的可比性使得国家之间的比较更为方便。世界绝大多数国家都采用了《国际标准行业分类》，或根据《国际标准行业分类》制定本国的国家行业分类。

3.我国国民经济的行业分类

《国民经济行业分类》国家标准于1984年首次发布，分别于1994年和2002年进行修订，2011年第三次修订，2017年第四次修订。《国民经济行业分类》（GB/T4754-2017）将社会经济活动划分为四级，即门类、大类、中类和小类，共有20个门类、97个大类、473个中类、1 381个小类。

4.我国上市公司的行业分类

目前，我国上市公司的行业分类标准主要是中国证监会制定的《上市公司行业分类指引》（2012年修订）。《上市公司行业分类指引》将上市公司按二级分类，分别列入19个门类及90个大类。我国上市公司行业分类见表6-1。

表6-1　**我国上市公司行业分类**

A农、林、牧、渔业	K房地产业
B采矿业	L租赁和商务服务业
C制造业	M科学研究和技术服务业
D电力、热力、燃气及水生产和供应业	N水利、环境和公共设施管理业
E建筑业	O居民服务、修理和其他服务业
F批发和零售业	P教育
G交通运输、仓储业和邮政业	Q卫生和社会工作
H住宿和餐饮业	R文化、体育和娱乐业
I信息传输、软件和信息技术服务业	S综合
J金融业	

二、行业市场结构

（一）行业市场结构的类型

根据国民经济各行业中的企业数量、产品属性、价格控制程度和其他要素，各种行业可以划分为四种市场结构类型，即完全竞争、垄断竞争、寡头垄断和完全垄断。行业市场结构类型见表6-2。

表6-2　**行业市场结构类型**

市场结构	企业数量	产品差异程度	控制价格能力	进入难易程度	典型行业
完全竞争	很多	同质或相同	没有	很容易	农业、商业
垄断竞争	较多	有一定差异	较低	较容易	轻工行业
寡头垄断	少数	同质或微小差别	较高	不容易	重工行业
完全垄断	独家	独特产品	很高	不可能	公用事业、邮电通信

（二）行业市场结构分析

1.完全竞争

完全竞争市场是指那些不存在足以影响价格的企业或消费者的市场。其特点是：

（1）生产者众多，各种生产资料可以完全流动。

（2）产品无论是有形的还是无形的，都是同质、无差别的。

（3）没有一个企业能够影响产品的价格，企业永远是价格的接受者，而不是价格的制定者。

（4）企业的盈利基本上由市场对产品的需求来决定。

（5）生产者可自由进入或退出这个市场。

（6）市场信息对买卖双方都是畅通的，生产者和消费者对市场情况非常了解。

从上述特点可以看出，完全竞争是一个理论性很强的市场结构类型，其根本特点在于所有的企业都无法控制市场价格和使产品差异化。在现实经济中，完全竞争的市场结构类型是很少见的，初级产品（如农产品）的市场结构类型较相似于完全竞争的市场结构类型。

2.垄断竞争

垄断竞争市场是指一个市场中有许多厂商生产和销售有差别的同种产品的一种市场组织。垄断竞争是一种介于完全竞争和完全垄断之间的市场组织形式，在这种市场中，既存在着激烈的竞争，又具有垄断的因素。其特点是：

（1）生产者众多，各种生产资料可以流动。

（2）生产的产品同种，但不同质，即产品之间存在差异，这是垄断竞争与完全竞争的主要区别。

（3）由于产品差异性的存在，生产者可以树立自己的产品信誉，从而对其产品的价格有一定的控制能力。

在国民经济的各产业中，制成品的市场一般都属于这种类型。

3.寡头垄断

寡头垄断市场是指一种由少数卖方（寡头）主导市场状态，其显著特点是少数几家厂商垄断了某一行业的市场，这些厂商的产量在全行业总产量中占很高的比例，从而控制着该行业的产品供给。其特点是：

（1）少数生产者的产量非常大。

（2）各企业产品具有同质性或只有微小差别，相互之间替代性很强。

（3）企业对市场价格具有一定的垄断能力。由于只有少量的生产者生产同一种产品，因此每家企业的价格政策和经营方式的改变都会对其他生产者产生重要影响。一般资本和技术密集型企业因其需要巨额资本和先进技术而限制了大量新企业的加入，如钢铁冶炼、飞机制造等行业。

4.完全垄断

完全垄断市场是指整个行业中只有一个生产者的市场结构。这种市场结构形成的主要条件有：一是厂商即行业，整个行业中只有一个厂商提供全行业所需要的全部产品；二是厂商所生产的产品没有任何替代品，不受任何竞争者的威胁；三是其他厂商几乎不可能进入该行业。市场中完全没有竞争的因素存在，厂商可以控制和操纵价格。其特点是：

（1）市场被独家企业所控制，其他企业不可以或不可能进入该行业。

（2）产品没有或缺少相近的替代品。

（3）垄断者能够根据市场的供需情况确定理想的价格和产量，在高价少销和低价多销之间进行选择，以获取最大的利润。

（4）垄断者在确定产品的价格与生产数量方面的自由度是有限的，要受到反垄断法和政府管制的约束。

当前的现实生活中没有真正的完全垄断的市场，每个行业都或多或少地引进了竞争。公用事业（如电力、煤气、自来水以及邮电通信等）和某些资本及技术高度密集型或稀有金属矿藏的开采等行业接近完全垄断的市场结构类型。

事实上，完全竞争和完全垄断是两种极端类型，现实经济中绝大多数行业应属于垄断竞争或者寡头垄断的市场结构类型。一般而言，行业竞争程度越高，其产品价格和企业利润越受市场供求影响，投资风险越大；反之，行业垄断程度越高，其产品价格和企业利润越受企业自身和政府控制，投资风险相对较小。投资者应选择竞争程度低的行业进行投资。因为垄断型公司在行业中处于领先地位，能获取垄断利润；而新的竞争者很容易进入的行业，往往由于过度竞争而过早成熟并衰退。

三、行业生命周期

动画6-2

行业生命周期

（一）行业生命周期的定义

行业生命周期是指行业从出现到完全退出社会经济活动所经历的时间。行业生命周期主要包括四个发展阶段，即初创期、成长期、成熟期、衰退期，如图6-2所示。

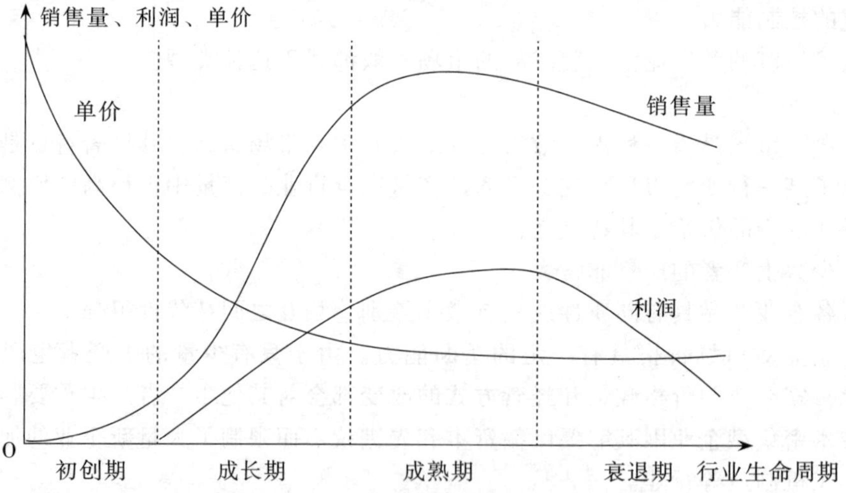

图6-2 行业生命周期的发展阶段

（二）行业生命周期分析

一个行业在生命周期的不同阶段会表现出不同的特点。行业生命周期不同阶段分析见表6-3。

表6-3　　　　行业生命周期不同阶段分析

项目	初创期	成长期	成熟期	衰退期
企业数量	少	增加	减少	少
利润	从亏损到逐渐提高	增加	从高到下降	从减少到亏损
风险	高	高	降低	低
风险形态	技术风险、市场风险	市场风险、管理风险	管理风险	生存风险
股价	变动大	不断上升	开始下降	较低

1.初创期

在这一阶段，由于新行业刚刚诞生或初建不久，只有为数不多的投资公司投资于这类新兴行业。另外，这一阶段新行业的投资及产品研制开发的费用高，而大众对其产品尚缺乏全面了解，致使产品的市场需求较小、销售收入低，因此在财务上可能不但没有盈利，反而出现较大的亏损。较高的创业成本与较小的市场需求之间的矛盾导致了行业投资风险，同时面临着可能因财务困难而引发的破产风险。因此，处于初创期的行业，风险高、收益低，这类行业更适合投机而非投资。经过初创期，随着行业生产技术提高、生产成本降低和市场需求的扩大，新行业便转向了高风险、高收益的成长期。

2.成长期

行业的成长实际上就是行业的扩大再生产。在这一阶段，新行业的产品逐步赢得了消费者的偏好，需求上升，行业随之扩张。由于市场前景看好，新厂商不断加入该行业，竞争加剧。生产厂商不能单纯地依靠扩大生产来增加收益，必须通过提高生产技术、降低成本、研制开发新产品来争取竞争优势。在这一阶段，虽然新行业的利润增长很快，但是新行业面临的竞争风险也在加大，因此这一阶段有时被称为投资机会期。按优胜劣汰规律，拥有一定市场营销和财务实力的大企业逐渐主导市场。此后，市场上生产厂商的数量在大幅度下降之后开始稳定下来，市场需求基本饱和，产品销售增长减缓，整个行业开始进入成熟稳定期。

3.成熟期

行业成熟首先表现为技术的成熟，即行业内企业普遍采用的是适用的，至少有一定先进性、稳定性的技术；其次表现为产品的成熟，产品的基本性能、式样、功能、规格、结构都趋向成熟，且已经被消费者习惯性使用，产品的成熟是行业成熟的标志；然后是生产工艺的成熟；最后是产业组织的成熟。也就是说，行业内企业间建立了良好的分工协作关系，市场竞争是有效的，市场运作规模合理，市场结构稳定。

这一阶段是行业发展的高峰期，通常持续较长时间。进入成熟期的行业，其市场已被少数资本雄厚、技术先进的大厂商控制，在竞争中生存下来的少数大厂商瓜分了整个行业的市场份额，且市场份额比例变化程度很小，新厂商难以进入该行业，因此行业风险较小。厂商的竞争手段逐渐从价格手段转向各种非价格手段，如提高产品质量、改善性能和加强售后服务等。

在成熟期，行业的增长速度降到了一个适度的水平。在某些情况下，整个行业的增长可能会完全停止，其产出甚至下降。行业的发展很难较好地保持与国民生产总值同步增长。

4.衰退期

经过一个较长的成熟期后，由于新产品和大量替代品的出现，原行业的产品市场需求逐步减少，产品销售量开始下降，某些厂商退出原行业转向其他有利可图的行业。原行业厂商数量不断减少，市场萎缩，当正常利润无法维持或现有投资折旧完毕后，整个行业便逐步解体。但在很多情况下，行业的衰退期往往比行业生命周期的其他阶段总和还要长，大量行业都是衰而不亡，甚至与人类社会长期共存，如钢铁业、纺织业的衰而不亡。

案例链接6-3　　2023年汽车行业策略：把握熊彼特创新，决胜结构化市场

疫情冲击与政策刺激之后，2023年中国汽车行业整体进入弱周期，投资机会因此也呈现分化趋势。作为从零开始逐步构建的行业，新能源汽车产业生命周期特征显著。

从2009年“十城千辆”正式开启中国新能源汽车发展序幕，到2019年年底蔚来汽车走出发展困境，可划为新能源汽车的初创期。在这一阶段，中国新能源汽车由政策推动，主销产品以油改电为主，缺乏核心商业模式，行业整体明显呈现出萌芽期特征——产业高投入，产品高价格，失败风险高。

2019年之后，随着补贴政策加快退坡，行业市场化程度加强，主要参与者发展模式得到市场验证，市场化销量稳步增长，头部企业节节攀升，产业生命周期进入成长期。在产业生命周期跨越初创期进入成长期的过程中，新能源汽车经历了从补贴推动，缺乏有效商业模式，到差异化发展模式涌现，再到差异化引领大众化渗透阶段的发展过程。

随着新能源汽车销量的扩大，市场影响力有所增强。消费市场对新能源车的接受度和未来必然趋势的认知与认可显著增强。与成长期早期阶段，消费者更注重尝鲜和产品独特性不同，成长期中后期进入大众化渗透阶段后，消费者在依然注重差异化的基础上，对产品功能、成本经济性、技术可靠性等有了综合要求。

从新能源汽车所处的成长阶段来看，我们认为新能源车潜在发展动力仍然旺盛。供给端的冲击是当前市场面临的主要矛盾，这就使得2023年补贴退坡、上游成本高企背景下的车企本身的供给决策格外重要。同时上游成本的缓解，也将很大程度上改变新能源车的发展态势。新能源汽车市场增量空间巨大、竞争格局未定，未来还将有一次大洗牌，鹿死谁手，尚未可知。

资料来源　杨为敩，刘乐. 2023年汽车行业策略：把握熊彼特创新，决胜结构化市场［EB/OL］.［2022-12-02］. https：//baijiahao.baidu.com/s? id=1751063950624029089&wfr=spider&for=pc.

思政专栏6-1　比亚迪：技术为王　创新为本，成为行业中穿越牛熊周期的优秀公司

“技术为王　创新为本”是比亚迪的核心发展理念。在全球，平均每一个工作日比亚迪就申请11件专利，每天授权9件专利。在新能源汽车领域，比亚迪是首个获得专利金奖的企业，专利数稳居中国新能源汽车品牌榜首。在绿色发展层面，比亚迪早在2008年便提出太阳能、储能电站和电动汽车的三大绿色梦想，打通能源从获取、存储到应用的全产业链绿色布局。目前比亚迪已经建立起一套完整的新能源生态闭环，可以提供安全可靠的一站式解决方案与服务，用电动车治理空气污染，用云轨云巴治理交通拥堵，为全球城市提供立体化绿色大交通整体解决方案。

目前，比亚迪已经覆盖四大产业群，除了汽车，还拥有电子、新能源、轨道交通产业。比亚迪电子具有世界级的产品研发、设计和制造能力，是全球唯一一家能够大规模提供全系列结构件及整机设计制造解决方案的厂商。比亚迪新能源产业，则致力于全方位构建零排放的新能源整体解决方案。罗昊还分享道，“我们的轨道交通解决方案也正在全球落地开花，作为一个万亿级的市场，现在才刚刚开始”。

资料来源　罗昊. 比亚迪以技术创新坚守绿色梦想［EB/OL］.［2022-11-25］. https://baijiahao.baidu.com/s?id=1750453362819436034&wfr=spider&for=pc.

思政元素：守正创新　科技强国

思政感悟：技术革新是上市企业在资本市场上不断成长，回报投资人，成为行业领跑者的关键。上市企业只有掌握了自主知识产权和核心技术，才能依靠技术创新突破行业生命周期的束缚，保持蓬勃发展。在日益激烈的国际化竞争中立于不败之地，实现长远发展。

任务实施

学生根据当前热点题材行业板块情况，选择某一行业按市场结构和行业生命周期进行有针对性的分析。

学习评价

教师抽查学生课堂完成上述任务的情况，并进行评价，根据反馈掌握学生对行业进行分析的重点、难点。

任务三　上市公司分析

情景导入

小金常听老师说，投资股票实际上就是在投资上市公司。投资者如果能在众多上市公司中慧眼识珠，选择到优质的上市公司，特别是行业里面的优质龙头上市公司进行投资，将会达到事半功倍的效果。那如何才能达到这样的效果呢？老师跟小金说，可以通过学习上市公司分析的相关知识，对感兴趣的上市公司的财务状况进行分析，从财务数据、行业地位等维度的分析中寻找到有投资价值的企业，帮助投资者找到中长线持有的潜力股、龙头股。真的是这样吗?小金期待着走进本节内容的学习。

知识准备

上市公司分析是证券投资微观分析的基本内容，包括公司基本素质分析、公司财务分析以及其对证券投资的影响。

一、公司基本素质分析

公司基本素质分析包括公司竞争能力分析、公司经营管理能力分析，并据此对证券投资作出初步的判断。

（一）公司竞争能力分析

公司在行业中的竞争地位是公司基本素质分析的首要内容。对公司竞争能力分析主要是利用公司的历年资料对公司的技术水平、规模经营优势、管理水平、资本实力、项目储备及新产品开发等方面进行分析，与本公司的历史情况进行比较，与同类型公司的情况进行比较，得出客观结论。公司竞争能力主要表现在其所占市场份额的大小，可用以下指标衡量：

1.年销售额及其增长率

年销售额是衡量一个公司在同行业中相对竞争地位的综合指标。一般来说，年销售额越多，说明公司竞争能力越强，对市场的影响力越大；反之，年销售额较少的公司很有可能在竞争中消亡。年销售额的增长率则是从动态的角度反映了公司的成长性，年销售额的增长较快，说明公司的竞争能力较强。投资者往往会选择年销售额增长速度高于行业平均速度的成长型公司。

此外，年销售额及其增长率的稳定性也是投资者关注的问题。因为在很大程度上年销售额及其增长率的稳定性决定了投资该公司风险的大小。在其他条件相同时，公司的年销售额及其增长率越稳定，公司盈利及盈利增长越稳定，股息派发也就越稳定，投资者面临的风险也就越低；相反，公司的年销售额及其增长率大起大落，必定会给公司管理者的经营管理带来困难，稳定的盈利及股息难以保证，投资风险加大。

2.市场占有率

市场占有率说明公司在行业中所处的地位。市场占有率越高，公司对市场的影响力越大，公司竞争能力越强。同时，市场占有率的变化动态地反映了公司竞争能力的强弱。市场占有率提高，说明公司的竞争优势加强；反之，市场占有率降低，说明公司的竞争优势削弱。此外，在分析市场占有率时，应结合年销售额分析。例如，当整个行业处于衰退期时，产品需求降低，年销售额锐减，不少公司陆续退出该行业，这时市场占有率的提高就变得毫无意义了。

3.盈利能力及其增长性分析

盈利是销售收入减去成本费用后的余额。一般而言，在其他条件不变的前提下，随着销售额的上升，公司盈利也会增加；如果销售额是既定的，则成本费用的下降也会引起公司盈利增加。只有具有较强盈利能力的公司，才能具有较强的竞争能力。在分析盈利能力时，应剔除影响公司盈利的偶然因素和临时因素，尽可能准确地衡量公司在正常情况下的盈利能力，并据此来预测公司未来盈利的变动趋势。

（二）公司经营管理能力分析

公司经营管理能力分析主要包括公司管理人员素质能力分析、经营效率分析以及多项经营和新产品开发能力分析，还要关注公司战略制定和实施情况等。

1.公司管理人员素质能力分析

公司管理人员决定了公司的发展与成败。决策层是企业最高权力机构，主要对企业经营方向、筹资方式等各项重大方针作出决定。因此，决策层人员应具备明确的生产经营战略和良好的经济素质，有较高的企业管理能力和丰富的工作经验，有清晰的思维和综合的判断能力。管理层主要是领会决策层意图，协调各部门工作，进行日常的全局管理。管理层人员应具有与该企业或部门相关的技术知识，通晓现代管理理论知识，有实际工作经验，有较强的组织能力，有务实高效的工作作风。各职能部门则应在管理层的指挥下各司其职，严格执行操作程序，以保证公司日常工作顺利进行。在一个高效合理的管理机构中，决策者和高层管理人员是关键，当然也应包括能胜任公司各项工作的所有员工的最优组合。

2.经营效率分析

经营效率分析是考察公司生产能力和经营能力的利用程度，利用程度越高，说明经营效率越高。经营效率分析指标主要有开工率、人均产量和人均销售额、资产周转率及毛利率等。通常还采用盈亏平衡分析方法评价公司的经营效率。公司在生产经营过程中需要一定的固定成本和可变成本。固定成本是指不随产量变化而变化的成本，如固定资产折旧费等；可变成本是指随产量变化而发生变化的成本，如原材料费用、辅助材料费用和人工费用。

3.多项经营和新产品开发能力分析

如果公司的经营范围局限于某单一产品或业务领域之内，则容易受经济波动的影响。因此，公司应在主营业务之外开拓业务范围，进行多项经营，提高公司利润，降低经营风险。公司拓展业务的途径有两种：一是纵向拓展，即向公司目前生产经营对象，如原材料和消费市场延伸，控制原材料供应和销售市场，避免因原材料紧缺而价格上涨和销售市场竞争激烈带来的损失；二是横向拓展，即发展与公司目前生产经营范围无关的领域，虽然横向拓展可以在很大程度上降低经营风险，但是公司应避免经营范围过于庞杂，导致管理层难以控制全局，无法取得陌生领域的竞争优势，造成公司利润的下滑，甚至是亏损。

4.公司战略制定和实施情况

公司战略支配着公司的发展。随着我国管理思想理论与实践的发展，公司战略研究越来越受到人们的重视。

5.人事管理效率和企业文化分析

企业文化在现代企业中起着越来越重要的作用。一个公司的人事管理效率决定着公司的生产效率和员工能力能否充分发挥，也影响着公司的企业文化。

思政专栏6-2　　建设高质量上市公司，为中国式现代化做贡献

上市公司是中国企业的优秀代表，是经济的支柱力量，是实体经济的“基本盘”，是经济发展动能的“转换器”，是完善现代企业制度和履行社会责任的“先锋队”，是投资者分享经济增长红利的“新渠道”。走高质量发展之路，助力中国式现代化实现，上市公司责无旁贷。

据统计，截至2022年11月16日，我国境内股票市场上市公司已达5 003家，突破5 000家整数关口。上市公司家数突破前两个1 000各用了10年，突破第三个1 000用了6年，突破第四个1 000用了4年，而突破第五个1 000仅用了2年时间。从上市板块看，主板上市公司3 177家，科创板上市公司486家，创业板上市公司1 217家，北交所上市公司123家。从市值上看，截至11月15日收盘，境内上市公司总市值80.57万亿元。

上市公司依托资本市场加快发展，截至2022年10月，上市公司累计募集资金总额为19.1万亿元，其中，IPO募资总额4.72万亿元，再融资募资总额14.38万亿元。在获得资金支持的同时，上市公司也重视投资者回报，与投资者共享发展成果。上市公司累计现金分红总额10.65万亿元，2021年分了1.55万亿元，股息率接近3%。

上市公司积极承担自我规范、自我提高、自我完善的直接责任、第一责任，强化诚信契约精神，践行“四个敬畏”原则和“四条底线”要求，上市公司整体面貌发生积极变化，“晴雨表”功能得到更好发挥，有力支持了资本市场健康稳定发展。

资料来源　宋志平.建设高质量上市公司，为中国式现代化做贡献［EB/OL］.［2022-11-21］. https://baijiahao.baidu.com/s?id=1750087708631493097&wfr=spider&for=pc.

思政元素：高质量　中国式现代化

思政感悟：上市公司是中国企业的优秀代表，是经济的支柱力量。高质量的资本市场离不开高质量的上市公司，上市公司同时也是资本市场可持续发展的基石。

二、公司财务分析

公司的财务状况是影响股票价格长期波动的基本因素之一。财务分析是股票投资基本分析的重要组成部分。公司财务分析需要了解公司的资产负债表、现金流量表和利润表，掌握分析公司的偿债能力、资产营运能力和盈利能力等指标，能据此对上市公司的内容价值作出基本的判断。

（一）财务报表分析

1.资产负债表

资产负债表的基本关系为：资产=负债+所有者权益。资产负债表是反映公司在某一特定时点财务状况的静态报告，对其分析可以了解公司的财务状况，如偿债能力的强弱、资本结构的合理性、流动资金的充足性等。

2.现金流量表

现金流量表是反映企业一定期间现金的流入和流出，表明企业获得现金和现金等价物的能力的动态报告。现金流量表主要由经营活动、投资活动和筹资活动三个部分产生的现金流量构成。投资者分析现金流量表可以判断公司的支付能力和偿债能力以及公司对外部资金的需求情况，掌握企业的偿债能力和支付股利的能力。

3.利润表

利润表，又称损益表，是反映企业一定期间生产经营成果的会计报表，说明企业运用所拥有的资产进行获利的能力。利润表有三个主要构成部分：营业收入；与营业收入相关的生产性费用、销售费用和其他费用；利润。利润表是动态报表，对其进行分析可以了解公司的盈利能力、盈利状况、经营效率等。

（二）财务报表分析的目的与方法

从投资者的角度来看，分析公司财务报表的主要目的是通过对财务报表所传递的信息，比较该公司和其他公司的风险与收益，决定其投资策略。分析公司财务报表主要使用传统的财务分析方法，一般来说，主要有以下两种：

1.比较分析法

比较分析法是指对两个以上的可比数据进行对比，揭示差异和矛盾。比较分析法是分析公司财务报表的最基本方法，没有比较，分析就无法开始。比较分析法的种类繁多，可以按不同的标准进行分类：按比较对象分类，可分为与本企业历史比和与同类企业比；按比较内容分类，可分为比较会计要素的总量（如总资产、净资产、净利润）、比较结构百分比和比较财务比率等。

2.比率分析法

比率分析法是用比率来反映公司财务报表不同科目之间的相互关系，据以评价公司财务状况和经营状况的分析方法。

（三）公司财务比率分析

公司财务比率分析涉及公司经营管理的各个方面，其指标很多，按照分析内容侧重点的不同，可分为偿债能力分析、经营效率分析、盈利能力分析、成长能力分析、投资收益分析等。

1.偿债能力分析

偿债能力分析是公司偿还各种到期债务的能力。偿债能力分析是公司财务分析的一个重要方面，通过分析可以揭示公司的财务风险。

偿债能力分析主要有短期偿债能力分析指标，如流动比率、速动比率等；长期偿债能力分析指标，如资产负债率、产权比率等。

（1）流动比率。流动比率，又称营运资金比率，是流动资产除以流动负债的比值。其计算公式为：

流动比率=流动资产÷流动负债×100%

流动比率可用于分析公司的流动资产是否足以偿付流动负债，是衡量公司提供流动资金、偿付短期债务和维持正常经营活动能力的主要指标。流动比率过低，说明公司的偿债能力较差，流动资金不够充足，短期财务状况不佳；而过高的流动比率，则表明公司的管理可能过于保守，将资金过多地用于流动性较强的资产上，而放弃了某些获利机会。一般认为，工业企业的流动比率为2：1（即流动资产是流动负债的两倍）是比较适宜的，而公用事业的流动比率则低得多。计算出来的流动比率，只有与同行业平均流动比率、本公司历史流动比率进行比较，才能知道这个比率是高还是低。

（2）速动比率。由于流动资产中各项目的变现能力不尽相同，因此衡量企业短期偿债能力时，除流动比率外，人们还希望获得比流动比率更进一步的有关变现能力的比率指标，这就是速动比率。其计算公式为：

速动比率=速动资产÷流动负债×100%

速动资产=流动资产-存货-预付账款-待摊费用

速动资产是流动资产的一部分，它把流动资产中变现能力最差的存货及无法变现的预付账款、待摊费用加以剔除，而仅包含流动资产中的现金、银行存款、有价证券、应收票据及应收账款等较易变现部分。一般认为，速动比率等于1比较适当，不宜太高，也不能太低。在分析流动性时，流动比率与速动比率通常配合使用。在单期财务报表中，若流动比率大于2，速动比率小于1，则说明存货或预付账款、待摊费用过多，需进一步分析；在多期财务报表中，若流动比率逐年提高而速动比率逐年降低，则说明存货或预付账款、待摊费用逐年增加，其中也一定有原因，值得关注。

（3）资产负债率。资产负债率是指负债总额占资产总额的比率，它是衡量公司债权人提供资金进行经营活动能力和反映债权安全程度的一个指标。其计算公式为：

资产负债率=负债总额÷资产总额×100%

资产负债率反映公司偿还债务的综合能力，这个比率越高，公司偿还债务的能力越差；反之，公司偿还债务的能力越强。资产负债率为多少才合适，并没有一个确定的标准。不同行业、不同类型的公司之间有较大差异。

从债权人的角度来看，资产负债率越低，说明公司自有资本的比例越高，偿还债务的潜在能力越强，因而其债权越安全；反之，给债权人造成损失的概率会增大。

从股东的角度来看，公司借债提供的资本同样能在生产经营中发挥作用，而且能扩大生产规模，增加利润。股东实际上是利用其拥有的有限资本保持对整个公司资本的控制权。因此，公司举债实际上使股东获得了双重利益。但是，如果公司举债规模过大，当资产负债率大于1时，说明公司已经资不抵债，面临破产。

从经营者的角度来看，如果公司举债规模超出了债权人心理承受程度，则公司就会借不到钱。若公司不去举债，或负债比例很小，则说明公司比较保守或畏缩不前，利用债权人资本进行经营活动的能力较差。

（4）产权比率。产权比率是负债总额与股东权益之间的比率，也称债务股权比率。其计算公式为：

产权比率=负债总额÷股东权益×100%

产权比率表明由债权人提供的资本与由股东提供的资本的相对关系，反映公司基本财务结构是否稳定。一般来说，股东资本大于借入资本较好，但也不能一概而论。在通货膨胀加剧时期，公司多借债可以把损失和风险转嫁给债权人；在经济繁荣时期，公司多借债可以获得额外的利润；在经济萎缩时期，公司少借债可以减少利息负担和财务风险。产权比率高，是高风险、高报酬的财务结构；产权比率低，是低风险、低报酬的财务结构。

2.经营效率分析

经营效率反映了公司资金的周转状况。对经营效率进行分析，可以了解公司的营业状况及经营管理水平。公司资金周转状况与生产、销售、供应各个经营环节密切相关，任何一个环节出现问题，都会影响到公司资金的正常周转。

分析经营效率常用的财务指标有存货周转率、应收账款周转率、总资产周转率、固定资产周转率、股东权益周转率等。投资者既可以根据公司财务报表计算得出这些指标，也可以通过证券投资软件获取这些指标。

（1）存货周转率及其周转天数。存货周转率是衡量企业购入存货、投入生产和销售收回等环节管理状况的综合性指标。其计算公式为：

存货周转率（或周转次数）=营业成本÷平均存货×100%

平均存货=（期初存货+期末存货）÷2

存货周转天数=360÷存货周转率

一般来讲，存货周转速度越快，存货转换为现金或应收账款的速度越快，从而经营资金的占用越少，流动性越强，使用效率越高，公司管理水平越高。但是，存货周转率过高，也可能说明公司在管理方面存在一些问题，如存货水平低，甚至经常缺货，或者采购次数过于频繁，批量太小。对于存货周转率，不同的行业有不同的特点。

（2）应收账款周转率及其周转天数。应收账款和存货一样，在流动资产中有举足轻重的地位。及时收回应收账款，既可增强公司的短期偿债能力，又可反映出公司在管理应收账款方面的效率。反映应收账款周转速度的指标是应收账款周转率，即年度内应收账款转为现金的平均次数，用时间表示的周转速度是应收账款周转天数。其计算公式为：

应收账款周转率=营业收入÷平均应收账款×100%

应收账款周转天数=360÷应收账款周转率

一般来说，应收账款周转率越高，平均收账期越短，说明应收账款的流动性越高；否则，公司营运资金会过多地滞留在应收账款上，影响资金的正常周转。

（3）总资产周转率。总资产周转率反映了资产总额的周转速度。总资产周转率越高，说明总资产周转越快，公司销售能力越强。公司可以通过薄利多销的办法，加速资金周转，带来利润的增加。其计算公式为：

总资产周转率=营业收入÷平均资产总额×100%

（4）固定资产周转率。固定资产周转率是衡量公司运用固定资产效率的指标。固定资产周转率越高，说明固定资产运用效率越高，利用固定资产的效果越好。其计算公式为：

固定资产周转率=营业收入÷平均固定资产×100%

（5）股东权益周转率。股东权益周转率是公司运用所有者的资产的效率。股东权益周转率越高，说明所有者的资产的运用效率越高，企业营运能力越强。其计算公式为：

股东权益周转率=营业收入÷平均股东权益×100%

3.盈利能力分析

盈利能力是公司获取利润的能力。盈利能力分析是公司财务分析的重要组成部分，也是评价公司经营管理水平的重要依据。公司的各项经营活动都会影响到公司的利益，但是对盈利能力进行分析，一般只涉及公司的正常经营活动，不涉及公司的非正常经营活动。分析盈利能力的主要财务指标有销售毛利率、销售净利率、总资产收益率、股东权益收益率、营业利润率等。

（1）营业毛利率。在商品生产行业，毛利是营业收入减去营业成本的余额；在服务行业，毛利是劳务收入减去劳务成本后的余额。毛利率表示每1元收入扣除成本后，有多少钱可以用于各项期间费用和形成利润。营业毛利率是公司销售净利率的基础，没有足够高的营业毛利率便不能盈利。其计算公式为：

营业毛利率=（营业收入-营业成本）÷营业收入×100%

（2）营业净利率。营业净利率可反映每1元销售收入带来的净利润是多少，表示营业收入的收益水平。公司在增加营业收入的同时，必须相应地获得更多的净利润，才能保持或提高营业净利率。分析营业净利率的变动，可以促使公司在扩大销售的同时，注意改善经营管理，提高盈利水平。其计算公式为：

营业净利率=净利润÷营业收入×100%

（3）总资产收益率。总资产收益率是将公司一定期间的净利润与平均资产总额相比较，表明公司资产利用的综合效果。总资产收益率越高，资产利用效率就越高，表明公司在增加收入和节约资金使用方面取得了良好的效果。其计算公式为：

总资产收益率=净利润÷平均资产总额×100%

（4）净资产收益率。净资产收益率反映了股东权益的收益水平。股东权益收益率越高，说明投资带来的收益越高。其计算公式为：

净资产收益率=净利润÷股东权益×100%

（5）营业利润率。营业利润率反映了公司主营业务的获利水平。营业利润率越高，说明公司主营业务的收益越高，企业竞争优势越大。其计算公式为：

营业利润率=营业利润÷营业收入×100%

4.成长能力分析

成长能力是指公司在自身的发展过程中，其所在的行业和产业受国家政策扶持，具有发展性，产品前景广，公司规模逐年扩张、经营效益不断增长的趋势。

衡量上市公司成长能力的主要指标有营业收入增长率、营业利润增长率、净利润增长率、总资产增长率等。

（1）营业收入增长率。营业收入增长率可以用来衡量公司的产品生命周期，判断公司发展所处的阶段。其计算公式为：

营业收入增长率=（本期营业收入-上期营业收入）÷上期营业收入×100%

一般来说，如果营业收入增长率超过10%，说明公司产品处于成长期，将继续保持较好的增长势头，尚未面临产品更新的风险。如果营业收入增长率在5%～10%之间，说明公司产品已进入稳定期，不久将进入衰退期，需要着手开发新产品。如果营业收入增长率低于5%，说明公司产品已进入衰退期，保持市场份额已经很困难，业务利润开始下滑。

（2）营业利润增长率。营业利润增长率是本期的营业利润减去上期的营业利润，再除以上期营业利润的比值。其计算公式为：

营业利润增长率=（本期营业利润-上期营业利润）÷上期营业利润×100%

一般来说，营业利润稳定增长且占利润总额的比例呈增长趋势的公司正处于成长期。尽管一些公司利润总额有较大幅度的增加，但是营业利润却未相应增加，甚至大幅度下降，若投资这样的公司，则需要警惕，因为这里可能蕴藏着较大的风险。

（3）净利润增长率。净利润增长率是本期净利润减去上期净利润，再除以上期净利润的比值。其计算公式为：

净利润增长率=（本期净利润-上期净利润）÷上期净利润×100%

净利润是公司经营业绩的结果，净利润的增长是公司成长的基本特征。净利润增长率较高，表明公司经营业绩突出，市场竞争力强；反之，净利润增长率较低，甚至出现负增长，则表明公司不具有成长性。

（4）总资产增长率。总资产增长率是本期总资产减去上期总资产，再除以上期总资产的比值。其计算公式为：

总资产增长率=（本期总资产-上期总资产）÷上期总资产×100%

公司所拥有的资产是公司生存与发展的物质基础，处于扩张期的基本表现就是其规模的不断扩大。这种扩大一般来自两个方面的原因：一是所有者权益的增加；二是公司负债规模的扩大。对于前者，如果是由于公司发行股票而导致所有者权益大幅度增加，投资者需要关注募集资金的使用情况，如果募集资金还处于货币形态，这样的总资产增长率反映出的成长性将大打折扣；对于后者，公司往往是在资金紧缺时向银行贷款或发行债券，资金闲置的情况会比较少，但是由于受到资本结构的限制，当资产负债率较高时，公司负债规模的扩大空间很有限。

案例链接6-4　　A公司财务分析

A上市公司的主营业务是提供软件服务，根据公司近几年披露的财务报表的数据，并利用各个财务指标的计算公式，整理A公司近几年的部分财务指标见表6-4。

表6-4　　A公司近几年的部分财务指标

来源	财务指标	2016年	2017年	2018年	2019年	2020年	2021年
公司财务报表披露的数据	营业总收入（亿元）	13.85	13.22	12.23	12.00	12.66	15.37
	归属母公司股东的净利润（亿元）	1.23	-2.09	0.28	0.60	1.13	2.91
	经营活动产生的现金流量净额（亿元）	1.30	0.25	0.66	0.28	0.83	-0.22
	现金及现金等价物净额（亿元）	0.39	1.47	-0.46	-1.09	-0.56	0.47
财务指标	流动比率	2.32	2.41	2.62	2.71	2.28	2.82
	速动比率	1.92	2.11	2.29	2.42	2.09	2.64
	资产负债率（%）	28.34	25.65	29.39	32.95	37.03	31.86
	总资产周转天数（天）	428.40	530.20	557.80	468.10	450.90	427.40
	存货周转天数（天）	108.00	92.18	83.75	83.61	69.61	45.10
	毛利率（%）	52.92	50.36	49.37	49.39	49.78	44.65
	净资产收益率（加权）（%）	11.09	-18.53	1.96	6.04	11.73	26.24

从A公司的财务数据可以看到，A公司近些年的资产负债率整体一直不高（40%以下），反映了公司在经营上较为稳健，主要原因是这些年业务没有太大的增长，也没有太大的资本开支、贷款等因素造成的。A公司存货周转天数逐年下降，经营效率有一定的改善。

同时可以清晰地看到，A公司2016—2020年每年的收入基本在12亿~13亿元之间徘徊不前，毛利率则从2016年的52.92%下滑到2020年的49.78%，原因是行业竞争在加剧。此外，A公司2016—2020年的净利润剧烈波动，净资产收益率也出现大幅波动，从A公司财务报表附注披露的更多信息可知，A公司净利润及净资产收益率很不稳定的主要原因是公司这几年来都有较高的非经常性的利润，如果剔除这些非经常性利润的影响，事实上公司在这些年的盈利能力是比较弱的。直到2021年，A公司开始推进国产化系统的建设项目，营业总收入等财务指标才出现了一定的改善。

从这个财报分析的简单案例可以看到，A公司在2016—2020年期间，竞争加剧，增长乏力，总体经营状况并不理想。

5.投资收益分析

投资收益分析是将公司财务报表中公布的数据与有关公司发行在外的股票数、股票市场价格等资料结合起来进行分析，以便投资者对不同上市公司股票的优劣作出评价和判断。衡量投资收益的主要指标有每股收益、市盈率、股利支付率、每股净资产等。

（1）每股收益。每股收益是衡量上市公司盈利能力的最重要的财务指标，影响着股票投资者的行为及股票的市价，是投资者最关心的财务指标，反映了公司每股股票的当前盈利能力。其计算公式为：

每股收益=税后利润÷发行在外的普通股股数

在分析时，可以进行公司之间的比较，以评价该公司相对的盈利能力；也可以进行公司不同时期的比较，了解该公司盈利能力的变化趋势。但是，每股收益多，不一定意味着多分红，还要看公司的股利分配政策。

（2）市盈率。市盈率是指投资者为获得单位盈余所付出的成本。原则上，倍数越低，说明公司股票上涨潜力越大，投资价值越高。其计算公式为：

市盈率=每股市价÷每股收益

市盈率反映投资人对每元净利润所愿支付的价格，可以用来估计股票投资报酬和风险。但在每股收益很小或亏损时（分母很小），市价不会降至零，很高的市盈率往往不说明任何问题。市盈率受市价的影响，而影响市价变动的因素很多，包括投机操作等，所以观察市盈率的长期趋势很重要。由于一般的报酬率在5%左右，所以正常的市盈率在20倍左右。

知识拓展6-1　　怎样正确认识市盈率

市盈率，也称PE，数值的单位是倍。作为最常见的价值投资指标，其实际意义是企业以目前的盈利水平多少年可以赚回自己当前的市值。

举例来说，有一家店铺，初期投入为100万元，每年能稳定盈利10万元，后期盈利额不再增长。如果你出价150万元要买下这家店铺，那么你给的市盈率是150÷10=15倍。买下这样的一家店铺，你需要花15年才能回本，在第16年才开始赚钱。

不同行业的市盈率水平会有所不同。对于整个市场来说，市盈率在30～40倍时可以被认为是正常的水平；当市盈率降低到15倍左右时，说明市场已经被严重低估，此时往往是长期底部的形成区，也是买入股票的时机；当市盈率超过50倍时，说明市场已经被严重高估，此时往往就是长期的顶部区域，也是卖出股票的时机。

用市盈率衡量一家公司股票的质量时，并非总是准确的。实际上，企业的盈利能力是不断在改变的，投资者更看重的是企业的未来发展潜力，所以一般处于高速发展期的公司会享受更高的溢价和更高的市盈率。

资料来源　佚名．怎样正确认识市盈率以及其具体的计算方法［EB/OL］．［2019-03-29］．https：//baike.baidu.com/item/%E5%B8%82%E7%9B%88%E7%8E%87/90136？fr=aladdin.

（3）股利支付率。股利支付率，也称股息发放率，是指净收益中股利所占的比重，反映公司的股利分配政策和股利支付能力。其计算公式为：

股利支付率=每股股利÷每股净收益×100%

虽然低股利支付率政策有利于公司对收益的留存，有助于公司扩大投资规模、保持持续发展，但在资本市场上对投资者的吸引力会大大降低，进而影响公司未来的增资扩股；而高股利支付率政策有利于增强公司股票的吸引力，有助于公司在公开市场上筹措资金，但由于留存收益的减少，又会给公司资金周转带来影响，加重公司财务负担。

（4）每股净资产。每股净资产，也称每股账面价值或每股权益，反映了每股普通股所代表的股东权益额，是支撑股票市场价格的基础，通常被认为是股价下跌的最低价。该指标值越大，表明公司抵御外部因素影响的能力越强。其计算公式为：

每股净资产=净资产÷发行在外的普通股股数

思政专栏6-3　　**上市公司财务数据造假　监管零容忍**

2021年4月2日晚上，并未发布第四季度财务报告的瑞幸咖啡，当晚发布了令人震惊的“自我检查”报告，里面承认它在2019年第二季度至第四季度之间伪造了涉及销售的交易总额达到22亿元人民币。瑞幸咖啡声称，该公司董事会成立了一个专门委员会调查此事件，并着手中止与已查明的虚假交易涉及方的合同和交易。

受此消息影响，瑞幸咖啡的股价在退出市场之前暴跌了80%以上，熔断机制、交易暂停被触发了五次，4月2日收盘时，瑞幸咖啡下跌75.57%，收报6.4美元，其市值在夜间下跌了近50亿美元（约354亿元人民币）。曾经是市场的宠儿，现在是市场的弃儿，这种身份转换只花了一天的时间。这也是中概股投资者在中国提起的第一起诉讼。

早在2021年2月1日，浑水公司就发布了一份长达89页的做空报告，内容涉及瑞幸咖啡的经营数据存在欺诈行为的问题。该报告里面说道，瑞幸咖啡从2019年的第三季度开始制造财务的数据和运营，其中包括来店面的每日订单量，每个订单中包含的产品数量以及销售净额，从而造成单店盈利能力的幻觉，还有夸大性的广告支出并虚报除咖啡以外的其他产品来掩盖事实。现在看来，浑水公司对瑞幸咖啡的指控是真实的。

资料来源 佚名.瑞幸咖啡业绩造假（瑞幸咖啡造假22亿元）[EB/OL].[2022-10-20]. http://www.mushihao.cn/jiameng/f53d5975e8e19acb.html.

思政元素：诚实守信

思政感悟：财务造假对于公司、债权人及股东的损害都是极大的，对公司的关联方也有不小的影响。无论是上市公司、市场相关各方还是政府监管部门，都应该积极防范财务造假，严厉惩罚，并且做好对投资者的保护。在国际资本市场中，上市企业的财务造假对企业形象产生的影响是致命的。瑞幸咖啡顶风作案不仅毁了企业自身，也拖累了我国在国际资本市场中的优秀企业，影响非常恶劣，必将受到法律的惩戒。

任务实施

学生登录证券行情分析软件查找某只股票，了解近3年的财务数据并进行比率分析，尝试与同行业公司进行横向比较，提交财务分析报告，提出投资策略。

学习评价

学生完成上述财务分析报告，并在课堂上进行分享，教师和学生进行互评。

项目小结

1.证券投资基本分析是通过对影响证券市场基本经济因素的分析，预测经济变量变化对证券市场影响的分析方法。投资者根据经济学、统计学、金融学、投资学等基本原理，对影响证券价值和价格的各种基本因素进行分析，主要从宏观经济分析、行业分析、上市公司分析以及评估证券的投资价值，来判断证券的合理价位。

2.对宏观经济进行分析，首先要了解国内生产总值、经济周期、通货膨胀、利率和汇率等经济变量，并根据它们的变动对证券投资作出相应的判断。

3.行业分析主要以行业市场结构分析和行业生命周期分析为切入点，根据它们的发展前景对证券投资作出相应的判断。行业市场结构分析主要是分析行业市场结构类型，如完全竞争、垄断竞争、寡头垄断和完全垄断四种市场结构类型。行业生命周期分析主要是分析行业初创期、成长期、成熟期和衰退期的行业特征等。

4.上市公司分析是证券投资微观分析的基本内容，包括公司基本素质分析、公司财务分析及其对证券投资的影响。公司基本素质分析包括公司竞争能力分析、公司经营管理能力分析。公司财务分析是在熟悉资产负债表、现金流量表和利润表的基础上对企业进行财务比率分析，包括偿债能力分析、经营效率分析、盈利能力指标分析、成长能力分析、投资收益分析。

项目练习

一、单项选择题

项目练习6-1

单项选择题

1.（　　）是指一定时期内在一国境内所创造的最终产品和劳务的价值总额。

A.GIP　　B.CPI　　C.PPI　　D.GDP

2.物价总水平的持续上升，通常用（　　）来衡量。

A.GIP　　B.CPI　　C.PPI　　D.GDP

3.（　　）是指劳动力人口中失业人数所占的百分比。

A.国内生产总值　　B.通货膨胀　　C.失业率　　D.利率和汇率

4.高通胀下的GDP增长将促使证券价格（　　）。

A.下跌　　B.快速上涨　　C.平稳波动　　D.没有影响

5.（　　）是两国货币的兑换比率或换算关系。

A.利率　　B.汇率　　C.失业率　　D.通货膨胀率

6.（　　）是指政府为实现一定的宏观经济目标而制定的、关于货币供应和货币流通组织管理的基本准则。

A.货币政策　　B.财政政策　　C.收入政策　　D.产业政策

7.（　　）是指政府依据客观经济规律制定的、指导财政工作的一系列方针、准则和措施。

A.货币政策　　B.财政政策　　C.收入政策　　D.产业政策

8.（　　）是政府的基本财政收支计划。

A.国家预算　　B.税收　　C.国债

D.财政补贴　　E.转移支付

9.（　　）是国家按照有偿原则筹集财政资金的一种形式。

A.国家预算　　B.税收　　C.国债

D.财政补贴　　E.转移支付

10.（　　）是中央政府将集中的一部分财政资金按一定的标准拨付给地方的一项制度。

A.国家预算　　B.税收　　C.国债

D.财政补贴　　E.转移支付

二、多项选择题

项目练习6-2

多项选择题

1.宏观经济指标分析包括（　　）。

A.国内生产总值　　B.通货膨胀　　C.失业率　　D.利率和汇率

2.宏观经济政策分析包括（　　）。

A.货币政策　　B.财政政策　　C.收入政策　　D.产业政策

3.我国的主要货币政策包括（　　）。

A.法定存款准备金制度　　B.再贴现政策

C.公开市场业务　　D.财政政策

4.我国的主要财政政策包括（　　）。

A.国家预算　　B.税收　　C.国债
D.财政补贴　　E.转移支付

5.经济周期可以分为（　　）。
A.萧条阶段　　B.复苏阶段　　C.繁荣阶段　　D.衰退阶段

6.在我国，所有行业可以被划分为的市场结构类型有（　　）。
A.完全竞争　　B.垄断竞争　　C.寡头垄断　　D.完全垄断

7.行业生命周期可分为（　　）。
A.初创期　　B.成长期　　C.成熟期　　D.衰退期

8.初创期行业的特点是（　　）。
A.市场需求狭小　　B.销售收入较低　　C.公司普遍亏损　　D.产品成本较高

9.以下各项中，属于成长期的行业有（　　）。
A.生物医药　　B.无线通信　　C.石油冶炼
D.超级市场　　E.电力

10.以下各项中，属于成熟期的行业有（　　）。
A.生物医药　　B.无线通信　　C.石油冶炼
D.超级市场　　E.电力

三、实训题

1.寻找热点题材行业。学生利用行情分析软件，查找热点题材行业，认识当下热点板块形成的原因，结合宏观分析做一份投资某股票的投资策略报告。

2.寻找业绩优良的上市公司股票。学生利用行情分析软件，通过财务指标查找业绩优良的股票，结合宏观经济分析、行业分析做一份投资某股票的投资策略报告。

推荐阅读

［1］林奇，罗瑟查尔德．彼得·林奇的成功投资［M］．刘建位，徐晓杰，译．北京：机械工业出版社，2007.

［2］格雷厄姆，多德．证券分析［M］．徐彬，译．北京：中国人民大学出版社，2009.

［3］中国新闻网，http：//www.chinanews.com/gn/2019/12-12/9032334.shtml.

［4］中国产业信息网，http：//www.chyxx.com/news/2020/0930/898414.html.

［5］中国金融信息网，http：//www.cifinet.com/2004-6-v/index.jsp.

［6］国家统计局官网，http：//stats.gov.cn.

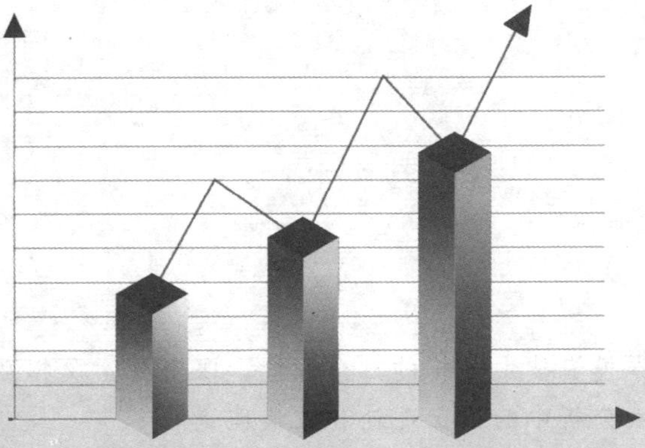

项目七 证券投资技术分析

项目概述

证券投资技术分析是在证券投资基本分析的基础上，通过对证券市场过去和现在的行为，运用数学和逻辑上的方法，归纳总结出典型的行为，从而预测证券市场的未来趋势及变化。本项目分为六个任务，分别介绍证券投资技术分析的核心理论、K线分析、移动平均线分析、切线分析、形态分析、指标分析，解决在证券投资过程中如何寻找买卖点等核心问题。

学习目标

知识目标

1. 熟悉证券投资技术分析的三个假设、四个要素及相互关系。
2. 了解技术分析中的道氏理论和波浪理论。
3. 掌握K线、移动平均线、切线和形态的实战分析运用技巧。
4. 掌握MACD、KDJ、BOLL指标的运用技巧。

能力目标

1. 能够熟练掌握K线图的运用方法。
2. 能够运用移动平均线、切线分析股票的支撑与压力，寻找买卖时机。
3. 能够对股票各种形态进行分析，并判断买卖机会。
4. 能够将多指标与K线、MA、成交量结合，进行综合分析研判。

素养目标

通过知行合一方式，养成证券投资分析的规律意识，培养投资工匠精神，不断提高投资的胜算率。

任务一　认识证券投资技术分析

情景导入

前面学习了基本面分析，帮助我们解决如何选股的问题。而买卖时机的准确把握则更为重要。在股市常流行一句话，“会买的是徒弟，会卖的是师父”。在纷繁复杂为数众多的技术分析方法和手段面前，该如何学习和选择呢？小金陷入深深的思考中，可否像古代武林高手一样，拥有独门秘籍进而能“一招鲜，吃遍天”，通过熟练掌握一个技术分析方法（组合）来应对股市的风云变幻？不着急，让老师先带领我们认识一下技术分析吧。

知识准备

任何一个投资者要想在高风险的证券市场中获得较高的收益，不仅要善于进行证券投资的基本分析，而且要能够通过分析证券市场过去和现在的市场行为，预测证券价格未来的趋势及变动。因此，在现实的证券投资活动中，经过上百年证券投资实践总结出来的各种技术分析方法，对于投资者来说具有很强的指导意义。

一、技术分析的含义

技术分析是以证券市场过去和现在的市场行为为分析对象，应用数学和逻辑的方法，总结出一些典型变化规律，并据此预测证券市场未来趋势及变化的技术方法。由于技术分析运用了大量的数据资料，并采用了各种不同的数据处理方法，因此受到投资者的重视和青睐。

知识拓展 7-1　　基本面分析与技术面分析的优势与劣势

基本面分析是对上市公司内在价值的一种分析方法，其目的是研判上市公司值多少钱。要得到这方面的准确判断，必须从上市公司的长期发展潜力、当前经营状况、产品供求关系等方面来综合评估，判定上市公司的内在价值，这样就会用到宏观分析、行业分析以及微观分析。

基本面分析最大的优势是：对价格的长期趋势有比较强的分析能力，更擅长去做一些选股和长线投资，短板则是对价格短期的波动研判能力偏弱，最明显的就是在把握进出场方面并不占优势。经常出现的情况就是：明明选到一只好股票结果买了就下跌，当投资人止损之后股票却成了大牛股，这种进出场的失误就是典型的缺乏中、短期分析能力所导致的。

技术分析则是以价格图表为分析工具，对价格变化利用统计模型来分析的一种定量分析方法。简单来说，技术分析遵从的就是太阳底下没有什么新鲜事，以前发生过的以后还会发生，所以通过统计过往发生这些事的特征来预判下一次出现这些特征时这件事还是会大概率发生。

技术分析最大的优势就是对价格中、短期波动行为有比较强的分析能力，适用于入场和出场时对确切位置的把握。其短板则是需要有明确的趋势环境才可以发挥效果。经常出现并会遇到：相同的一个买点信号，一个会涨很多、一个就有可能不涨甚至下跌。而影响这些的并非指标本身的概率，而是所处趋势状态环境的不同。

所以不要纠结到底基本面好用还是技术分析更胜一筹？过于追崇技术分析，会对长期趋势的稳定性、对一些优质资产缺乏把握能力。过于追踪基本面分析，则在进出场和风险规避上会表露出明显的短板。

利用基本面去选股，把握长期趋势的稳定性，利用技术分析把握确切的进出场位置，相互配合地使用才是关键。

资料来源　理财大臣.基本面分析和技术分析，哪个更好用？我们分析时该用哪个？[EB/OL]. [2021-12-03]. https：//www.bilibili.com/read/cv14261778.

二、技术分析的三大假设

作为一门经验学科的技术分析，之所以能以它的实用性而存在、发展，关键就在于它的理论基础基于以下三项市场假设：市场行为涵盖一切信息、价格沿趋势移动、历史会重演。

（一）市场行为涵盖一切信息

这一假设是进行技术分析的基础。该假设认为：在有效的证券市场里，影响证券价格的每一个因素都反映在市场行为中。这个假设是有一定合理性的，因为任何一个因素对证券市场的影响最终都必然体现在证券价格的变动上。也就是说，只要是影响市场行为的因素，不管它是外在的还是内在的，也不管它是显著的还是微小的，都会在证券价格中得到反映。因此，对于技术分析人员而言，只需关心这些因素对市场行为的影响效果，而不用关心具体导致这些变化的东西究竟是什么。

（二）价格沿趋势移动

这一假设是进行技术分析最根本、最核心的因素。该假设认为：证券价格的变动有趋势（上升、下降或盘整）可循，且当前的趋势具有惯性，除非有外力的作用使其发生逆转。证券价格取决于市场供需关系，而与它本身的价值不直接相关。影响证券价格的因素有理性的，也有非理性的，但都反映在证券价格的变动上。供求关系一旦确定，证券价格的变动趋势就会一直持续下去。只要供求关系不发生彻底改变，证券价格走势就不会发生改变。

这一假设条件也有一定的合理性。因为供求关系决定价格在市场经济中是普遍存在的。技术分析人员研究价格图表的全部意义，就是要在一个趋势发生或逆转的早期，及时、准确地把它揭示出来，以便顺应趋势进行交易。

（三）历史会重演

这一假设是从统计和人的心理因素方面考虑的。该假设认为：证券价格变化的某些典型趋势会重复出现，即当市场出现和过去相同或相似的情况时，投资者会根据过去的成功经验或失败教训来作出目前的投资选择，市场行为和证券价格走势就会出现历史重演，因此，根据历史资料概括出来的规律已经包含了未来证券市场一切变动的趋势，所以技术分析人员可以通过研究过去证券价格的变动模式来预测未来的价格走势。

这一假设同样有一定的合理性，因为在市场中进行具体买卖的是人，是由人决定最终的操作行为，这一行为受人类心理学中某些规律的制约。

三、技术分析的要素

在证券市场的行情分析中，成交量、价格、时间、空间是进行技术分析的四个基本要素，这四个基本要素的具体情况和相互关系是进行正确技术分析的基础。

（一）量、价

市场行为最基本的表现就是成交量和成交价，量和价是两个最基本的要素。量，指的是一只股票单位时间的成交量，有日成交量、周成交量、月成交量等；价，指的是一只股票的价格，一般指收盘价，还有开盘价、最高价、最低价等。过去和现在的成交量、成交价涵盖了过去和现在的市场行为。

一只股票价格的涨跌与其成交量大小之间存在一定的内在关系。一般说来，买卖双方对价格的认同程度通过成交量的大小得到确认。认同程度小，分歧大，成交量小；认同程度大，分歧小，成交量大。

由此看出，在某一时点上的量和价反映的是买卖双方在这一时点上共同的市场行为，是双方暂时的均衡点，随着时间的变化，均衡会被不断地打破和重新建立，这就是量价关系的变化。投资者可通过分析此关系，判断趋势，买卖股票。

（二）时、空

“时间”是指完成某个过程所经历的时间长短，通常指一个波段或一个升降周期所经过的时间。“空间”是指价格的升降所能达到的程度。时间指出“价格有可能在何时出现上升或下降”，空间指出“价格有可能上升或下降到什么地方”。投资者对市场的分析，其关注点都集中在这两个因素上。

关于四个基本要素的关系，可以用“贵州茅台”的股票走势图进行分析。从图7-1中可以看出，2018年11月至2019年6月（时间），股票价格从494.48元上涨到1 035.60元（价格），上涨了541.12元（空间），在此期间，不同的价格出现不同的成交量。

微课 7-1

量价关系

四、量价关系

（一）量价变化八阶规律

“量”指的是成交量，“价”指的是价格。图7-2显示了股票量价变化的8种常见形

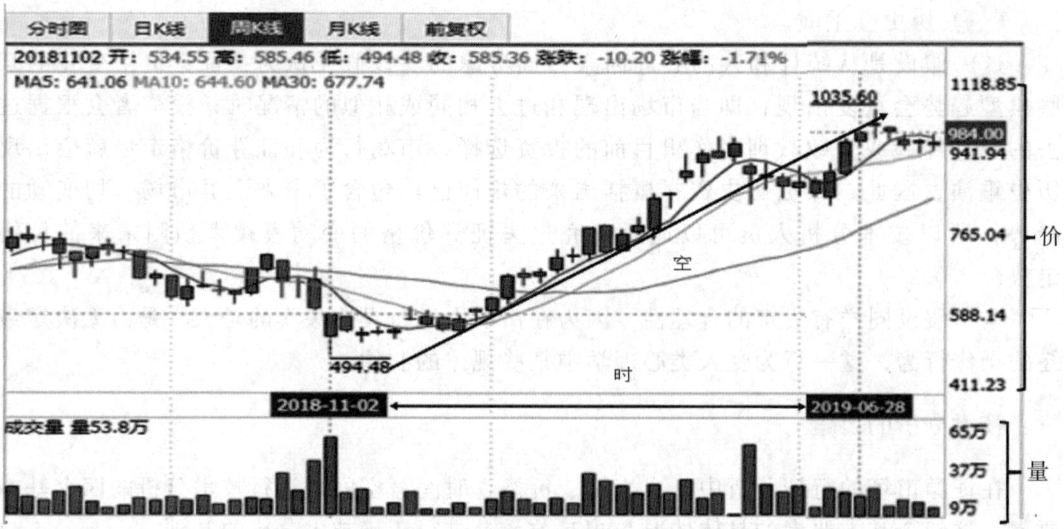

图7-1 价量时空的关系图

态，称为量价变化八阶规律。

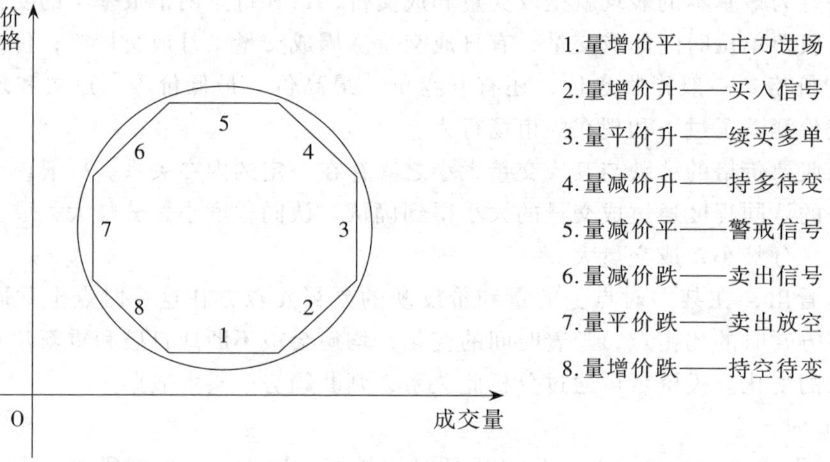

图7-2 量价变化八阶规律

量价关系是指成交量和价格的同步或背离的关系，量价同步是指成交量和股票价格产生相同趋势变动，比如量增价升、量减价跌；量价背离是指成交量和股票价格产生相反趋势变动，比如量增价平、量平价升、量减价升、量减价平、量平价跌、量增价跌。

量价关系在技术分析中是较难把握的因素，在操盘实践中，投资者重点掌握几种重要的量价变化规律还是非常有必要的。在这里讲几个重要的量价关系。

（二）与量有关的概念

1.放量

放量是指个股成交量比前一段时间明显放大的现象，分为相对放量和持续放量，如图7-3所示。

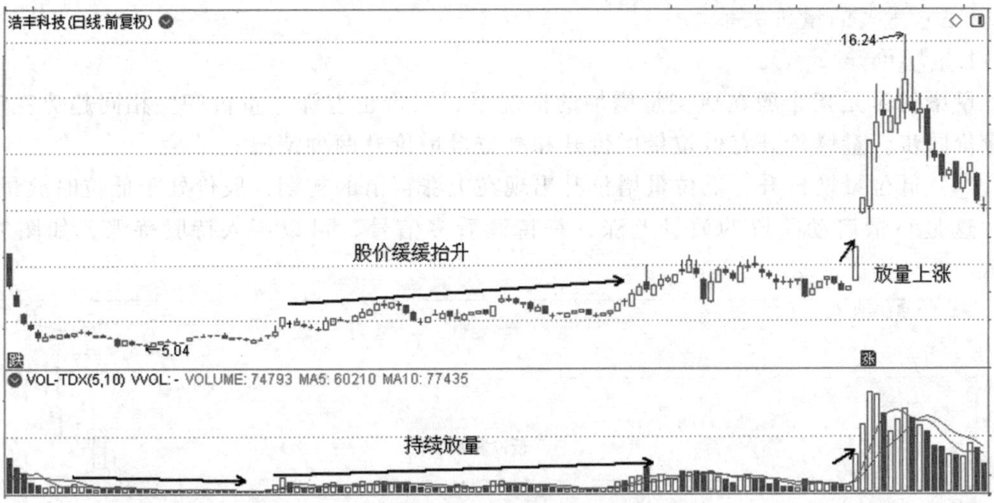

图7-3　相对放量与持续放量

相对放量是指今天与昨天相比，本周与上周相比成交量明显放大的现象。它往往出现在股价盘整过程中，在放量时，股价会出现短暂的上涨走势。

持续放量是指最近几天的成交量和前一段时间相比，有明显放大的现象，往往和上涨趋势同时出现。因此，投资者一旦见到持续放量，就要高度关注。

2.缩量

缩量是指个股成交量与前一段时间相比明显缩减的现象。此时，大部分投资者对市场未来走势的意见趋于一致，成交量极小。缩量具体可分为两种情况，即相对缩量与持续缩量，如图 7-4 所示。

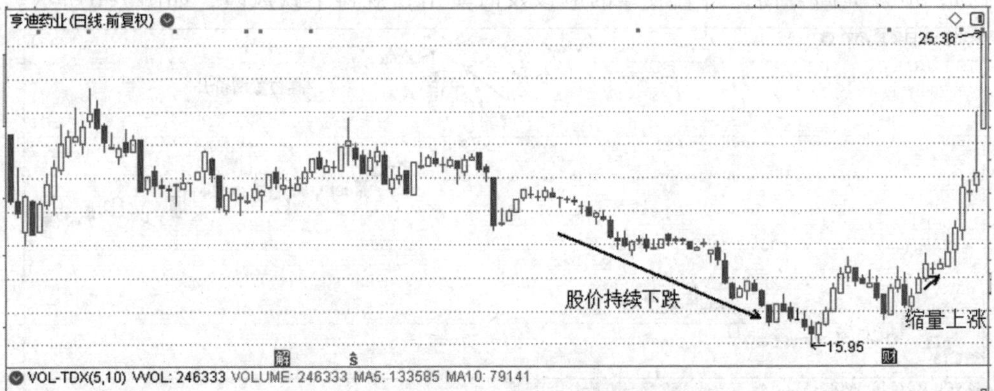

图7-4　相对缩量与持续缩量

相对缩量是指今天与昨天相比，本周与上周相比成交量明显缩小的现象。在股价下跌的末期，往往会出现缩量下跌，而在上涨中继，却会出现缩量上涨的走势。

持续缩量是指最近几天的成交量和前一段时间相比有明显缩小的现象，往往和上涨趋势同时出现。因此，投资者一旦见到持续缩量，就要高度警惕。

（三）重要的量价关系

1.量增价升

量增价升是指个股在成交量增加的情况下，股价也上涨，量价产生相同趋势变动，即量价同步。量增价升有低位量增价升和高位量增价升两种情况。

（1）低位量增价升。低位量增价升出现在上涨行情的初期，股价处于低位时放量上涨，这是行情启动阶段的放量上涨，是持续看多信号，可以买入持股待涨，如图7-5所示。

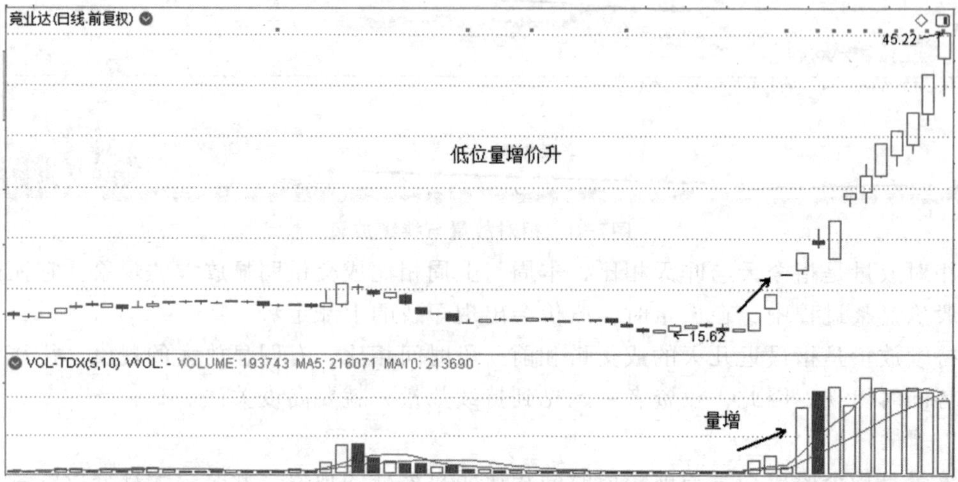

图7-5 低位量增价升

（2）高位量增价升。高位量增价升出现在下跌行情的初期，多数时候是主力拉高出货行为，应该提高警惕，持有股票的应该及时卖出，规避下跌风险，如图7-6所示。

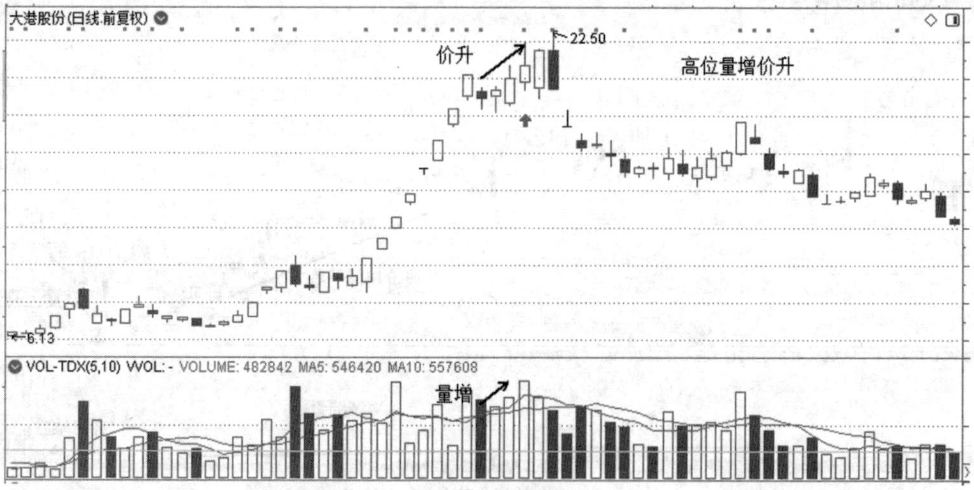

图7-6 高位量增价升

2.量增价跌

量增价跌是指个股在成交量增加的情况下，股价反而下跌，量价产生相反趋势变动，即量价背离。量增价跌有两种情况，即低位量增价跌和高位量增价跌。

（1）低位量增价跌。低位量增价跌出现在上升行情的初期，是加速赶底，很快会见底的信号。在上升行情初期，主力为了获取更多的低位筹码，采取边打压股价边吸货的手段，造成股价走势出现量增价跌现象，这时投资者千万要注意，这是最适合底部买入的时机，选择买入，一般都会有盈利，如图7-7所示。

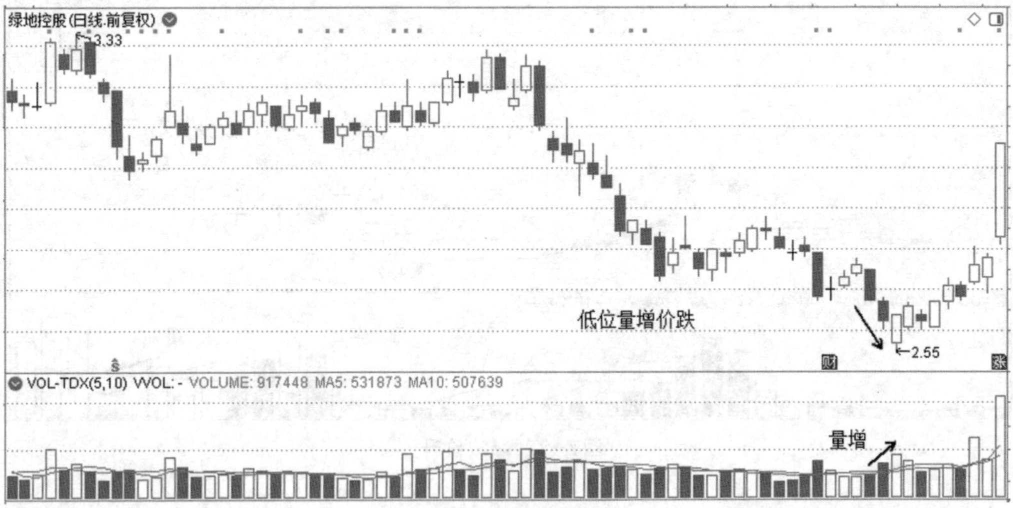

图7-7　低位量增价跌

（2）高位量增价跌。高位量增价跌出现在下跌行情的初期，股价处于高位放量下跌，表明主力出货意图坚决，应提早卖出观望，如图7-8所示。

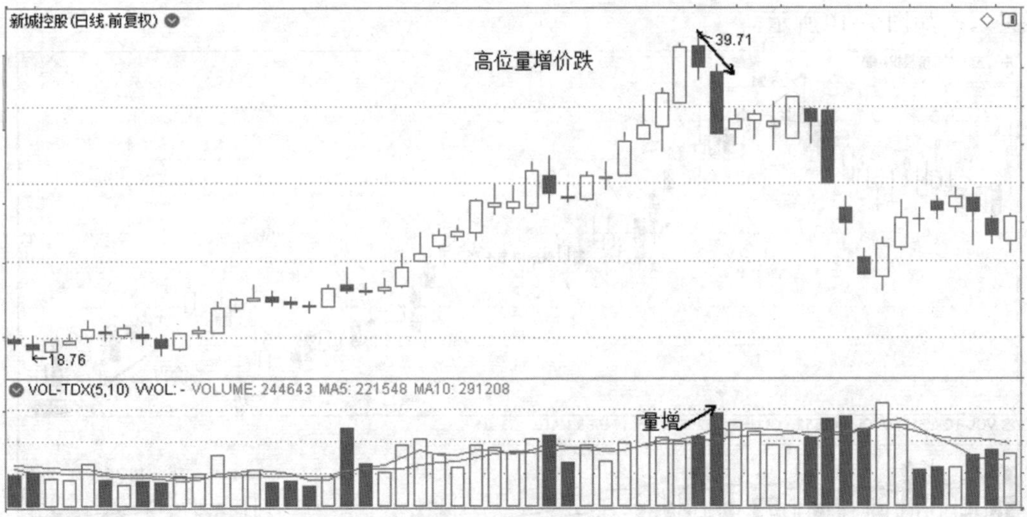

图7-8　高位量增价跌

3.量减价升

量减价升，即缩量上涨，一致看多，不必离场，还有上涨空间。投资者十分看好后市，成交量极度缩减的情况。这种情况多出现在一些短期被爆炒题材上，投资者一旦遇到这种上涨缩量的情况，就应该坚决买进，坐等获利，等股价上冲乏力，有巨量放出的时候再卖出。

量减价升，往往预示后市较强的上涨动能，如果错过了缩量上涨过程中的买入机会，可以耐心等待后市的回调机会，如图7-9所示。

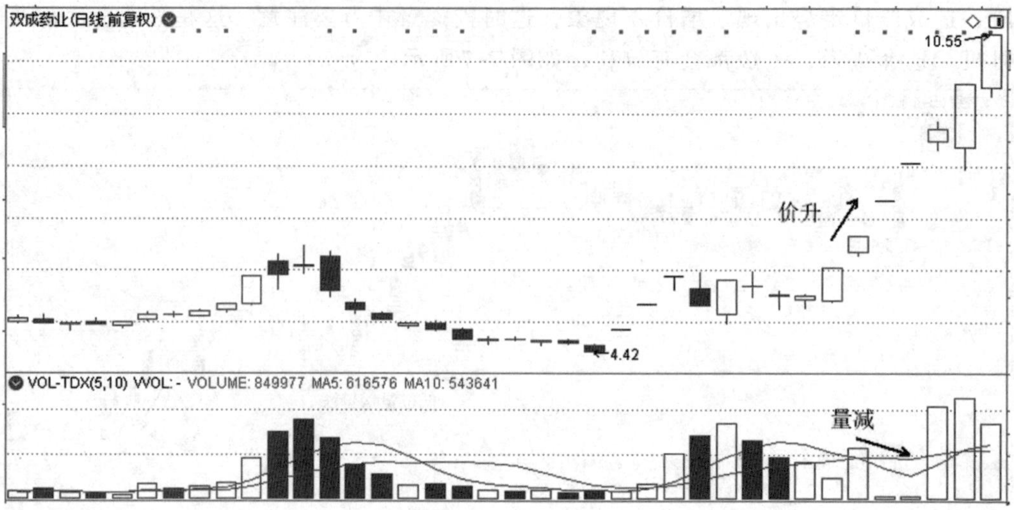

图7-9 量减价升

4.量减价跌

量减价跌，即缩量下跌，卖盘减少，见底信号。投资者十分看淡后市，成交量不断缩减的情况。此时，市场上涨动能逐渐减弱，股价接下来有较大可能下跌。其在熊市的中后期比较常见，手中有股的坚决先离场，可等后面缩量到一定程度，股价放量上攻时再买入，如图7-10所示。

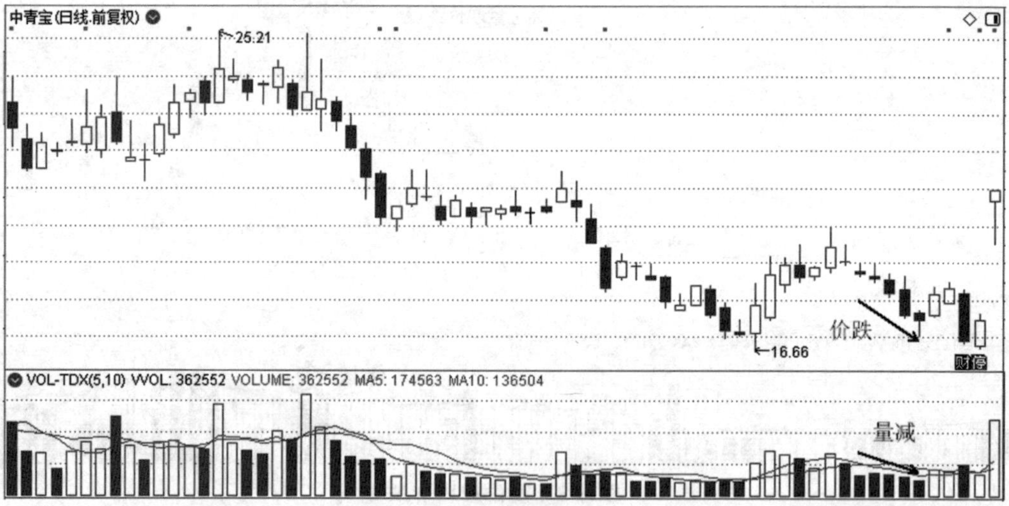

图7-10 量减价跌

知识拓展7-2 **如何判断主力吸筹？**

如何看出主力吸筹，可以参考以下几点：

（1）成交量，股价长时间下跌后出现震荡状态，且成交量极度萎缩，若此状态之后股价仍处于低位但成交量出现小幅上升，很有可能是吸筹。

(2) 股价经过一个时间段的拉升后出现大幅回落，回落后重新出现上涨趋势，但又会再次出现跌势，这是主力打压吸筹的明显表现。

(3) 股价急跌后出现急涨，成交量随之大幅增加，也是主力吸筹的一种表现。通过主力打压使股价急速下跌，股价大幅震荡会吓走部分散户，之后走势上涨成交量上涨代表吸筹目的达到。

(4) 股票逆大盘走势。大盘上涨，股票下跌；大盘下跌，股票上涨；当大盘平盘时，股票慢涨快跌；出现以上情况是明显打压吸筹现象。

(5) 区间窄幅横盘。如果股价走势一直在窄幅横盘区间，且位于底部的位置，就有可能是股价被主力稳稳地控制了，方便主力震荡吸筹。

五、道氏理论

道氏理论是所有市场技术分析的鼻祖，由美国人查尔斯·道创立。1902年，在查尔斯·道去世以后，威廉·P.哈密顿和罗伯特·雷亚继承了道氏的理论，并在其后有关股市的评论写作过程中，加以组织与归纳而成为今天我们所见到的理论。

(一) 道氏理论的主要内容

1.市场平均价格指数能够解释和反映市场的大部分行为

为了反映股票市场的整体变化，道氏创建了平均价格指数，这为后来的各种指数创立奠定了基础，是道氏理论对证券市场的重大贡献。按照道氏理论，通过选择一些具有代表性的股票来编制平均指数，实际上是将投资者的各种行为综合起来，通过平均指数加以集中体现。换言之，平均价格指数是对市场行为的整体刻画和反映。

2.市场存在三种波动趋势

价格波动的表现形式，概括起来可以将其区分为三种趋势：主要趋势、次要趋势和短期趋势。

(1) 主要趋势，亦称长期趋势、基本趋势，是指连续1年或1年以上的股价变动趋势，体现市场价格波动的最主要的方向。

(2) 次要趋势，亦称中期趋势，其经常与长期的运行方向相反，并对其产生一定的牵制作用，是对主要趋势的修正和调整。

(3) 短期趋势，亦称日常趋势，是指股价的日常波动。

主要趋势、次要趋势、日常趋势示意图如图7-11所示。图7-11中股价整体的运行方向是向上的，把这种整体性的上涨走势称为多头市场，反之把长期向下的走势称为空头市场。其中从数字1至数字6的整个运行过程属于基本趋势；数字2至数字3、数字4至数字5的走势为次要趋势，次要趋势的方向向下，与基本趋势的运行方向相反，而像字母A至字母B的这种小波动走势则属于日常趋势。这种将价格趋势区分为不同等级的观点，为后来的波浪理论打下了基础。

3.成交量在确定趋势中起着很重要的作用

一般来说，成交量跟随当前的主要趋势，体现出成交量对价格的验证作用。比如，牛市中价格上升，成交量增加；价格回调，成交量萎缩。但是成交量并非总是跟

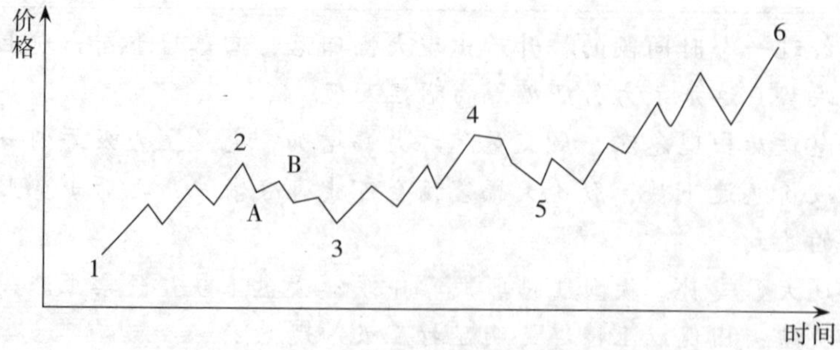

图7-11 主要趋势、次要趋势、短期趋势示意图

随先前的主要趋势，如量减价升，此时成交量所提供的信息可以为确定反转趋势提供依据，有助于我们作出正确的判断。不言而喻，寻找到趋势的反转点对于投资者意义重大。

4.收盘价是最重要的价格

道氏理论认为，在所有价格中，收盘价是最重要的。收盘价所表示的是多空双方经过一天的较量而最终达成的共识，是双方的平衡点。而最高价、最低价等其他价格所表示的是某个短暂时点的价格。就其对今后的作用而言，收盘价更有说服力。由于股价运动具有惯性，故而可以根据收盘价预测第二天是高开还是低开。

（二）道氏理论的局限性

道氏理论在技术分析领域有着举足轻重的地位，它的理念至今仍具有重要价值。但是，这一理论也存在明显的局限性。

（1）道氏理论注重长期趋势分析，投资者入市机会较少，反应过慢，对短线操作者没有多大帮助。

（2）道氏理论只能用来推断股市的大趋势，却不能预测出股价涨跌的幅度。

（3）道氏理论建议投资者当两种趋势互相确认时入市，这样做往往慢半拍，导致失去最好的入市时机。

（4）道氏理论只重视股市的长期变动方向，对选择买卖哪只股票没有帮助。

由于道氏理论已经存在了100年左右，对于今天来说，有些内容已经过时，需要改进。在道氏理论之后出现了许多新的技术分析方法，在一定程度上弥补了道氏理论的不足。

（三）道氏理论实例

600882妙可蓝多2019年2月至2020年3月，主要趋势是上升趋势，但在上升趋势中包含了次要趋势，减缓了该股的上升速度，如图7-12所示。

600928西安银行2020年12月至2022年4月，主要趋势是下降趋势，但在下降趋势中包含了次要趋势，抑制了该股的下跌速度，如图7-13所示。

微课7-2

股票的趋势

六、波浪理论

（一）波浪的基本形态

波浪理论是由艾略特在1938年提出的，他将市场上的价格趋势归纳为几个不断反复出现的形态，即整个价格波动的形态，均遵循着一种5浪上升3浪下降的基本节奏，如图7-14所示。

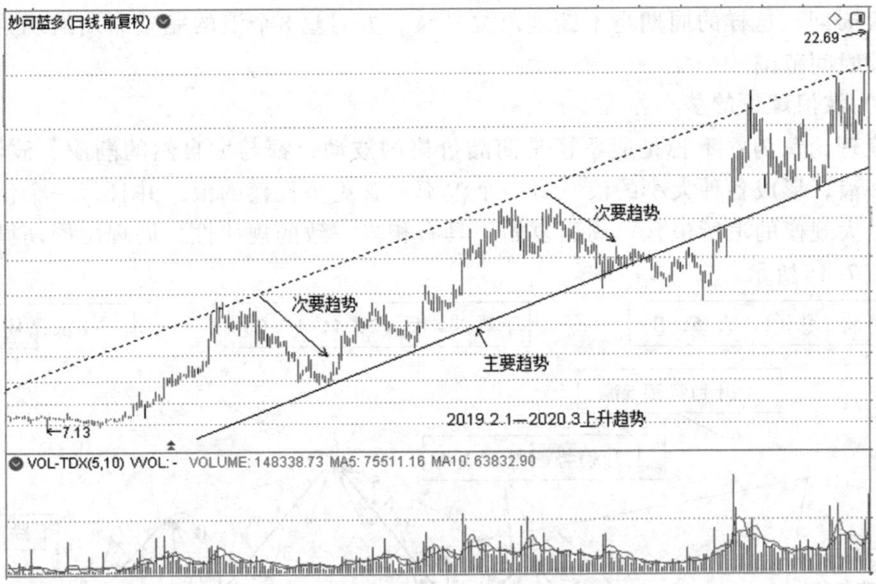

图7-12　主要趋势——上升趋势

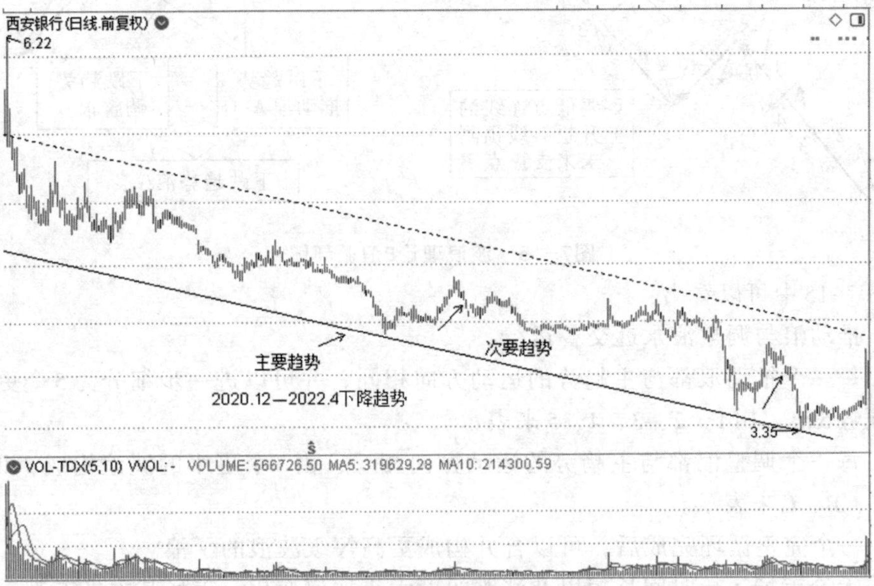

图7-13　主要趋势——下降趋势

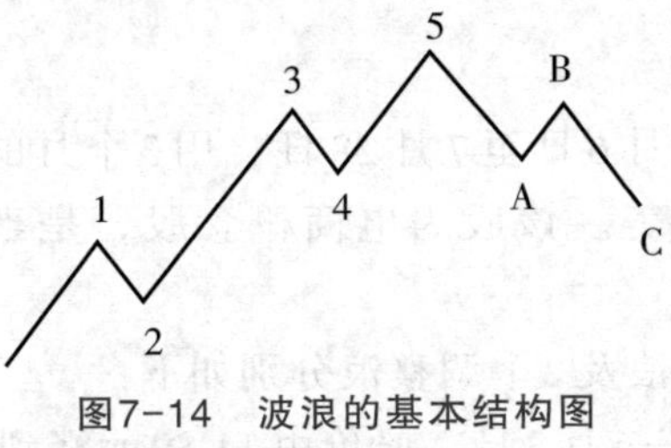

图7-14　波浪的基本结构图

5浪上升趋势可以分为3个推动浪及2个调整浪，3个推动浪分别为1、3和5浪，而2个调整浪为2、4浪；3浪下降趋势则分为A、B、C浪。上升及下降的8浪形成一个完整的波浪周期。这样的周期将不断地反复持续，并且这8个浪的完整周期的现象普遍存在于各种时间范围。

（二）波浪理论的基本原理

波浪理论认为：不管是股票还是商品价格的波动，都与大自然的潮汐、波浪一样，一浪跟一浪，形成各种大小的浪，每一个浪都包含更小规模的浪，并且每一个浪也都为另一个更大规模的浪所包含。周而复始，具有相当一致的规律性，展现出周期循环的运动，如图7-15所示。

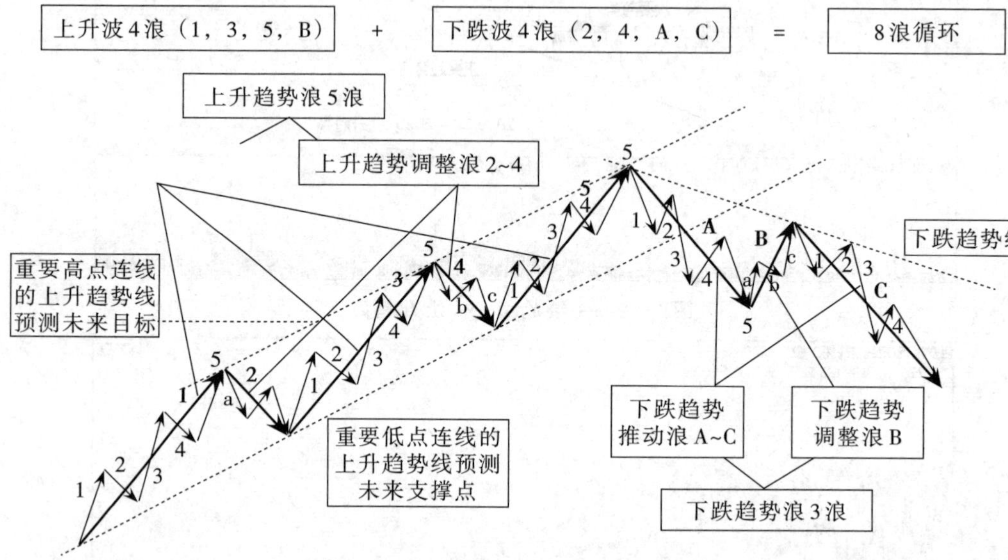

图7-15　波浪理论8浪循环图

从图7-15中可以看出：

（1）推动浪与调整浪永远交替运行。

（2）每一个推动浪都与主趋势的运动方向相同，并可以进一步细分为5个更小的波浪，即顺势5浪，用1、2、3、4、5来表示。

（3）每一个调整浪都与主趋势的运动方向相反，由3个更小的波浪构成，即逆势3浪，用A、B、C来表示。

（4）一个完整循环完成后，可以合并构成更高等级波浪的子浪。

（5）无论市场运行时间长短以及涨跌幅度大小如何变化，市场基本形态都永远不会改变。

（三）波浪理论实例

600859王府井2020年5月6日至7月28日，用3个月的时间走出5浪上升、3浪下跌的8浪循环，形态非常完美。该股为电商概念股，是当时的热点题材，如图7-16所示。

5浪上升趋势的3个推动浪及2个调整浪分别如下：

1浪，推动浪，5月6日—6月2日，股价由11.89元涨到27.51元，涨幅131%。

2浪，调整浪，6月2日—6月8日，股价由27.51元回落到23.31元，跌幅15%。

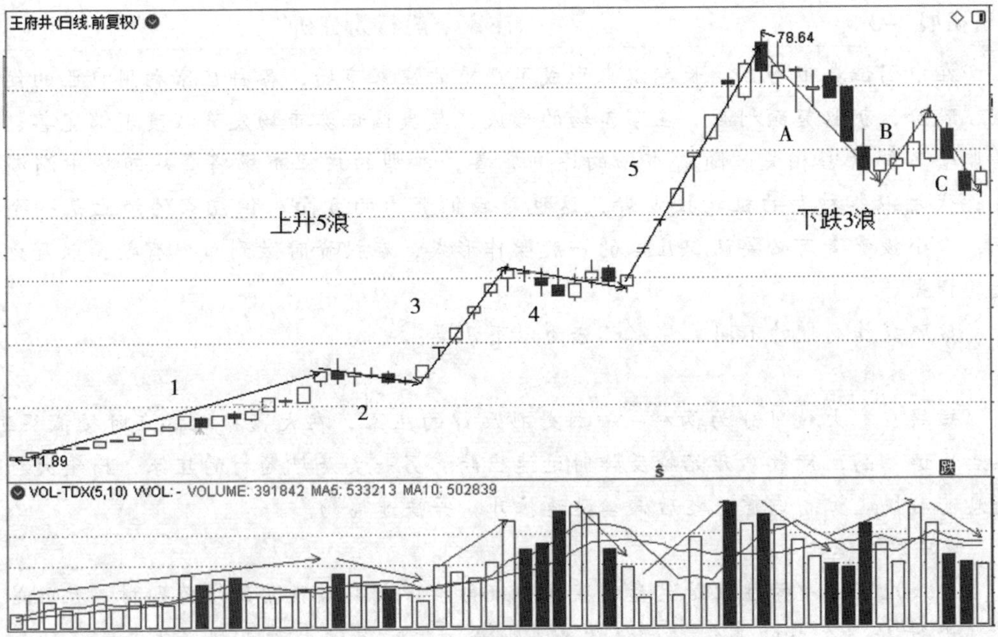

图7-16 波浪理论实例

3浪，推动浪，6月8日—6月16日，股价再由23.31元涨到42.46元，涨幅82%。

4浪，调整浪，6月16日—6月29日，股价由42.46元回落到37.67元，跌幅23%。

5浪，推动浪，6月29日—7月9日，股价再由37.67元涨到78.64元，涨幅109%。

3浪下降趋势则分别为A、B、C浪。

A浪，下跌浪，7月9日—7月20日，股价由78.64元回落到54.15元，跌幅31%。

B浪，抵抗浪，7月20日—7月23日，股价再由54.15元涨到67.15元，回升24%。

C浪，下跌浪，7月23日—7月27日，股价由67.15元回落到52.51元，跌幅22%。

思维延伸7-1 **建立自己的交易模型与交易体系**

市场的不可预测性使得每个投资者都不可能在一个相对长的时期内，准确地判断每一次市场波动。一个真实数据显示，华尔街高级交易员在10年中的交易成功率平均为35%，所以对大多数投资者而言，不要期望自己的获利率能达到多高。

股市将人性的贪婪与恐惧展现得淋漓尽致。当你一次交易获利20%时，你就会期待获得更多的利益；当你亏损20%时，又会影响你后期的交易。这些心理的变化都会影响你的操盘决策，这也是建立自己的交易模型与交易体系的最根本的原因。

是自己的模型就下手，看不懂的模型即使涨了，也与己无关。弱水三千只取一瓢，避免市场上的太多诱惑，控制风险，才能在市场上生存。

思考：建立自己的交易模型与交易体系关键要解决什么问题？

分析：在股市投资中，做常胜将军很难，建立自己的交易模式非常重要。同时，我们还要克服内心的贪婪与恐惧，避免冲动的交易决策。

知识拓展7-3　　庄家一般行为分析

在中国证券市场上，长期以来形成了严重的庄家市场，各种庄家利用自己的优势操纵股价，获取超额利润。庄家市场的形成，与我国证券市场发育程度不够完善、市场监管不够紧密相关。随着市场的逐渐完善，典型的庄家市场将会从市场中渐渐消失，代之以各种大的机构投资者，这也是我们努力的方向。但庄家的消亡是一个过程，中小投资者有必要认识庄家的一般操作形式，在投资时做到心中有数，以避免较大的损失。

按照操作周期的不同，庄家可分为以下几类：

1.短线庄家

短线庄家大致可分为两种：一种是抄反弹的庄家，在大盘接近低点时接低买进，然后快速拉高，待散户开始抢反弹时迅速出局；另一类是炒题材的庄家，出重大利好消息前后快速拉高吃货，之后继续迅速拉升，并快速离场。

2.中线庄家

中线庄家看中的往往是大盘的某次中级行情，或某只股票的炒作题材。往往是在底部进行2～3个月的建仓，持仓量并不很高，然后借助大盘或利好拉高，在较短的时间内迅速出局。中线庄家所依赖的东西都是他本身能力以外的，所以风险比较大，操作起来比较谨慎。一般情况下，上涨30%就算多了。

3.长线庄家

以投资者的心态入市，看中的往往是股票的业绩。长线庄家资金实力雄厚，操作时间长，在走势形态上能明确看出吃货、洗盘、拉高、出货。所谓的“黑马”，一般都是从长庄股票中产生。长线庄的一个最重要的特点就是持仓量。由于持股时间非常长，预期涨幅非常大，因此庄家必须能买下所有的股票。这样股价从底部算起，有时涨了1倍，可庄家还在吃货。出货的过程也同样漫长，但到后期是不计成本的抛。

此外，根据走势振幅和幅度的不同，可分为强庄和弱庄；根据股票走势和大盘的关系，可分为顺势庄、逆市庄；根据庄家做盘顺利与否，可分为获利庄和被套庄。

资料来源　佚名．庄家一般行为分析跟庄技巧［EB/OL］．［2015-12-24］．https://jingyan.baidu.com/article/7f41ecec0b993e593d095c87.html．

任务实施

学生通过查找某一股票走势图，反复观摩和用心理解技术分析要素量价时空的关系；按照道氏理论完成一份画图，理解主要趋势、次要趋势；按照波浪理论完成一份画图，理解5浪上升趋势、3浪下降趋势。

学习评价

根据学生查找、讨论、画出的主要趋势与次要趋势图、5浪上升趋势与3浪下降趋势图，以及分享成果的过程、产生的效果，评价学生对本任务的完成情况。

任务二　K线分析

情景导入

在技术分析派里，包括K线分析、趋势分析、切线分析、技术指标分析等。那一根根像蜡烛一样的K线红红绿绿、各式各样，小金觉得非常有意思，但心存疑问：K线在证券投资分析中能起什么作用呢？带着这样的疑问，小金找到了老师。

老师对他解释道：K线图是证券投资分析的起点，是入门级的知识。就是说，股票投资分析必须学会看K线图，K线图描述的是股票价格现在的变化与未来的趋势。股票投资就是研究价格变化，把握低点买入高点卖出的技巧，以期获得收益。

小金听了老师的这番话，下决心要认真学好K线这部分内容，以便为今后操盘打下扎实的基础。

知识准备

一、初识K线

K线又被称为蜡烛图，起源于18世纪日本的米市，当时日本的米商用这种图来表示米价的变动，后因其标画方法具有独到之处，因而在股市、期市中广泛应用，成为股价技术分析的基础。

微课 7-3

初识K线

（一）K线的构成

K线是由股票价格走出的开盘价、收盘价、最高价、最低价构成的柱状线。

开盘价与收盘价之间的矩形实体，形成K线实体，实体分阳线实体和阴线实体。

最高价、最低价与开盘价、收盘价，形成K线影线，影线是上涨或下跌过程被折回后的痕迹，分上影线和下影线，在实体上方的部分叫上影线，下方的部分叫下影线。K线构成如图7-17所示。

1.阳线

当收盘价高于开盘价时，实体部分一般绘成红色或空白，称为“阳线”。阳线按实体大小（开盘价与收盘价涨跌幅度）可分为大阳线（涨幅6%～10%）、中阳线（涨幅3%～6%）、小阳线（涨幅1%～3%）和小阳星（涨幅0～1%）。

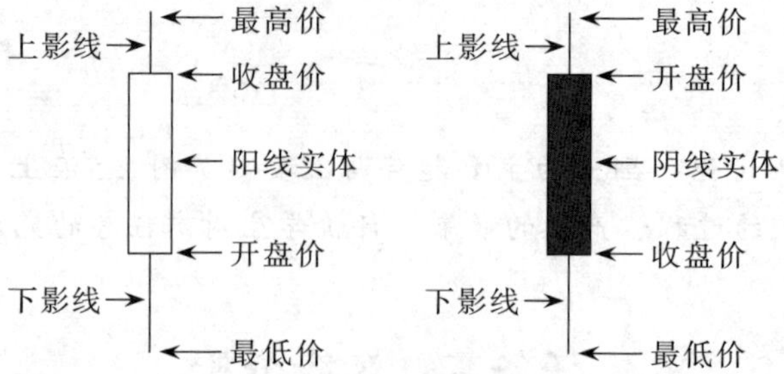

图7-17 K线构成

2. 阴线

当收盘价低于开盘价时，实体部分一般绘成绿色或黑色，称为“阴线”。阴线按实体大小（开盘价与收盘价涨跌幅度）可分为大阴线（跌幅6%～10%）、中阴线（跌幅3%～6%）、小阴线（跌幅1%～3%）和小阴星（跌度0～1%）。

3. 上影线

上影线是指最高价与阳线收盘价或阴线开盘价之间的连线。上影线表明多头力量在高位受到空头力量的打压，视为弱势线。

4. 下影线

下影线是指最低价与阳线开盘价或阴线收盘价之间的连线。下影线表明空头力量在低位受到多头力量的抵抗，获得支撑，视为强势线。

（二）K线的周期

K线周期是分析研究不同时间周期股票的开盘价、收盘价、最高价、最低价构成的柱状K线。其从时间周期上对股票价格走势进行研判。

1. 超短期走势K线

将一日内交易分成若干等份，可分为1分钟K线、5分钟K线、15分钟K线、30分钟K线、60分钟K线，这些K线反映的是股价超短期走势。

2. 短期走势K线

日K线，是根据股价（指数）一天的走势中形成的四个价位，即开盘价、收盘价、最高价、最低价绘制而成的。日K线反映的是股价的短期走势。

3. 中长期走势K线

周K线，是指以交易周第一天（通常为周一）的开盘价和最后一天（通常为周五）的收盘价，全周最高价和全周最低价来画的K线图。

月K线，则以一个月的第一个交易日的开盘价，最后一个交易日的收盘价和全月最高价与全月最低价来画的K线图。

年K线，则以一年的第一个交易日的开盘价，最后一个交易日的收盘价和全年最高价与全年最低价来画的K线图。

周K线、月K线、年K线反映的是股价中长期走势。

（三）K线的意义

把每日的K线图放在一起，就能得到日K线图，同样也可画出周K线图、月K线图、年K线图。K线图可以直观地表达股票每个交易日（或每个分析周期）的开盘价、最高价、最低价和收盘价的情况，充分反映出股价的变动历史和方向。

（1）K线可以记录行情的历史，是迄今为止人类发明用来表现股价走势最精练的表达形式；

（2）K线为投资者提供了辨别多空双方力量大小的工具；

（3）K线有利于投资者和政策制定者判断未来行情的涨跌，为其决策提供参考。

微课7-4

股市里的多空双方

知识拓展7-4　**三招看懂K线**

（1）看阴阳。阴阳代表趋势方向，阳线表示将继续上涨，阴线表示将继续下跌。

（2）看实体大小。实体大小代表内在动力，实体越大，上涨或下跌的趋势越明显，反之趋势则不明显。阳线实体越大说明上涨的动力越足，其上涨的动力将大于实体小的阳线；阴线实体越大，下跌动力也越大。

（3）看影线长短。影线代表转折信号，向一个方向的影线越长，越不利于股价向这个方向变动，上影线越长，越不利于股价上涨，上影线部分已构成下一阶段的上档阻力，股价向下调整的概率居大；下影线越长，越不利于股价下跌，下影线预示着股价向上攻击的概率居大。

二、K线基本形态

K线是证券市场上多空双方力量较量在盘面上的表现，多头是指投资者对股市看好，预计股价将会看涨，于是趁低价时买进股票，待股票上涨至某一价位时再卖出，以获取差额收益。空头是指投机者认为股票的价格将要下跌，于是卖出股票，希望在跌价后再买回或补进，以获取差额利益。

认识K线的基本形态是学习K线的基础，主要弄清楚单根K线的多空力量是如何博弈的，以及每根K线的市场含义。

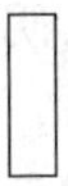

图7-18
光头光脚阳线

1.光头光脚阳线

光头光脚阳线（如图7-18所示）没有上下影线，开盘价为最低价，收盘价为最高价，常见于牛市之中。光头光脚阳线表明多方已经牢固控制盘面，逐浪上攻，步步逼空，涨势强烈。

图7-19
光头光脚阴线

2.光头光脚阴线

光头光脚阴线（如图7-19所示）没有上下影线，开盘价为最高价，收盘价为最低价，常见于跌势之中。光头光脚阴线表明空方已占尽优势，多方无力抵抗，股价被逐步打低，后市看淡。

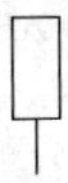

图7-20
光头阳线

3.光头阳线

光头阳线（如图7-20所示）没有上影线，盘中空方一度打压到最低点被多方反扑，并以最高价收盘，表示上涨势头强劲，并形成下影线。下影线越长，表示多方进攻的力量越强。光头阳线如果发生在股价底部位置，一般认为股价是在夯实底部后，将开始逐渐上涨。

图7-21
光头阴线

4.光头阴线

光头阴线（如图7-21所示）没有上影线，开盘价为最高价，高开低走，空方打压到最低价，但遇到多方下跌抵抗，形成下影线。下影线越长，表示多方进攻抵抗的力量越强。光头阴线如果发生在股价顶部位置，一般认为股价在顶部做最后的冲刺后，将会逐渐下跌。

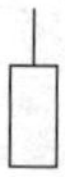
图7-22
光脚阳线

5.光脚阳线

光脚阳线（如图7-22所示）没有下影线，以最低价开盘，多方一路上攻，表示上升势头很强，但在高价位处多空双方有分歧，股价上涨遇到压力，以次高点收盘，形成上影线。上影线越长，表示空方打压的力量越强，购买时应谨慎。

图7-23
光脚阴线

6.光脚阴线

光脚阴线（如图7-23所示）没有下影线，高开高走，盘中冲高但遇阻回落，当日以最低价收盘，表示股价虽有反弹，但上档抛压沉重，空方趁势打压使股价以阴线报收，并形成上影线。上影线越长，表示空方打压的力量越强。光脚阴线如果发生在股价顶部位置，一般认为股价在顶部做最后的冲锋后，可能会逐渐下跌。

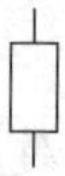
图7-24
带上下影线的阳线

7.带上下影线的阳线

带上下影线的阳线（如图7-24所示）是一种带上下影线的阳线实体，开盘后股价下跌，遇多方支撑，双方争斗之后，多方增强，价格一路上推，临收盘前，部分持股者获利回吐，在最高价之下收盘，这是一种反转信号。如在大涨之后出现，表示高档有震荡，如成交量大增，后市可能会下跌。如在大跌后出现，后市可能会反弹。

图7-25
带上下影线的阴线

8.带上下影线的阴线

带上下影线的阴线（如图7-25所示）是一种带上下影线的阴线实体，开盘后股价上涨，遇空方抛压，双方争斗之后，空方增强，价格一路下跌，临收盘前，部分持币者买入股票，在最低价之上收盘，这是一种反转信号。如在大跌之后出现，且成交量大增，表示低档有承接，后市会上涨。如在大涨后出现，后市可能会转跌。

图7-26
锤形线

9.锤形线

锤形线（如图7-26所示）实体很小，上影线或下影线则较长，一般至少是实体长度的2~3倍；小实体可以是阳线，也可以是阴线。小实体在K线的顶部为正锤形，小实体在K线的底部为倒锤形。锤形线多出现在股价运行的底部位置或顶部位置，更具有反转意义。

图7-27
T字形

10.T字形

T字形（如图7-27所示）有正T形和倒T形之分：正T形是开盘价、收盘价与最高价为同一个价位。盘中价格急剧下跌但后又被拉起，以当天最高价收盘，表示多方力量强，形成很长的下影线，常见于市场的底部，后市看涨。倒T形是开盘价、收盘价与最低价为同一个价位。盘中股价上涨但在高位遇阻回落，以当天最低价收盘，表示空方力量强，形成很长的上影线，常见于市场的顶部，后市看跌。

图7-28 十字形

11.十字形

十字形（如图7-28所示）是一种只有上下影线，没有实体的K线图。开盘价即是收盘价，表示在交易中，股价出现高于或低于开盘价成交，但收盘价与开盘价相等。其中：上影线越长，表示卖压越重；下影线越长，表示买盘旺盛。通常在股价高位或低位出现十字线，可称为转机线，意味着出现反转。

图7-29 一字形

12.一字形

当日开盘价、最高价、最低价、收盘价均为同一价位，说明该股成交量少，常见于一开盘就涨停或跌停的个股，而且由于极度看涨或极度看跌，导致单边买盘或卖盘，几乎找不到成交对手。一字形如图7-29所示。

三、K线组合形态

微课7-5

K线的应用

（一）吞没

图7-30 看涨吞没

1.看涨吞没

看涨吞没形态（如图7-30所示）是由两根大小不等、阴阳相反的K线组成，前一根为阴线，后一根为大阳线，后者将前者实体完全包容在内（可不包括上下影线）。看涨吞没经常出现在下跌行情末端，是较为有效的反转形态。

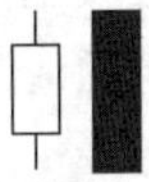

图7-31 看跌吞没

2.看跌吞没

看跌吞没形态（如图7-31所示）是由两根大小不等、阴阳相反的K线组成，前一根为阳线，后一根为大阴线，后者将前者实体完全包容在内（可不包括上下影线）。看跌吞没经常出现在上涨行情末端，是较为有效的反转形态。

3.实例对比

000948南天信息2022年11月18日—21日连续2个交易日，走出涨停吞K线形态，随后走出一波上涨行情，如图7-32所示。

000948南天信息2022年10月18日—19日两日，走出了看跌吞没K线形态，随后该股开始进入下跌行情，如图7-33所示。

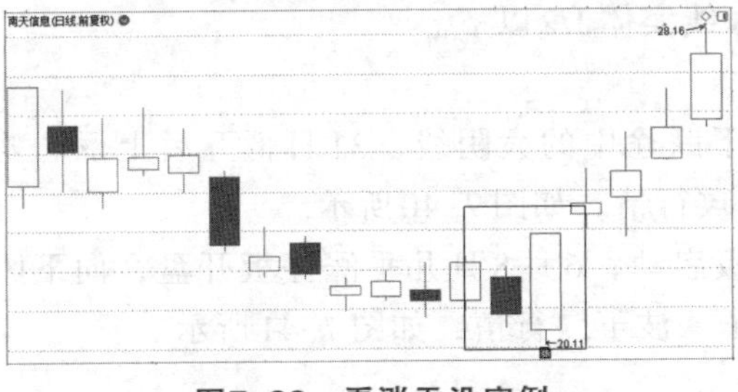

图7-32 看涨吞没实例

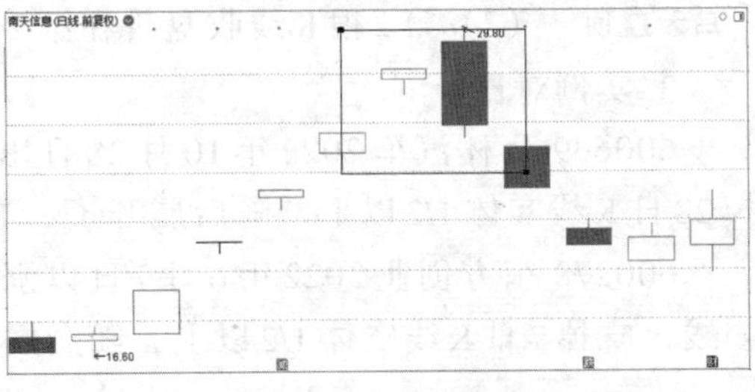

图7-33 看跌吞没实例

（二）孕育

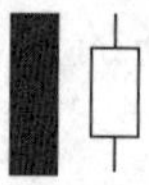

图 7-34 牛市孕育

1. 牛市孕育

牛市孕育是指在下跌行情中，前一根为阴线，后一根为阳线，前者将后者实体完全包容在内（可不包括上下影线），牛市孕育出现在下跌行情末端，后市看涨，如图 7-34 所示。

图 7-35 熊市孕育

2. 熊市孕育

熊市孕育是指在上升行情中，前一根为阳线，后一根为阴线，前者将后者实体完全包容在内（可不包括上下影线），熊市孕育出现在上下跌行情末端，后市看跌，如图 7-35 所示。

3. 实例对比

603516 淳中科技 2022 年 10 月 28 日开始连续 2 个交易日走出牛市孕育，之后股价连续上涨，由 12.12 涨到 19.21，如图 7-36 所示。

600688 上海石化 2022 年 10 月 17 日—18 日连续 2 个交易日走出熊市孕育，之后股价下跌，如图 7-37 所示。

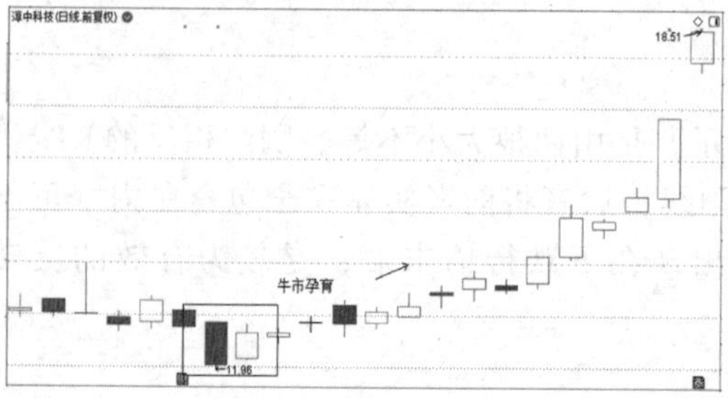

图7-36 牛市孕育实例

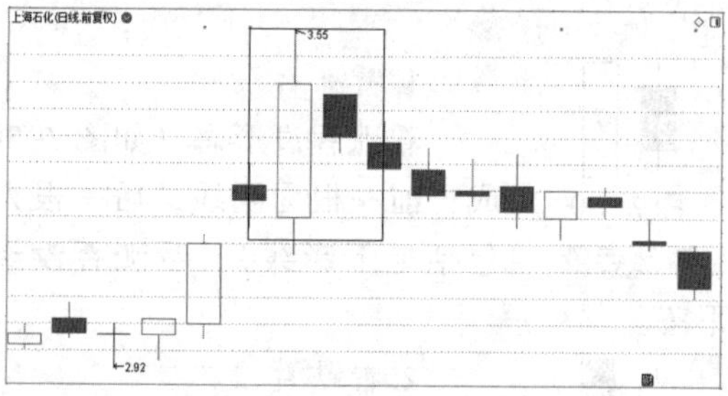

图7-37 熊市孕育实例

（三）插入

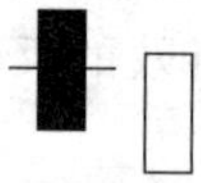

图 7-38 曙光初现

1. 曙光初现

曙光初现（如图 7-38 所示）有如下特点：（1）在下跌过程中出现实体修长的阴线。（2）第二天跳空低开，高走，以最高点收盘，形成大阳线。（3）第 2 根 K 线收盘价在第 1 根 K 线实体 1/2 以上。

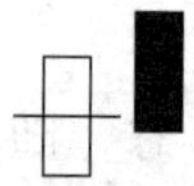

图 7-39 乌云盖顶

2. 乌云盖顶

乌云盖顶（如图 7-39 所示）有如下特点：（1）在上升过程中出现实体修长的阳线。（2）第二天跳空高开，低走，以最低点收盘，形成大阴线。（3）第 2 根 K 线收盘价在第 1 根 K 线实体 1/2 以下。

3. 实例对比

600609 金杯汽车 2022 年 10 月 28 日出现下跌途中的大阴线，31 日低开后上涨，吃掉 28 日 K 线实体 1/2 以上，随后展开了一波上攻行情，如图 7-40 所示。

600278 东方创业 2022 年 6 月 7 日以涨停板启动，6 月 8 日几乎涨停板开盘，向下收阴线，吃掉 7 日 K 线实体 1/2 以上，随后展开了一波下跌行情，如图 7-41 所示。

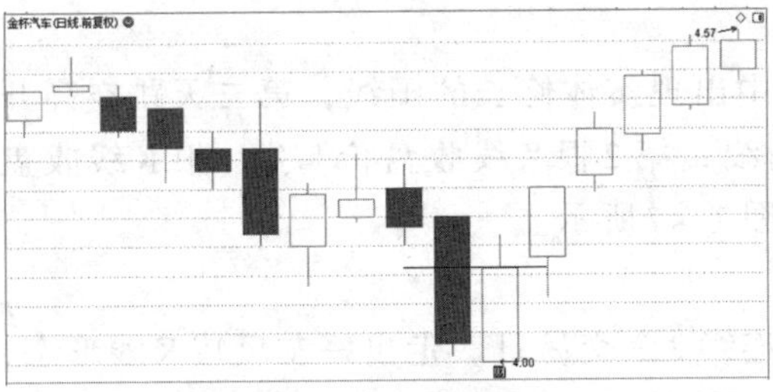

图7-40　曙光初现实例

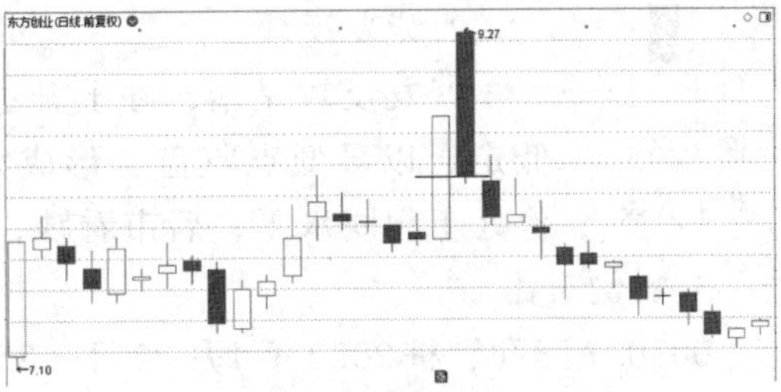

图7-41　乌云盖顶实例

（四）嵌入

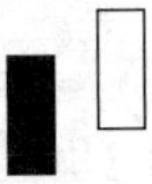

图7-42
旭日东升

1. 旭日东升

旭日东升是指，第一根阴线表示股价经过连续下跌，空头能量已经释放殆尽，在空方无力继续打压后，多方重新占据主动，股价高开高走，即走出第二根大阳线，如图7-42所示。旭日东升形态是较强的看涨买入信号，在第二根阳线走势完成后，投资者可以积极买入。如果旭日东升形态完成后，股价再次下跌且跌破了阴线的最低点，则表示形态失败，这时投资者应该果断卖出股票。

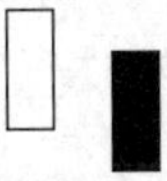

图7-43
倾盆大雨

2. 倾盆大雨

倾盆大雨是指，第一根阳线表示股价经过连续上涨后，多头力量已经消耗殆尽，空方的卖盘涌出，股价低开低走，第二天走出大阴线，股价继续上涨的压力较大，很可能会掉头下跌，如图7-43所示。倾盆大雨形态是较强的看跌卖出信号，在倾盆大雨形态完成后，投资者需要尽快将手中的股票卖出。

3. 实例对比

002279 久其软件 2022 年 10 月 25 日收出阴线，表示空头能量已释放殆尽；10 月 26 日，股价高开高走，多方占据主动，走出大阳线，该股走出旭日东升K线形态后，一路上涨，如图7-44所示。

601162 天风证券 2022 年 6 月 15 日收出阳线，表示股价经过连续上涨后，多头力量已经消耗殆尽；6月 16 日，股价低开低走，空方占据主动，走出大阴线，该股走出倾盆大雨K线形态后，一路下跌，如图7-45所示。

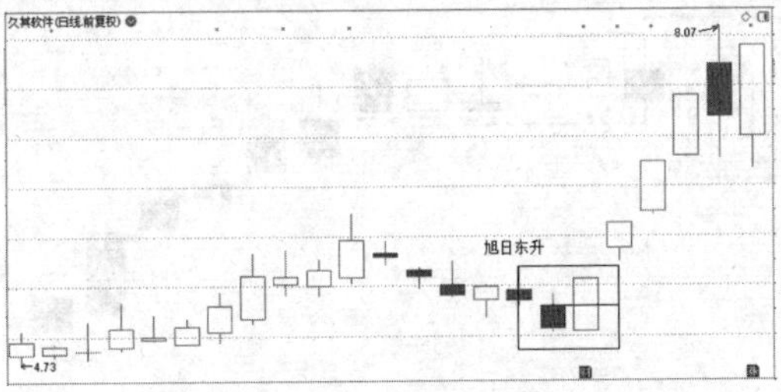

图7-44　旭日东升实例

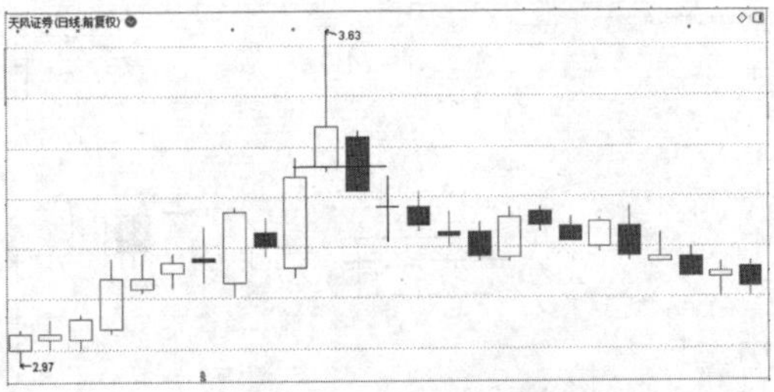

图7-45　倾盆大雨实例

（五）相切

图7-46
好友反攻

1. 好友反攻

好友反攻是指，在下跌过程中出现实体修长的阴线，第二天跳空高开高走，以最高点收盘，形成大阳线；第2根阳K线的开盘价与第1根阴K线开盘价处于相同水平，后市看涨，如图7-46所示。

图 7-47 淡友反攻

2. 淡友反攻

淡友反攻是指，在上升过程中出现实体修长的阳线，第二天跳空高开低走，以最低点收盘，形成大阴线；第2根K线收盘价与第1根K线收盘价处于相同水平，后市看跌，如图7-47所示。

3. 实例对比

003037 三和管桩2022年4月22日—25日连续2个交易日，走出好友反攻K线形态，之后一路上涨，如图7-48所示。

601008 连云港2022年10月19日—20日连续2个交易日走出淡友反攻K线形态，如图7-49所示。

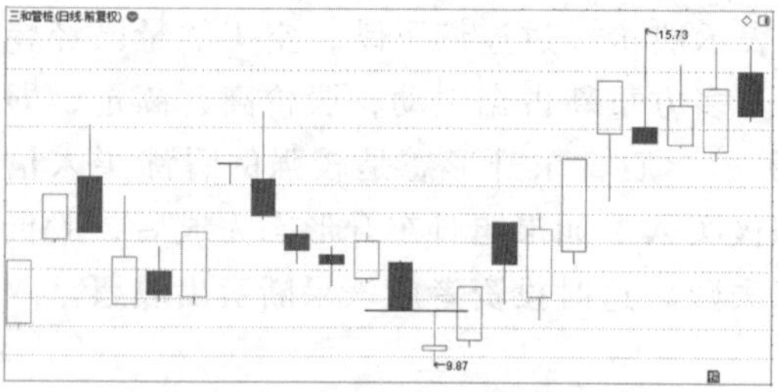

图7-48 好友反攻实例

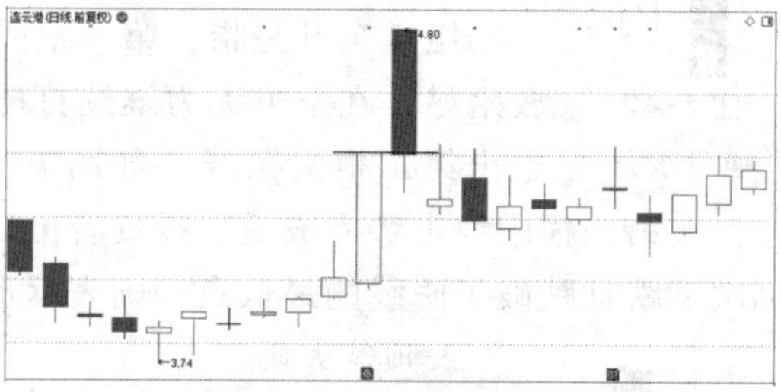

图7-49 淡友反攻实例

（六）搓揉线

图 7-50 搓揉线

搓揉线（如图7-50所示）标准形态由一根T字线和一根倒T字线组成，多出现在上涨的势头中，缩量上涨途中出现的揉搓线是主力资金在洗盘，是一次极其难得的介入机会；在顶部位置出现，则是见顶变盘信号，见到这个信号，要卖出股票。实战中搓揉线标准形态并不多见，更多见的是搓揉线的变化形态，比如锤形和倒锤形组成的变化形态搓揉线。

300491 通合科技2022年10月19日—20日走出2次搓揉线，主力在横盘洗盘，是介入的好机会，如图7-51所示。

301228 实朴检测2022年8月8日—9日在顶部位置出现搓揉线，是见顶变盘信号，之后一路下跌，如图7-52所示。

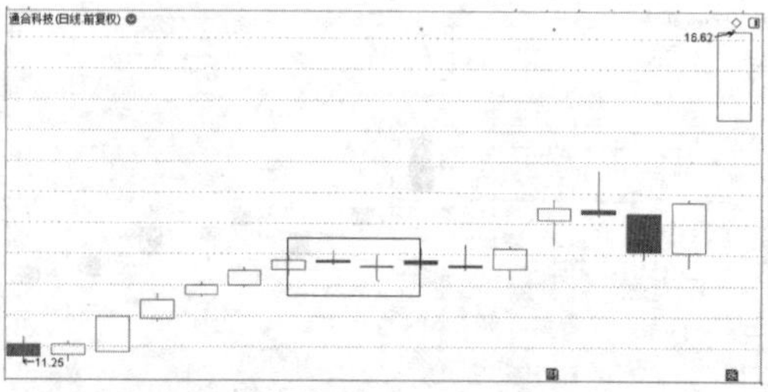

图7-51 低位搓揉线实例

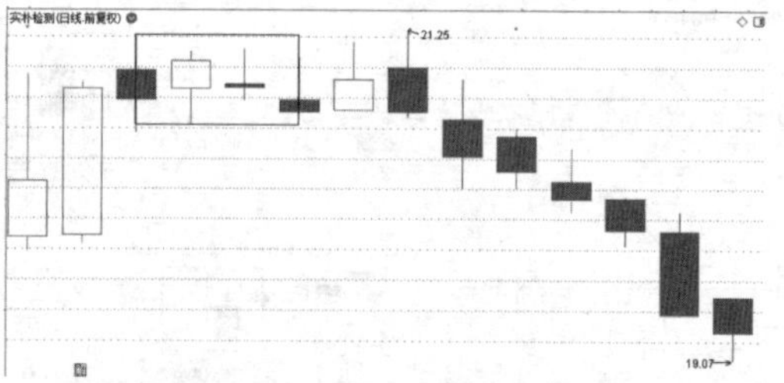

图7-52 高位搓揉线实例

（七）早晨之星与黄昏之星

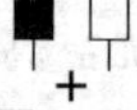

图 7-53 早晨之星

1. 早晨之星

早晨之星由三根K线组成，是可靠程度很强的转势信号。第一根K线是在下跌过程中出现实体修长的阴线；第二根K线的实体部分缩小，形成星的形态（小阴线、小阳线、十字星均可）；第三根K线出现跳空大阳线，价格回升至第一根K线范围内，如图7-53所示。

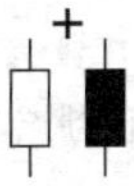
图7-54
黄昏之星

2. 黄昏之星

黄昏之星是指，光明即将过去，黑暗即将来临，在上升过程中出现此图形是非常可靠的转势信号。第一根K线是在上升过程中出现实体修长的阳线；第二根K线跳空高开，K线的实体部分逐渐缩小，形成星的主体；第三根K线出现大阴线，价格回落至第一根K线范围内，如图7-54所示。

3. 实例对比

002979 雷赛智能2022年10月10、11、12日3个交易日，走出早晨之星K线形态，之后股价缓步上涨，如图7-55所示。

600318 新力金融2022年8月16、17、18日3个交易日，走出黄昏之星K线形态，之后股价快速下跌，如图7-56所示。

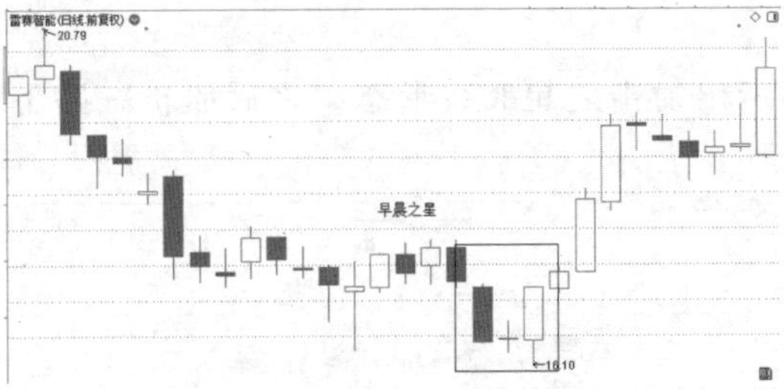

图7-55　早晨之星实例

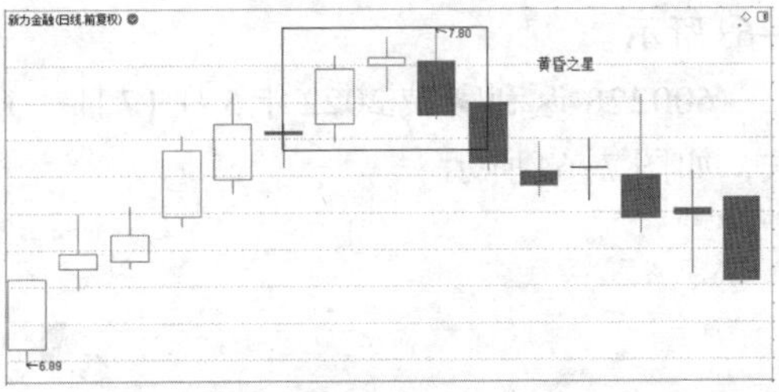

图7-56　黄昏之星实例

（八）锤头与吊颈

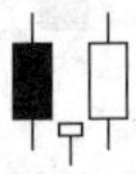
图7-57
锤头

1. 锤头

在长期的下跌中，锤头的出现预示着下跌趋势将结束，是较为可靠的底部形态，如图7-57所示。锤头可以是阳锤头，也可以是阴锤头，上影线几乎没有，下影线是实体的2倍以上。

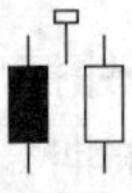
图7-58
吊颈

2. 吊颈

在长期的上涨中，吊颈的出现预示着上涨趋势将结束，是较为可靠的顶部形态，如图7-58所示。吊颈可以是阳吊颈，也可以是阴吊颈，上影线几乎没有，下影线是实体的2倍以上。

3. 实例对比

603068 博通集成2020年10月11日走出锤头K线形态，之后股价上涨，如图7-59所示。

600306 ST商城2022年10月19日走出吊颈K线形态，之后股价开始下跌，如图7-60所示。

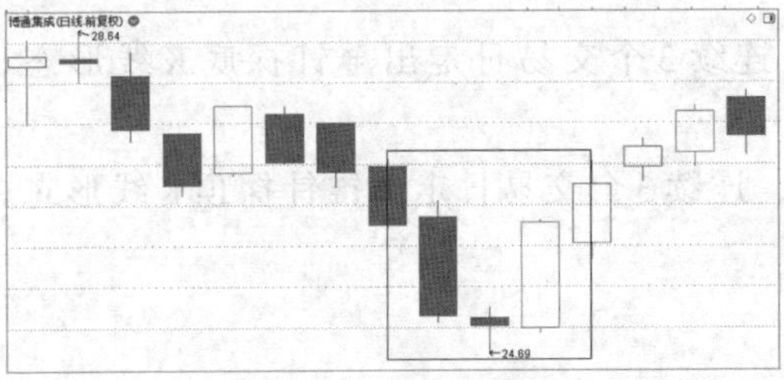
图7-59　锤头实例

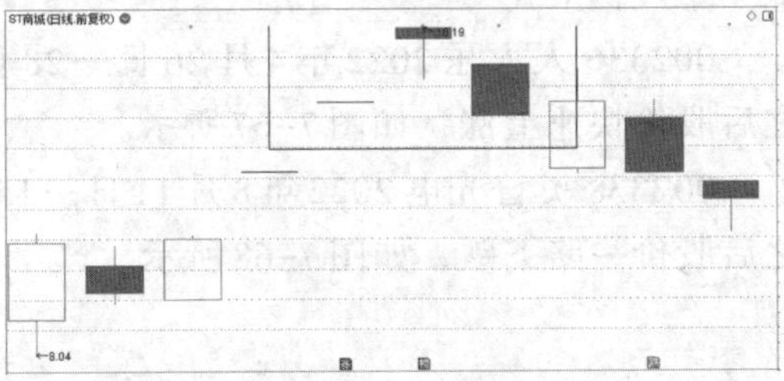
图7-60　吊颈实例

（九）倒锤反转与射击之星

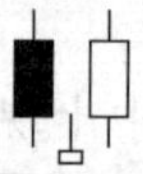

图 7-61
倒锤反转

1. 倒锤反转

倒锤反转是指，下跌过程中出现一根带上影线的小实体并向下跳空低开，上影线是实体的2倍以上，其主要出现在底部位置，是一种十分明显的见底信号，如图7-61所示。

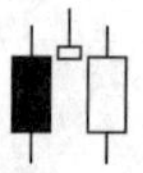

图 7-62
射击之星

2. 射击之星

射击之星表示，上升过程中出现一根带上影线的小实体并向上跳空高开，上影线的长度至少是实体长度的2倍，其主要出现在顶部位置，是一种十分明显的见顶信号，如图7-62所示。

3. 实例对比

002305 南国置业 2020年10月31日走出倒锤反转K线形态，之后股价上涨，如图7-63所示。

600228 返利科技 2022年5月17日—19日走出射击之星K线形态，之后股价一路下跌，如图7-64所示。

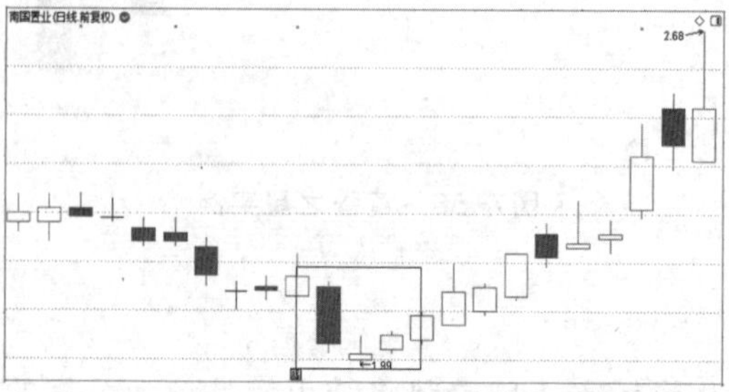

图7-63　倒锤反转实例

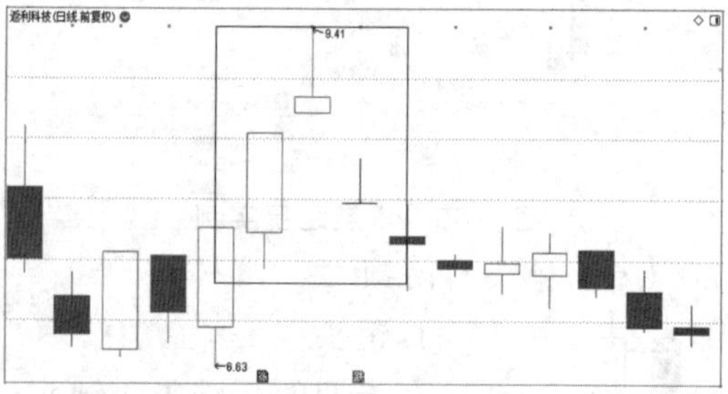

图7-64　射击之星实例

（十）金针探底与锥针探顶

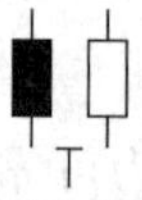

图 7-65
金针探底

1. 金针探底

带有长下影线的星线T字星，如果出现在底部形态中，称为金针探底，是较为可靠的底部形态。一根长下影线的T字形K线出现在下跌末期，预示股价即将见底回升，后市谨慎看多，如图7-65所示。

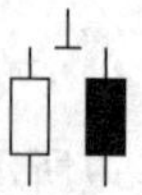

图 7-66
锥针探顶

2. 锥针探顶

锥针探顶出现在顶部位置，长上影线表示多方的攻击很容易被空方偷袭，如果伴随有趋势支撑线或操盘线被击破，则意味着上升趋势被逆转，如图7-66所示。

3. 实例对比

002336 人人乐 2022年4月26日—28日，连续3个交易日走出金针探底K线形态，之后股价快速上涨，如图7-67所示。

002338 奥普光电 2022年8月11日—15日，连续3个交易日走出锥针探顶K线形态，之后股价一路下跌，如图7-68所示。

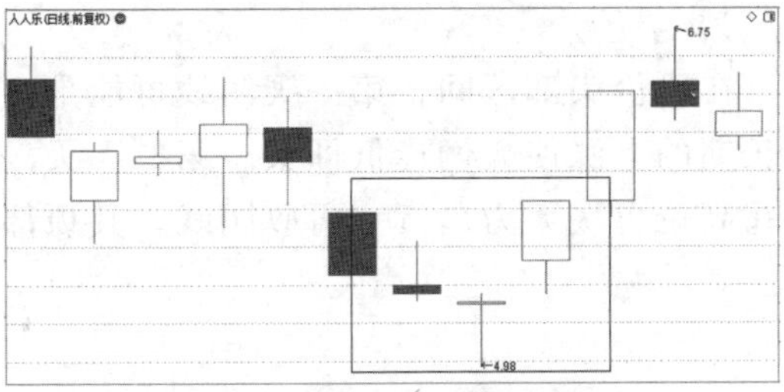

图7-67　金针探底实例

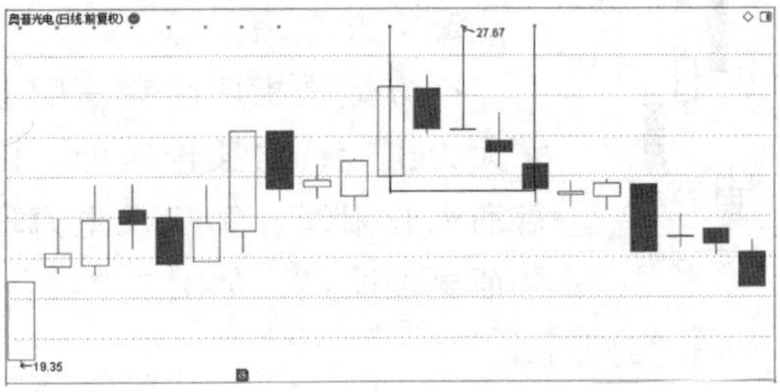

图7-68　锥针探顶实例

（十一）红三兵与三乌鸦

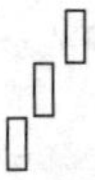

图7-69 红三兵

1. 红三兵

红三兵是指在股票运行过程中连续出现三根阳线，每天开盘价在前一天阳线的实体之内，收盘价高于前一天的收盘价，且为当天的最高点或接近最高点，3根阳线实体部位长度一般差别不大，如图7-69所示。红三兵如果发生在下降趋势中，是强烈的反转信号。每天开盘价较低，收盘价却是最近的新高，多头力量推动股价向上攀升。

图7-70 三乌鸦

2. 三乌鸦

三乌鸦是指股价在相对高位时，日K线出现连续三天的带量阴线，每天的开盘价在前一天的阴线实体内，每天的收盘价出现新低，且每天的收盘价等于或接近当天的最低价，3根阴线实体部位长度一般差别不大，如图7-70所示。在上升趋势中，三乌鸦呈现阶梯形逐步下跌。市场要么靠近顶部，要么处在一个较高位置已有一段时间了。由于一根长阴线就使趋势明确地倒向了下跌的一边，后面的两天伴随着众多的抛盘和获利了结，引起进一步价格下跌。

3. 实例对比

003005 竞业达2022年10月17日—19日连续3个交易日，走出红三兵K线形态，之后股价走出上涨行情，如图7-71所示。

600222 太龙药业2022年1月20日—24日连续3个交易日，走出三乌鸦K线形态，之后股价一路下跌，如图7-72所示。

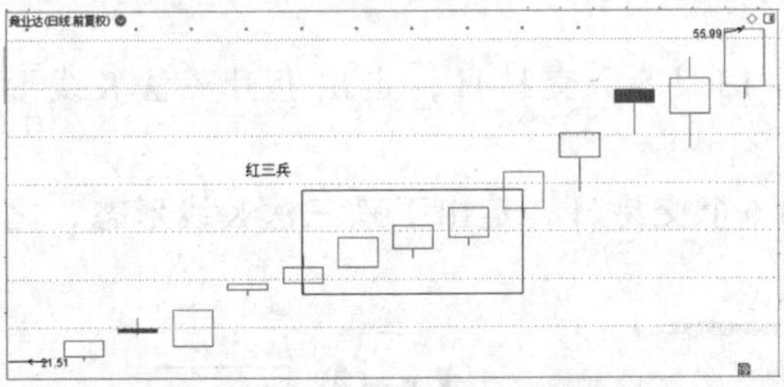

图7-71　红三兵实例

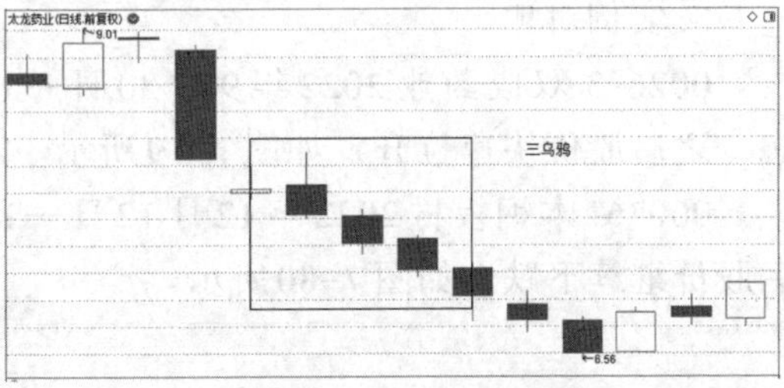

图7-72　三乌鸦实例

（十二）多方炮和空方炮

图7-73 多方炮

1. 多方炮

多方炮是指两阳夹一阴形态，指底部反复盘整，具有筑底功能，以夯实底部。有时在上升中途出现此种图形，是多方为了向上继续发动行情而进行的途中盘整，如图7-73所示。这对清洗浮盈筹码，夯实股价基础有好处。

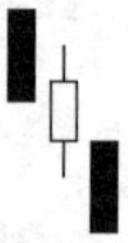

图 7-74
空方炮

2. 空方炮

空方炮是指两阴夹一阳形态，在股价头部区间，第一天阴线可能是庄家大力出货，将股价压低。由于长期的上涨使人们逢低即买，第二天买入盘涌入收阳线，第三天主力资金在高位再次大力出货，再收阴线，其顶部特征更加明显，如图 7-74 所示。

3. 实例对比

003004 声迅股份 2022 年 9 月 30 日—10 月 11 日 3 个交易日，走出多方炮 K 线形态，之后股价继续上涨，如图 7-75 所示。

600383 金地集团 2022 年 10 月 11 日—13 日 3 个交易日，走出空方炮 K 线形态，之后股价下跌，如图 7-76 所示。

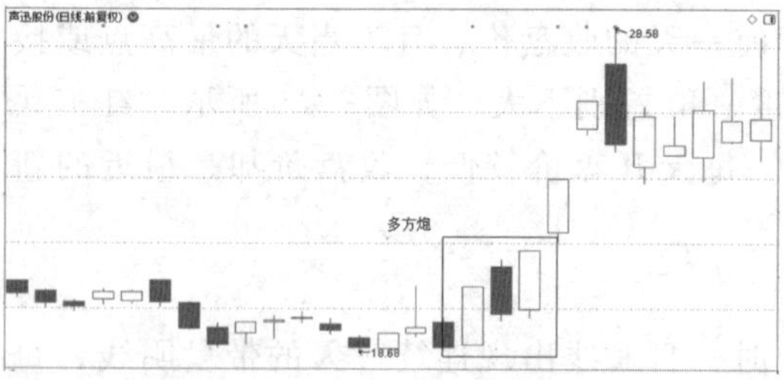

图7-75　多方炮实例

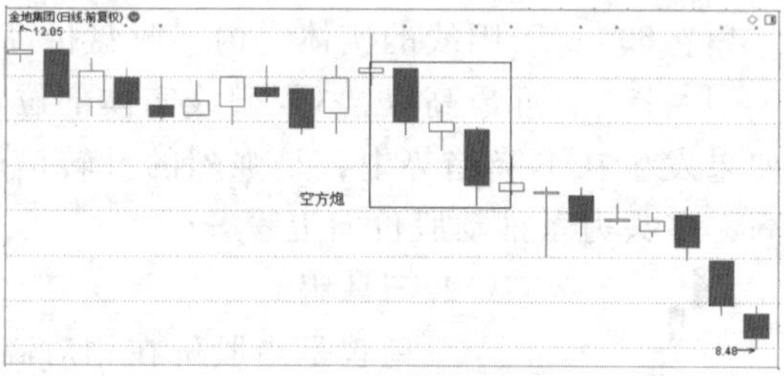

图7-76　空方炮实例

（十三）上升三法和下跌三法

图 7-77
上升三法

1.上升三法

上升三法是指在上升过程中出现 1 根大阳线后出现 3 根实体短小的阴线，轻微下跌，但在第 1 个阳线范围内活动；之后出现 1 根大阳线，收盘价高于第 1 根阳线最高点，后市继续上涨，如图 7-77 所示。

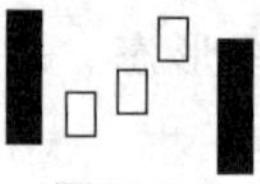

图 7-78
下跌三法

2. 下跌三法

下跌三法是指在下跌过程中出现 1 根大阴线后出现 3 根实体短小的阳线，轻微上涨，但在第 1 个阳线范围内活动；之后再出现 1 根大阴线，收盘价低于第 1 根阴线最低点，后市继续下跌，如图 7-78 所示。

3. 实例对比

002693 双成药业 2022 年 9 月 30 日—10 月 13 日 5 个交易日，走出上升三法 K 线形态，之后股价快速拉升，如图 7-79 所示。

000761 本钢板材 2022 年 12 月 12 日—19 日 6 个交易日，走出下跌三法 K 线形态，之后股价继续下跌，如图 7-80 所示。

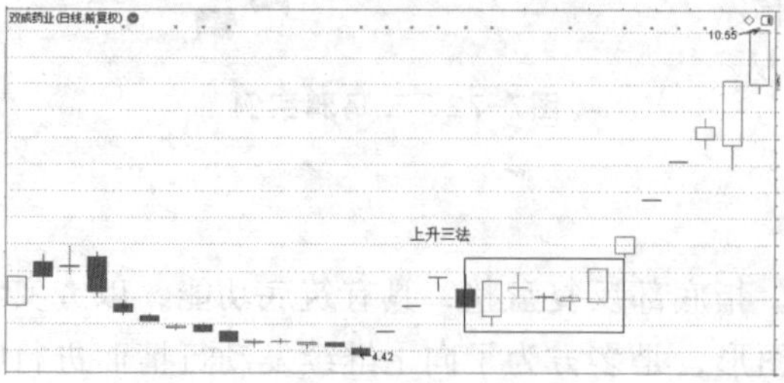

图7-79　上升三法实例

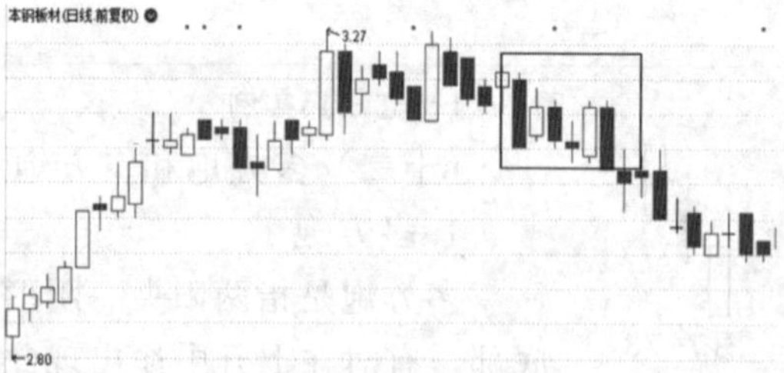

图7-80　下跌三法实例

（十四）平底和平顶

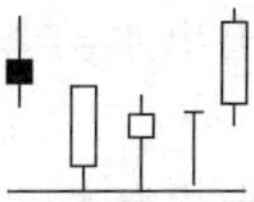
图 7-81
平底

1. 平底

平底是指在一轮下降趋势中，股票K线下端即最低价在某一水平区域平齐，意味着股价在此水平位置连续获得支撑，此区域很可能成为股价调整的阶段性底部区域，如图7-81所示。需要注意的是，平底形态一般出现在股票走势的波段性调整底部，平底也不要求底部完全平齐，只要求K线最低价大体在同一水平位置即可。在出现平底之后不可贸然入场，只有均线最佳买点和趋势最佳买点出现后才适合入场买入。

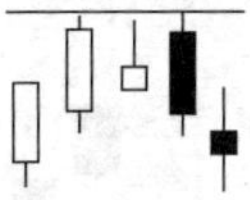
图 7-82
平顶

2. 平顶

平顶是指在一轮上涨趋势中，股价两次冲击同一高点失败，两根K线之间形成平齐的顶部，故称为平顶，如图7-82所示。平顶意味着股价在攻击某高点时被阻挡，多方进攻乏力，无奈之下只能选择退守。在技术形态上，平顶可以由两根或两根以上的K线组成，K线是阴是阳都没关系，只要形成平齐的头部即可。

3. 实例对比

601949 中国出版2022年10月24日—11月1日，7个交易日在4.18元附近反复横盘不再下跌，走出平底，如图7-83所示。

600638新黄浦 2022年9月6日—16日，8个交易日在5.98元反复横盘无法创新高，走出平顶，之后股价下跌，如图7-84所示。

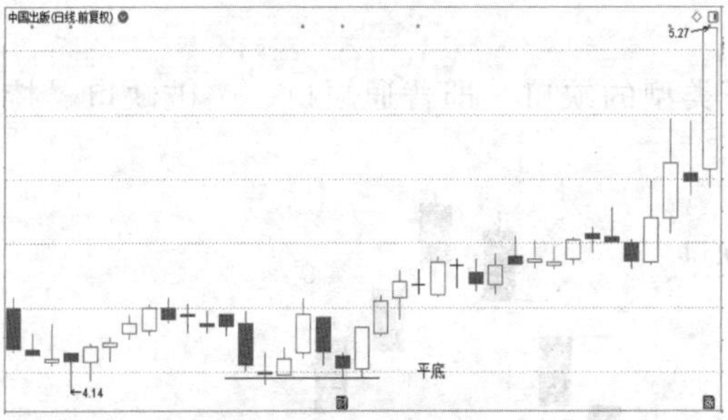

图7-83　平底实例

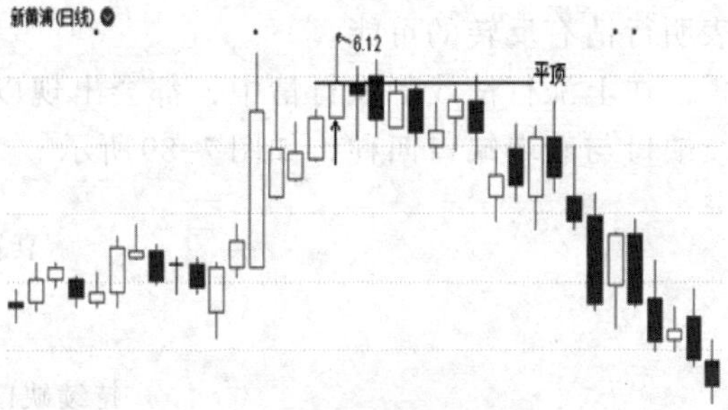

图7-84　平顶实例

（十五）出水芙蓉和断头铡刀

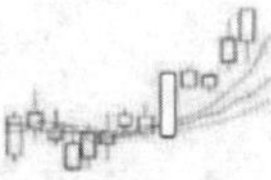
图 7-85
出水芙蓉

1. 出水芙蓉

出水芙蓉是指一根大阳线上穿三条均线，改变均线为多头排列，后势看涨。出水芙蓉形态的特征为：股价前期最好经过充分的调整或下跌；股价要一举突破3条短期均线；突破时成交量明显放大，主力资金流入明显，如图7-85所示。出水芙蓉形态完成当日或次日可介入。

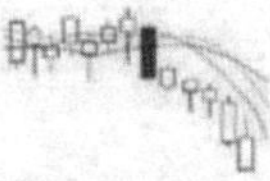
图 7-86
断头铡刀

2. 断头铡刀

断头铡刀是指一根大阴线切断三根均线，改变均线为空头排列，后势看空。断头铡刀形态的特征为：股价在高位盘整后渐渐下滑，此时5日、10日和20日均线形成的均线系统呈现收敛状态，如图7-86所示。

3. 实例对比

000815美利云2022年10月28日一根涨停板由下向上穿越所有均线，走出出水芙蓉K线形态，股价开始上涨，由8.25元一直涨到16.55元，如图7-87所示。

600223鲁商发展2021年7月6日一根下跌K线由上向下穿越所有均线，走出断头铡刀K线形态，股价开始下跌，由16.10元一直跌到10.48元，如图7-88所示。

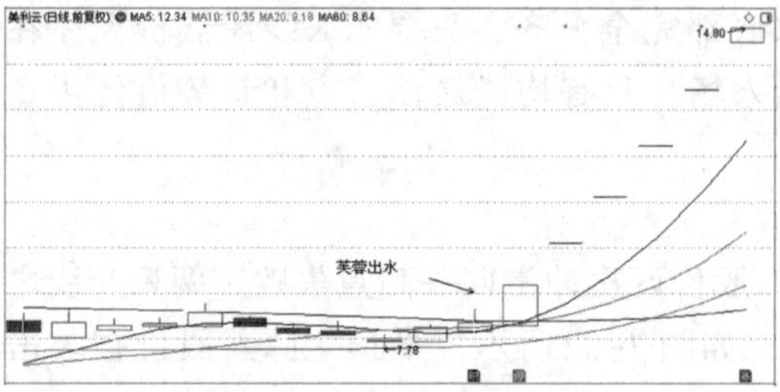

图7-87 出水芙蓉实例

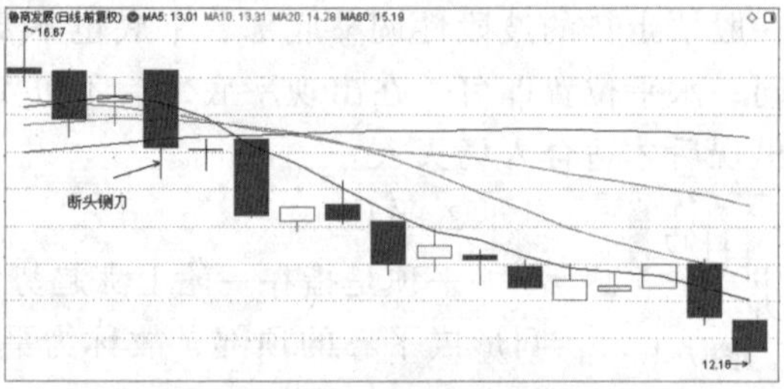

图7-88 断头铡刀实例

四、缺口理论

（一）缺口的含义

K线图中的缺口是指由于受到利好或利空消息的影响，股价大幅度上涨或下跌，致使股价的日线图出现当日成交最低价超过前一交易日最高价或成交最高价低于前一交易日最低价的现象。

通常情况下，如果缺口不被迅速回补，表明行情有延续的可能，如果缺口被回补，表明行情有反转的可能。

在上涨行情或下跌行情中，都会出现以下类型的缺口，即普通缺口、突破缺口、持续缺口与衰竭缺口四种，如图7-89所示。

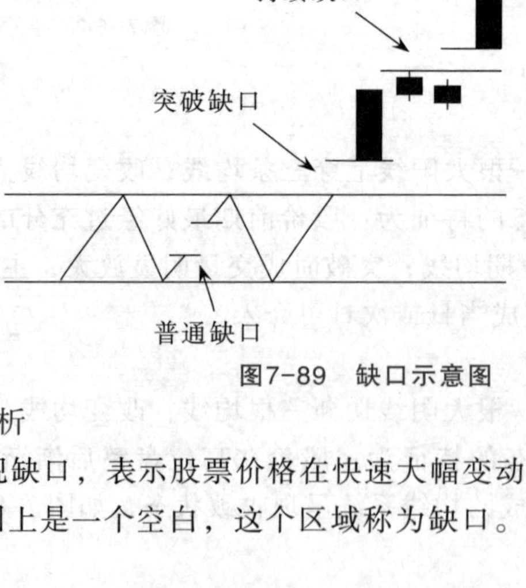

图7-89 缺口示意图

（二）缺口分析

股票价格出现缺口，表示股票价格在快速大幅变动中有一段价格区域内没有任何交易，在K线走势图上是一个空白，这个区域称为缺口。当缺口经过几天变动，反转过来回到原来缺口的价位时，称缺口的回补。

1. 普通缺口

普通缺口是指没有特殊形态或特殊功能的缺口，它可以出现在任何走势形态之中，但大多出现在整理形态的行情中。它具有一个比较明显的特征，即缺口很快就会被回补。

当向上方向的普通缺口出现之后，投资者可在缺口上方的相对高点附近做卖出交易，然后待缺口封闭之后再买回；而当向下方向的普通缺口出现之后，投资者可在缺口下方的相对低点附近做买入交易，然后待缺口封闭之后再卖出。这种操作方法的前提是，必须判明缺口是否是普通缺口，而且必须是在宽幅振荡整理行情中，才能采取这种高抛低吸的策略。

2. 突破缺口

突破缺口是当一个密集的反转或整理形态完成后突破盘局时产生的缺口。突破缺口的出现预示着后市将出现一波爆发性的行情，因此针对突破缺口的分析意义极大。突破缺口的出现有两种情况，一是向上的突破缺口，二是向下的突破缺口。

（1）向上突破缺口。该缺口的特点是，突破时成交量明显增大，且缺口不被封闭。该缺口出现后，投资者可以大胆买入中线持有，并以缺口作为风险控制的止损价位。

（2）向下突破缺口。该缺口的特点是，向下突破时成交量明显增大，且缺口不被封闭。由于行情的下跌力量往往比较凶猛，所以一旦向下突破形成缺口，杀伤力比较大，所以，当向下突破缺口出现后，如果投资者持有多单，应该立即止损，并反手做空；如果投资者持有空单，则可以继续加码卖出，并中线持有，以缺口作为风险控制的止损价位。当向下突破缺口形成后，行情走势必将向纵深发展，踏上长熊之路。

3. 持续缺口

持续缺口是指上涨或下跌过程中出现的缺口，常在股价剧烈波动的开始与结束之间的一段时间内形成。

持续缺口的技术性分析意义最大，它通常是在股价突破后远离形态至下一个反转或整理形态的中途出现，因此持续缺口能大致预测股价未来可能移动的距离，所以又称为测量缺口。其量度的方法是从突破点开始，到持续缺口始点的垂直距离，就是未来股价将会达到的幅度。在上升趋势中，测量缺口的出现表明市场坚挺；而在下降趋势中，其出现则显示市场疲软。

4. 衰竭缺口

衰竭缺口，又叫消耗缺口。在市场运行接近尾声时，伴随快而大幅的证券价格波动而出现。行情大幅上涨或下跌，使得大多数交易者一路追涨或杀跌，导致跳空高开或低开的超强态势。此时的跳空缺口是消耗性的，往往是趋势的最后阶段，伴有巨大的成交量。

对于各类缺口，我们可以采取相应的投资策略，见表7–1。

表7-1 各类缺口简明操作表

缺口类型	特征	操作
普通缺口	发生在区域内、缺口很快回补、成交量较小	操作意义不大
突破缺口	跳出原区域、缺口难以回补、成交量急剧放大	坚决买进
持续缺口	创新高、缺口可能近期回补、成交量继续放大	谨慎持有
衰竭缺口	行情末端、缺口很快回补、伴随巨大的成交量	坚决卖出

5. 除权缺口

由于制度因素的原因，股价在上市公司送转后，总股本增多，每股收益相对送转股本以前摊薄，股价随即降低，股价会出现除权、除息缺口，表现在除权价与股权登记日的收盘价之间的跳空。这种缺口的出现为股价在新的一轮波动中提供了上升空间，在牛市中容易诱发填权行情。

（三）缺口分析实例

002703浙江世宝2022年3月3日至2022年9月1日的行情走势中，包含了明显的普通缺口、突破缺口、持续缺口与衰竭缺口，如图7-90所示。

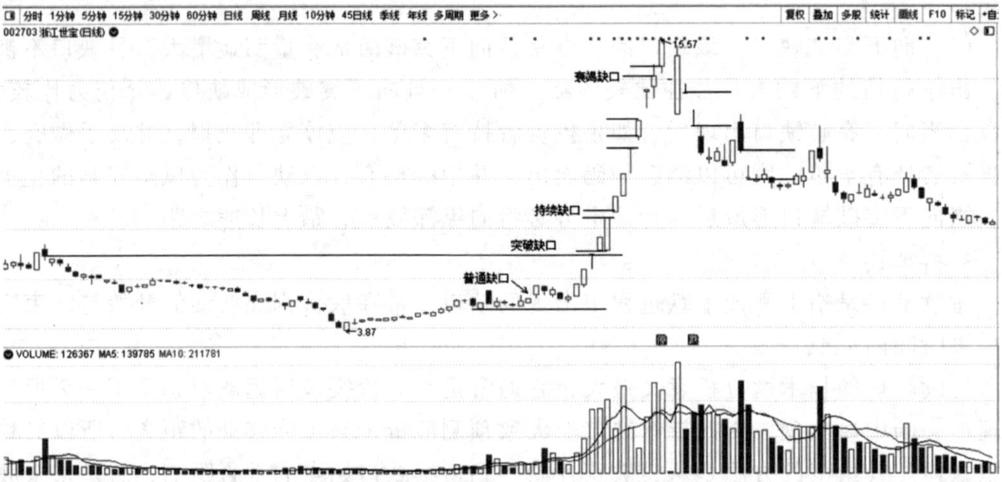

图7-90 缺口分析实例

普通缺口在整理中形成，很快会补掉。真正有意义的是突破缺口，买点是股价放量突破前高点，形成突破缺口的当日可以找盘中低点买入。买到一只强势上涨的股票，如何持有实现获利最大化也是操盘的关键点，股票上涨只要有持续缺口就持有。

五、K线在实际应用中应注意的问题

在实践中投资者要做到精通K线，利用K线战胜市场，战胜主力资金，并不是一件容易的事，需要有扎实的功底和高超的使用技巧。在应用时应注意以下几点：

第一，单根K线分析的出错率是比较高的。K线是一种短线分析方法，其试图用昨天的K线特征去预测今天的走势，再以今天的K线特征去预测明天的走势。而市场的实际变动是复杂的，与投资者的主观判断会出现偏差。在盘中操作时依据想象的、不确定的结果进行买卖，成功率不可能很高。另外，用收市后的K线结果作为依据，会导致“顺势难为”和“逆势是否能为”两难选择。例如，对于已涨停的股票，不到收市前夕不能确定K线的性质，确定了K线性质又买不进来，若涨停板打开又担心上影线过长，且进一步演变成射击之星形态等。

第二，K线方法只能作为战术手段，不能作为战略手段，必须同其他方法结合使用，K线方法常常用于战术决策，并且是作为其他理论的辅助工具来使用。在实战中如果将K线和趋势分析与指标分析结合使用，效果会十分突出。

第三，投资者要善于使用周K线，周K线对于指导中线投资者操作有比较好的效果，在股市中，多数投资者都看日K线，用日K线指导操作。但日K线容易并常被主力资金操纵作出骗线。而周K线反映的是中级行情，时间周期长，庄家做骗线的难度非常大，所以周K线的准确性远高于日K线。例如，当日K线是底部形态，而周K线是持续下跌形态时，说明股价并未见底。

在股市中，一般大周期管中周期，中周期管短周期，因此周K线管日K线。只有当周K线见顶或见底，日K线也见顶或见底时，这个顶部或底部才真实可靠。

第四，K线组合分析要根据实际情况进行修改和调整。K线组合形态是总结历史经验的结果。在实际市场中，完全符合前面所介绍的组合形态的情况并不多见，如果一成不变地照搬组合形态，就有可能会错失买入或卖出的良机。例如，当K线组合出现头肩顶、圆弧顶或V形顶时，投资者同样应迅速采取行动。所以，投资者在实战中要根据情况识别组合形态和调整操作策略。

任务实施

学生通过学习单根K线形态、K线组合形态的市场含义，以及缺口分析的核心意义，选择相关股票，判断所选股票未来趋势：对关键点位的单根K线、K线组合不断训练，最终能够利用K线分析获得寻找买点、卖点的操盘能力。

学习评价

根据学生按照K线分析选择的投资标的股票，未来涨跌的实盘验证概率的高低，评价学生掌握K线分析的情况。

任务三　移动平均线分析

情景导入

小金：股票每天都有收盘价，把5天或者10天交易日的收盘价进行平均，是不是就可以算出它们的平均数了？

老师：你说对了一部分。今天我们学习的移动平均线，还有非常重要的“移动”两个字。

小金：怎么“移动”？学习移动平均线有什么意义？

老师：移动平均线是与K线最为密切的指标，投资者可以根据股价与均线的位置，解决判断股票的运行趋势、寻找买点、持股、把握卖点时机等问题。我们一起来学习吧！

知识准备

一、移动平均线概述

移动平均线（简称均线）是由著名的美国投资专家格兰威尔于20世纪中期提出来的。均线理论可以帮助投资者确认现有趋势、判断将出现的趋势、发现即将反转的趋势。

微课7-6

移动平均线 MA

（一）移动平均线的概念

移动平均线，用MA表示，它是用统计处理的方式，将某一段时间内的股价（通常用收盘价）加以平均，然后将股价移动平均数画在坐标轴上接成一条曲线。通过对股价移动平均线配合每日收盘价的线路变化来分析市场上多空的优劣形势，以研判股价未来的可能变化。一般来说，现行股价在移动平均线之上，意味着市场购买力较大，行情看好，如图7-91（A）所示；反之，现行股价在移动平均线之下，意味着卖多于买，行情看淡，如图7-91（B）所示。

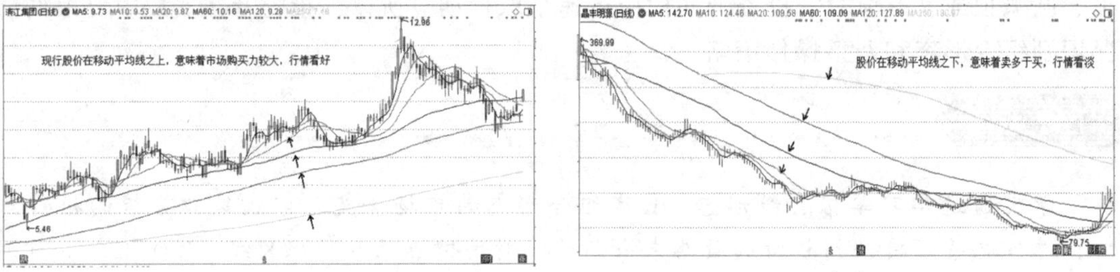

（A） （B）

图7-91 移动平均线的排列

（二）移动平均线的种类

按时间长短，移动平均线可分为短期移动平均线、中期移动平均线和长期移动平均线。

（1）短期移动平均线比较常用的有5日均线、10日均线、20日均线和30日均线，用MA5、MA10、MA20、MA30来表示。

（2）中期移动平均线比较常用的有45日均线、60日均线、90日均线，用MA45、MA60、MA90来表示。

（3）长期移动平均线比较常用的有120日均线（半年线）、250日均线（年线），用MA120、MA250来表示。

（三）各周期均线的用法

1. 5日均线

5日均线属于均线系统中的攻击线，具有敏感、快捷等特点。5日均线向上可以助力股价上涨，向下则助力股价下跌，走平则代表整理，对于短线投资者来说，5日均线是最重要的一条线。

2. 10日均线

10日均线属于均线系统中的操盘线，也是波段行情的一个非常重要的指标，主力小波段行情操盘的依据，也是行情启动和终结的前沿，它往往和5日均线结合起来使用。

3. 30日均线

30日均线属于均线系统中的生命线，即月线，是大波段行情的启动线，也是股价中线波段强弱的一个分界线。股价一旦放量上穿生命线，预示着波段行情已经展开，波段套利的机会已经到来。

4. 60日均线

60日均线属于均线系统中的决策线，是大级别行情的操盘依据，决策线在低位走平，说明很快将有大行情；股价放量突破决策线，说明大级别波段行情正式启动；随后的拉升如果沿着10日均线盘升，60日均线就构成重要的助涨作用。

5. 120日均线

120日均线属于均线系统中的趋势线，是股价中期趋势强弱的重要依据，同样也是主力资金进退的重要依据。120日均线由下降走平、上翘，说明个股中期开始走强，如图7-92所示。120日均线由上升走平、下跌，说明个股中期开始走弱。

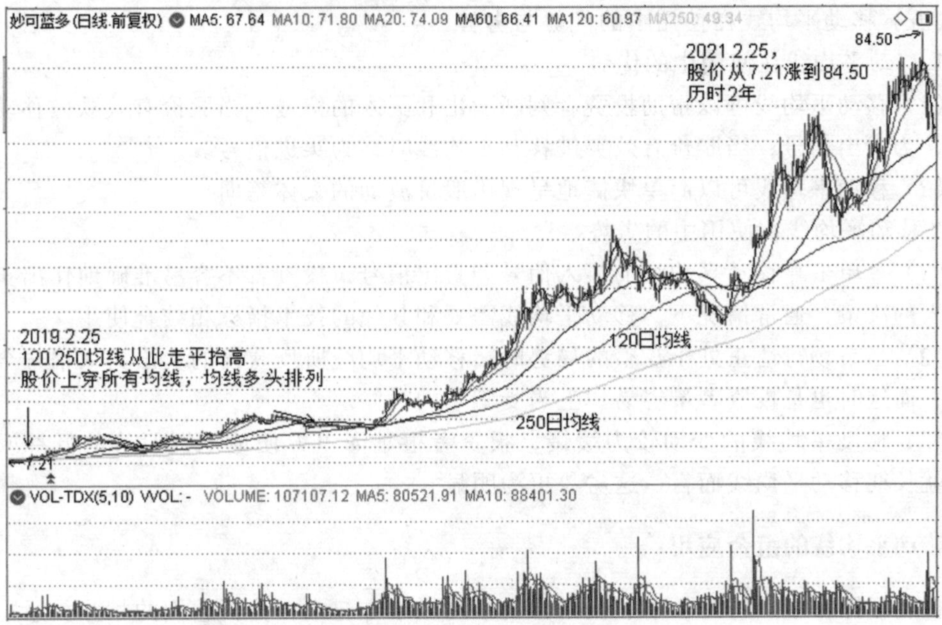

图7-92　移动平均线的排列

6. 250日均线

250日均线属于均线系统中的牛熊分界线，常说的牛市和熊市，往往都是通过这条线来判断的。250日均线由跌走平、上扬，股价上穿250日均线，个股开始进入牛市，如图7-92所示。250日均线由涨走平、下跌，股价下穿250日均线，个股开始进入熊市。

（四）移动平均线的特点

MA的基本思想是消除股价随机波动的影响，寻求股价波动的趋势。它有以下几个特点：

第一，追踪趋势。MA能够表示股价的趋势方向，并追踪这个趋势。如果能从股价的图表中找出上升或下降趋势，那么，MA将与趋势方向保持一致。只用原始数据的股价图表则不具备这种追踪趋势的特性。

第二，滞后性。在股价原有趋势发生反转时，MA追踪趋势的特征，使其行动往往过于迟缓，调头速度落后于大趋势。这是MA一个极大的弱点。

第三，稳定性。根据MA的计算方法，要想较大地改变移动平均的数值，当天的股价必须有很大的变化，因为MA是股价几天变动的平均值。这个特点也决定了MA对股价反映的滞后性，这种稳定性有优点，也有缺点，在应用时应多加注意，掌握好分寸。

第四，助涨助跌性。当股价突破MA时，无论是向上还是向下突破，股价都有继续向突破方向发展的愿望。

第五，支撑和压力的作用。MA的上述四种特性，使其在股价走势中起支撑和压力的作用。MA被突破，实际上是支撑线和压力线被突破，从这个意义上就很容易理解后面将要介绍的格兰维尔法则了。

（五）移动平均线在使用中的优势与劣势

1.移动平均线在使用中的优势

（1）移动平均线可以帮助投资者判断卖出和买入的信号，当股价有效跌破移动平均线时，为卖出信号；当股价有效突破移动平均线时，为买进信号。

（2）移动平均线可以简单快捷地呈现出股价波动的大体趋向。

2.移动平均线在使用中的劣势

（1）单单依靠移动平均线的买入信号和卖出信号，投资者不容易准确地作出卖出或者买入的决策，通常情况下，移动平均线需要和其他的技术指标相结合使用。

（2）当市场行情正处于盘整的局势时，移动平均线所反映出的卖出买入信号会频繁出现，而这时也是投资者最容易“上当受骗”的时候。

（3）移动平均线的变动较为缓慢，投资者很难简单方便地把握股价的低谷或是高峰，就长期移动平均线而言，这劣势更为明显。

二、移动平均线的组合应用

在实际操作中，将短、中、长期移动平均线结合起来，分析它们的相互关系，从而判断股市趋势。

（一）多头排列

多头排列是指短、中、长期均线按照自上而下的顺序排列，且三条均线同时向右上方运行。多头排列的模型是MA5>MA10>MA30>MA60>MA120>MA250，维持时间至少3天作为多头排列的确定标准，如图7-93（A）所示。

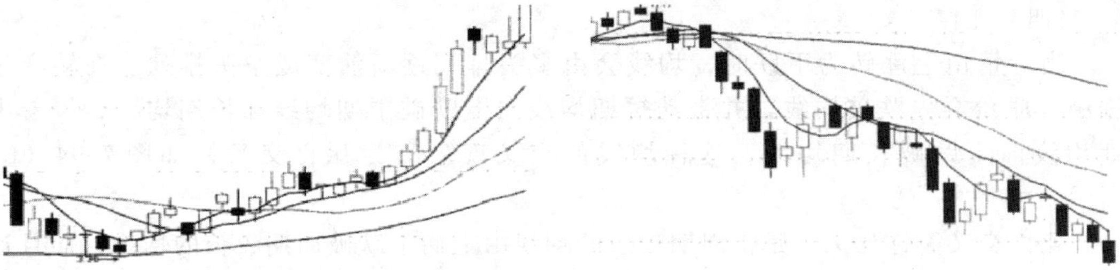

（A）均线多头排列　　（B）均线空头排列

图7-93　均线多头排列与空头排列

均线的多头排列，表明多方力量强大并控制着局面，短线投资者和中长期投资者一致看好行情，股票求大于供，股价进入了一个稳定的上升期。投资者看到此形态应该以持股为主，在多头排列的开始阶段通常是中线进场的机会。

（二）空头排列

空头排列是指短、中、长期均线按照自下而上的顺序排列，且三条均线同时向右下方运行。空头排列的模型是MA250>MA120>MA60>MA30>MA10>MA5，维持时间至少3天作为空头排列的确定标准，如图7-93（B）所示。

均线的空头排列，表明空方力量强大并控制着局面，短线投资者和中长期投资者一致看淡行情，股票供大于求，股价进入了一个持续的下跌期。投资者看到此形态应该以持币为主，在空头排列的开始阶段通常是中线离场的机会。

（三）黄金交叉

当走势发生转向时，均线之间会打破原来的顺序。当行情由下跌转为上涨时，均线会由空头排列逐渐演变成多头排列。在转变过程中，股价会先上穿均线，并带动短期均线向上穿越中期均线和长期均线，接着中期均线向上穿越长期均线，这种均线的交叉现象称为黄金交叉，如图7-94（A）所示。

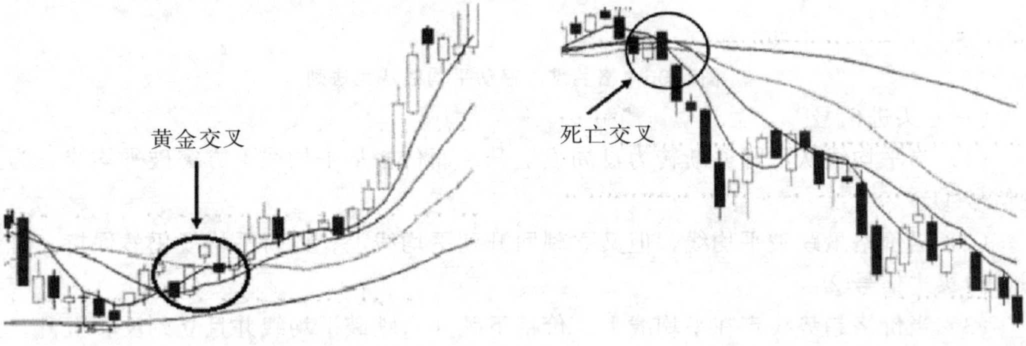

（A）黄金交叉　　（B）死亡交叉

图7-94　黄金交叉与死亡交叉

黄金交叉简称金叉，是指周期较短的均线由下而上穿过周期较长的均线，而且这两条均线的方向都是向上的。金叉代表阻力线被向上突破，股价将维持上涨，通常是买入信号。

（四）死亡交叉

当行情由上涨转为下跌时，均线会由多头排列逐新演变成空头排列。在转变过程中，股价会先跌破均线，并带动短期均线向下跌破中期均线和长期均线，接着中期均线向下跌破长期均线，这种均线的交叉现象称为死亡交叉，如图7-94（B）所示。

死亡交叉简称死叉，是指周期较短的均线由上而下跌破周期较长的均线，而且这两条均线都是向下的。死叉代表支撑线被向下跌破，股价将继续下跌，通常是卖出信号。

三、格兰维尔移动平均线八大法则

移动平均线是股票技术分析中最常用，也是最基础的指标之一，很多技术指标如MACD就是以移动平均线为基础衍生而来的。对于移动平均线的应用，最著名的就是格兰维尔提出的八大法则，共有4个买点和4个卖点，如图7-95所示。

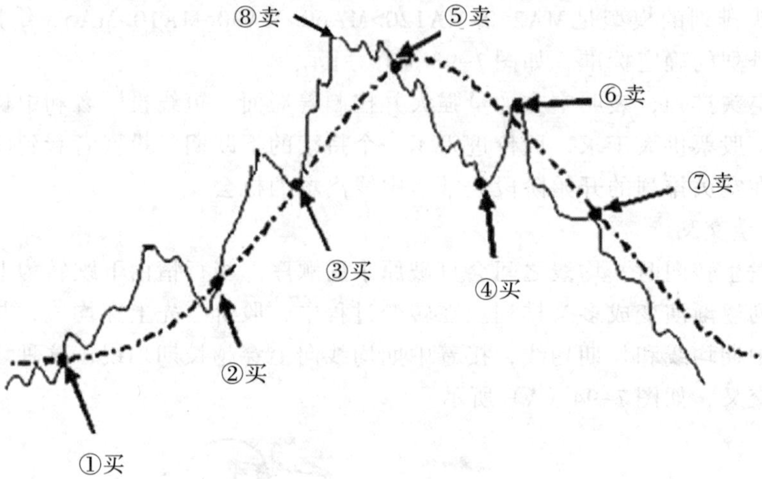

图7-95　格兰维尔移动平均线八大法则

（一）买进信号

（1）当平均线从下降逐渐转为盘局或上升，而价格从平均线下方突破平均线，为买进信号①。

（2）当价格虽跌破平均线，但又立刻回升到平均线上，此时平均线仍然保持上升势态，为买进信号②。

（3）当价格趋势线走在平均线上，价格下跌并未跌破平均线并且立刻反转上升，亦为买进信号③。

（4）当价格突然暴跌，跌破平均线，且远离平均线，则有可能反弹上升，亦为买进信号④。

（二）卖出信号

（1）当平均线从上升逐渐转为盘局或下跌，而价格向下跌破平均线，为卖出信号⑤。

（2）当价格虽然向上突破平均线，但又立刻回跌至平均线以下，此时平均线仍然保持持续下跌势态，为卖出信号⑥。

(3) 当价格趋势线走在平均线下，价格上升却并未突破平均线且立刻反转下跌，亦为卖出信号⑦。

(4) 当价格突然暴涨，突破平均线，且远离平均线，则有可能反转回跌，亦为卖出信号⑧。

任务实施

学生通过智能选股软件，寻找市场中常见的多头排列、空头排列以及黄金交叉和死亡交叉，理解其技术特点。

学生选择某一股票，反复体会和训练格兰维尔移动平均线八大法则的使用时机和寻找买卖点的能力。

学习评价

根据学生按照移动平均线理论选择的投资标的股票，未来涨跌的实盘验证概率的高低，评价学生移动平均线分析掌握的情况。

任务四　切线分析

情景导入

常听股市里的人说“顺势而为”，什么是势？是技术派里的一招一式吗？

非也！我们在这里讲的“势”，指股票的趋势。方向很重要，跟对上涨的趋势，顺而为之，则容易赚钱；而违背了趋势，反向操作，那就只有亏钱的份儿。

小金想：我怎么才能准确判断趋势呢？有什么方法吗？

知识准备

切线分析是一种较为常用的技术分析方法，主要是按一定方法和原则在股票价格运行轨迹图上画出直线，利用这些直线来判断股价未来的走势。切线的画法有很多种，这里主要介绍支撑线、压力线、趋势线和轨道线。

一、趋势

(一) 趋势的含义

趋势就是指股票价格的波动方向。若确定了一段上升或下降的趋势，则股价的波动必然朝着这个方向运动。上升行情中，虽然有时有下降，但不影响上升的大方向；同样，下降行情中也可能上升，但不断出现的新低使下降趋势不变。

一般来说，市场变动不是朝一个方向直来直去，中间肯定要有曲折，从图形上看就是条曲折蜿蜒的折线，每个折点处就形成一个峰或谷。由这些峰和谷的相对高度，可以看出趋势的方向。

（二）趋势的方向

趋势可分为上升趋势、下降趋势和水平趋势三种，如图7-96所示。

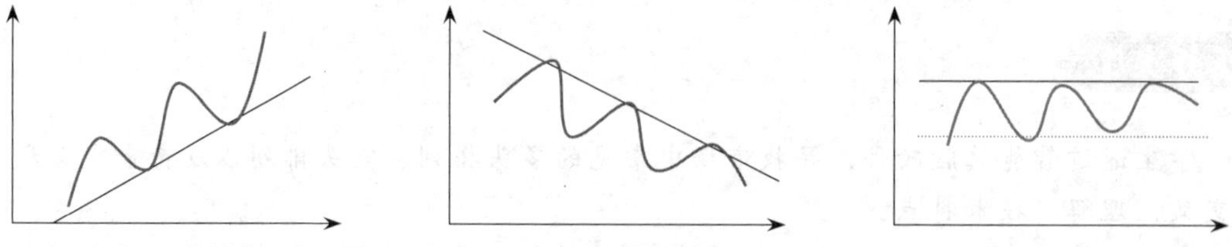

图7-96 三种趋势

（1）上升趋势。股价波动中，后面的峰顶与谷底都高于前面的峰顶与谷底，则表明趋势是上升的。

（2）下降趋势。股价波动中，后面的峰顶与谷底都低于前面的峰顶与谷底，则表明趋势是下降的。

（3）水平趋势。价格波动中，后面的峰顶与谷底和前面的峰顶与谷底相比没有明显的高低之分，几乎呈水平延伸状态，则表明趋势是水平的。

（三）趋势的类型

按道氏理论的分类，趋势分为长期趋势、中期趋势和短期趋势三种类型。

（1）长期趋势是股价变动的大方向，一般持续时间很长，可达半年甚至几年。对于投资者而言，只有了解并掌握了长期趋势，才能真正做到顺势而为。

（2）中期趋势是股价在长期趋势运行过程中进行的调整，它一般不会改变长期趋势的发展方向，是总运动中的局部反方向运动，也就是常说的调整和反弹，时间跨度较短。

（3）短期趋势是股价（股市）在短时间内的变动趋势，是对中期趋势的调整。时间一般很短，短则数小时，长则数天。

二、支撑线和压力线

（一）支撑线和压力线的含义

1.支撑线

支撑线也称为抵抗线，当股价下跌到某个价位附近时，股价会停止下跌，甚至有可能回升，这是由此时买方增加、卖方减少造成的。这个阻止股价继续下跌的价位就是支撑线所在的位置。

2.压力线

压力线也称为阻力线，当股价上涨到某个价位附近时，股价会停止上涨，甚至回落，这是由此时卖方增加、买方减少造成的，这个阻止股价继续上升的价位就是压力线所在的位置。

对于支撑线和压力线的存在，人们常常会存在这样的误解：只有在下跌行情中才有支撑线，只有在上升行情中才有压力线。其实，在下跌行情中也有压力线，在上升行情中也有支撑线，如图7-97所示。

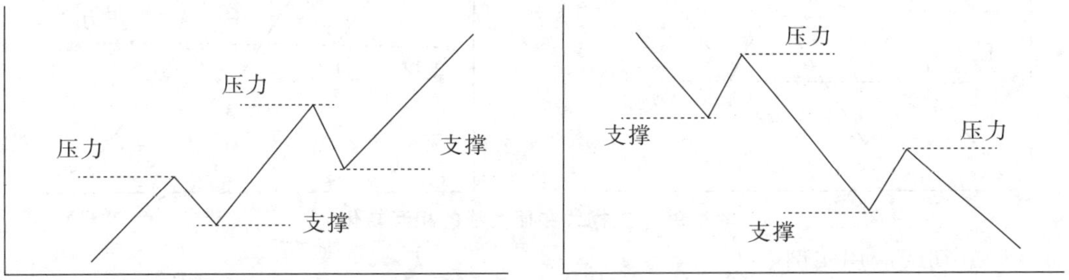

图7-97　支撑线和压力线

（二）支撑线和压力线的作用

1.阻止或暂时阻止股价向一个方向继续运动

支撑线和压力线的作用是阻止或暂时阻止股价向一个方向继续运动。股价的变动是有趋势的，要推迟这种趋势，保持原来的变动方向，就必须冲破阻止其继续向前的障碍。具体要把握以下几点：

（1）股价要维持上升趋势，每个相邻的低点（支撑水平）就必须高于前一个低点，每个相邻的上冲高点（压力水平）也必须高于前一个高点。

（2）股价要维持下跌趋势，每个相邻的低点（支撑水平）就必须低于前一个低点，每个相邻的上冲高点（压力水平）也必须低于前一个高点。

（3）支撑线和压力线迟早会被突破，它们不能长久地阻止股价保持原来的变动方向，只不过是使它暂时停顿而已。

2.反复被触及的次数越多越重要

支撑线和压力线有相对彻底地阻止价格按原来方向变动的可能。当一个趋势终结后，它就不可能创造出新的低价和新的高价，这样，支撑线和压力线就显得异常重要。

（1）在上升趋势中，股价在新的一轮调整中反复触摸该压力线未创出新高，即未突破压力线，这个上升趋势中起压力作用的压力线就显得越重要；如果再往后的价格又向下突破了这个上升趋势的支撑线水平，则是趋势结束的预警信号，通常意味着股价未来的趋势将由上升转为下降。

（2）在下降趋势中，股价在新一轮调整中反复触摸该支撑线未创出新低，即未突破支撑线，这个下降趋势中起支撑作用的支撑线就显得越重要；如果再往后的价格又向上突破了这个下降趋势的压力线水平，则是趋势结束的预警信号，通常意味着股价未来的趋势将由下降转为上升。

（三）支撑线和压力线的相互转化

支撑线和压力线的地位不是一成不变的，两者在价格运动变化中会互换角色，也就是说支撑线和压力线是可以相互转化的。只要支撑线或阻力线被价格变化有效地突破，它们便会变成自己的反面，即支撑线被股价有效突破后就转化为压力线；反之，压力线被股价有效突破之后就转化为支撑线。支撑和压力相互转化的重要依据是被有效突破。一般说来，穿过支撑线或压力线越远，突破确定性越高，越可信，如图7-98所示。

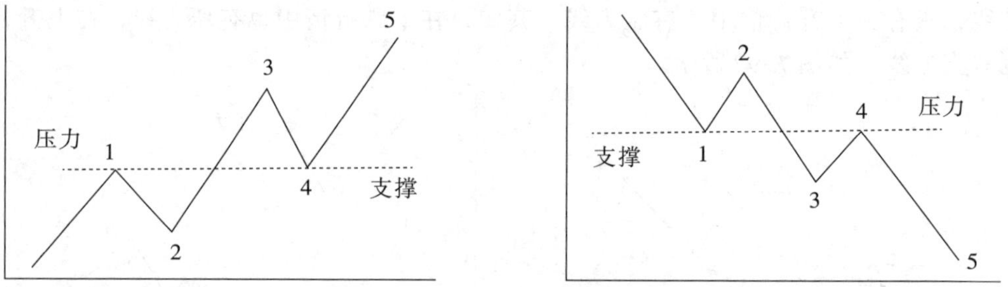

图7-98 支撑线和压力线的相互转化

（四）切线应用实例

微课 7-7

切线分析

603035常熟汽饰2021年12月3日至2022年10月25日期间，频繁出现支撑线和压力线的转化，走出一段上升行情。每次向上确认有效突破，伴随成交量的放大，看涨；而向下突破，伴随成交量的放量，看跌，如图7-99所示。

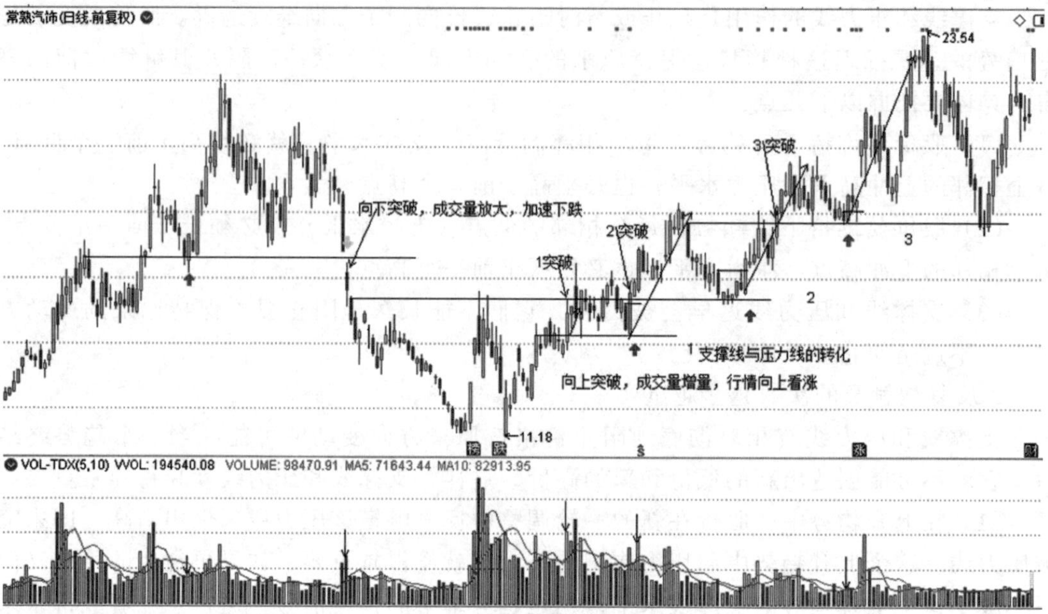

图7-99 切线应用实例

知识拓展7-5 **有效突破原则**

突破是指股价对于已有的支撑位和压力位的穿透。一般来说，股价突破压力位将会看高一线，而股价突破支撑位则会看低一线，对投资者的投资行为有着重大影响，但股价运动过程中经常会出现一些假突破，因此判断是否是有效突破就显得非常重要。一般来说，判断突破有效与否有三条原则：

第一，收盘价原则。有效突破当天的收盘价应该在支撑位（压力位）的下方（上方）3%以上。当然，3%只是一个参考幅度，投资者应该结合具体情况具体判断。此外，股价指数的幅度可以小点，而个股的幅度应该大点。

第二，成交量原则。向上突破应该有成交量的放大作为配合，而向下突破则不一定需要大成交量的配合。

第三，时间原则。自突破当天之后的连续2~3个交易日内收盘价应该站在支撑位（压力位）的下方（上方），以表示对此次突破的确认。

三、趋势线

（一）趋势线的含义

趋势线是描述价格趋势的直线，由趋势的方向可以明确地看出股价的趋势有两种，即上升趋势和下降趋势，因此，趋势线也有两种：上升趋势线和下降趋势线，具体画法如图7-100所示。

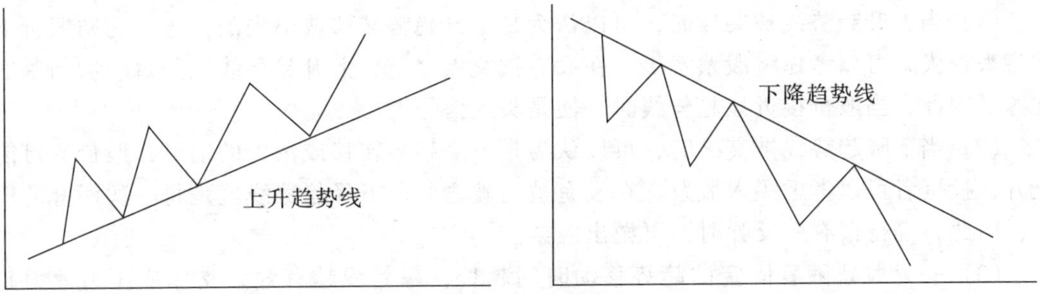

图7-100　趋势线

（1）上升趋势线。上升趋势线是指在上升趋势中，将两个依次抬高的低点连接成一条直线，且其股价都保持在此直线的上方，这条直线即为上升趋势线。

（2）下降趋势线。下降趋势线是指在下降趋势中，将两个依次降低的高点连接成一条直线，且其股价都保持在此直线的下方，这条直线即为下降趋势线。

要得到一条真正起作用的趋势线，至少要经过以下两个方面的认证才能最终确认：

（1）必须确实有趋势存在。在上升趋势中，必须要有两个依次上升的低点；在下降趋势中，必须要有两个依次下降的高点，才能确认趋势的存在，连接两个点的直线才有可能成为趋势线。

（2）画出直线后，还应得到第三点的验证才能确认这条趋势线是有效的。一般来说，画出的直线被触及的次数越多，其作为趋势线的有效性越容易被确认，该条线的技术意义也就越大。例如，在形成上升趋势线的过程中，行情第二次回落到趋势线上，在那里获得支撑，形成第三个短期低点后又上升，其后第四次在趋势线上获得支撑上升，那么该趋势线的技术性分析意义越来越大，可靠性也越来越高。

（二）趋势线的作用

（1）对股价的变动起约束作用。在上升趋势中，趋势线使价格总保持在其上方，起支撑作用；在下降趋势中，趋势线使价格总保持在其下方，起压力作用。

（2）趋势线被突破后，说明原来的趋势即将结束，股价下一步的趋势将要转变。越重要、越有效的趋势线突破，其转势的信号越强烈。被突破的趋势线将变换角色，即原来是支撑线的，之后将起压力作用；原来是压力线的，之后将起支撑作用，如图7-101所示。

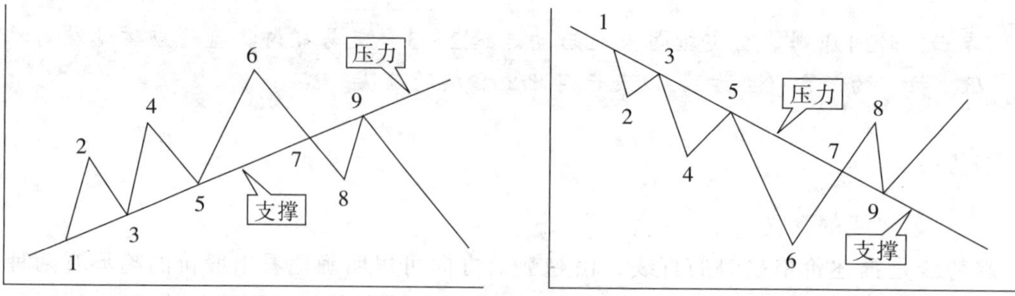

图7-101　趋势线的突破

（三）趋势线的应用

（1）当上升趋势线被突破时，可以认为是上升趋势转移或消失的信号，为防股价下跌带来损失，可以考虑将股票卖出。在没有被突破之前，上升趋势线就是每一次回落的支撑，因此，当股价接近该趋势线时，便是买入信号。

（2）当下降趋势线被突破时，可以认为是下降趋势转移或消失的信号，股价有可能上升，投资者可以考虑买入股票。在没有被突破之前，下降趋势线就是每一次回升的压力，因此，等行情有所反弹时即可抛出股票。

（3）一只股票随着固定的趋势移动时间越长，趋势线越有效，支撑或压力效力越大。一般来说，趋势线跨越时间长度的大小，对股价突破的意义有很大的影响。通常，趋势线维持的时间越长，倾斜度越小，突破后股价走势越可能出现反转。

（4）趋势线与水平线所成的角度越大，通常表示股价上升或下降过快，越容易被一个短期的横向整理所突破，因此趋势线的斜率越大，可靠性越低，压力作用和支撑作用也越弱，以后很容易被突破或修正。同样，趋势线过于平缓，则说明趋势过于衰弱，有效性也较低；只有具有适当角度（大约为30°～45°）的趋势线的技术性分析意义较大，如图7-102所示。

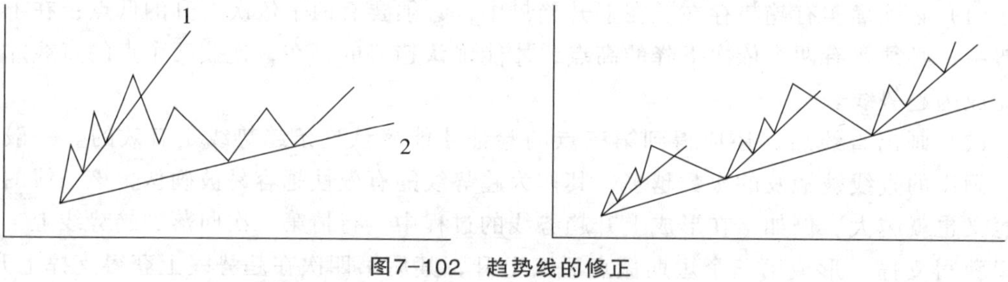

图7-102　趋势线的修正

四、轨道线

（一）轨道线的定义

轨道线又称通道线或管道线，是基于趋势线的一种方法。在已经得到了趋势线后，通过第一个峰或谷可以作出这条趋势线的平行线，这条平行线就是轨道线。股票价格运动有时会在趋势线和轨道线之间的区间运行，这个区间被称为“通道”。按股价运动方向，可将轨道线分为上升轨道线、下降轨道线，如图7-103所示。

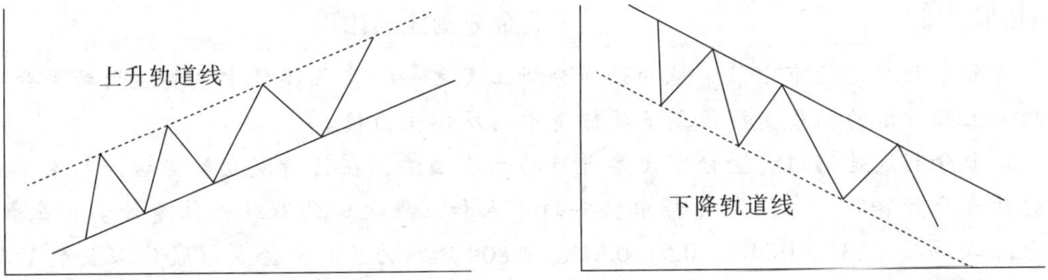

图7-103　轨道线

（二）轨道线的作用

（1）限制股价的变动范围，使价格总保持在这条趋势线的上方（上升趋势线）或下方（下降趋势线）。实际上，这就是起支撑和压力作用。因此，当轨道线确立后，就非常容易找出高低价位所在，短线投资者可以依此判断来操作股票。

一个轨道线一旦得到确认，价格将在这个通道里变动。对上面或下面的直线的突破将意味着有一个大的变化。与突破趋势线不同，对轨道线的突破并不是趋势反向的开始，而是趋势增强的开始，即原趋势线的斜率的绝对值将会增加，趋势线将会更加陡峭。

（2）发出趋势转向的警报。如果股价在新的一轮调整中未触及轨道线，离得很远就开始掉头，这往往预示着未来股价的变动趋势将要改变。这说明，市场已经趋弱，没有力量继续维持原有的趋势。

不难看出，先有趋势线，后有轨道线，轨道线和趋势线是相互合作的一对，不过趋势线比轨道线重要得多，趋势线可以独立存在，而轨道线则不能。

五、趋势线与轨道线实例

300598诚迈科技2019年9月30日至2020年1月14日走出了一个沿上升趋势线缓慢爬升的走势，该股股价到上升轨道线就会回落，直到1月15日突破上轨，上升开始加速，如图7-104（A）所示。

000001平安银行2021年10月至2022年11月走出了一个沿下降趋势线缓慢下跌的走势，该股股价走到下降轨道线就会回升，如图7-104（B）所示。

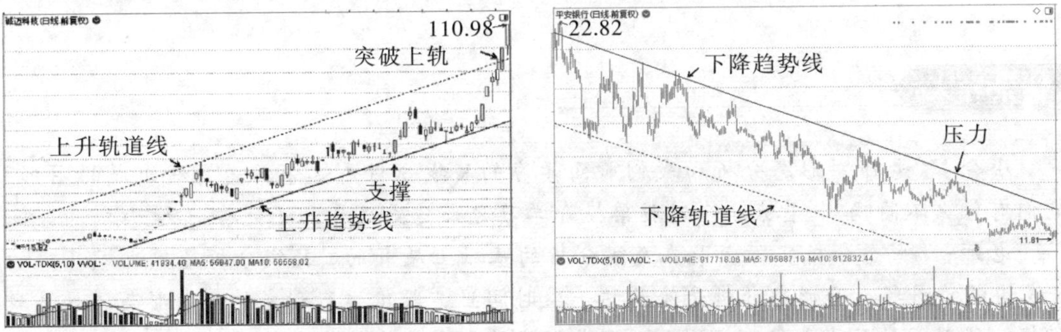

（A）上升趋势线与上升轨道线　　（B）下降趋势线与下降轨道线

图7-104　趋势线与轨道线

知识拓展 7-6 **黄金分割线的作用**

黄金分割线是股市中最常见的切线分析工具之一，实际操作中主要运用黄金分割来揭示上涨行情的调整支撑位或下跌行情中的反弹压力位。

黄金分割线是利用黄金分割比率进行的切线画法，在行情发生转势后，无论是止跌转升或止升转跌，以近期走势中重要的高点和低点之间的涨跌幅作为计量的基数，将原涨跌幅按0.236、0.382、0.5、0.618、0.809分割为5个黄金点，股价在反转后的走势将可能在这些黄金分割点上遇到暂时的阻力或支撑。

实际操作中需注意：黄金分割线中最重要的两条线为0.382比率线、0.618比率线，在回调中0.382为弱势回调、0.618为强势回调，在反弹中0.618为强势反弹位、0.382为弱势反弹位。

黄金分割线没有考虑时间变化对股价的影响，所揭示出来的支撑位与压力位较为固定，投资者不知道什么时候会到达支撑位与压力位。因此，如果指数或股价在顶部或底部横盘运行的时间过长，则其参考作用要打一定的折扣。

任务实施

学生通过学习趋势分析，选择相关股票，判断所选股票未来趋势，对重要趋势线形成的要点，通过反复训练与模拟实战掌握，最终能够利用切线分析选择投资标的股票，获得寻找趋势股票买点、卖点的操盘能力。

学习评价

根据学生按照切线分析原理选择的投资标的股票，未来涨跌的实盘验证概率的高低，评价学生掌握切线分析的情况。

任务五　形态分析

情景导入

小金："老师，形态分析和我们前面学习的K线分析看起来都是K线组成的图形，它们有什么不同吗？"看来小金对股票投资学习越来越感兴趣，还会举一反三啦。

老师："形态分析实际上是在K线分析的基础上展开的，K线分析是单日或几日的K线构成的图形，而形态分析是较长的一段时间里，股价运行形成的K线形态。如果我们把一段时间的K线看作一幅图画，股票K线的形态就像一个大笼子，它把股票的一切信息进行合成，将主力的意图最终反映在这幅神奇的图上。因此，分析研究股票形态，有助于找出运行规律并加以利用，帮助自己驰骋股市。"

知识准备

通过对股价K线图的分析、投资者可以判断股价未来的运动方向，但是这种预测结果只适用于往后很短的时期。形态分析的出现刚好弥补了这种不足，它通过研究股价所走过的轨迹来研究价格曲线的各种形态，分析和挖掘出曲线所告知的买卖双方力量的对比结果，发现价格的运动方向，进而指导投资决策的行动。

一、股价移动的规律

根据股价运动的规律，股价的移动主要是打破平衡的反转突破和保持平衡的持续整理这两种过程，这样，可把股价曲线的形态分成两大类型：一是反转突破形态，二是持续整理形态。

反转突破形态是指股价趋势逆转所形成的图形，是股价由原来的上升行情转变为下跌行情或由原来的下跌行情转变为上升行情的信号。重要的反转突破形态有头肩顶和头肩底、双重顶和双重底、圆弧顶和圆弧底等形态。

持续整理形态是指股价经过一段时间的快速变动后，不再继续原趋势，而在一定区域内上下窄幅变动，等时机成熟后再继续以往的趋势。持续整理形态主要有三角形、矩形、旗形等。本任务对几种常见的形态进行介绍。

二、反转突破形态

（一）头肩形

头肩形包括头肩顶和头肩底两种形态，如图7-105所示。头肩形是价格形态中最基本的反转形态，头肩顶是顶部反转形态，而头肩底是底部反转形态。头肩形态中一共出现三个顶或底，即出现三个局部的高点或低点。中间的高点（或低点）比另外两个局部高点都高（低）称为头，左右两个相对较低（或高）的高点（低点）称为肩。下面以头肩顶为例对头肩形进行介绍。

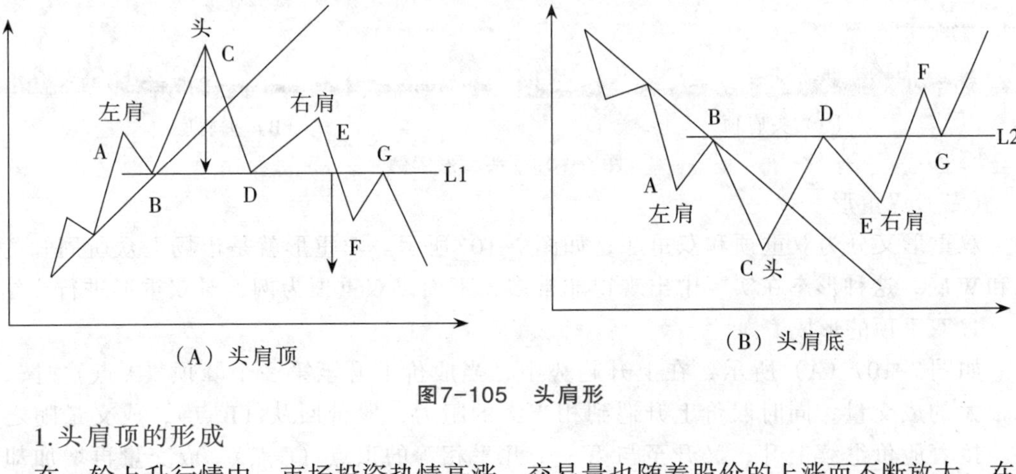

图7-105　头肩形

1.头肩顶的形成

在一轮上升行情中，市场投资热情高涨，交易量也随着股价的上涨而不断放大，在股价创出新高A点后的回档过程中，出现缩量调整，这时头肩顶的左肩悄然形成。股价在回档之后又重回升势，在冲破前期高点后又创出新高C点，价位超过左肩但成交量却有所减少，头部形成。股价第三次上升至E点，价位达不到左肩的高度即回跌，成交量显著下降。

当股价第三次下跌时，右肩的底部穿过经由左肩和头部之间的底部以及头部和右肩之间底部的延长线，也就是通常所说的颈线（图7-105（A）中的L1），再回升时股价仅能达到颈线附近，然后成为下跌趋势，头肩顶形态完成。

2.头肩顶的特征

（1）一般来说，左肩与右肩高点大致相等，有时右肩较左肩低，即颈线向下倾斜。

（2）就成交量而言，左肩最大，头部次之，而右肩成交量最小，即呈梯状递减。

（3）突破颈线不一定需要大成交量配合，但日后继续下跌时，成交量会显著增加。

头肩顶的下跌幅度是可以度量的，理论上股价从向下有效突破颈线时，下跌的最小幅度是颈线到头的垂直距离，又称为形态高度。

3.头肩底的形成与意义

头肩底与头肩顶从形态上看正好相反，其指示意义也完全相反。当头肩底颈线突破时，便是股价上涨的信号，值得注意的是，头肩底形态向上突破颈线（图7-105（B）中的L2）时，必须要伴随着成交量的急剧增加，否则，可靠性将大为降低，甚至可能出现假的头肩底形态。这一点是头肩底和头肩顶最大的区别，头肩顶形态完成后，向下突破颈线时，成交量不一定放大。

4.头肩形实例

603055台华新材2021年8月6日至2022年4月27日，走出了头肩顶形态，如图7-106（A）所示。

600577精达股份2022年3月2日至6月27日，走出了头肩底形态，如图7-106（B）所示。

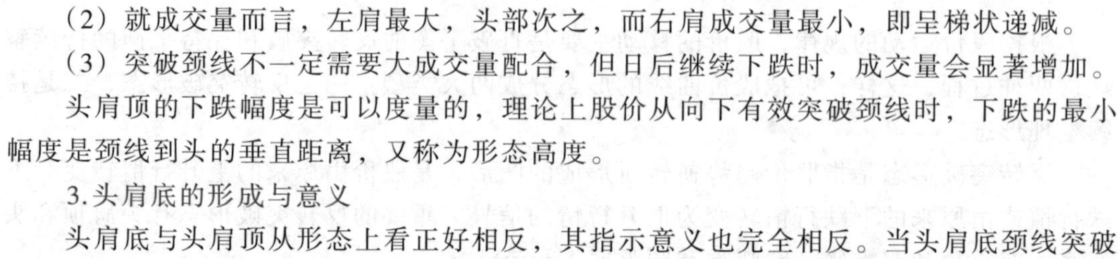

（A）头肩顶　　（B）头肩底

图7-106　头肩形实例

（二）双重形

双重形又分为双重顶和双重底，如图7-107所示。双重形就是市场上众所周知的M头和W底，这种形态在实际中出现得非常多，下面以双重顶为例，对双重形进行介绍。

1. 双重顶的形成

如图7-107（A）所示，在上升趋势中，当股价上升至第一个峰顶（A点）时，出现很大的成交量，同时股价上升遇到相当大的阻力，股价回跌（B点），成交量随之下降。接着股价继续上升，又升至与第一个几乎相等的顶点（C点），成交量再增加却不能达到前一个峰顶的成交量，随后又出现第二次下跌，这样就形成双重顶。过B点做平行于A、C连线的平行线，就得到一条非常重要的直线，即颈线。A、C连线是压力线，颈线是与这条压力线相对应的一条直线，这条颈线在这里起支撑作用。

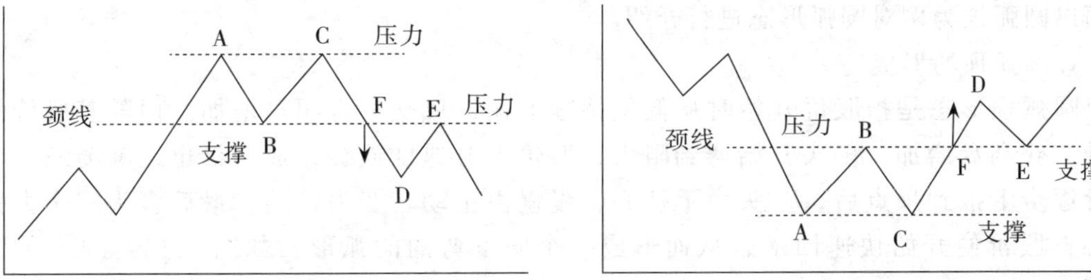

A双重顶　　B双重底

图7-107　双重形

2. 双重顶的应用

双重顶是一个转向形态。当出现双头时，即表示股价的升势已经终结，可以肯定，双头的最高点就是该股股价的顶点；当双头颈线跌破，就是一个可靠的出货信号。在运用双重顶进行趋势判断时，应注意以下几点：

（1）双头的两个最高点并不一定在同一水平线上，两者相差少于3%是可接受的。

（2）双头最小跌幅的量度方法是：由颈线开始计起，从双头最高点至颈线之间的垂直距离。

（3）双头形成后不一定都是反转信号，有时也会是整理形态，这要视两个波峰的时间差定，通常两个高点形成的时间相隔超过一个月的情况较为常见。两峰之间的时间跨度越大，未来股价反转涨跌的幅度越大。

（4）双头的两个波峰都有明显的高成交量，但第二个头部的成交量显著较第一个头部小，其越小反转的力度越大，反映出市场的购买力量已在转弱。

3. 双重底

双重底是双重顶的相反形态，其指示意义与双重顶相反。它与双重顶的最大区别在于，股价从下向上突破颈线时必须有成交量放大配合，否则它的有效性就会降低。

4. 双重形实例

002997瑞鹄模具2022年7月4日至10月10日，走出了双重顶形态，如图7-108（A）所示。

600088中视传媒2022年9月5日至11月16日，走出了双重底形态，如图7-108（B）所示。

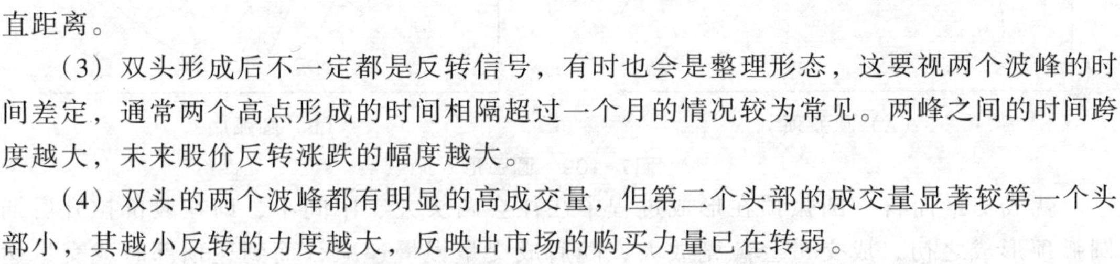

（A）双重顶　　（B）双重底

图7-108　双重形实例

（三）圆弧形

圆弧形包括圆弧顶和圆弧底，如图7-109所示。但它们在实际中出现的机会较少，下面以圆弧顶为例对圆弧形态进行介绍。

1. 圆弧顶的形成

圆弧顶形态是指股价开始时从低位持续上扬，成交量也明显增加。但随着股价的攀升，获利盘增加，多头开始遇到阻力，股价上升速度放缓，成交量也逐渐萎缩。当股价逐步上推到顶点后，多头力不从心，慢慢由主动转变为被动，最后多头完全失去信心，股价便开始快速回落，从而形成一个向下弯曲的弧形，如图7-109（A）的圆弧顶。

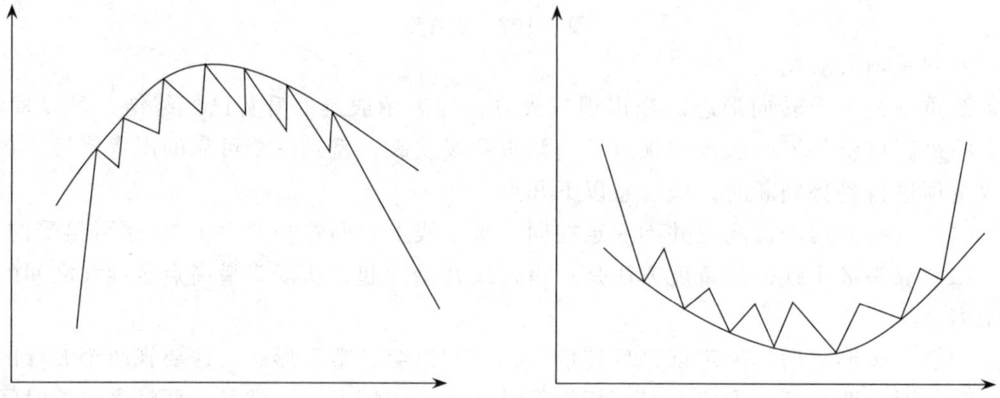

（A）圆弧顶　　（B）圆弧底

图7-109　圆弧形

就成交量而言，圆弧顶在形成过程中往往会两头大、中间小，即在股价拉升后期圆弧顶形成之初，成交量会急剧放大，随后成交量慢慢递减，而到达顶部时成交量达到最少。圆弧顶形态在向下反转时成交量又会放大，但比圆弧顶形成之初时的量要少。

2. 圆弧顶的应用

第一，在识别圆弧顶形态时，成交量显得非常重要。在它的形成过程中，成交量两头大中间小。越靠近顶成交量越小，达到顶时成交量最小，而突破后的一段，都有相当大的成交量。

第二，圆弧形态的最终形成要经过较长时间，特别是在顶部的横向盘整，投资者要仔细观察，不可贸然进出。但圆弧顶一经形成，应立即果断卖出。圆弧形态形成所持续的时间越长，潜在的能量越大，日后反转的力度就越强。

第三，有时当圆弧顶形成后，股价并不会马上下降，只反复横向发展形成徘徊区域，这个徘徊区域称作碗柄。一般来说，这个碗柄很快便会突破，股价继续朝着预期中的下跌趋势发展。

第四，圆弧顶的跌幅一般不太好测量，但下跌的最小幅度往往是从圆弧顶到圆弧两端连线的垂直距离。

3. 圆弧底

圆弧底正好相反，它是一个反转向上的形态，如图7-109（B）所示。圆弧底的形态是股价慢慢下跌，成交量也逐渐萎缩，直至股价和成交量都达到无法再下降的水平，股价又渐渐上升，成交量也伴随增加，形成圆弧底形态。一般情况下，圆弧底形态中成交量会形成与股价大致相似的圆弧形。

4. 圆弧形实例

002074国轩高科2021年10月13日至2022年1月5日走出了圆弧顶形态，如图7-110（A）所示。

002443金洲管道2021年9月16日至12月3日走出了圆弧底形态，随后突破圆弧底前高，展开一波上升行情，如图7-110（B）所示。

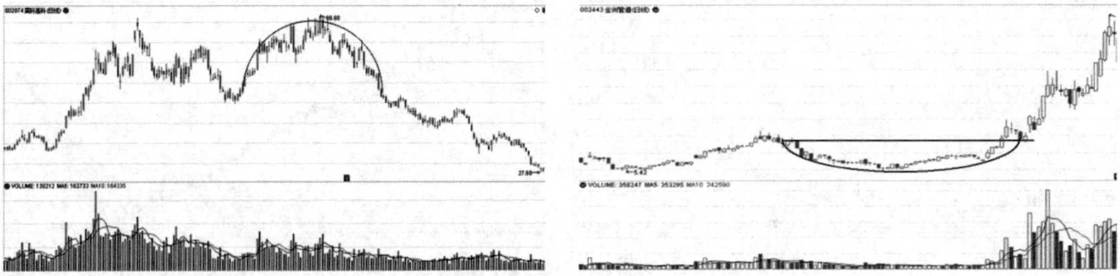

（A）圆弧顶　　（B）圆弧底

图7-110　圆弧形实例

（四）V字形

V字形包括V形顶和V形底，如图7-111所示。

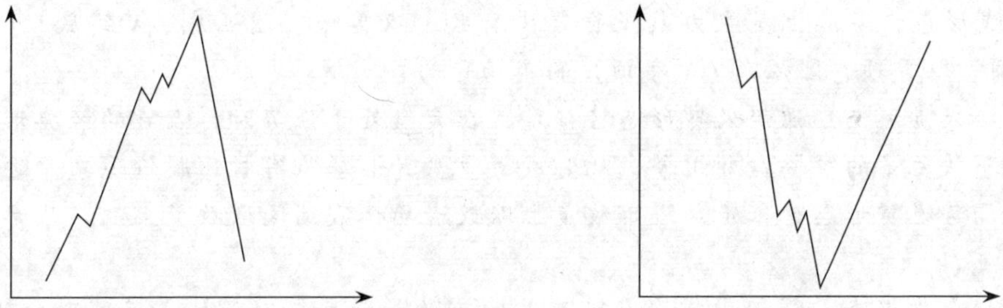

（A）V形顶　　（B）V形底

图7-111　V字形

1. V形顶

V形顶是表示股价走势在上升趋势中变化幅度较大，速度较快的一种形态。这种形态是股价在很短时间内攀升到一定高度后形成顶部，又在较短时间内急速下跌，形成类似倒写的英文字母V的一种股市反转形态。它是一较难把握的走势形态。

2. V形底

V形底是股市不常见的一种反转形态，它一般出现在急剧动荡的市场中。V形底的形成是股价从顶部下跌，经过一段较长时间的大幅下跌之后，股价下跌至最低点附近，然而股价再无力下跌，股价在低位稍做停留之后，便在消息面和成交量的配合下快速攀升，形成类似于英文字母V的一种股市反转走势。

V形底的反转事先没有明显的征兆，一般是在市场将出现比较大的利好条件或短期内股价跌幅太大的情况下产生的，因此，投资者只能从成交量和股价的跌幅程度来分析判断。当股价在经过一段时间的大幅下跌后，其K线形态出现大阳线或下影线很长的K线时，如果成交量也明显放大，投资者就应开始考虑买入股票。

3. V形实例

002995天地在线2022年10月26日至11月25日走出了V形顶形态，10月28日至11月11日13个交易日共8个涨停板，股价飞快上涨，11月12日又快速下跌，5个交易日3个跌停板，如图7-112（A）所示。

600861北京城乡2022年7月8日至10月12日一路下跌，10月12日当天收阳线后一路上涨，走出了V形底形态，如图7-112（B）所示。

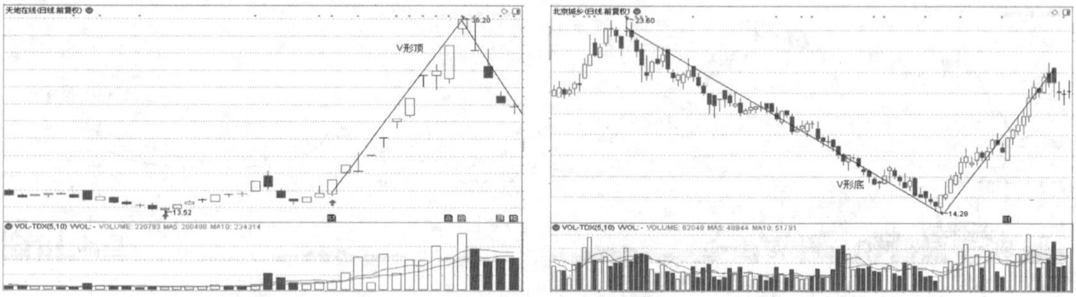

（A）V形顶　　（B）V形底

图7-112　V形实例

知识拓展7-7　　怎样利用K线形态寻找股票买卖点

K线形态，实际上是主力或吸货（头肩底、双重底、圆弧底、V字底），或出货（头肩顶、双重顶、圆弧顶、V字顶）的市场行为：

（1）吸货形态：强势吸货形态特征是，在大盘处于强势时，吸货的经典形态是上涨有量下跌无量的窄幅盘升组合，此时成交量盘升，尾市有打压股价现象，运动节奏逆市；弱势吸货形态特征是，逆市放量上涨或者箱体震荡间歇放量上涨。此时该寻找的是买点。

（2）出货形态：强势出货形态特征是顺市放量滞涨或者箱体震荡间歇拉锯放量；弱势出货形态特征是放量下跌。此时该寻找的是卖点。

三、持续整理形态

股价走势在上升或下降过程中，有时需要休整，在图形上就形成了整理形态，但这种整理形态并不改变原来股价走势的方向，由于力量的变化不同，整理形态会形成各种不同的形态。

（一）三角形形态

1. 对称三角形

对称三角形由一系列的价格变动所组成的，其变动幅度逐渐减小，也就是说，价格上升的高点逐渐降低，下跌的最低点逐渐升高，且上升幅度和下跌幅度大致相当。如果把这些高点和低点分别以直线连接起来，就可以形成一个上下相对称的三角形形态，如图7–113（A）所示。

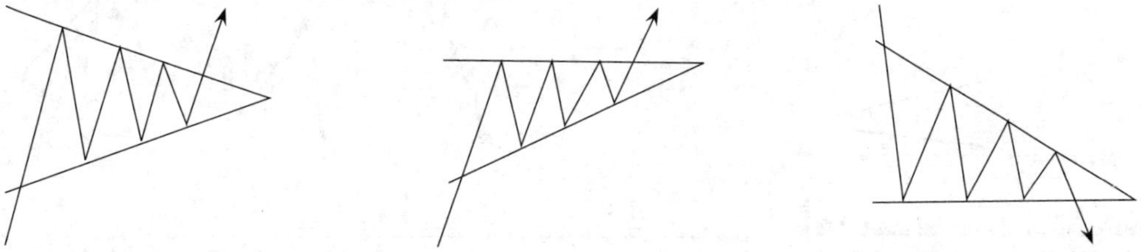

（A）对称三角形　　（B）上升三角形　　（C）下降三角形

图7–113　三角形

对称三角形大多发生在一个大趋势进行的途中，它表示原有的趋势暂时处于休整阶段，之后价会继续沿原来的趋势运动。由此可见，对称三角形形成后的走向最大的可能是原有的趋势。

只有在股价朝其中一方明显突破后，才可以采取相应的买卖行动。如果原来是上升趋势，股价于三角形底边1/2至3/4处冲破阻力且得到大成交量的配合，则表明股价已脱离盘局，即将展开新一轮上升趋势，这是一个短期买入信号。反之，如果原来是下跌趋势，股价于三角形底边1/2至3/4处在低成交量的情况下往下跌破，且跌后不久成交量随之放大，则表明股价还将继续下跌，这是一个短期卖出信号。如果股价盘整至超过三角形底边3/4处还未突破，则表示股价还将盘整。

2. 上升三角形

上升三角形是对称三角形的变形。当股价走势的低点一个比一个高，并随着一条水平阻力线的制约、股价波幅日渐收窄，这时将股价的高点连成一条水平线，将股价低点连成上倾直线，便形成上升三角形，如图7–113（B）所示。

与对称三角形相比，由于在上升三角形形成的过程中压力呈水平状态，始终一样，没有变化，而支撑却越来越高，所以，上升三角形有更强烈的上升意识，多方比空方更为积极。通常以三角形的向上突破作为这个持续过程终止的标志。上升三角形在突破顶部水平的压力线并伴有大成交量时，便是一个短期买入信号，后市十分看好。

3. 下降三角形

下降三角形与上升三角形相反，是看跌的形态。股价走势的高点一个比一个低，连接成一条向下的斜线，下方则是一条水平支撑线，两线相连便形成下降三角形。成交量在形态形成的过程中不断减少，但因价格变动与上升三角形相反，故空方将逐渐占据上风，一旦股价跌破下部水平压力线时，便是一个短期卖出信号，后市不容乐观，如图7–113（C）所示。

4. 三角形实例

600316洪都航空2020年1月至6月走出了对称三角形，如图7–114（A）所示。

002459晶澳科技2020年4月13日至6月23日走出了上升三角形，如图7–114（B）所示。

002602世纪华通2020年7月28日至9月25日走出了下降三角形，如图7–114（C）所示。

（A）对称三角形　　（B）上升三角形　　（C）下降三角形

图7-114　三角形实例

（二）旗形形态

旗形就是在股价变动中，出现的形如旗帜的狭窄而且倾斜的平行四边形，股价急速上升下跌的前段变动过程形成旗杆。旗形走势可分为上升旗形与下降旗形，如图7-115所示。

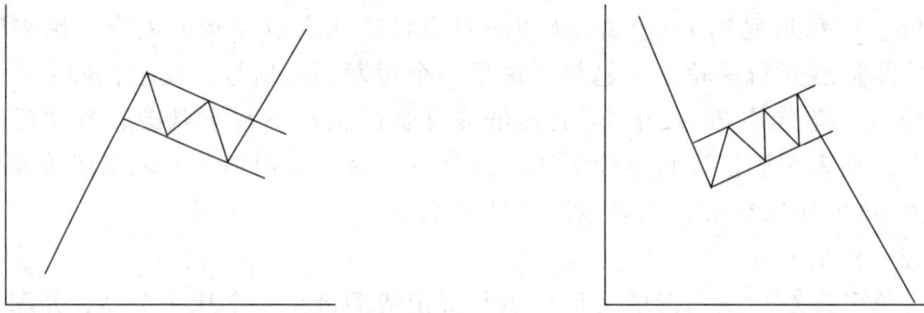

（A）上升旗形　　（B）下降旗形

图7-115　旗形

1. 旗形形态的形成

在上升趋势中，股价经过快速大幅上升，成交量逐渐增加，最后达到一个短期最高纪录。先介入的投资者获利卖出，上升趋势受阻，股价开始下跌调整，形成旗形。但由于大部分投资者对后市充满信心，股价回落幅度不大，成交量不断减少，经过一段时间整理后，到旗形末端时，成交量突然放大，股价向上有效突破旗形整理的上沿界线，又恢复原来的上升趋势，上升旗形形态完成。

在下跌趋势中，股价经过快速大幅下跌，成交量增加达到一个高点，然后有支撑反弹，不过反弹幅度不大，成交量小，股价小幅上升，形成旗形，经过一段时间整理，到达旗形末端，股价突然下跌，成交量大增，便形成下降旗形。

2. 旗形形态的应用

（1）旗形形态必须在急速上升或下跌之后出现，其形态趋势与原来的趋势相反。

（2）旗形形成之前和被突破之后，成交量都很大。在旗形的形成过程中成交量显著减少。当上升旗形往上突破时，必须有成交量激增的配合；当下降旗形向下跌破时，成交量也是大量增加的。

（3）在形态形成中，若股价趋势形成旗形而其成交量为不规则或很多又非渐次减少，则下一步将很快反转，而不是整理，即上升旗形往下突破，而下降旗形则向上突破。换言之，高成交量的旗形形态趋势可能出现逆转。因此，成交量的变化在旗形走势中是十分重要的，它是观察和判断形态真伪的唯一方法。

3. 旗形实例

688320 禾川科技2022年6月28日至7月6日，走出了上升旗形，随后股价展开一波猛烈的上攻行情，如图7-116（A）所示。

600956 新天绿能2022年8月9日至9月13日，走出了下降旗形，随后股价开始走下跌行情，如图7-116（B）所示。

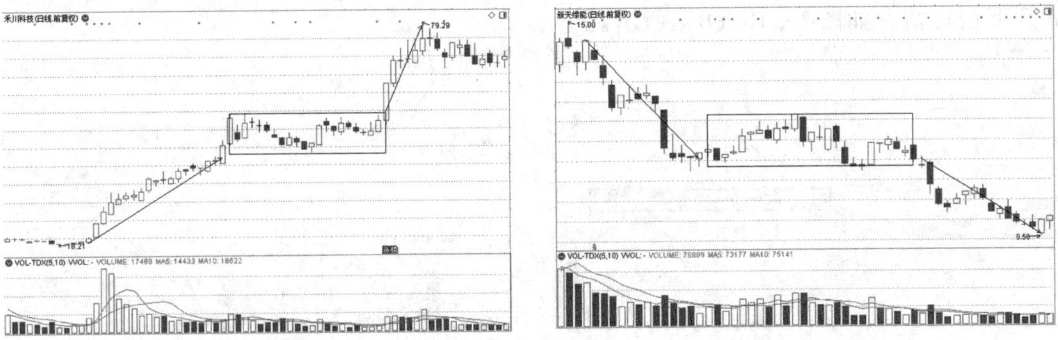

（A）上升旗形　　（B）下降旗形

图7-116　旗形实例

（三）矩形形态

1. 矩形形态的形成

矩形又称箱形，是一种典型的整理形态。其高点的连线与低点的连线近似平行，整个股价走势形成矩形，如图7-117所示。矩形形态在形成之时，多空双方全力投入，各不相让。空方在股价上涨到某个价位就抛出，多方在股价下到某个价位就买入，形成两条明显的上下界线。

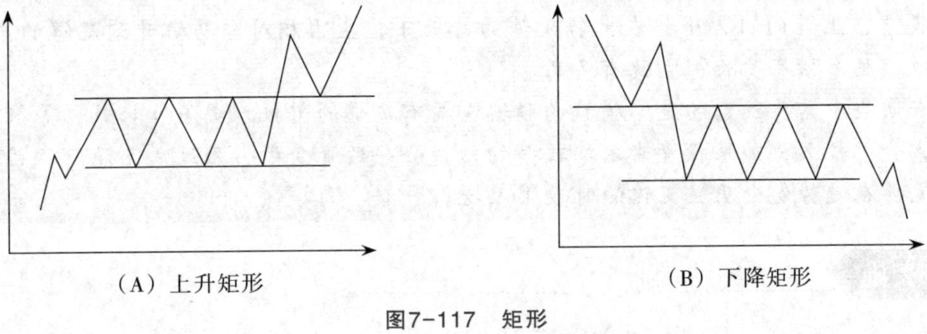

（A）上升矩形　　（B）下降矩形

图7-117　矩形

2. 矩形形态的应用

矩形往往是在股价变动中途转入整理阶段时出现的调整形态。但当整理结束、股价突破矩形后，行情就会反转。矩形越长，说明多空双方僵持的时间越长，预示突破上界线引起反转上升或突破下界线导致反转下跌的幅度也越大。值得注意的是，在上升行情中，股价向上突破矩形上界线时，往往需要成交量的配合，否则可能是假突破。股价距上界线越近，向上突破的有效性越低。在下跌行情中，股价向下突破矩形下界线时成交量不一定必须放大，股价距下界线越近，突破的有效性越低。因此，如果与矩形上界线的距离比较大，就可能提供短线炒作的机会，即在矩形形成的初期于下界线附近买入股票，于上界线附近抛出，获取短线的投资收益。而一旦股价有效突破矩形上（下）界线，则视为买进（卖出）的信号。

3.矩形实例

600657信达地产2021年12月26日至2022年3月21日，走出了上升矩形，随后股价展开上涨行情，如图7-118（A）所示。

300545联得装备2021年11月5日至2022年1月18日，走出了下降矩形，随后股价展开下跌行情，如图7-118（B）所示。

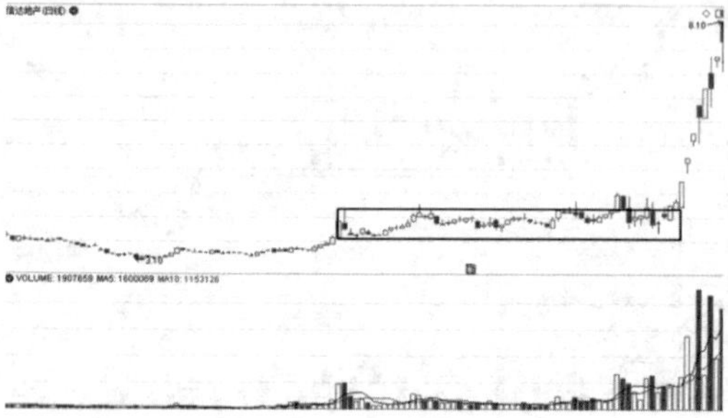

（A）上升矩形

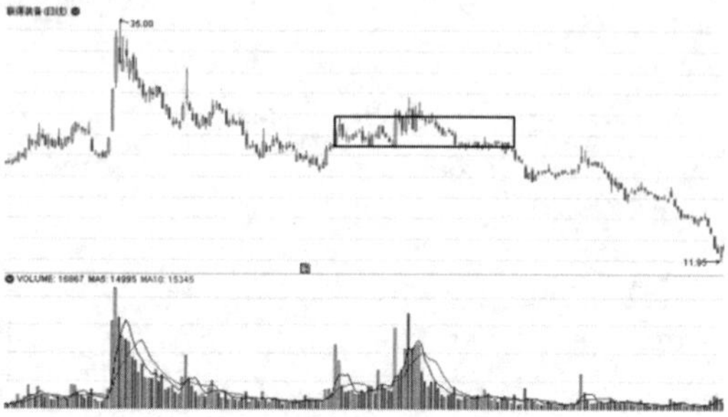

（B）下降矩形

图7-118　矩形实例

知识拓展7-8　　股市谚语“横有多长，竖有多高”背后的逻辑

股票中“横有多长，竖有多高”的意思是，在下跌后横向盘整（矩形整理、大圆弧底、三角形整理）的时间有多长，未来的涨幅就有多大，横代表的是时间，竖代表的是价格。

股票横盘时间越长，浮筹清理得越干净，筹码越多地集中到主力手中，其他的持筹人也经历了长期守候，都是坚定分子，在随后主力的拉升中不会随便抛售股票。这样的股票，上升的阻力小，在大势允许的情况下，主力相对容易拉升到足够的高度。所以说，股票横有多长，竖就有多高。

在实战中需要注意的是，横盘的股票需要有足够的契机才会展开拉升，等待的过程通常会比较久，如果投资者入场较早的话，会导致资金被占用过久而没有收益，所以一定要在趋势发生明显变化的时候再入场。

任务实施

学生通过学习形态分析，列举股票走势的反转形态，哪些属于底部反转形态？哪些属于顶部反转形态？并把握不同形态的买点和卖点。

学习评价

根据学生按照形态分析选择的投资标的股票，评价学生掌握形态分析的情况。

任务六　指标分析

情景导入

小金是个好学的学生，他发现在证券行情分析软件中，股票的基本图形包括K线图、均线、成交量，还有一些用英文字母表示的指标，如KDJ、MACD等。他很好奇：这些指标是用来干什么的？怎么使用？有些指标图形跟着K线跑，而有些又比K线快或者慢！

的确如小金同学观察到的一样，这些KDJ、MACD等都是技术指标，大大小小有上千个。它们是应用数学公式，将原始数据进行处理，得出指标值，将这些值连起来就形成所看到的图形。至于用处，当然是用来分析和预测股票未来走势的呀！想要提高操盘的综合能力，赶紧来学习技术指标吧！对你一定有帮助！

知识准备

指标分析是指按照确定的方法对原始数据进行处理，制成图表，并用制成的图表对股市进行分析的方法。原始数据指的是开盘价、最高价、最低价、收盘价、成交量和成交金额，有时还包括成交笔数。指标分析的应用主要通过分析以下几点：指标的背离、指标的交叉、指标的高位和低位、指标的徘徊、指标的转折、指标的盲点。

每一个技术指标都是从某一特定方面对股市进行观察。利用技术指标可以进行定量的分析。各个指标在预测大势方面有准确程度的区别，进行研判走势时，不可能考虑每一个技术指标。通常是以四五个技术指标为主，别的指标为辅。

目前，全世界各种各样的技术指标有上千种，它们都有自己的拥护者，并在实际运用中取得一定的效果。本任务将对目前流行的指数平滑异同移动平均线（MACD）、随机指标（KDJ）、布林线（BOLL）分别予以介绍。

一、MACD指标

（一）MACD指标的含义

MACD是指数平滑异同移动平均线的简称，MACD指标利用快速移动平均线和慢速移动平均线，在一段上涨或下跌行情中两线之间的差距拉大，而在涨势或跌势趋缓时两线又相互接近或交叉的特征，通过双平滑运算后研判买卖时机的方法。

（二）MACD指标的构成

MACD由正负差（DIF）、异同平均数（DEA）和柱状线（BAR）三部分组成，围绕0轴变化，DIF是核心，DEA是辅助。DIF是快速与慢速指数平滑线（EMA）之差，快速和慢速的区别在于进行指数平滑所采用的参数，参数小的是快速，参数大的是慢速。

MACD指标如图7-119所示。

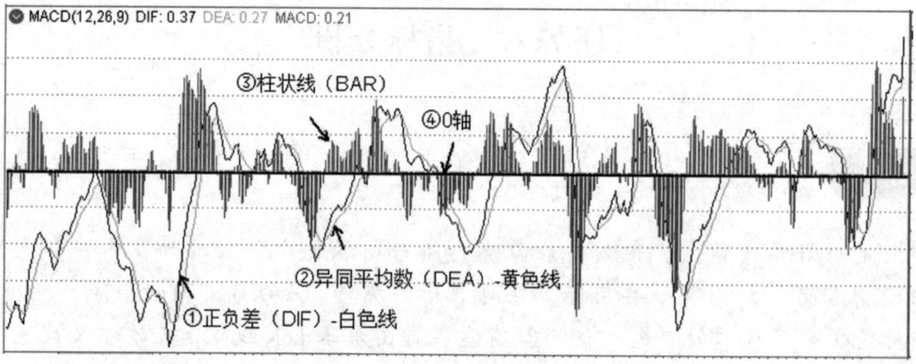

图7-119　MACD指标

（三）MACD指标的应用法则

（1）DIF和DEA均为正值时，属多头市场。DIF向上突破DEA是买入信号；DIF向下跌破DEA只能认为是回落，作获利了结。

（2）DIF和DEA均为负值时，属空头市场。DIF向下突破DEA是卖出信号：DIF向上突破只能认为是反弹，作暂时补空。

（3）当DIF向下跌破零轴线时，为卖出信号；当DIF上穿零轴线时，为买入信号。

（4）底背离。股价经过数浪连续下跌，一底比一底低，而DIF和DEA在0轴之下形成多次交叉，指标不创新低。这种股价创新低而指标不创新低的情况称为底背离，是非常好的买入信号，后市通常产生较大的上升行情，如图7-120所示。

（5）顶背离。股价经过数浪连续上涨，一浪比一浪高，而DIF和DEA在0轴之上产生多次交叉，指标不创新高。这种股价创新高而指标不创新高的情况称为顶背离，是比较好的卖出信号，后市通常产生较大的下跌行情，如图7-120所示。

讲义7-1

背离

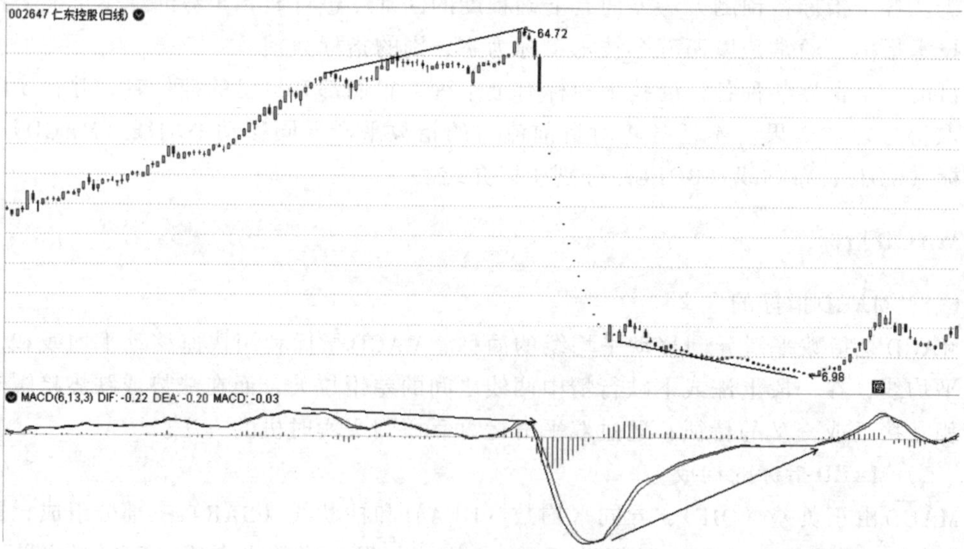

图7-120　顶背离、底背离

二、KDJ指标

（一）KDJ指标的含义

KDJ指标又叫随机指标，最早起源于期货市场，由乔治·莱恩（George Lane）首创。KDJ指标在设计过程中主要是研究最高价、最低价和收盘价之间的关系，同时也融合了动量观念、强弱指标和移动平均线的一些优点。因此，能够比较迅速、快捷、直观地研判行情，被广泛用于股市的中短期趋势分析，是期货和股票市场上最常用的技术分析工具。

（二）KDJ指标的构成

KDJ指标是由K线、D线与J线三条线构成的。K值和D值的取值范围都是0~100，可将其划分为三个区域，即超卖区、徘徊区和超买区，如图7-121所示。

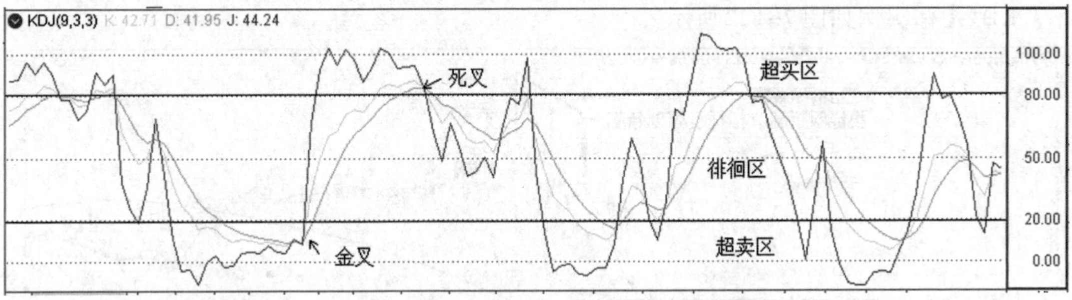

图7-121 KDJ指标

（三）KDJ指标的应用法则

KDJ指标在应用时主要从五个方面进行考虑：KD取值的绝对数字、KDJ指标形态、KDJ指标的交叉、KDJ指标的背离、J指标的取值。

1. 超买超卖信号

按一般划分标准，KD值在20以下的为超卖区，是买入信号；KD值在20~80之间的为徘徊区，宜观望；KD值在80以上的为超买区，是卖出信号。

2. 买入和卖出信号

一般来说，K线上穿D线是金叉，为买入信号；K线下穿D线是死叉，为卖出信号。但是KD指标较为敏感，频繁地发出买入和卖出信号会使得投资者无所适从。因此，KD指标发出的买入或是卖出信号是否可靠，还要看别的信号。下面以买入信号为例来说明：

第一个条件是金叉的位置应该比较低，最好处在超卖区的位置，越低越可靠。

第二个条件是与K与D相交的次数。有时在低位，K、D要来回交叉好几次。交叉的次数以2次为最少，越多越可靠。

第三个条件是交叉点相对于KD线低点的位置，这就是常说的“右侧相交”原则。K在D已经抬头向上时才同D相交，比D还在下降时与之相交要可靠得多。换句话说，右侧相交比左侧相交好。

满足了上述条件，买入就安全一些。少满足一条，买入的风险就多一些。但是，如果要求每个条件都满足，尽管比较安全，但也会错过很多机会。对于K线从上向下穿破D线的死叉，也有类似的结果，这里就不再重复。

3. 背离分析

KD指标也会与股价出现背离的走势。与其他技术指标的背离现象研判一样，KDJ的背离中，顶背离的研判准确性要高于底背离。当股价在高位，KDJ在80以上出现顶背离时，可以认为股价即将反转向下，投资者可以及时卖出股票；而股价在低位，KDJ也在低位（50以下）出现底背离时，一般要反复出现几次底背离才能确认，并且投资者只能做战略建仓或做短期投资。

4. J值研判

J值指标取值超过100和低于0时，都属于价格的非正常区域，J值大于100为超买，J值小于0为超卖。

KDJ指标实例如图7-122所示。

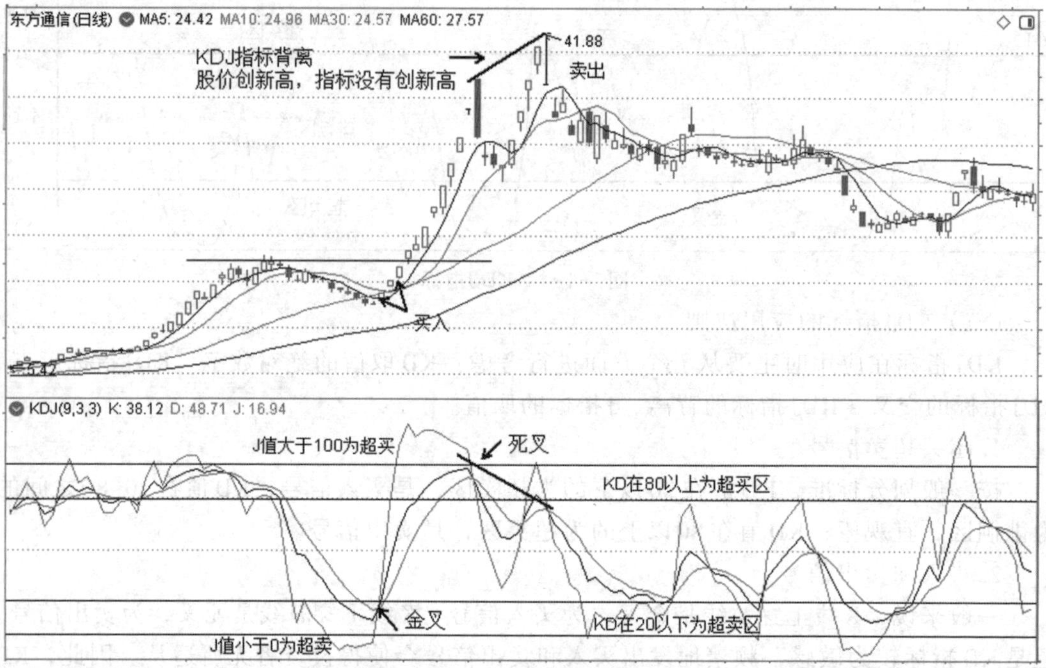

图7-122 KDJ指标实例

（四）KDJ指标与MACD指标结合应用之道

1. 主次之分

MACD指标属于趋向性指标，KDJ指标称为随机指标，在实际的操作中以震荡指标（又叫摆动指标）的方式来使用，因此，在MACD指标与KDJ指标的组合中，以MACD指标的方向为主，以KDJ指标为辅助寻找买卖点。

2. 金叉死叉

KDJ指标和MACD指标同时在0轴下方发出金叉信号，则可以半仓以上买入；KDJ指标和MACD指标同时在0轴上方，且在高位开始形成死叉，则意味着股价已见顶，后市下跌，考虑卖出。个股的MACD指标所形成的金叉一般要慢于KDJ指标所形成的金叉；投资者应在两个金叉形成之后再寻找合理的介入时机，不可贸然买入，如图7-123所示。

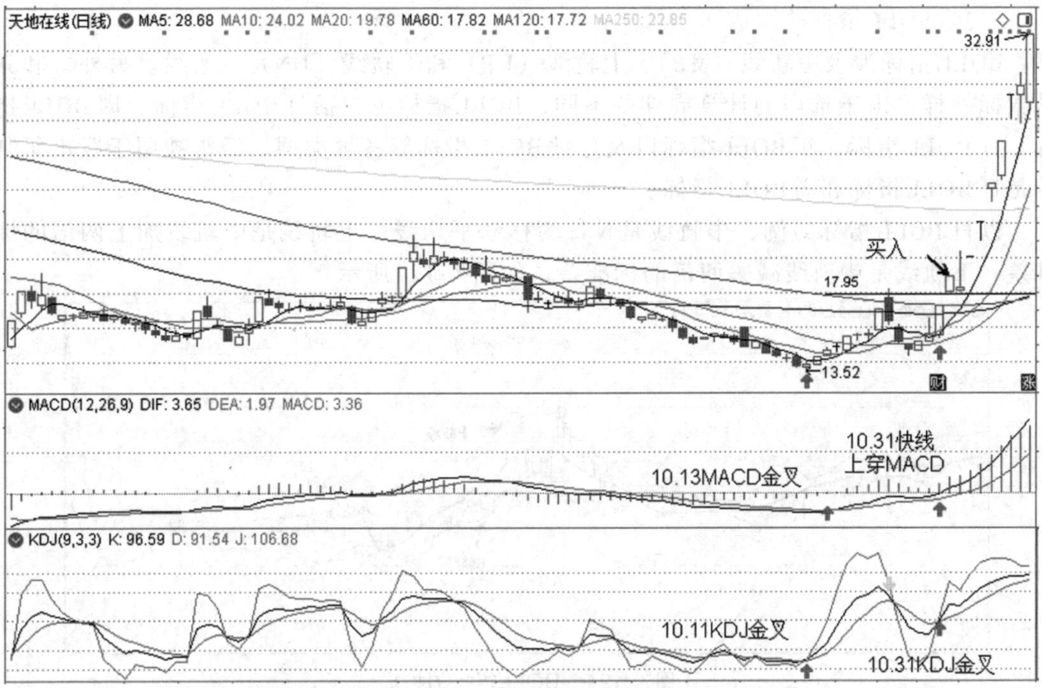

图7-123　KDJ指标与MACD指标金叉结合运用实例

3. 顶底背离

重点留意MACD指标背离，MACD指标顶背离形成时，等待KDJ指标高位超买时做空；当MACD指标底背离时，等待KDJ指标低位超卖时做多。在个别的情况下，MACD指标与KDJ指标同时形成背离，这种讯息的可靠性更强。

4. 需要注意的几点

（1）当遇到强势的单边行情时，KDJ指标很难打到超进或者超出区域，关注KDJ指标的三根线的发散程度，快线大幅偏离慢线的时候，即使没有达到超进或者超出区域，也可进场。

（2）在股市中，使用指标共振的时候，依然要重点参考成交量。

（3）MACD与KDJ组合的指标共振，可以把握进场点，但是不能预测获利空间。

（4）MACD与KDJ组合的指标共振，不适合过短或者过长的周期，比如1分钟周期过短，MACD指标的趋向性优势凸显不出，比如月周期走势，周期太长，KDJ指标的超进超出优势凸显不出。

三、BOLL指标

（一）BOLL指标的含义

BOLL是布林线的简称，是通过计算股价的“标准差”，再求股价的“信赖区间”。该指标在图形上画出三条线，其中上下两条线可以分别看作股价的压力线和支撑线，而在两条线之间还有一条股价平均线。一般来说，股价会运行在压力线和支撑线所形成的通道中。

（二）BOLL指标的构成

BOLL指标涉及中轨线（MB）、上轨线（UP）和下轨线（DN）三条线。另外，和其他指标一样，由于选用的计算周期的不同，BOLL指标也包括日BOLL指标、周BOLL指标、月BOLL指标、年BOLL指标以及分钟BOLL指标等各种类型。经常被用于股市研判的是日BOLL指标和周BOLL指标。

以日BOLL指标为例，中轨线是N日的移动平均线，上轨线是中轨线加上两倍的标准差，下轨线是中轨线减去两倍的标准差，如图7-124所示。

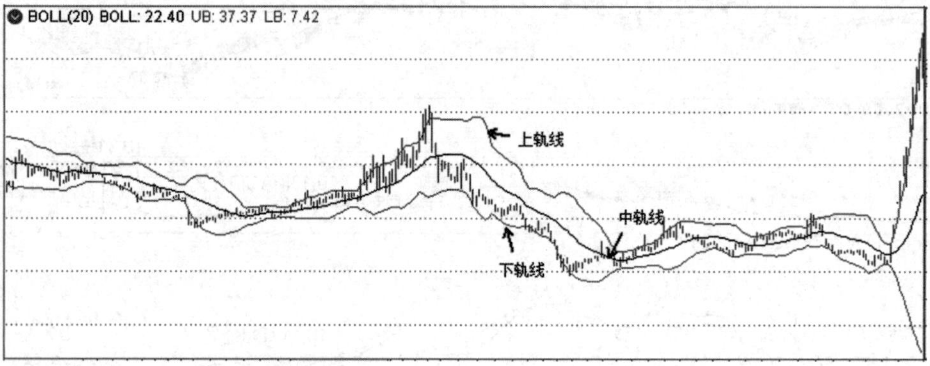

图7-124 BOLL指标的构成

（三）BOLL指标的应用法则

1. 持股原则

当布林通道处于上升的趋势，而股价运行于布林通道的上轨和中轴之间时，这是股价正处于强势的多头态势，以持股为主。

2. 不介入原则

当布林通道处于下降趋势，而股价运行于布林通道的中轴和下轨之间时，这是股价处于弱势的空头状态，以不介入、观望等待为主。

3. 买入原则

当股价触及下轨或跌穿下轨时，股价出现反弹，股价如能升穿中轴是较为有效的买入信号。当股价处于上升趋势，股价触及布林通道上轨回落到中轴获得支撑时，是比较好的买入时机。当布林通道由窄变宽，出现向上的拐点时，是买入时机。

4. 卖出原则

当股价在上升趋势中回落跌穿布林通道中轴时，表明股价的上升告一段落，是卖出信号。当股价在下降趋势中反弹未能突破布林通道中轴时，表明反弹失败，股价将继续下跌，是卖出时机。当布林通道在高位形成向下的拐点时，是卖出信号。

BOLL指标实例如图7-125所示。603029天鹅股份，2022年6月20日后BOLL指标轨道变窄，股价低位横盘整理，10月13日股价上穿中轨，在中轨与上轨间运行，10月31日股价穿越上轨，布林通道由窄变宽，股价开始上涨。

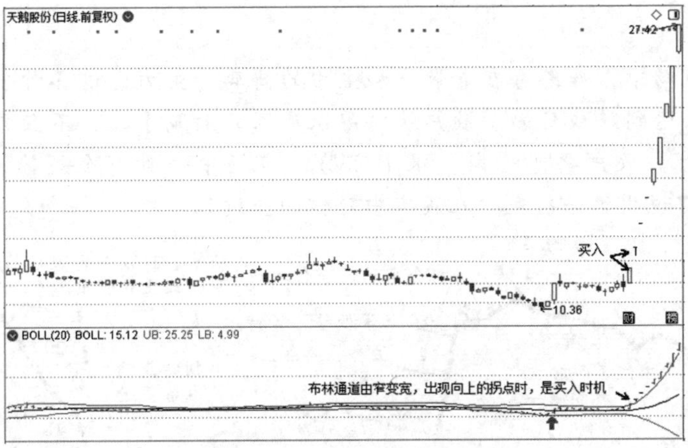

图7-125　BOLL指标实例

（四）BOLL指标、MACD指标、KDJ指标与成交量结合应用实例分析

003005竞业达，2022年9月27日MACD指标低位金叉、KDJ指标20线上金叉，9月28日BOLL指标股价由下轨上穿中轨，三个指标都发出了买入信号，再结合成交量低位放大，三个指标与成交量产生共振，此时发出的是最确定的买入信号，结合基本面分析，如果是热点题材，可以大胆买入，持有获利，如图1-126所示。

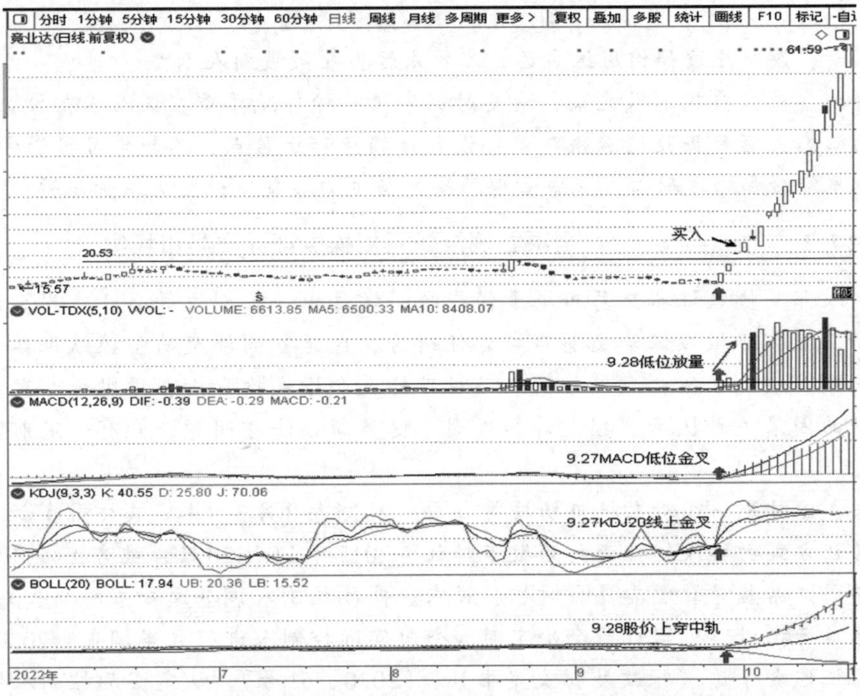

图7-126　BOLL指标、MACD指标、KDJ指标与成交量结合应用实例

实战操盘中，利用三个指标与成交量结合分析股票，寻找买卖点时，一般是KDJ指标先出现金叉，MACD指标随后金叉出现，当两个指标都显示金叉时，发出买入信号。BOLL指标上穿中轨，布林通道由窄变宽，成交量低位放量，结合基本面分析，此时是关注的最佳时机。

思维延伸 7-2

在A股市场中，始终存在着散户和主力的博弈，主力通过各种手段骗散户在高位接盘，从而达到赚钱目的。散户就要辨识庄家的欺骗手段，不在高位接盘，而是跟着庄家吃肉。散户要想吃肉，很不容易。市场中一直有个规律，“一赚二平七亏”。图7-127说明了一般散户在股市中赔钱的全过程。

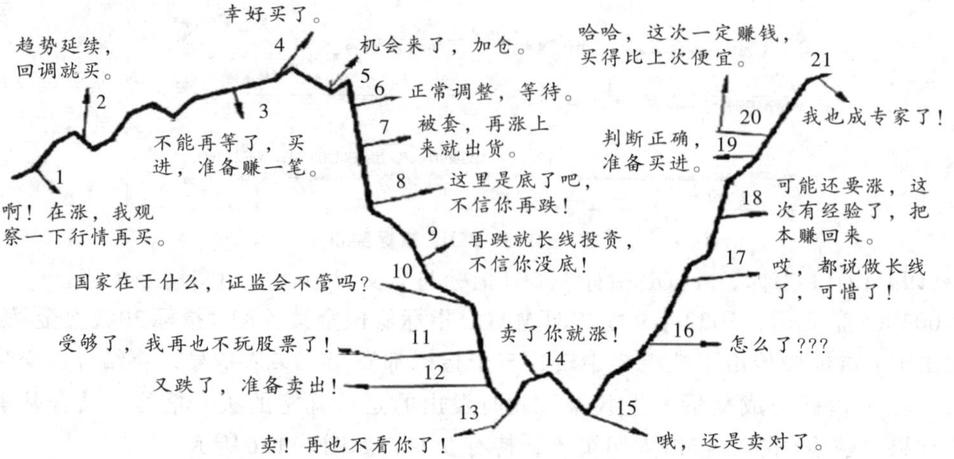

图7-127 散户赔钱全过程

思考：散户应该如何历练自己，不要永远当韭菜被别人割？

分析：散户要想不做韭菜，就要时刻牢记，操作股票重在谋而不在勇。不要用赌徒的心态去盲目买股追涨杀跌，要设置止损点和止盈点，不断学习投资方法和技巧，积累经验和培养耐心，克服心理障碍，与主力共舞，让主力给你抬轿。

思政专栏 7-1　　全国首例涉新三板操纵证券交易市场案

控制人邵某操纵证券交易市场责任纠纷一案作出一审判决并公开宣判。该案系全国首例新三板市场操纵证券交易市场责任纠纷，也是首例涉交易型操纵证券交易市场行为的民事赔偿责任案，案件涉及新三板市场定向增发投资者在操纵证券交易市场民事赔偿中的因果关系认定、损失计算规则等诸多新颖法律问题，具有一定前瞻性和典型意义。

被告A公司是一家新三板市场挂牌公司。2015年8月3日起，A公司在新三板市场的股票转让方式由协议转让变更为做市转让。2017年11月20日，被告A公司发布《关于收到中国证券监督管理委员会对控股股东、实际控制人调查通知书的公告》，内称因涉嫌证券市场操纵，中国证监会决定对A公司实际控制人进行立案调查。2020年9月7日，中国证监会下达《行政处罚决定书》（〔2020〕61号），认定实际控制人邵某、案外人左某等于2015年8月7日至2015年9月30日期间对A公司进行了股价操纵，上述期间，新三板市场做市指数从1 515.4点下跌到1 322.15点，跌幅为12.75%，而同期A公司股价从20.26元上升为30.79元（期间最高成交价36.50元），涨幅为51.97%。邵某通过其控制的证券账户在操纵期间连续主动买入，主动与做市商成交，大量买卖A公司股票，迫使做市商不断提高双向报价中枢，推动成交价格不断上升，其成交量占同期市场交易量的54.03%。上述交易行为，影响了该股交易量，也对其价格走势产生了重大影响。《行政处罚决定书》还认定，邵某等从2015年9月14日（A公司定增投融资对接会召开时间为2015年9月17日）开始连续8个交易日进行了尾盘操纵。结合行为人违法事实、性质、情节与社会危害程度，中国证监会对邵某处以150万元的罚款，对其他案外人亦有相应处罚。

原告于2015年9月17日作为定增意向投资者参加了A公司组织召开的定增投融资对接会。通过线上线下多轮谈判，2015年11月，原告与A公司签订《股票发行认购协议》，以20元/股的价格购入A公司发行的股份150万股，共计投资3 000万元。

原告参与定向增发后，A公司股票在2015年10月8日至2018年11月13日期间两次停牌。期间A公司首次公开发行A股股票并上市的申请被中国证监会受理，后又于2018年8月20日撤回首次公开发行A股股票并上市申请。2017年8月，A公司股票转让方式由做市转让变更为协议转让。2018年11月14日，A公司再次复牌后第一个交易日的股票价格跌至2.4元。2020年9月7日，即《行政处罚决定书》公告之日，A公司股票价格为5元。

原告因参与A公司定向增发投资产生巨额亏损，遂将A公司及实际控制人邵某诉至上海金融法院，要求两个被告承担操纵证券交易市场民事赔偿责任，原告诉请判令两个被告连带赔偿经济损失人民币22 598 795.28元。

庭审中，原被告就原告的投资损失与操纵证券交易市场行为是否存在因果关系、投资损失应当如何认定及A公司是否需要承担共同赔偿责任等问题展开辩论。在损失认定方面，为充分听取专业意见，法院两次委托专业机构对损失进行核定、对股权价值进行追溯评估。

资料来源 全国首例涉新三板操纵证券交易市场案一审宣判［EB/OL］.［2022-08-05］. https://baijiahao.baidu.com/s? id=1740290998637755570&wfr=spider&for=pc.

思政元素：违法必究 保护投资者利益

思政感悟：操纵证券市场等违法犯罪行为，严重扰乱了证券市场公平交易程序，干扰了证券市场的稳定发展，各国对此类犯罪均零容忍。操纵证券市场犯罪，人为地扭曲了证券市场的正常价格，使证券价格与价值严重背离，造成虚假供求关系，误导资金流向，不能真实反映市场供求关系，损害了广大投资者的利益，如果不加以管制，将会损害证券市场的健康运行，扰乱市场秩序，影响市场的健康发展。因此，各国对操纵市场的行为都是明令禁止的，并均在证券立法中制定了严厉的刑事制裁条款。

任务实施

学生通过行情软件，查找股票的MACD、KDJ、BOLL等指标，综合K线、切线、形态等知识，研判股票的运行趋势，提高寻找、准确把握买点与卖点持股的操盘能力。

学习评价

根据学生按照要求选择的股票，研判标的股票未来走势，评价学生掌握各指标运用的情况。

项目小结

1. 技术分析是通过分析证券市场的市场行为，运用数学或逻辑学的方法，采用图形、图表及将标等分析工具，对市场未来的价格变动趋势进行预测的研究活动。技术分析的内容包括核心理论、K线分析、切线分析、形态分析、移动平均线分析和指标分析等。

2. 经过长期发展和演变，技术分析形成了众多的门类，其中有代表性的是道氏理论和波浪理论。道氏理论认为价格波动都有三种趋势：长期趋势、中期趋势、短期趋势。波浪理论将整个价格波动的形态划分为5浪上升和3浪下降的基本结构，上升及下降的8浪形成一个完整的波浪周期且不断地反复持续。

3. K线又被称为蜡烛图，它是以每个交易日（或每个分析周期）的开盘价、最高价、最低价和收盘价绘制而成，K线的结构可分为上影线、下影线及中间实体三部分。K线有阳线和阴线之分。运用K线不同种类的组合，可供投资者进行买卖操作决策。

4. 切线分析是一种较为常用的技术分析方法，主要是按一定方法和原则在股票价格运行轨迹图上画出直线，利用这些直线来判断股价未来的趋势。切线主要起支撑和压力的作用，支撑线和压力线向后延伸的位置对价格的波动起到一定的制约作用。切线包括支撑线和压力线，趋势线和轨道线。

5. 形态分析是通过研究股价所走过的轨迹来研究价格曲线的各种形态，分析和挖掘出曲线所告知的买卖双方力量的对比结果，发现价格的运动方向，进而指导投资决策的行动。形态包括反转突破形态和持续整理形态。重要的反转突破形态有头肩顶和头肩底、双重顶和双重底、圆弧顶和圆弧底等形态。持续整理形态主要有三角形、矩形、旗形等。

6. 指标分析是技术分析中又一个重要的方法，从定量的角度对股价进行分析预测，判断价格未来趋势的方法。指标分析主要运用MACD指标、KDJ指标、BOLL指标等。

项目练习

一、单项选择题

项目练习7-1

单项选择题

1. 证券投资技术分析的要素包括（　　）。

A. 成交量　　B. 时间和空间　　C. 量价时空　　D. 价格

2.（　　）是所有市场技术研究的鼻祖。

A. 波浪理论　　B. 道氏理论　　C. 格兰维尔法则　　D. 黄金分割线

3.（　　）认为市场上的价格趋势，均遵循着一种5浪上升3浪下降的基本节奏。

A. 波浪理论　　B. 道氏理论　　C. 格兰维尔法则　　D. 黄金分割线

4.（　　）是由股票价格走出的开盘价、收盘价、最高价、最低价构成的柱状线。

A.K线实体　　B.K线　　C.上影线　　D.下影线

5.MA的特点不包括（　　）。

A.确定性　　B.滞后性　　C.追踪趋势　　D.助涨助跌性

6.下降趋势线是指在下降趋势中，将两个（　　）连接成一条直线，即为下降趋势线。

A.依次抬高的低点　　B.依次抬高的高点

C.依次降低的低点　　D.依次降低的高点

7.（　　）是指短、中、长期均线按照自上而下的顺序排列，且三条均线同时向右上方运行。

A.多头排列　　B.空头排列　　C.黄金交叉　　D.死亡交叉

8.（　　）是指短、中、长期均线按照自下而上的顺序排列，且三条均线同时向右下方运行。

A.多头排列　　B.空头排列　　C.黄金交叉　　D.死亡交叉

9.（　　）代表阻力线被向上突破，股价将维持上涨，通常是买入信号。

A.多头排列　　B.空头排列　　C.黄金交叉　　D.死亡交叉

10.（　　）代表支撑线被向下跌破，股价将继续下跌，通常是卖出信号。

A.多头排列　　B.空头排列　　C.黄金交叉　　D.死亡交叉

二、多项选择题

项目练习7-2

多项选择题

1.证券投资技术分析的三大假设是（　　）。

A.市场行为涵盖一切信息　　B.价格沿趋势移动

C.历史会重演　　D.历史不会重演

2.道氏理论认为市场存在三种波动趋势，它们是（　　）。

A.正常趋势　　B.主要趋势　　C.次要趋势　　D.短期趋势

3.波浪理论将市场上的价格趋势归纳为5浪上升3浪下降的基本节奏，其中上升走势的波浪有（　　）。

A.1浪　　B.3浪　　C.5浪　　D.B浪

4.K线是由股票价格走出的（　　）构成的柱状线。

A.开盘价　　B.收盘价　　C.最高价　　D.最低价

5.K线是由（　　）构成。

A.阳线　　B.阴线　　C.上影线　　D.下影线

6.（　　）反映的是股价中长期走势。

A.60分钟K线　　B.周K线　　C.月K线　　D.年K线

7.在上涨行情或下跌行情中，股票都会出现（　　）类型的缺口。

A.普通缺口　　B.突破缺口　　C.持续缺口　　D.衰竭缺口

8.K线的反转突破形态有（　　）。

A.头肩形　　B.双重形　　C.圆弧形　　D.V字形

9.移动平均线分析主要是研究均线（　　）。

A.多头排列　B.空头排列　C.黄金交叉　D.死亡交叉

10.指标分析，主要研究（　）。

A.MACD指标　B.KDJ指标　C.BOLL指标　D.BIAS指标

三、实训题

1.认识基本K线和K线组合。学生利用行情分析软件，查找基本K线和K线组合，认识不同K线形态，理解在不同K线形成中多空双方所起的作用。

2.研判压力与支撑和股票的运行趋势。学生利用行情分析软件，查找相关个股，研判压力与支撑，以及股票的运行趋势，学会寻找买卖机会的操作。

3.综合运用K线、均线、指标对个股进行分析。学生利用行情分析软件，查找相关个股，综合运用K线、均线、指标对个股进行分析，学会寻找买卖机会、持股的技巧。

推荐阅读

[1] 马涛．从零开始学炒股：股票入门与实战［M］．北京：人民邮电出版社，2015.

[2] 茨威格．格雷厄姆精解证券分析［M］．汪涛，郭宁，译．北京：中国人民大学出版社，2015.

[3] 田英洙．聪明投资者的必读书：一本书读懂20位投资大鳄［M］．杨蕾蕾，赵春艳，译．北京：中国铁道出版社，2012.

[4]《科创板300问》编写组．科创板300问［M］．北京：中国金融出版社，2020.

[5] 雪球．价值的力量：39位知名投资人教你的股市长赢之道［M］．北京：中信出版社，2020.

[6] 张靖东．价值发现：一个价值投资者的投资札记［M］．北京：清华大学出版社，2020.

项目八 证券投资收益与风险

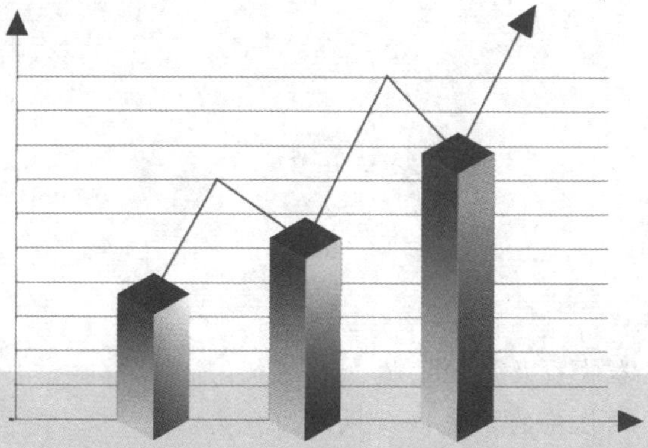

项目概述

在有价证券投资中，收益和风险形影相随，收益以风险为代价，风险用收益来补偿。投资者投资的目的是得到收益，与此同时，又不可避免地面临着风险。本项目将介绍股票、债券、基金等有价证券的投资收益，阐述证券投资的风险类型，使投资者理解“高风险、高收益，低风险、低收益”的内涵。

学习要求

知识目标

1. 认识证券收益及风险的概念及特征。
2. 了解证券收益的构成以及风险的分类。
3. 掌握衡量证券投资收益的指标计算。

能力目标

1. 能够正确计算各类证券投资的收益。
2. 能够说出投资收益和风险的关系。
3. 能够区分系统性风险和非系统性风险，并列举具体的风险类型。

素养目标

能够对证券投资的收益与风险以及二者的关系有正确的认识，树立正确的风险意识，从而形成理性投资行为。

任务一　证券投资收益

情景导入

在股票市场里，股神巴菲特的大名人人知晓。巴菲特从1957年就开始了自己的投资生涯，在其长达60多年的投资生涯中，只有两年出现了回报率负增长，分别是2001年和2008年。很多人以为巴菲特年化收益率一定很高，事实并非如此，巴菲特的平均年化收益率在20%左右，小金想：通过20%这个看上去普通的收益率，就可以成为世界排名靠前的富豪，太神奇了！

敲黑板啦！同学们，全世界能做到60多年平均年化收益率达到20%的也应该只有巴菲特一人了。股神巴菲特就是以持久稳定的盈利，成了投资界的传奇人物，接下来就让我们一起学习一下证券投资收益的知识吧！

知识准备

人们从事证券投资的目的是获得投资收益，但获得收益的过程又时刻伴随着风险。投资收益是未来的，而且一般情况下是事先难以确定的，未来收益的不确定性就是证券投资的风险。所以收益和风险是并存的，一般而言，收益越高，则风险越大；收益越低，风险越小。

证券投资收益指的是证券投资者在进行有价证券的购买、持有和售卖全过程中所获得的超出本金的部分。证券投资收益包括两个部分：第一部分是本期收入，即投资期间的利息、股息等收入；第二部分是资本利得，即买卖证券的差价收入。

一、股票投资的收益

（一）股票投资收益的来源

股票投资的收益是指投资者从购入股票开始到出售股票为止整个持有期间的收益，这种收益由股息红利和资本利得组成。

1. 股息红利

股息红利的来源是公司的税后利润。公司从营业收入中扣减各项成本和费用支出、应偿还的债务及应缴纳的税费后，余下的即为税后利润。通常，税后利润按以下程序分配：如果有未弥补亏损，首先用于弥补亏损；按《公司法》的规定提取法定公积金；如果有优先股，按固定股息率对优先股股东分配；经股东大会同意，提取任意公积金；剩余部分按股东持有的股份比例对普通股股东分配。可见，税后净利润是公司分配股息的基础和最高限额，但因要做必要的公积金等的扣除，公司实际分配的股息总是少于税后净利润。

股息红利作为股东的投资收益，用以股份为单位的货币金额表示，但股息红利的具体形式可以有多种，包括现金股利、股票股利、财产股利、负债股利、建业股利。目前我国采用前两种形式。

2. 资本利得

股票买入价与卖出价之间的差额就是资本利得，或称资本损益。资本利得可正可负，当股票卖出价大于买入价时，资本利得为正，此时可称为资本收益；当卖出价小于买入价时，资本利得为负，此时可称为资本损失。由于上市公司的经营业绩是决定股票价格的重要因素，因此资本损益的取得主要取决于股份有限公司的经营业绩和股票市场的价格变化，同时与投资者的投资心态、投资经验及投资技巧也有很大关系。

（二）股票收益率的计算

1. 股利收益率

股利收益率又称获利率，是指股份有限公司以现金形式派发的股息与股票买入价格（每股原市价）的比率。股利收益率可用于计算已得的股利收益率，也可用于预测未来可能的股利收益率。其计算公式如下：

$$股利收益率 = \frac{D}{P_0} \times 100\%$$

其中，D为年现金股利，P_0为股票买入价。

2. 持有期收益率

持有期收益率为投资者股票持有期间股息收入与买卖差价之和占股票买入价格的比率。其计算公式如下：

$$持有期收益率 = \frac{D + (P_1 - P_0)}{P_0} \times 100\%$$

其中，D为年现金股利，P_0为股票买入价，P_1为股票卖出价。

思政专栏8-1　　A股上市公司现金分红，促进资本市场稳定健康发展

《中国证券报》记者从中国上市公司协会获悉，中国上市公司协会联合沪、深证券交易所日前发布了A股上市公司现金分红榜单，包括“上市公司丰厚回报榜单”和“上市公司真诚回报榜单”各100家公司。

中国上市公司协会有关负责人表示，投资者是资本市场发展之本，尊重投资者、敬畏投资者、保护投资者是资本市场践行以人民为中心发展思想的具体体现。证监会主席易会满在中国上市公司协会2019年年会上指出“上市公司是投资者分享经济增长红利的‘新渠道’”。现金分红是资本市场的一项重要制度，持续、稳定、科学的分红理念和机制对于公司价值认可、质量提升以及资本市场稳定健康发展具有重要的意义。从实践来看，近年来A股上市公司投资者保护意识逐步增强，现金分红和投资者回报水平逐年提升。根据2019年年度报告，A股上市公司现金分红合计约1.36万亿元，同比增长约10.7%，分红上市公司占全部上市公司总数约66%。

从榜单情况来看，“上市公司丰厚回报榜单”入选公司2019年的现金分红总额占全体A股上市公司分红总额的67.9%，2017年至2019年三年累计现金分红总额占全体A股上市公司分红总额的68.61%。入选“上市公司丰厚回报榜单”的公司有82%自上市以来连续每年分红，有70家公司近10年以来连续进行分红。入选“上市公司真诚回报榜单”的公司有84%自上市以来连续每年分红，有30家公司近10年以来连续进行分红。其中，华能国际、双汇发展、宇通客车、永辉超市、步长制药、重庆水务、云南白药7家公司同时入选两个榜单。

资料来源　佚名. 上市公司现金分红哪家强？“丰厚”与“真诚”百强名单出炉［N］. 中国证券报，2020-09-21.

思政元素：责任担当　诚实守信

思政感悟：现金分红不仅反映公司经营业绩和规范运作水平，也关系着资本市场良好生态环境的形成。榜单的发布旨在引导上市公司依法诚信经营，做守底线、负责任、有担当、受尊重的企业，有效保护投资者合法权益，培育良好的市场生态。支持上市公司在专注主业、提升实体经济竞争力的同时，积极回报股东，使广大中小投资者能够分享经济发展和上市公司成长带来的收益和回报。

二、债券的投资收益

（一）债券收益的来源

债券的投资收益来自三个方面：一是债券的利息收益。这是债券发行时就决定了的，除了保值贴补债券和浮动利率债券，债券的利息收益不会改变，投资者在购买债券前就可得知利息收益的数额。二是资本利得。资本利得受债券市场价格变动的影响。三是再投资收益。再投资收益受以周期性利息收入进行再投资时市场收益率变化的影响。由于资本利得和再投资收益具有不确定性，投资者在做投资决策时计算的到期收益和到期收益率只是预期的收益和收益率，只有当投资期结束时才能计算实际收益和实际到期收益率。

1. 利息收益

投资者持有的债券在持有期间会产生利息收益，这部分收益通常比较稳定。不同的债券，信用评级和期限不同，因此收益率也不同。信用评级越高，表示风险越低，票面利率也越低，利息收入越低；期限越长，票面利率也就越高，利息收入越高。

2. 资本利得

债券投资的资本利得是指债券买入价与卖出价或买入价与到期偿还额之间的差额。同股票的资本利得一样，债券的资本利得可正可负。当卖出价或偿还额大于买入价时，资本利得为正，此时可称为资本收益；当卖出价或偿还额小于买入价时，资本利得为负，此时可称为资本损失。投资者可以在债券到期时将持有的债券兑现，或是利用债券市场价格的变动低买高卖，从中取得资本收益，当然，也有可能遭受资本损失。

3. 再投资收益

再投资收益是投资债券所获现金流量再投资的利息收入。对于附息债券而言，投资期间的现金流是定期支付的利息，再投资收益是将定期获得的利息进行再投资而得到的利息收入。对于投资附息债券的投资者来说，只有将债券持有至到期日，并且各期利息都能按照到期收益率进行再投资，才能实现投资债券时预期的收益率。反之，如果未来的再投资收益率低于购买债券时预期的到期收益率，则投资者将面临再投资损失。

（二）债券收益率的计算

收益率的基本计算公式为：

$$收益率 = \frac{基本收入 + 资本收入}{初始投资} \times 100\%$$

1. 名义收益率

名义收益率，即票面收益率，计算公式如下：

$$Y_n = \frac{C}{V} \times 100\%$$

其中，Y_n为名义收益率，C为债券年利息收入，V为债券面值。

名义收益率只适用于投资者按票面金额收回本金的情况，没有考虑债券的实际市场价格，也没有考虑债券中途转让的情形。名义收益率的意义在于确定对债务人每年应付利息的货币金额。

2. 直接收益率

直接收益率即当期收益率，等于债券年利息收入与买入债券的实际价格之比，计算公式为：

$$Y_d = \frac{C}{P_0} \times 100\%$$

其中，Y_d为直接收益率，C为债券年利息收入，P_0为买入债券的实际价格。

3. 持有期收益率

持有期收益率是买入债券后持有一段时间，又在债券到期前将其出售而得到的收益率。

$$Y_h = \frac{C + (P_1 - P_0)/n}{P_0} \times 100\%$$

其中，Y_h为持有期收益率，C为债券年利息收入，P_0为债券买入价，P_1为债券卖出价，n为债券持有年限。

4. 到期收益率

到期收益率又称最终收益率，即债券持有至到期的收益。一般的债券到期都按面值偿还本金。所以，随着到期日的临近，债券的市场价格会越来越接近面值。其计算公式为：

$$Y_m = \frac{C + (V - P_0)/n}{P_0} \times 100\%$$

其中，Y_m为到期收益率，V为债券面值，P_0为债券买入价，C为债券年利息收入，n为债券到期年限。

三、基金投资的收益

对于投资者而言，基金投资的收益来自基金公司的分红和买卖过程中的资本得利；对于基金本身而言，基金收益则是指基金经理人运用基金资产进行各种投资活动使得基金资产增值的部分，是基金利润的重要来源。不同种类的基金有着不同的投资标的，因此获得的投资收益也不相同。本部分主要介绍基金资产在运作过程中产生的收益。

（一）基金收入的主要来源

基金收入的来源主要包括利息收入、投资收益和其他收入。

1. 利息收入

利息收入指基金经营活动中因债券投资、资产支持证券投资、银行存款、结算备付金、存出保证金、按买入返售协议融出资金等而实现的利息收入，具体包括债券利息收入、资产支持证券利息收入、存款利息收入、买入返售金融资产收入等。

2. 投资收益

投资收益是指基金经营活动中因买卖股票、债券、资产支持证券、基金等实现的差价收益，因股票、基金投资等获得的股利收益以及衍生工具投资产生的相关损益，如卖出或放弃权证、权证行权等实现的损益，具体包括股票投资收益、债券投资收益、资产支持证券投资收益、基金投资收益、衍生工具收益、股利收益等。

3. 其他收入

其他收入是指除上述收入以外的其他各项收入，包括赎回费扣除基本手续费后的余额、手续费返还、ETF替代损益以及基金管理人等机构为弥补基金财产损失而付给基金的赔偿款项等。这些收入项目一般根据发生的实际金额确认。

（二）基金收益的分配

1. 封闭式基金收益的分配

根据有关规定，封闭式基金的收益分配每年不得少于1次，封闭式基金年度收益分配比例不得低于基金年度可供分配利润的90%。基金分配后，基金份额净值不得低于面值。封闭式基金只能采用现金方式分红。

2. 一般开放式基金收益的分配

我国一般开放式基金按规定须在基金合同和招募说明书中约定每年基金收益分配的最多次数和每次基金收益分配的最低比例，同时要求基金利润分配后基金份额净值不得低于面值。

一般开放式基金的分红方式有两种：第一种是现金分红。根据基金的收益情况，基金管理人根据投资者持有基金份额数量的多少，将利润分配给投资者，这是基金分配最普遍的形式。第二种是红利再投资。红利再投资是指将投资人应分配的净利润折算为等值的新的基金份额计入投资人基金账户的分红方式。

根据有关规定，一般开放式基金利润分配默认应当采用现金分红的方式。开放式基金的基金份额持有人可以事先选择红利再投资的分配方式。基金份额持有人事先未作出选择的，基金管理人应当支付现金。

3. 货币市场基金的利润分配

《货币市场基金管理暂行规定》规定："对于每日按照面值进行报价的货币市场基金，可以在基金合同中将收益分配的方式约定为红利再投资，并应当每日进行收益分配。"

货币市场基金在每日进行利润分配时，当日申购的基金份额自下一个工作日起享有基金的分配权益，当日赎回的基金份额自下一个工作日起不再享有基金的分配权益。

案例链接 8-1 **证券投资基金分红公告**

易方达恒惠定期开放债券型发起式证券投资基金分红公告（部分）

1.公告基本信息（见表8-1）

表8-1 公告基本信息

基金名称	易方达恒惠定期开放债券型发起式证券投资基金	
基金简称	易方达恒惠定开债券发起式	
基金主代码	006112	
基金合同生效日	2018年6月26日	
基金管理人名称	易方达基金管理有限公司	
基金托管人名称	中国民生银行股份有限公司	
公告依据	《公开募集证券投资基金信息披露管理办法》《易方达恒惠定期开放债券型发起式证券投资基金基金合同》《易方达恒惠定期开放债券型发起式证券投资基金更新的招募说明书》	
收益分配基准日		2022年11月15日
截止收益分配基准日的相关指标	基准日基金份额净值（单位：人民币元）	1.0174
	基准日基金可供分配利润（单位：人民币元）	6 544 414.39
	截止基准日按照基金合同约定的分红比例计算的应分配金额（单位：人民币元）	—
本次分红方案（单位：人民币元/10份基金份额）	0.05	
有关年度分红次数的说明	本次分红为2022年度的第3次分红	

2.与分红相关的其他信息（见表8-2）

表8-2 与分红相关的其他信息

权益登记日	2022年11月22日
除息日	2022年11月22日
现金红利发放日	2022年11月23日
分红对象	权益登记日在易方达基金管理有限公司登记在册的本基金全体持有人
红利再投资相关事项的说明	选择红利再投资方式的投资者红利再投资所得的基金份额将按2022年11月22日的基金份额净值计算确定，本公司将于红利发放日对红利再投资的基金份额进行确认并通知各销售机构，本次红利再投资所得份额的持有期限自红利发放日开始计算。2022年11月24日起投资者可以查询，并可以在基金规定的开放运作期内赎回。权益登记日之前（不含权益登记日）办理了转托管转出尚未办理转托管转入的基金份额，其分红方式按照红利再投资处理
税收相关事项的说明	根据相关法律法规的规定，基金向投资者分配的基金收益，暂不征收所得税
费用相关事项的说明	本基金本次分红免收分红手续费，选择红利再投资方式的投资者其红利再投资所得的基金份额免收申购费用

资料来源　易方达基金管理有限公司．易方达恒惠定期开放债券型发起式证券投资基金分红公告［N］．上海证券报，2022-11-19（99）．

任务实施

1.利用证券模拟账户分别买卖一只股票、债券和基金，根据操作情况，分析证券收益的来源。

2.查询某基金的分红情况，了解开放式基金的分红规定。

学习评价

根据上述要求，学生完成操作，教师检查模拟账户的交易情况和对分红相关内容的熟悉程度，并作出评价。

任务二　证券投资风险

情景导入

小金学习炒股有一段时间了，抱着在股市里试试运气的心态，他注册了模拟账户。他对宿舍的同学说："宿舍里的股神即将诞生，你们期待吧！"同学们都不屑一顾，说："你可不要宝马进去，单车出来呀！"经过一个星期的市场搏杀，小金没脾气了。他对宿舍同学说："投资有风险，入市需谨慎。"

诚如巴菲特所说："成功的秘诀有三条：第一，尽量避免风险，保住本金；第二，尽量避免风险，保住本金；第三，坚决牢记第一、第二条！在进入证券市场投资赚取收益的同时，更要把风险放在第一位！"

知识准备

一、证券投资风险概述

微课 8-1

证券投资风险

风险是结果对期望的偏离，是收益的不确定性。证券投资风险包括投资者在证券投资过程中遭受损失的可能性。

思维延伸8-1　　2022股灾铭记

2022年4月25日，由于疫情及内外经济环境的影响，A股市场迎来"黑色星期一"，A股三大指数低开低走，截至收盘集体跌幅逾5%，其中，上证指数跌5.13%，失守3 000点，报2 928.51点，深证成指跌6.08%，创业板指跌5.56%，三大指数均创出年内新低，两市合计成交额8 969亿元；整体来看，A股市场有超4 600只个股下跌，近1 800只个股跌幅超9%。此外，北向资金全天净卖出43.97亿元；31个行业指数全线下跌。其中，非银金融跌幅相对较小，跌3.64%，有色金属、国防军工、电子、基础化工、机械设备等5个行业指数跌幅均超过了7.5%，跌幅较大。

资料来源 佚名. 2022股灾铭记［EB/OL］.［2022-04-25］. https：//xueqiu.com/7220003676/218173613.

思考：股市下跌，会给投资者带来怎样的风险？

分析：股票市场千变万化，有投资就有风险。如果在投资期内股票价格下跌，则投资者将蒙受相应的资本损失。在投资中理性认识风险、学会控制风险，是投资活动中永恒的主题。

证券投资风险作为一种风险，在具备一般风险特征的同时，也有其自身特有的性质。这主要是由证券的特殊性所决定的，即证券仅是一种虚拟资本或价值符号，其价格体现了投资者对未来收益的预期。根据证券投资风险的定义，其主要特征主要有以下几个方面。

（一）客观存在性

由于证券市场的风险因素是客观存在的，通过其在时间和数量上积累，引发风险事故从而影响整个证券市场的价格波动，造成了投资者的实际收益与预期收益的偏差，所以证券投资风险也是客观存在的，不以投资者的主观意志为转移。在证券市场的投资活动中，人们通常所说的“风险防范”也是在承认证券投资风险客观存在的前提下设法规避和降低风险。

（二）不确定性

由风险因素触发的风险事故，会引起投资者心理预期的改变，从而造成市场的价格波动，并进一步对投资者的投资收益产生影响，其具体表现为实际收益相对于预期收益的偏差。偏差可能是正的（高于预期），也可能是负的（低于预期），因此，证券投资风险具有不确定性。

（三）可测度性

尽管证券投资风险具有不确定性，但我们仍然可以通过一定的方法来对其大小进行测度。从统计学的角度来看，证券投资风险的大小是实际收益对预期收益的偏离程度，偏离程度越高，风险越高，偏离程度越低，风险越低。同时，我们可以运用一定的统计方法对收集的历史数据进行计算，从而实现对这种偏离程度的量化。

（四）相对性

证券投资风险是相对的，由于投资者对风险偏好的不同，他们各自对风险也会采取不同的态度，风险承受能力强的为获取高收益而敢冒高风险，风险承受能力差的为避免风险而宁可选择低收益。因此，某一程度的证券投资风险在某些投资者看来很高，而在某些投资者看来很低。

（五）危害性

证券投资风险会给投资者的实际收益带来一定的不确定性，可能发生的损失和收益与投资者的预期偏差过大时，证券投资风险就具有一定的危害性。如前所述，当证券市场价格波动幅度过大时，容易引发过度的投机行为，投资者在盲目追涨的同时，往往会蒙受惨重的损失。另外，证券市场内在风险的进一步扩大可能会引发金融风暴和经济危机，对社会、经济、政治的稳定造成相当大的危害。

（六）可防范性

尽管证券投资风险是客观存在的，同时带有不确定性，甚至达到一定程度后具有危害性，但我们仍然可以采取一定的方法来防范和规避证券投资风险，尽可能避免或减小风险带来的损失和危害。比如投资者可以借助现代投资组合理论，利用分散化投资来降低投资组合的风险，同时，他们也可以通过做空机制来对冲证券市场价格下跌所带来的风险。政府可以通过对现行制度进行改革以及加强市场监管力度，降低可能出现的证券投资风险。

思政专栏 8-2　　金融稳定专门立法的必要性

2022 年 4 月 6 日，人民银行会同发展改革委、司法部、财政部、银保监会、证监会、外汇局等部门，起草了《中华人民共和国金融稳定法（草案征求意见稿）》（简称《金融稳定法》），并向社会公开征求意见。

《金融稳定法》紧紧围绕“维护金融稳定”这条主线，通过防范化解和处置金融风险的一整套制度安排，提升金融机构、金融市场和金融基础设施的稳健性和安全性，使得金融体系处于能够有效发挥其关键功能的状态，即使在受到内外部因素冲击时，资源配置、风险管理、支付结算等关键功能和服务仍不受影响。在《金融稳定法》的起草中，还体现了系统思维，建立了金融风险防范、预警和处置体系。

《金融稳定法》中还提出要建立金融稳定保障基金。金融稳定保障基金定位于由中央掌握的应对重大金融风险的资金，资金来自金融机构、金融基础设施等市场主体，经国务院批准，人民银行再贷款可以为基金提供流动性支持。当发生严重危及金融稳定的重大风险时，金融机构及其主要股东、实际控制人，地方政府，存款保险基金和相关行业保障基金依法依规投入相应资源仍有缺口的，可按照规定使用金融稳定保障基金。金融稳定保障基金基础框架初步确立，首批646亿元资金筹集到位。

资料来源　谢丹. 建议尽早出台实施《金融稳定法》[EB/OL].［2022-11-22］. https：//www.163.com/dy/article/HMQ8L1BL05199NPP.html.

思政元素：金融稳定　防范风险

思政感悟：习近平总书记指出，“防范化解金融风险特别是防止发生系统性金融风险，是金融工作的根本性任务”。党的二十大报告强调，要“深化金融体制改革”“守住不发生系统性风险底线”。人民银行持续推动健全金融稳定长效机制，有效应对复杂严峻的国内外形势和新冠肺炎疫情的冲击考验，维护金融稳定安全发展大局，为金融业持续健康发展营造安全稳定的良好环境。

二、证券投资的风险种类

证券投资风险按照是否可以被分散，分为系统性风险和非系统性风险，如图 8-1 所示。证券投资的总风险是系统性风险和非系统性风险的总和。

- 证券投资风险
  - 系统性风险
    - 政策风险
    - 市场风险
    - 利率风险
    - 购买力风险等
  - 非系统性风险
    - 财务风险
    - 信用风险
    - 经营风险等

图8-1 证券投资风险的分类

（一）系统性风险

系统性风险是指由于某种全局性的共同因素引起的投资收益的可能变动，这种因素以同样的方式对所有证券的收益产生影响。在现实生活中，所有企业都受全局性因素的影响，这些因素包括社会、政治、经济等各个方面。由于这些因素来自企业外部，是单一证券无法抗拒和回避的，因此又叫不可回避风险。这些共同的因素会对所有企业产生不同程度的影响，不能通过多样化投资而分散，因此又称为不可分散风险。系统性风险包括政策风险、市场风险、利率风险和购买力风险等。

1. 政策风险

政策风险是指因宏观政策的变化导致的对投资收益的影响。宏观政策包括财政政策、产业政策、货币政策等，都会对金融市场造成影响，进而影响证券的收益水平。当政府出台与证券市场有关的政策、重大法规或制度的调整，改变市场原先的运行轨迹，引起证券市场价格的波动时，也会给投资者带来损失。政策风险的管理主要在于对国家宏观政策的把握与预测。

2. 市场风险

市场风险指由证券的市场价格变化所引起的投资者损失，这种风险是证券投资中最为普遍的风险。当市场整体价值被高估时，市场风险将加大。影响证券市场波动的最基本因素是经济周期（包括繁荣、衰退、萧条、复苏），随着经济周期的变化，证券市场中的看涨（多头）与看跌（空头）两种行情会相互转换。看涨市场从萧条开始，经复苏到繁荣；看跌市场从繁荣开始，经衰退到萧条。在整个看涨行情中，几乎所有股票都会上涨；在整个看跌行情中，几乎所有股票都会下跌。下跌中的市场风险是无法规避的，投资者只能设法减轻其带来的影响。

3. 利率风险

利率风险是指市场利率的变动导致证券价格波动，收益率发生变动的风险。利率与有价证券的价格一般呈反向变动。债券由于是固定利率收益证券，因而对利率的变动较为敏感。市场利率变动使得债券价格发生相对变动，当利率上升时，投资者往往会在市场上抛售债券，转而偏好于银行存款，市场上债券供给量的增加导致债券价格下跌；反之，利率下降，债券收益率相对升高，资金回流，投资者对债券的需求增加，导致债券价格上涨。利率对股票价格的影响主要有两个方面：一方面，当利率上升时，企业的融资成本增加，进而导致企业利润的下降，因此股价下跌；另一方面，当利率上升时，原先投资股票市场的部分资金逐渐转向新发行的固定收益类产品，如银行理财、债券等，因而股市的成交量不足，股价下跌。

4. 购买力风险

购买力风险即通货膨胀风险，是指由于通货膨胀带来的投资者实际收入水平下降的风险。在通货膨胀背景下，随着商品价格上涨，证券价格也会上涨，投资者的货币收入也会有所增加，但是由于货币购买力的下降，投资者的实际收入可能没有提高，甚至会有所下降。

购买力风险对不同证券的影响也是不一样的，影响最大的是固定收益证券，例如优先股、债券等。由于名义收益率是固定的，当通货膨胀率陡然升高时，真实收益率会明显下降，此时购买力风险较大。

（二）非系统性风险

非系统性风险是指只对某个行业或个别公司的证券产生影响的风险，它通常是由某一特殊因素引起的，与整个证券市场的价格不存在系统、全面的联系，而只对个别或少数证券的收益产生影响。这种因行业或企业自身因素改变而带来的证券价格变化与其他证券的价格、收益没有必然的内在联系，不会因此而影响其他证券的收益。这种风险可以通过分散投资来抵消。若投资者持有多样化的证券，当某些证券价格下跌、收益减少时，另一些证券可能正好价格上升、收益增加，这样就使风险相互抵消。非系统性风险可以抵消或回避，因此，又称为可分散风险或可回避风险。非系统性风险包括财务风险、信用风险、经营风险等。

1. 财务风险

财务风险是指因上市公司内部财务状况变动，从而对投资者的投资报酬产生的不确定影响。一家公司想要经营就需要借助财务杠杆，以扩大资本权益收益，财务风险由此而产生。公司的偿债能力越强，财务状况越好，财务风险就越低；反之则越高。所以，公司财务状况变动时，公司发行的证券价格也会随之变化，投资者的投资回报也会受影响。

2. 信用风险

信用风险指的是证券发行公司在证券到期时无法还本付息，使得证券投资者遭受投资损失的风险。信用风险受发行人经营能力、规模等因素的影响。信用风险也是债券的主要风险，债券的信用风险从小到大依次为政府债券、金融债券、公司债券。

3. 经营风险

经营风险是因公司经营状况的变化引起盈利能力的变化，导致投资者的收益或者本金可能遭受损失的风险。经营风险可能因公司经营决策失误等一系列因素产生，也可能因公司外部因素发生变化（如政府产业政策的调整）而使得公司处于相对劣势地位而形成。经营风险主要通过盈利水平的变化来表现，不同种类证券表现的经营风险是不一样的。

案例链接8-2 **恒大债务危机**

房地产企业有着负债高、风险高、还款期限长等特点，在“房住不炒”的政策导向和“三道红线”的标准下，很难做到去杠杆并保持稳健经营，极易出现债务风险问题。

恒大集团曾是中国房地产运营标准化的领导者，是世界500强之一。自2009年上市开始就一直积极采用多元化战略，除房地产为其主营业务外，还涉及文化、旅游、保险、健康、体育、农牧、医疗、银行及高科技行业，多元化发展过程中财务风险显著增加。

2017年后，恒大大举进入新能源汽车、互联网等行业。经过三年发展仍未量产，被认为是“PPT造车”。

恒大汽车年报显示，在不到四年的时间里，恒大汽车亏损已超过170亿元，其中2018年亏损14.29亿元、2019年亏损44.26亿元、2020年亏损73.94亿元、2021年上半年亏损47.87亿元。此后，恒大汽车再无年报披露，在港交所一直处于停牌状态。

从公司的经营效益看，恒大多个附属业务长期处于亏损状态，消耗了集团大量的资金和人力资源。恒大进行多元化是期望找到新的利润增长点，但实际经营效果不仅未达预期，还拖累了主营业务的发展。

资料来源 曾攀. 恒大集团债务危机案例研究［D］. 广州：广州大学，2022.

三、投资收益和风险的关系

在证券投资中，收益和风险形影相随，收益以风险为代价，风险用收益来补偿。投资者投资的目的是得到收益，与此同时，又不可避免地面临着风险。一般来说，风险较大的证券，收益率相对较高；反之，风险较小的投资对象，收益率相对也较低。

知识拓展8-1 **平衡收益与风险的关系**

在债券市场上，风险与收益往往是相伴而生的。高收益率意味着高风险，低收益率意味着低风险，这是由于投资者规避风险的特征所决定的。比如有以下两只债券：

债券1：投资者能够获得年化3%的收益率，100%保本

债券2：投资者能够获得年化3%的收益率，可能出现20%的亏损

对于理性投资者来说，他一定会选择债券1。若要让他接受债券2，那么债券2必须提供高于3%的预期收益率，该预期收益率超出无风险收益率的部分称为风险溢价，即为了让投资者接受该风险而付给投资者的额外报酬。进一步，债券品种的风险越大，相应的风险溢价也就越高，从而实现各债券市场的供求平衡。

在实际投资中，投资者一般认为由财政部发行的国债的利率是我国的无风险利率，而企业发行的债券由于存在一定的风险，其债券收益率会在无风险利率的基础上，提供风险溢价。相应地，风险越高的企业，其发行的债券收益率越高，即风险溢价越高。因此，债券品种收益率高低通常跟风险呈正相关，投资者需要根据自己的风险偏好和投资目标，平衡好预期收益与风险承担。

任务实施

登录某证券公司的官网，查找《证券交易委托风险揭示书》，仔细阅读该风险揭示书，了解证券投资的风险种类，并尝试举例说明某种风险对证券价格的影响。

学习评价

抽查学生阅读风险揭示书的情况，让学生在课堂上分享自己对风险的认识并评价。

项目小结

1.证券投资的核心问题是收益和风险的权衡问题。收益和风险是并存的，一般而言，收益越高，则风险越高；收益越低，风险越低。

2.股票的收益包括股息红利和资本利得；债券的收益包括利息收益、资本利得和再投资收益；基金收入来源主要包括利息收入、投资收益以及其他收入。

3.证券投资风险按照是否可以被分散，分为系统性风险和非系统性风险。系统性风险包括政策风险、市场风险、利率风险和购买力风险等。非系统性风险包括财务风险、信用风险、经营风险等。

项目练习

项目练习8-1
单项选择题

一、单项选择题

1.债权投资中的资本收益指的是（　　）。

A.债券票面利率与债券本金的乘积

B.买入价与卖出价之间的差额，且买入价大于卖出价

C.买入价与卖出价之间的差额，且买入价小于卖出价

D.债券持有至到期获得的收益

2.以下不属于股票收益来源的是（　　）。

A.现金股利　　B.股票股利　　C.资本利得　　D.利息收入

3.（　　）是债券的主要风险。

A.信用风险　　B.市场风险　　C.经营风险　　D.购买力风险

4.以下关于利率风险的说法正确的是（　　）。

A.利率风险属于非系统性风险

B.利率风险是指市场利率的变动引起的证券投资收益的不确定的可能性

C.利率风险是可以规避的

D.利率风险是可以通过组合投资进行分散的

5.债券的信用风险从大到小依次为（　　）。

A.公司债券、政府债券、金融债券　　B.政府债券、公司债券、金融债券

C.公司债券、金融债券、政府债券　　D.政府债券、金融债券、公司债券

6.下列说法正确的是（　　）。

A.国库券没有利率风险　　B.公司债券只有违约风险

C.国库券和公司债券均有违约风险　　D.国库券没有违约风险，但有利率风险

项目练习8-2
多项选择题

二、多项选择题

1.以下属于股息红利的是（　　）。

A.现金股利　　B.股票股利　　C.财产股利　　D.负债股利

2.债券的投资收益主要来自（　　）。

A.利息收益　　B.资本利得　　C.再投资收益　　D.负债股利

3.证券投资系统性风险包括（　　）。

A.政策风险　　B.市场风险　　C.利率风险　　D.购买力风险

4.关于证券投资收益与风险的关系，以下说法正确的有（　　）。

A.在证券投资中，收益和风险形影相随

B.风险较大的证券，收益率相对较高

C.风险较大的证券，收益率相对较低

D.收益以风险为代价，风险用收益来补偿

5.关于封闭式基金的利润分配，下列说法正确的有（　　）。

A.每年不得少于两次

B.年度收益分配比例不得低于基金年度可供分配利润的80%

C.基金分配后，基金份额净值不得低于面值

D.只能采用现金方式分红

6.证券投资的风险特征有（　　）。

A.危害性　　B.不确定性　　C.不可防范性　　D.可测度性

三、实训题

项目练习8-3

实训题答案

1.年初，王先生将5万元存款投资于一个股票和债券组合，其中，2万元投资于股票，3万元投资于公司债券，一年以后王先生的股票和债券分别价值2.5万元和2.3万元，在这一年中股利收入1 000元，债券利息收入3 000元（不进行再投资）。

请计算：

（1）王先生这一年股票的投资收益率是多少？

（2）王先生这一年债券的投资收益率是多少？

2.投资者以40元/股的价格购入某公司股票，一年后分得股利3元，请问股票收益率是多少？若投资者取得现金股利3个月后将股票以50元/股的市价出售，则持有期收益率是多少？

3.某债券面值100元，5年期，票面利率6%，投资者以95元认购后持有到第3年年末，以98元的市价出售，请计算持有期收益率。

4.假定某投资者以94元的价格购买了面值为100元、票面利率10%、剩余期限为6年的债券，请计算该投资者的直接收益率。

5.假设某债券面值100元，10年期，票面利率10%，定价96元，计算该债券的到期收益率。

推荐阅读

［1］流水白菜．极简投资［M］．北京：机械工业出版社，2020.

［2］中国证券业协会投资风险案例，https：//tzz.sac.net.cn/cpzs/tzfxal.

项目九 证券投资行为与策略

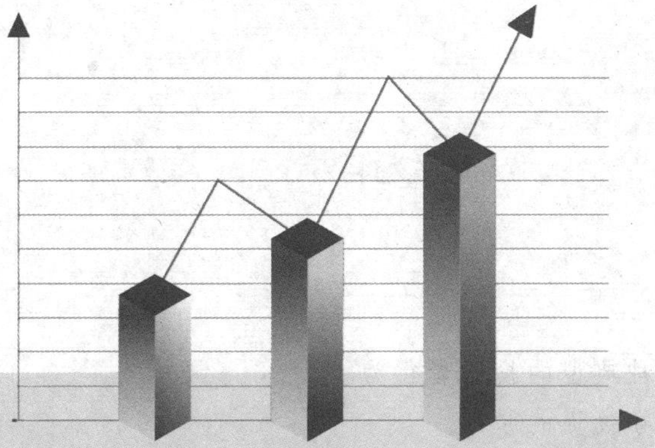

项目概述

投资者分为机构投资者与个人投资者两类。一般而言，个人投资者在市场中属于不理性且不成熟的投资群体。本项目主要介绍个人投资者的投资行为，从行为金融学视角对证券投资者的心理与行为特征进行分析，从而采取合适的证券投资策略。

学习目标

知识目标

1. 了解几种典型的投资者行为。
2. 了解证券投资的原则。
3. 熟悉证券投资的基本策略。
4. 了解经典的量化投资策略。

能力目标

1. 能够对照市场典型投资行为分析自己的投资行为偏差。
2. 能够运用投资策略解决常见投资问题。

素养目标

理性看待市场常见投资行为偏差，培养理性专业的投资行为习惯。

任务一 证券投资行为

情景导入

某天，小金刚走进银行大厅坐下等待办理业务，听到周边的人都在谈论股票。

A："最近股市大涨，大盘已经涨到5 000点了，听专家们预测，接下来还继续看涨！"

B："我也听说了，这不，我准备把我在银行的存款都提前取出来，全力杀入股市，大赚一笔。"

C："我也是来赎回银行理财产品准备买股票的。有没有内幕消息，该买哪只股票啊？"

D："这个行情，哪需要内幕消息，行情一片大好，随便在网站上找找业绩排名靠前的，杀进去都可以赚到。"

听消息炒股、跟风炒股这些投资行为是否正确？像小金这样刚入市的新手，应该注意避免哪些错误的投资行为，使自己少走弯路？赶紧学习下面的知识吧。

知识准备

金融市场的运行既有一定的经济规律，又受投资者的行为和心理的影响。大量的实证研究证明，投资者的心理与情绪是影响投资行为的重要因素。下面我们将带大家了解证券投资者的心理与投资行为，让投资者对投资行为有更深的了解，从而指导自己的投资活动。

一、"有效市场假说"与行为金融学

传统金融学的核心是"有效市场假说"（Efficient Market Hypothesis，EMH）理论，其在20世纪70年代至90年代中期，都是居于主导地位的金融理论。该理论认为市场是有效的，有关股票的信息会全部反映到股票价格上，因此，其价格与其基本价值相符，投资者都不可能在市场上获得超额利润。

所谓的"有效市场"是指这样一个市场，在这个市场上，所有信息都很快会被证券市场参与者领悟并立刻反映到市场价格中。例如，A公司刚刚完成了一项技术创新，并将在本周一上午10点对外公布。根据有效市场假说，这个消息会立刻反映到公司股票价格上去，市场参与者会立刻作出反应，将A公司股票价格抬高到应有的高度。如果你想依靠午餐休息时间购进该公司股票从而发财，就是痴心妄想了，因为在你得到消息的同时，该公司股票价格就已经上涨了。

对于市场中股票价格的变化，随机漫步理论（Random Walk）指出，股票市场内每个人都懂分析，而且资料流入市场是公开的，股票价格反映了供求关系，距离本身价值

不会太远。现在的股票价格代表了千万理性投资者的共同选择，构成一个合理价位，市价会围绕内在价值而上下波动。

然而，现实却是投资者一旦进入市场，就会作出各种预测，并因此采取行动。大量的市场参与者的心理因素在决策、行为以及市场定价中，会对证券市场起到直接的、重要的作用，从而造成与有效市场假说相悖的“异象”。这些异象包括：股票价格的异常波动与估价泡沫；估价对市场信息的过度反应或反应不足等。

近年来，人们将心理学、社会学等其他社会科学的行为研究方法引入金融学研究中来，形成“行为金融学”。行为金融学认为在研究复杂的金融市场时，必须考虑人们自身行为的复杂多变性。下面我们就来看看，人们在证券市场投资时，有哪些常见的心理和市场中的行为表现。

思维延伸9-1 猴子与专家，谁更高明

俄罗斯Vesti电视台报道称，2009年年初，俄罗斯“杜罗夫爷爷的角落”剧院的一只猴子，被俄罗斯《财经》周刊的金融实验选中，成为一名虚拟股票经纪人。实验中，这只名叫卢莎的猴子在30枚表示俄罗斯不同公司股票的骰子中，选择了8枚组成投资组合，并向它们投入100万虚拟卢布。同时它把自己的资产分为两半：一部分投入国有公司，另一部分则向私营企业投资。

2009年年底，金融专家们对猴子卢莎所选股票投资总存量价值变化进行观察时发现，在过去的一年中，猴子卢莎购买的矿业公司股票上涨了约150%，电信企业股票增值240%。不过，为猴子卢莎带来最大收益的是银行业股票，涨幅达600%。

猴子卢莎比大部分俄罗斯金融分析师赚的都多！

或许有人会认为，猴子卢莎的买入时机刚好处于股市底部，它运气好而已。但另外两个发生在华尔街的实验，同样见证了证券市场的非理性。

1967年6月，有一个美国参议员将《纽约时报》的股票版钉在墙壁上，用蒙眼掷飞镖的方式乱射，掷中哪家公司，就买该公司1 000美元的股票，共投资28 000美元，17年后获利470%。同一时间段内，只有极少数的几位基金经理业绩比他好。

20世纪80年代末，《华尔街日报》出面组织了一场历时数年的著名公开竞赛，一方是一头会掷飞镖的大猩猩，另一方是由当时华尔街最著名的股票分析师组成的专家组。结果还是大猩猩赢了。

思考：针对非理性的证券行为，我们如何应对？

分析：信息不对称、投机偏好和专业知识缺乏导致普通投资者对产品认识不足，出现非理性投资行为，从而损害了投资者个人利益，增加了证券产品的波动性，对经济秩序和市场安全带来了严重的危害。投资者应克服非理性投资行为，审慎决策，避免盲目跟风，形成正确的投资价值理念，坚持投资铁律。

二、心理偏差与证券投资行为

（一）过度自信及相关行为

心理学家通过实验观察和实证研究发现，人们往往过于相信自己的判断，高估自己

成功的概率，把成功归于自己的能力，而低估运气、机遇和外部力量在其中的作用，这种认知偏差即过度自信。

过度自信心理表现在投资决策中就是：过分相信自身的判断和决策，而忽视了客观情况变化造成决策失误的可能。尤其是在股票市场繁荣的时期，往往会导致更多的过度自信，人们认为自己很精明，表现为投资者趋向于过度交易。而大量交易会对市场波动产生影响，推动股票价格进一步上扬，导致价格偏离资产真实价值。同时，过度自信的投资者会花费更大的成本去成为知情者，同时进行更频繁的交易，由于交易费用的原因，过多的交易会降低其净收益。

投资者表现过度自信的原因有四个：一是人们对证据强度的变化高度敏感，而对证据分量和预测有效性的变化十分不敏感。二是问题的难度。随着问题难度的增加，过度自信的程度也有所增加。三是控制幻觉。人们经常会相信自己对某件无法掌控的事情有影响力。四是知识幻觉。知识量的增加会使人们认为自己预测的准确度提高。

但是过度自信并非完全是一件坏事，某些时候可以提高证券市场的效率。Wang（1997）用双寡头模型证明了过度自信的基金经理不仅能够获得比他的理性竞争对手更高的期望收益和效用，而且比他理性时的投资收益和效用更高。

（二）遗憾理论及相关行为

人们都有追求自豪、厌恶懊悔的心理机制。源于这种心理，人们在投资过程中，为了避免后悔心态的出现，往往会作出许多非理性的行为。

例如，当投资者持有两只股票，股票A获利20%，而股票B亏损20%，此时又有一个新的投资机会，而投资者由于没有别的钱，必须先卖掉一只股票时，多数投资者往往卖掉股票A而不是股票B。因为卖出股票B会使投资者对从前的买入决策后悔，而卖出股票A会让投资者有一种作出正确投资的自豪感。

损失厌恶是导致遗憾厌恶的直接原因，因为损失带来的痛苦感使人们感到遗憾和后悔。损失厌恶心理的存在，还会导致人们出现沉没成本效应、处置效应、羊群效应、短视行为等多种行为特征。

1. 处置效应

损失厌恶和遗憾厌恶心理使人们在面对收益和损失的决策时表现出不对称性。面对同样数量的收益和损失时，损失会使人们产生更大的情绪波动。当人们涉及收益时，表现为风险厌恶；当涉及损失时，则表现为风险寻求。

例如，一个投资者一个月前买了价值100元的股票，一个月后，股票市值跌到了80元。为了回避曾经作出的错误决策的遗憾和确认损失带来的尴尬，投资人会想："卖掉赔钱的股票，立刻就会损失20元，难道我选择这只股票是错误的？再等等，也许就变成赚钱的了。"这时的投资者面对确定的损失和不确定的未来走势，倾向寻求风险而继续持有股票。他们拒绝接受亏损，不愿壮士断腕，摇身一变，自称"长线"投资人，短线变长线。

再如，一个投资者一个月前买了价值100元的股票，一个月后，股票市值增长到120元。投资人有可能会想："也许它还能上涨很多，现在卖出可能时机过早，但是小赚也是赚，先拿回一点本金再说，免得将来下跌。"此时的投资者，面对确定的收益和不确定的未来走势，为了避免价格下跌而带来的后悔，倾向回避风险而卖出股票、获利了结。这会激发一种决策正确的自豪感，而没有遗憾的感觉。

以上两种行为就造成了股市上“出盈保亏”的处置效应，即投资者在投资时，更倾向将盈利的证券过早抛出，而持有亏损的证券。

这类投资者一般的心路历程是：因贪婪而投资，因亏损而惜售，因希望而等待，因利小而放弃。

2.短视行为

短视行为的基础有两个：一是投资者属于损失厌恶型，更看重损失；二是投资者是短视的，他们会经常对自己的投资计划进行评价，即便是长期投资者也比较关注短期的收益和风险。

在证券投资中，短视行为表现为：长期收益可能会周期性地被短视损失所打断，投资者过分强调潜在的短期损失，而出现短期绩效被高估，有风险的长期投资被低估的现象。人们在其长期的资产配置中，可能过于保守。

例如，投资者频繁短线操作，其目的是快速致富。为了避免短视的股东遭受潜在的财富损失，公司经理人不得不减少市场不能准确估价的长期投资，而转向更容易估价的短期项目，以竭力增加当前盈利。虽然公司价值被低估的情况减少了，但同时公司有利可图的长期投资也牺牲了。这些投资者可能没有意识到，通货膨胀的长期影响可能会远远超过短期内股票的涨跌。

此外，还有一种情况：即使决策结果相同，如果某种决策方式能减少投资者的后悔心理，对投资者而言，这种决策方式就优于其他决策方式。这造成投资者的从众心理，即跟随大流一起走，选择那些明星股、名气大的上市公司，如果股票下跌，也有那么多股评家和大众与自己一样，“股评家都看错了，自己也没那么后悔了”。

（三）从众心理及羊群效应

人类社会普遍存在着从众现象。经常在一起交流的人由于互相影响，往往具有类似或相近的思想。当这种现象发生在股票市场当中时，就形成了羊群效应。羊群效应是指投资者由于受其他投资者投资策略的影响而采取相同的投资策略，从而由个人理性行为转变为集体的非理性行为。这时的投资者完全依赖于社会舆论，而不是基于自己挖掘的信息进行投资决策。

传统的金融理论大多隐含完全信息的假设，但事实上，即使在信息传播高度发达的现代社会，信息也是不充分的。在信息不充分的情况下，投资者的决策往往不完全是依据已有的信息，而是依据对其他投资者的投资行为的判断来进行决策，这样就形成了羊群效应。例如，股市中存在大量的“跟风”“跟庄”投资行为，就是典型的羊群效应。

遗憾厌恶心理也同样可以解释羊群效应。人们随波逐流，是为了避免作出错误投资决定而后悔，正所谓“天塌砸大家”。许多投资者认为，买一只大家都看好的股票更加可靠，因为大家都看好它，即使股票下跌，也是大家都错了，我跟着错了也没什么！如果固执己见，买了一只大家不看好的股票，如果下跌了，自己该如何解释当时购买它的理由呢？

即使在基金经理中，也普遍存在着羊群效应。它的基本理论是：基金经理为了避免因投资失误而出现风险，因此模仿其他基金经理的投资行为。同时，基金经理的报酬是建立在相互业绩比较的基础上的，如果他们之间相互模仿，可以保证业绩同被模仿者的业绩相似，这样即使大家业绩都下降，也可以很大程度上避免受到集体惩罚。如果市场中有许多的基金经理都采取模仿行为，那么羊群效应就形成了。

知识拓展9-1　**羊群效应**

在一群羊前面横放一根木棍，第一只羊跳了过去，第二只、第三只也会跟着跳过去。这时，把那根棍子撤走，后面的羊走到这里，仍然会像前面的羊一样，向上跳一下，尽管拦路的棍子已经不在了，这就是所谓的羊群效应，也称从众心理。

（四）心理账户及相关行为

心理账户（mental accounting）是行为经济学中的一个重要概念，由行为科学家理查德·塞勒（Richard Thaler）提出，用于解释个体在消费决策时如何受到沉没成本效应（Sunk Cost Effect）的影响。下面我们通过一个例子来解释心理账户。

假如，今天晚上你打算去听一场音乐会，票价是200元，在你马上要出发时，发现最近买的价值200元的电话卡弄丢了。你是否还会去听这场音乐会？实验表明，大部分的回答者仍旧去听。但是如果情况变一下，你昨天花了200元钱买了一张今天晚上的音乐会门票。在你马上要出发的时候，发现你把门票弄丢了，必须再花200元钱买张门票才能去听音乐会，你是否还会去听？结果却是，大部分人回答说不去了。

仔细想一想，上面这两个回答其实是自相矛盾的。不管丢的是电话卡还是音乐会门票，都是丢失了价值200元的东西，从金钱上看并没有区别。但是为什么会出现上述两种不同结果呢？原因就在于在人们的脑海中，把电话卡和音乐会门票归到了不同的账户中。丢了电话卡，不会影响“音乐会账户”的预算和支出；而丢了音乐会门票，就要在“音乐会账户”中再支出200元，看上去好像要花400元听一场音乐会，当然就觉得不划算了。

这种对金钱分门别类的分账管理和预算的心理过程就是心理账户的估价过程，而心理账户影响着我们的消费决策。

心理账户理论认为，我们都有两个账户，一个是经济学账户，一个是心理账户。经济学账户里，每一块钱都是可以替代的，只要绝对量相同。在心理账户里，对每一块钱并不是一视同仁的，而是视不同来处，去往何处采取不同的态度。

由于消费者心理账户的存在，个体在做决策时往往会违背经济运算法则，从而作出许多非理性的行为。例如，有的投资者对于连续下跌的股票往往不愿意“割肉”，以账面浮亏来安慰自己。因为抛售掉股票的实际亏损和不抛掉股票的账面亏损是被放在不同的心理账户中的。客观上讲，这两者没有差异，但是在心理上人们却给它们画上了严格的界线。从账面亏损到实际亏损，后者在心理账户中感觉更加“真实”和痛苦，所以人们并不能从心理上把二者完全等同起来。这就造成了投资者选择继续持有亏损股票，等待回本的行为。

同样，对于盈利的股票，许多投资者通常不舍得“止盈”。因为此时账面盈利，我们会认为这是“意外之财”，心理上将它与工资收入等辛苦赚取的收入放在不同的账户中。即使是回调，也是从“意外之财”这个账户中支取，小赚也是接受的，万一继续上涨了呢？这种心理活动就是典型的心理账户效应。

知识拓展 9-2　　心理账户的三种情形

一是将各期的收入或者各种不同方式的收入分在不同的账户中，不能相互填补。经济学家塞勒曾讲过一个故事。有一次他去瑞士讲课，瑞士方面给他的报酬还不错，讲课之余就在瑞士做了一次旅行，整个旅行非常愉快，而实际上瑞士是全世界物价最高的国家。第二次在英国讲课，也有不错的报酬，就又去瑞士旅行了一次，但这一次到哪里都觉得贵，感觉特别不舒服。之所以会这样，是因为第一次旅行时，他把在瑞士挣的钱跟在瑞士旅游花的钱放在了一个心理账户中；而第二次他把在英国赚的钱花在了瑞士的账户上，潜意识中“心理账户”拒绝他的消费。

二是不同来源的收入有不同的消费倾向。例如，人们往往不会拿自己辛苦赚取的10万元去赌场，不过如果是赌马赢来的10万元，去赌场的可能性就高多了。

三是用不同的态度来对待不同数量的收入。例如，月末得了200元的奖金，可能拿去大吃一顿；但是如果获得了5 000元奖金，反而可能没有去花掉，而是将5 000元钱存入银行。

（五）试探法及相关行为

人们在决策过程中，往往会采用试探法，即一种以常识为基础进行试探，而不用详细的推理方法。比如，去折扣店买东西会便宜一些，这点不需要经过论证，就知道结果是正确的。但是当涉及投资行为时，大量的行为学研究发现，人并不是良好的直觉统计处理器。人的心理状况会扭曲推理过程，导致犯下不应该犯的投资错误。

行为金融学的理论表明，试探法的错误形态有四种，分别是记忆的有效性（availability）、事件的典型性（repre-sentativeness）、抛锚性（anchoring）和事后诸葛亮式的偏见（hindsightbias）。其中，事件的典型性将导致反应过度，而抛锚性将引起反应不足。

1. 典型性与过度反应

事件的典型性是指人们通常对事情进行快速分类处理。人的大脑通常将某些表面上具有相同特征而实质内容大相径庭的东西归为一类。当事件的典型性帮助人组织和处理大量的数据、资料的时候，就会引起投资者对旧的信息的过度反应。这时的投资者对于近期的好消息没有作出正确的反应，而是过度反应致使股票价格超过其内在价值。

例如，某一上市公司总是业绩不佳。投资者就有可能将其归类为绩差公司，像大多数绩差公司一样，这家公司的业绩也将不断下降。投资者就会对这家上市公司的旧信息反应过度，导致会忽视这家公司业绩改善的情况。在过度反应的情况下，这家公司的股价就会被低估。但是，并不是说投资者不会改变他们的观点，如果上市公司的业绩持续地改善，投资者最终将改变错误的观点。

2. 抛锚性与反应不足

抛锚性是指人的大脑在解决复杂问题时往往选择一个初始参考点，然后根据获得的附加信息逐步修正从而获得正确答案的特性。

同样的，投资者在对证券价格进行预测时，通常需要一定的信息锚作为判断的参照标准。例如，投资者利用行业、板块、股本大小、经营业绩等类似的其他股票的价格，来衡量其投资股票的价格。但是锚并不能长时间一直保持准确性和有效性，即锚会使投资者判断出错。

例如，一家公司突然宣布其收益实质性地上升，尽管这家公司在赚更多的钱，但是投资者认为这种收益的变化是暂时的、偶然的，市场对这家公司的潜在盈利能力的看法“抛锚”了。

抛锚性会导致投资者对新的、正面的信息反应不足。此时的投资者一味依赖过去的历史经验作为判断的依据，对市场中出现的新趋势和新变化反应迟钝，丧失了获利的良好时机。

上述例子中，尽管这家公司盈利性增强，但是投资者对新的、正面的信息反应不足，导致它的股价并没有上涨。我国股市中存在的“轮涨效应”就是一种反应不足现象。同事件的典型性一样，抛锚性也会随着时间的延长而得到修正。

思政专栏9-1　　**建立中国特色估值体系**

国有企业带有鲜明的中国特色标识，作为国民经济的重要支柱，其重要性同样在A股市场得以体现。同花顺iFinD数据显示，目前A股共有1 511家上市公司的市值超百亿元，其中，国有上市公司（包括央企国资控股、省属国资控股、地市国资控股及其他国有四类）合计596家，总市值高达35.83万亿元。而在127家千亿元市值上市公司中，国有上市公司合计73家，占比高达57.48%。从市盈率（PE）角度看，目前业界普遍认为，PE低于13倍即公司价值被低估。而在前述596家百亿元市值国有上市公司中，有372家的市盈率低于13倍，占比约62.41%。

也就是说，当前国企尤其是上市央企，虽然有着较为优质的基本面，但是市场估值偏低。国有上市公司估值的普遍偏低与目前国内投资者结构特征、投资理念和文化有关，但更重要的是，简单套用传统估值模型难以反映出我国市场体制机制、行业产业结构、主体持续发展能力所体现的鲜明中国元素。新估值体系中需要摒弃单一的利润价值取向，结合ESG要素、政策导向、股东回报等更多因素综合定价。

相信在具有中国特色的估值体系不断探索完善和国企“练好内功”+“强化公众意识”双管齐下的过程中，投资者有望进一步认识国企的内在价值，国企上市公司尤其是新兴产业内的国企上市公司估值中枢存在一定提升空间。

资料来源　金音. 中国特色估值体系引关注　上市国企估值中枢有望提升［EB/OL］.［2023-02-03］. http: //stock.10jqka.com.cn/20230203/c644569108.shtml.

思政元素：中国特色估值体系　国有企业

思政感悟：我国资本市场具有明显的新兴加转轨特征，上市公司结构也体现出与经济体制演进变化、产业结构转型升级相适应的趋势。要深刻认识我们的市场体制机制、行业产业结构、主体持续发展能力所体现的鲜明中国元素、发展阶段特征，深入研究成熟市场估值理论的适用场景，把握好不同类型上市公司的估值逻辑，探索建立具有中国特色的估值体系，促进市场资源配置功能更好发挥。

任务实施

学生查看自己模拟账户的投资情况，总结自己的投资行为，并进行课堂分享。

学习评价

教师根据学生的分享，采用教师评价和学生互评的方式进行课堂评价。

任务二　证券投资的原则与策略

情景导入

小金亲戚李叔的炒股故事：

2015年年中，大盘开始下跌，大家都开始杀跌止损的时候，李叔觉得自己的机会来了。因为股神巴菲特说“在别人恐惧时我贪婪，在别人贪婪时我恐惧”。于是将自己的全部存款50万元取出来，根据小道消息全仓投资了一只股票，并牢牢抓住手中的股票，一口气从5 000多点扛到了3 000点附近。但股票行情不如人意，一直下跌，2016年初几乎达到了崩溃的边缘，因为他投入的50万元已经变成二十几万元了，他不知道自己是不是要继续扛下去。

李叔对小金感叹：“想要领悟巴菲特的名言太难了！”痛定思痛，如果没有正确把握市场行情，没有系统地学习证券投资知识，不知道如何在不同的市场环境下采取不同的操作策略，亏钱的还是自己。

小金觉得李叔说得有道理，那就一起来学习投资策略吧。

知识准备

在进行证券投资时，遵循正确的投资原则，选择正确的投资策略和技巧非常重要，这是投资者投资成功的重要环节，不仅可以使投资者降低投资风险，还可以使投资者获得较高的收益。

一、证券投资的原则

证券投资者一般在进行证券投资时，首先会进行相关资料的收集，对市场及证券投资工具有一个大致的了解，再通过研究分析，预测市场与证券价格的变动趋势，作出选股与择时的买卖决策。在决策时，一定要注意以下几个原则。

（一）分散投资与最佳组合原则

“不要把鸡蛋放在同一个篮子里面”，这就是分散投资原则。投资者要将资金适时地按照不同比例投资于不同证券，以降低投资风险。

分散投资一般有两个方面的内容：一是投资于多种证券，即使其中一种或几种证券亏损，如果其他证券收益良好，还是可以得到补偿的；二是进行多种证券投资时，要注意投资方向的选择，不仅要投资高收益股票，还要投资于债券、基金等低风险产品，这样可以大大降低局部投资风险，不至于整体投资失败。

当然分散投资并不意味着随意选择，而是要遵循最佳组合原则。投资者要将同一市场中的不同证券组合起来，构成一个合理的投资组合，以达到“在风险一定的情况下收益最大”，或“收益一定的情况下风险最小”，追求投资均衡。

（二）理智投资原则

证券市场由于受到各方面因素的影响而处在不断变化之中，谁也无法准确预测行情的变化。这就要求投资者在进行投资时，不能感情用事，而应该冷静而慎重，善于控制自己的情绪，不能过多地受各种传言的影响，细心地比较各种证券，最后才决定投资的对象。不然，在情绪冲动下进行投资，往往是要失败的。一些缺乏经验的投资者看到自己要买的股票价格略上涨时，就急不可耐，唯恐买不到这只股票便匆忙提出市价买进委托，结果很可能是高价购进该种股票。有时股市在一片叫好声中，往往已处于暴跌的前夜；而在股市最萧条的时候，正是黎明前的黑暗，股市复苏的曙光就在眼前。因此，投资者应该随时保持冷静和理智的头脑，做到“众人皆醉我独醒”。

（三）本金安全原则

股神巴菲特有句名言：“投资的第一要义是保证本金安全，第二条还是保证本金安全，第三条就是牢牢记住、好好地做到第一、第二条。”证券投资中，收益和风险往往是相伴而生的，有收益就会有风险。投资风险的存在，使得投资者必须考虑安全性，在已定的风险条件下，投资者要将风险尽可能地降到最低。首先要明确自己的投资目标，其次要对自己的投资能力有一个准确的把握，并不断培养自己驾驭和承受风险的能力，最后在证券投资过程中，尽力保护本金，增加收益，减少损失。

（四）能力充实原则

每个投资者都应该不断培养自己的证券投资能力，而这种能力的基础是投资知识和经验。掌握投资知识是从事投资的重要条件，没有知识的投资是盲目的投资，十有八九是要失败的。证券投资知识包括与证券有关的金融知识、法律知识、数学知识。投资者要获得证券投资知识，主要有两条渠道：一是通过书本学习、向别人请教以获得间接经验；二是通过自己的实践以获得直接经验。证券投资经验包括成功经验和失败经验，投资者要不断积累经验，要准确地把握证券行情，需要长期的经验积累。

（五）剩余资金投资原则

投资必须有资金来源。从大的方面来说，资金来源无非两个部分，一部分是自有资金，另一部分是借入资金。采取借入资金进行证券投资是不可取的，证券投资的资金必须是家庭较长时间闲置不用的剩余资金。这是因为证券投资是一种风险较大的经济活动，意味着赚钱和亏本的机会同时存在，如果把全部资金都投入证券，一旦发生亏损，就会打乱家庭收支计划，从而给正常的生活带来极大的不确定性。所以，妥善可靠的做法是把全部资金合理分配，留足家庭生活的必备资金，所剩余的长时间有可能闲置的资金，才能用来进行证券投资。投资者应该在估计全部资产和风险承受能力的基础上，决定是否进行证券投资和用多少资金进行证券投资。

二、证券投资的策略

证券投资取得成功的关键因素就是要选择正确的投资策略。投资策略是指投资计划明确后进行投资管理的方法、手段与技巧。任何一个投资策略都不是孤立存在的，而是受市场环境、宏观经济的影响，也与市场投资行为密切相关。投资者的资金来源、数量和投资经验等都会对投资策略的选择产生影响。对于投资者而言，行为金融学的巨大指导意义在于：可以采取针对非理性市场行为的投资策略来实现投资目标。

（一）针对过度反应的反向投资策略

反向投资策略（Contrarian Investment Strategy）就是买进过去表现差的股票，而卖出过去表现好的股票来进行套利的投资方法。

行为金融理论认为，由于投资者在实际投资决策中，往往过分注重上市公司的近期表现，过度自信，从而导致对公司近期业绩情况作出持续过度反应，对业绩差的公司股价过分低估。同时由于市场中广泛存在的羊群效应，对证券价格的过度反应将是不可避免的，以致出现“涨过了头”或者“跌过了头”。所以在一段时间以后，这些对股票价格的高估和低估最终都会随着金融市场的价值回归而修正，表现好的股票会向下修正，表现差的股票会向上修正，因此为反向投资策略提供了套利的机会。投资者利用可以预期的股市价格反转，采取反向投资策略来进行套利交易。

（二）针对反应不足的惯性投资策略

惯性投资策略是针对行为金融学中的反应不足现象应运而生的一种投资策略。在反应不足中，股票价格自开始上涨直至达到顶部通常会持续一段时间，顺势交易者如果在股票价格出现上涨趋势时购入，虽然价位较高，但是日后能够以更高价格卖出，仍然可以获利。惯性投资策略要求投资者衡量一般投资大众的意见，在市场已经启动，但大众对信息表现出谨慎和迟疑时，及时抢进，顺应市场趋势操作。投资者的个性、所获得的信息量以及投资者的类型都将影响惯性时间的长短。投资者应该注意惯性投资策略是一个短期策略，风险很高，仅适合投资经验丰富的投资者。

（三）成本平均策略和时间分散化策略

成本平均策略（Dollar Cost Averaging Strategy）是指投资者在将现金投资于股票时，按照预定的计划在不同的价格分批进行，以分摊成本，从而规避一次性投入可能造成较大风险的策略。

在股票投资中，可以按一定的时间间隔分次购买某一种或几种股票。如果购买过程中估计股票将持续下跌，分段购买法总能买到更低价格的股票，在市价稍微上扬时，就能卖出部分止亏。而当分段购买的股票价格出现上升趋势时，当市价超过最后一次购买的价格时，就可以成批将持有的股票卖出，以获取利润。

金字塔买卖法比分段购买更进一步，仍然是分段购买，且每个阶段购买成本相同。当股价较低时，买进数量较多；当股票价格逐渐拉升时，买进股票的数量也会随之减少。其优点在于：如果投资者首次购买后，股价仍在上升，投资者可以继续购买以获得盈利，虽然获得的利润较少，但是可以降低股价下跌带来的风险。即使后续买进股票时，股价不再进一步上涨，甚至出现小幅下跌，也不会造成太大的损失。这种策略称为“正金字塔买入”。

还有一种是“倒金字塔卖出法”，当股价不断升高时，卖出的数量逐渐增多。该方法能够在人气旺盛的时候卖出股票，容易脱手，又能降低风险。

时间分散化策略是指根据投资股票的风险将随着投资期限的延长而降低的理念，建议投资者在年轻时将资产组合中的较大比例投资于股票，而随着年龄的增长将此比例逐渐减少的投资策略。

成本平均策略和时间分散化策略可以减少投资者因有限理性而导致的非理性行为。

（四）捕捉并集中投资策略

行为金融理论下的投资者应该追求的是努力超越市场收益率，采取有别于传统投资者的投资策略从而获取超额收益。要达到这一目的，投资者可以通过以下三种途径来实现：一是尽力获取相对于市场来说超前的信息优势，尤其是未公开的信息。投资者可以通过对行业、产业以及政策、法规、相关事件等多种因素的分析、权衡与判断，综合各种信息来形成自己的独特信息优势。二是选择利用较其他投资者更加有效的模型来处理信息。这些模型也并非越复杂就越好，关键是实用和有效。三是利用其他投资者的认知偏差等心理特点来实施成本集中策略。一般的投资者受传统投资理念的影响，注重投资选择的多样化和时间的间隔化来分散风险，从而导致收益随着风险的分散而降低。而行为金融投资者则在捕捉到被错误定价的股票后，率先集中资金进行集中投资，获取更大的收益。

（五）利用行为偏差

行为金融学对于投资者的指导意义在于：针对非理性市场行为，采取一定的投资策略从而获利。就是说，在大多数投资者认识到自己的错误以前，率先投资那些定价错误的股票，并在股票价格正确定位之后获利。投资者在交易过程中既要考虑到自己的非理性问题，又要把握市场的非理性。这也是行为金融学对投资实践的一个重要建议。

行为型投资人则尽力寻找由于行为因素而被市场错误定价的股票从而获取超额利润。

例如ST现象，那些被冠以特别处理的上市公司，其股价在特别处理消息公布后不跌反升。这显然违背了有效市场假说，然而从行为金融学来看，这种现象是有道理的。上市公司被宣布为特别处理，意味着公司陷入严重困境。但同时，ST公司也成为潜在的并购目标，将伴随着大量的现金注入、资产重组、政府保护等活动。这些努力表明，ST公司的有关各方在设法拯救这家公司。考虑到壳资源在中国证券市场上的稀缺性，ST公司的价值无疑是巨大的。因此对于特别处理这样的“坏消息”，ST股票的价格反而上涨了。

（六）购买并持有策略

个人和机构投资于股票应执行的几种能帮助控制认知错误和心理障碍的安全措施中，很重要的一条就是购买并持有策略。长期采取购买并持有策略，通常业绩将超过高周转的短期交易策略。

投资者在购进一只股票时，应详细地记录购买理由，而且要制定一定的标准以利于进行投资决策，并且要把眼光放远一些，不要把投资的目光集中在短时间内的股价日常变动上。靠做短线操作致富，与赌博无异。股票市场有时会被投机者利用，进行投机操纵，形成短时间内的股价巨幅波动。对于广大中小投资者而言，由于不可能在第一时间内获得准确的内幕信息和其他各种消息，因而在投机操作过程中处于不利地位。等到各种信息公开发布时，广大中小散户往往已在高位被套牢。

知识拓展9-3　　短线与长线投资

短线投资的特点是短线操作、快进快出，这是一种投机性买卖，投资者持有股票往往只有几天、几周的时间，主要利用股价的波动来获利，买卖对象是市场价格活跃、波动大的股票，运用的策略则是“低吸高抛”。由于这种策略不太好把握，往往做成“高吸低抛”，或者抛出后继续上涨而错失牛股，或者买进后继续下跌而被套牢，因此这种投资策略风险较大，刚接触股票的投资者最好谨慎使用。

长期投资，也称价值投资，指的是股票投资者长时间持有一只价格被低估的股票，这样可以享受优厚的分红、送转股等股东权益带来的好处，还可以在价格回归到合适区间后抛售获利。长期投资一般都在半年以上，投资者在进行长期投资时，要充分了解股票发行公司的情况，以确定是否有长期投资价值。

三、量化投资策略

量化投资技术几乎覆盖了投资的全过程，包括量化选股、量化择时、股指期货套利、商品期货套利、统计套利、算法交易、资产配置、风险控制等。下面介绍几种经典的量化投资策略。

1. 双均线策略

双均线策略，通过建立m天移动平均线，n天移动平均线，则两条均线必有交点。若m>n，n天平均线“上穿越”m天均线则为买入点，反之为卖出点。该策略基于不同天数均线的交叉点，抓住股票的强势和弱势时刻，进行交易。

双均线策略中，如果两根均线的周期接近，如5日线、10日线，这种非常容易缠绕，不停地产生买点和卖点，会有大量的无效交易，交易费用很高。如果两根均线的周期差距较大，如5日线、60日线，这种交易周期很长，趋势性已经不明显了，趋势转变以后很长时间才会出现买卖点。也就是说，可能会造成很大的亏损。所以两个参数的选择很重要，趋势性越强的品种均线策略越有效。

2. 多因子选股

多因子模型是量化选股中最重要的一类模型，基本思想是找到某些和收益率最相关的指标，并根据该指标构建一个股票组合，期望该组合在未来的一段时间跑赢或跑输指数。如果跑赢，则可以做多该组合，同时做空期指，赚取正向阿尔法收益；如果跑输，则可以做多期指，融券做空该组合，赚取反向阿尔法收益。多因子模型的关键是找到因子与收益率之间的关联性。

3. 海龟交易法

海龟交易思想起源于20世纪80年代的美国。理查德·丹尼斯与好友比尔打赌，主题是一个成功的交易员是天生的还是后天的。理查德用十年时间证明了通过日常系统培训，交易员可以通过后天培训成为一名优秀的交易者。这套培训系统就是海龟交易系统。

海龟交易系统是一个完整的、机械的交易思想，可以系统地完成整个交易过程。它包括了买卖什么、头寸规模、何时买卖、何时退出等一系列交易策略，是一个趋势交易策略。它最显著的特点是捕捉中长期趋势，力求在短期内获得最大的收益。

4. 高频交易策略

高频交易是指从那些人们无法利用的极为短暂的市场变化中寻求获利的计算机化交易，如某种证券买入价和卖出价差价的微小变化，或者某只股票在不同交易所之间的微小价差。这种交易的速度如此之快，以致有些交易机构将自己的“服务器群组”安置到了离交易所的计算机很近的地方，以缩短交易指令通过光缆以光速旅行的距离。

5. 网格交易法

网格交易法是一种利用行情震荡进行获利的策略。在标的价格不断震荡的过程中，对标的价格绘制网格，在市场价格触碰到某个网格线时进行加减仓操作以尽可能获利。网格交易法属于左侧交易的一种。与右侧交易不同，网格交易法并非跟随行情，追涨杀跌，而是逆势而为，在价格下跌时买入，价格上涨时卖出。即使网格交易能够获得较为稳定的收益，但也存在一定的风险。如果行情呈现大涨或大跌趋势，会导致不断开仓，增加风险敞口。这也是为什么网格交易更适用震荡行情，不适合趋势性行情。

知识拓展9-4　　**智能投顾　开启财富管理新时代**

随着人工智能与大数据、区块链等技术的崛起，作为金融科技中必不可少的一种金融工具，智能投顾成为财富管理领域新的发力点。智能投顾利用大数据分析、量化金融模型以及智能算法，基于对投资者风险承受能力、预期理财目标以及投资风格偏好的评估，并加入智能再平衡功能，可以为投资者提供一站式的自动化资产配置及投资跟踪服务。典型的智能投顾服务流程包括：

第一步：为客户画像。为客户画像的目的是确定客户投资偏好和承受风险的能力，投资的主要工作之一就是风险管理。客户经过画像后，会被归类为某一投资人格属性，理论上一千个客户就有一千个投资人格。

第二步：制定投资组合配置。智能投顾系统根据客户画像结果，针对客户资产现状、风险偏好、预期目标等特点，为客户推荐个性化的投资组合。

第三步：客户资金托管。推荐的投资组合获得客户认可后，客户的资金被转入第三方进行托管。

第四步：执行交易。智能投顾系统代理客户发出交易指令，进行资产买卖，完成投资组合搭建。

第五步：投资组合再平衡。智能投顾系统对市场和用户需求的情况进行跟踪监测，并根据其变化及时调仓。

第六步：收益报告。根据财富管理过程中的收益表现，定期或不定期地向客户提供业绩报告。

任务实施

学生查看自己的模拟交易账户，根据交易数据说说自己的投资策略安排，并制作课件进行投资策略分享。

学习评价

教师点评学生的投资策略报告，以学生互评的方式完成任务评价。

项目小结

1.典型的证券投资者行为有：从众行为、处置效应、过度自信、心理账户和损失厌恶等，了解投资者的行为，指导自己的投资活动。

2.证券投资是一项高风险的投资活动，需要遵循一定的原则：分散投资与最佳组合原则、理智投资原则、本金安全原则、能力充实原则、剩余资金投资原则。

3.投资者在一定的策略指导下，熟练运用反向策略、惯性策略、成本平均策略和时间分散化策略、集中投资策略等，确保在风险既定的前提下尽可能获得较高的投资收益。

4.经典的量化投资策略，包括双均线策略、多因子选股、海龟交易法、高频交易策略、网格交易法。

项目练习

一、单项选择题

项目练习9-1

单项选择题

1.下列不属于典型的投资者行为的是（　　）。

A.认知行为　　B.过度自信　　C.心理账户　　D.从众行为

2.投资者在产生心理账户时，会有三种不同的表现形式，以下不是心理账户的表现形式的是（　　）。

A.各期的收入或者各种不同方式的收入分在不同的账户中

B.不同来源的收入有不同的消费倾向

C.用不同的态度来对待不同数量的收入

D.不同来源的收入做同一消费倾向

3.以下不属于投资者过度自信的原因的是（　　）。

A.问题的难度　　B.知识幻觉　　C.主观意识　　D.控制幻觉

4.以下不是证券投资应该遵循的最基本原则的是（　　）。

A.分散投资原则　　B.最佳组合原则

C.借贷资金投资原则　　D.剩余资金投资原则

二、多项选择题

项目练习9-2

多项选择题

1.关于投资者行为的说法正确的是（　　）。

A.从众心理，也称“羊群效应”

B.金融市场中的从众行为指的是受到其他投资者采取的投资策略的影响而采取相同的策略

C.股票市场的繁荣往往会导致更多的过度自信

D.心理账户的存在影响着我们的消费决策

2.投资者表现过度自信的原因是（　　）。

A.人们对证据强度的变化高度敏感，而对证据的分量和预测有效性的变化十分不敏感

B.随着问题难度的增加，过度自信的程度也增加

C.人们经常会相信自己对某件无法掌控的事情有影响力

D.知识量的增加会使人们认为自己预测的准确度提高

3.投资者降低心理账户所带来的影响的办法是（　　）。

A.集中投资　　B.分散投资

C.减少投资　　D.树立一个正确的投资观念

4.以下关于短期投资的说法正确的是（　　）。

A.主要利用股价的波动来获利

B.买卖对象是市场价格活跃、波动大的股票

C.持有半年以上

D.持有几天或者几周时间

5.下列属于经典量化投资策略的有（　　）。

A.双均线策略　　B.海龟交易法

C.多因子选股　　D.高频交易策略

三、实训题

1.怎样理解“不要把鸡蛋放在同一个篮子里”这句话？

2.请你列举中国股票市场中散户的“羊群效应”，并分析应如何应对。

推荐阅读

[1] 塞勒．“错误”的行为：行为经济学的形成［M］．王晋，译．北京：中信出版集团，2018.

[2] 卡林．现代价值投资的安全边际：为慎思的投资者而作的25个避险策略和工具［M］．凌波，译．北京：中国青年出版社，2020.

[3] 上海证券交易所投资者教育，http：//edu.sse.com.cn.

[4] 深圳证券交易所投资者教育，http：//investor.szse.cn.

项目十 证券行情分析软件和模拟证券交易

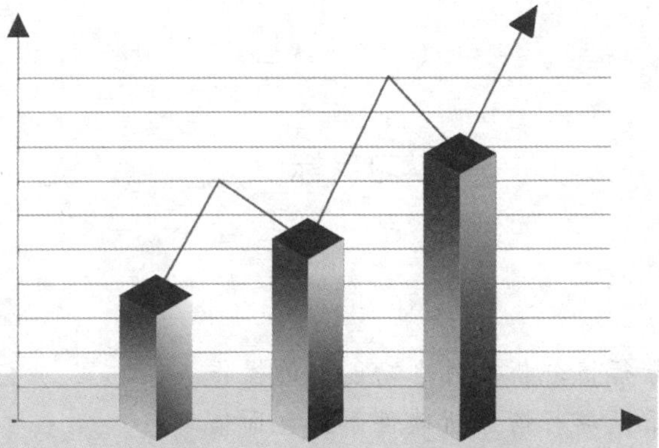

项目概述

证券市场价格的变化可以通过证券行情分析软件直观地呈现，帮助投资者更好地分析证券价格的走势。本项目通过介绍目前我国证券市场上的主要网上证券行情分析软件和模拟证券交易平台，使投资者学会看盘和操作的基本技能，实现从模拟操作到实战的经验过程累积。

学习目标

知识目标

1. 熟悉证券行情分析软件各功能键的操作。
2. 掌握利用证券行情分析软件解读盘面信息。
3. 掌握证券交易基本流程，熟悉模拟证券操作。

能力目标

1. 能够较熟练地完成证券行情分析软件的下载、安装。
2. 能够熟练操作模拟证券交易行情软件。
3. 能够准确理解证券行情信息，并进行模拟交易。

素养目标

工欲善其事，必先利其器。通过反复观摩和操作练习，熟悉证券行情分析软件操作，培养精益求精、专注严谨、爱岗敬业等投资工匠精神。

任务一　证券行情分析软件的使用

情景导入

每次上课时，老师都会打开证券行情分析软件进行股票的查询和分析。如果小金自己想看行情的话，如何下载这些软件？有使用的方法吗？各证券公司和一些软件开发公司都有自己的证券行情分析软件。学会下载和使用证券行情分析软件，从中学会利用证券行情分析软件提供的指标得到有用的决策信息，并据此进行投资操作是每个人进入证券市场投资必备的技能。

知识准备

一、常用证券行情分析软件介绍

证券行情分析软件是为了掌握证券市场价格的变动趋势而采用专门方法对证券市场价格变动状况进行研究和预测的软件。它是在普通行情分析软件基本功能的基础上整合了一些特定的功能，如一些分析大盘的指标、公式、新闻资讯、预警系统、选股系统、盘后分析、信息实时发布系统、研究报告等。

（一）常用的证券行情分析软件

常见的证券行情分析软件包括证券公司现场行情分析软件、电脑PC端证券行情分析软件和手机端炒股软件3种。手机端炒股软件在近年发展较快，但它本质上仍然属于网上证券行情分析软件，因而目前使用最多的仍是网上证券行情分析软件。投资者通过网络平台可以进行证券行情分析，也可以进行网上证券交易，一般来说，网上交易系统都是集成在网上证券行情分析系统中的，但也有两个系统分开的。

下面对目前我国证券市场上的主要网上证券行情分析软件进行简单介绍。

1.钱龙网上行情分析软件

钱龙是国内历史悠久的知名证券软件品牌，由乾隆集团创建于1994年，是投资者最为熟悉的证券行情分析软件之一，很多证券营业部都在现场交易中使用过该软件，后来出现的许多网上交易软件都沿袭了钱龙的界面和操作习惯。

2.大智慧网上行情分析软件

大智慧网上行情分析软件是一套用来进行行情显示、行情分析、外汇及期货信息显示，并同时进行信息即时接收的超级证券信息系统。它面向证券决策机构和各阶层证券分析咨询、投资人员，并特别关注广大投资者的使用习惯和感受。该软件包含对证券市场最深刻的理解和最全面的反映。

3.通达信网上行情分析软件

通达信网上行情分析软件是2002年以后网上交易领域市场份额上升最快的软件品

牌。通达信自进入网上交易领域以来，成功完成了多家券商总部级的网上交易系统承建和维护工作。从南方证券超强版开始，通达信一直是网上交易系统业务创新和技术性能指标领先的软件供应商。

4.同花顺网上行情分析软件

同花顺证券行情分析软件是一款功能强大、资讯丰富、操作手感好、用户使用率高的免费股票行情分析软件，它提供了沪深主板（免费主力增仓、主力资金流向）、科创板、创业板、中小板块、基金、债券、港股、美股、全球指数、外汇、股指期货、商品期货、沪港通免费实时港股行情、实时美股行情，以及多家资讯商的资讯信息、短信服务及手机买卖等功能。

思政专栏10-1　　卖炒股软件 号称稳赚不赔

自从“炒股大师”荐股慢慢消失后，以大数据分析和AI技术为“噱头”的炒股软件开始出现，这些软件大多自称“免费使用、简单易学”，甚至称“直接发送庄家提示信号”。这些软件名称大多是“炒股分析软件”“炒股软件”“选股软件”“股票软件”。有的软件称“结合大数据和AI技术”，采用“四大维度解析自选股”，还能分析股票“优于市场多少股票”，以及“买入潜力多少”。在一款炒股软件的选股板块中，分别设有“涨停池”“连板池”“炸板池”“跌停池”，分别选取了当日或近期涨停、跌停，或连续涨停的股票。

资料来源　佚名. 炒股的老人注意了！那些“非常准”的荐股软件可能是诈骗集团的诱饵！[EB/OL]. [2019-05-28]. https://kuaibao.qq.com/s/20190528A0FIBG00? refer=spider.

思政元素：诚实守信

思政感悟：市面上用于出售的炒股软件，不可能做到稳赚不赔。炒股软件有买卖点提示的，基本上都是从技术分析出发的。可股票投资不仅需要看技术面，还得看基本面。投资者需要提高警惕，不要轻信所谓穿着科学外衣的“大数据”概念“荐股”服务，避免掉进非法投资咨询机构的陷阱。投资没有捷径，唯有不断学习，形成自己的投资风格。

（二）下载和安装证券行情分析软件

由于市场上的证券行情分析软件较多，投资者可以根据自己的喜好选择使用。很多证券公司在其主页都有软件下载链接，将各种证券软件集中在一起，供投资者选用，非常方便。下面以同花顺官网（http://download.10jqka.com.cn/）提供的证券行情分析软件PC产品免费版进行介绍，如图10-1所示。直接点击下载，并安装到电脑上，当电脑桌面出现图标时，表示安装成功。

图10-1　同花顺证券行情分析软件

（三）同花顺终端界面简介

1.终端界面简介

点击桌面上的图标，打开同花顺证券行情分析软件，出现如图10-2所示的界面，点击免费注册，按系统提示完成注册，可进入行情界面，也可以使用QQ、微信、微博账号进行登录。

图10-2　注册或登录同花顺界面

进入同花顺证券行情分析软件的界面如图10-3所示，由菜单栏、工具栏、标题栏、功能树、主窗口、指数条、左信息栏、右信息栏和应用中心等组成。

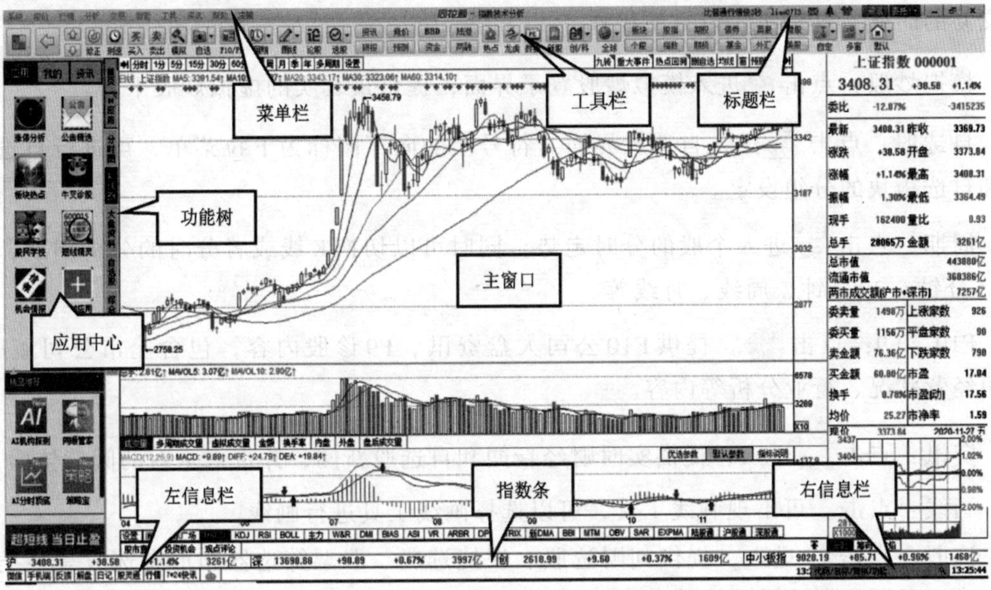

图10-3　同花顺证券行情界面

其中：

【菜单栏】：位于终端界面左上方，包括系统、报价、分析、扩展行情、委托、智能、工具、资讯、帮助等多个栏目。终端的基本操作方法、功能都包含在其中，方便投资者快捷使用。

【工具栏】：位于菜单栏和标题栏之下、主窗口之上的位置，右键可选择隐藏，包含了学习园地、修正键、买入卖出、模拟炒股等功能，方便投资者看盘使用。

【标题栏】：位于终端界面右上方，菜单栏右侧，显示当前页面名称、用户名等，并有提供资讯、委托等功能。

【功能树】：在终端界面的左侧，包括应用、分时图、K线图、个股资料、自选股、综合排名以及更多快捷标签。

【主窗口】：指系统默认显示的行情窗口，主要由分时图、K线图、表格行情列表、组合页面等组成。

【指数条】：默认显示上证指数、深证成指、创业板指数以及中小板指数，包括涨跌和成交金额。自定义指数则可以通过点击右键按照提示进行指数的调整。

【左信息栏】：显示连接信息。有留言、解盘、股灵通以及智能助手等功能。

【右信息栏】：为一搜索框，可在此输入代码查询个股，方便投资者进行个股查询。

【应用中心】：提供丰富的软件功能，可将常用的功能放置于此。

2. 工具栏图标详解

方向键：分别是返回键和页面向上向下。

修正：点击更新当前查阅代码的数据。如果发现数据不全或者有误时，可以使用本功能。

买入卖出：点击登录委托程序后，可以将委托停靠或者最小化到下边栏。需要交易的时候点这里买卖以方便操作。

模拟炒股：点击进入模拟炒股登录界面，提供最真实的虚拟炒股平台。

自选股：点击进入自选股界面。符号上的向下图标为下拉菜单，可进行自选个股和自选板块的分组设定。

周期：点击进入个股的分时走势，同时可以切换K线或者分时的分析周期，例如15分钟、30分钟、周线、月线等。

F10、F9：点击，提供F10公司大盘资讯、F9诊股内容，包含上市公司概况、公司经营状况、行业分析等内容。

资讯：点击进入，提供实时财经新闻和自选股新闻，并带来全新的阅读体验。

画线：点击可出现画线工具，可以选择画线工具进行画线。

选股：点击进入，提供问财选股、快捷选股、股票筛选器和形态选股等各类选股方式，云服务器选股更快更准。

资金BBD：点击进入，提供BBD当日资金详细数据，还包含主力增仓、资金流向等内容；提供上证、深证BBD资金详细数据，准确解读沪深大盘趋势。

研报：点击，进入研报中心，查看深度数据统计分析界面。

预测：点击，提供形态预测功能及各机构的业绩预测和分析报告。

数据：点击进入，提供融资融券、大宗交易、个股资金流等股票相关数据，把握相关热点。

科创板：点击进入，提供科创排名、科创新股、信息披露、科创基金相关数据。

行情总览：点击，可选择性进入，查看沪深股市走势、个股报价，也可以查看全球指数，以及基金、债券、期指、外汇等行情报价。

自定义：点击进入，提供自定义页面功能，满足自主设定页面、个性化看盘需求。

二、证券行情分析软件常用快捷键

掌握一些常用的快捷键，可以使投资者在看盘时更灵活地切换各种分析界面、提高投资分析的效率。证券行情分析软件操作的部分快捷键见表10-1。

表10-1　证券行情分析软件快捷键表

快捷键	功能	快捷键	功能
F1或01+Enter	成交明细	1+Enter	上海A股报价
F2或02+Enter	价量分布	2+Enter	上海B股报价
F3或03+Enter	上证综指	3+Enter	深圳A股报价
F4或04+Enter	深证成指	4+Enter	深圳B股报价
F5或05+Enter	K线/分时切换	5+Enter	上海债券报价
F6或06+Enter	自选股	6+Enter	深圳债券报价
F7或07+Enter	个股全景	7+Enter	上海基金报价
F8或08+Enter	K线周期切换	8+Enter	深圳基金报价
F10或10+Enter	基本资料	9+Enter	港股报价
60+Enter	沪深A股涨幅排名	80+Enter	沪深A股综合排名
61+Enter	上海A股涨幅排名	81+Enter	上海A股综合排名
62+Enter	上海B股涨幅排名	82+Enter	上海B股综合排名
63+Enter	深圳A股涨幅排名	83+Enter	深圳A股综合排名
64+Enter	深圳B股涨幅排名	84+Enter	深圳B股综合排名
65+Enter	上海债券涨幅排名	85+Enter	上海债券综合排名
66+Enter	深圳债券涨幅排名	86+Enter	深圳债券综合排名
67+Enter	上海基金涨幅排名	87+Enter	上海基金综合排名
68+Enter	深圳基金涨幅排名	88+Enter	深圳基金综合排名
69+Enter	港股涨幅排名	89+Enter	港股通排名
↓	缩小K线； 增加连续多日分时图	↑	放大K线； 减少连续多日分时图
←	列表页面下向左移动列	→	列表页面下向右移动列

三、证券行情解读

学会看懂证券行情是每位股票投资者必备的技能。投资者通过大盘和个股数据获得直接的市场信息，然后结合大盘趋势、大盘短期特征、个股形态、个股技术分析、个股主力操盘特征，进行一些推理式的分析，从而获取所需的有价值的基础信息。通过对这些基础信息分析过滤、去伪存真，最后作出投资决策。在作出投资决策前，从盘面获取信息的过程，我们称为看盘。

看盘包括的内容相当广泛，只要能影响大盘或个股走势的内容都是投资者需要关注的，如国家经济政策、影响个股的行业景气信息、大盘趋势技术分析、个股股质分析、个股技术分析、个股主力分析等。

看盘不仅包括当天的实时交易，如开盘、收盘、盘口异动、尾市急拉、尾市急跌、各种涨停板现象，还包括不同周期的技术分析，如年K线、月K线、周K线、日K线及60分钟K线技术分析。而技术分析又包括K线技术、K线形态、缺口技术、切线分析、指标分析。本任务中主要介绍大盘和个股的即时盘面行情。

（一）大盘行情解读

大盘行情界面包括大盘分时走势界面和大盘K线界面，主要内容包括沪深市场的当日指数、成交总额、成交手数、委买/卖手数、上涨/下跌股票总数以及股票总数等。另有指标曲线图窗口，可以显示均线指标和量比等指标曲线图。

1. 进入大盘即时行情界面的方法

（1）在“报价”菜单中单击“上证指数”，进入大盘行情界面，依次选择想要查看的大盘项目，查看相关大盘信息，如图10-4所示。

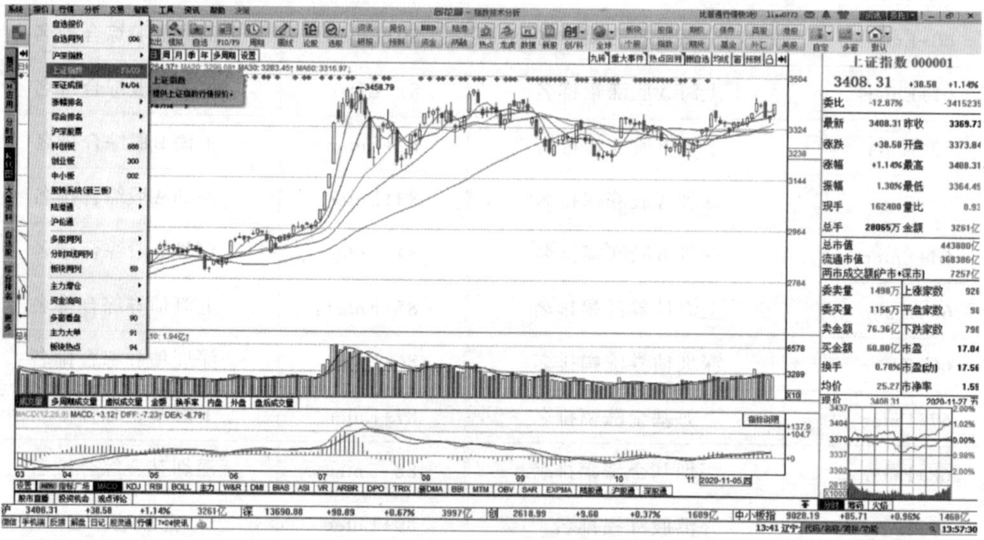

图10-4 从“报价”菜单进入大盘行情界面

彩图10-1

进入大盘行情界面

（2）通过快捷键进入大盘行情界面。上证指数的快捷键为“F3”键，深证成指的快捷键为“F4”键。

（3）单击综合信息栏的沪深指数栏，也可以进入大盘界面。

2. 大盘行情界面说明

大盘行情界面由左侧的大盘走势图和右侧的大盘信息栏组成，如图10-5所示。

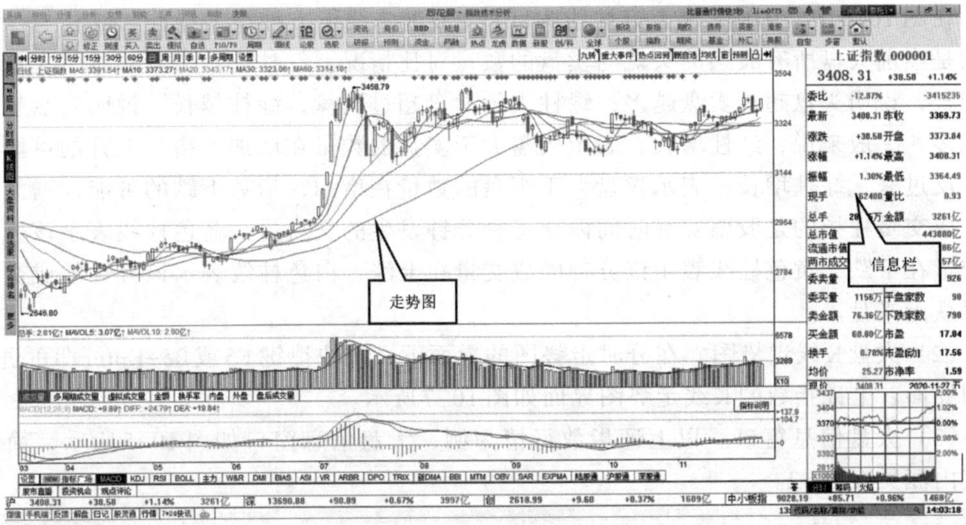

图10-5　大盘行情界面

彩图 10-2

大盘行情界面

（1）大盘分时走势图。指数分时走势图就是把股票市场的交易信息以指数实时地用曲线在坐标图上加以显示的技术图形，如图10-6所示。坐标的横轴是开市的时间，纵轴的上半部分显示的是指数，下半部分显示的是成交量。指数分时走势图是股市现场交易的即时资料。

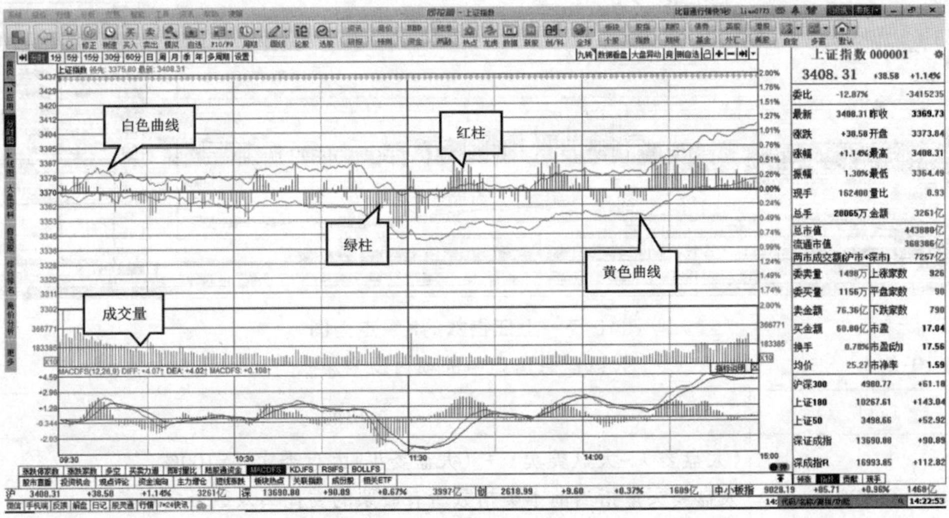

图10-6　大盘分时走势图

彩图 10-3

大盘分时走势图

白色曲线表示上证交易所对外公布的通常意义下的大盘指数，也就是加权数。黄色曲线是不考虑上市股票发行数量的多少，将所有股票对上证指数的影响等同对待的不含加权数的大盘指数。当指数上涨时，如果黄色曲线在白色曲线走势之上，则表示发行数量少（盘小）的股票涨幅较大；而当黄色曲线在白色曲线走势之下，则表示发行数量多（盘大）的股票涨幅较大。当指数下跌时，如果黄色曲线仍然在白色曲线之上，则表示小盘股的跌幅小于大盘股的跌幅；如果白色曲线反居黄色曲线之上，则说明小盘股的跌幅大于大盘股的跌幅。

在图10-6中，0.00%线上方柱线为红柱，0.00%线下方柱线为绿柱。红柱与绿柱反映的是当前大盘所有股票的买盘与卖盘的数量对比情况。红柱表示买盘超过了卖盘，红柱越长，说明买盘超过卖盘越多；绿柱表示卖盘超过买盘，绿柱越长，说明卖盘超过买盘越多。一般来说，红柱增长，表示买盘大于卖盘的数量在增加，指数上升的可能性增大。反过来，绿柱增长，表示卖盘大于买盘的数量在增加，指数下跌的可能性增大。

成交量柱指的是股票交易时间内，每一分钟发生的交易量。蓝色柱线表示该分钟的成交量在下跌，黄色柱线表示该分钟的成交量在上涨，白色柱线表示该分钟的成交量没涨没跌走平盘。

（2）大盘K线走势图。在分时走势图的界面下，按快捷键F5或05+Enter即可进入K线图界面。上证指数的K线走势图界面如图10-7所示。

（3）大盘信息窗口。以上证指数行情为例，大盘信息窗口如图10-5所示，简单介绍其内涵见表10-2。

彩图10-4

K线走势图

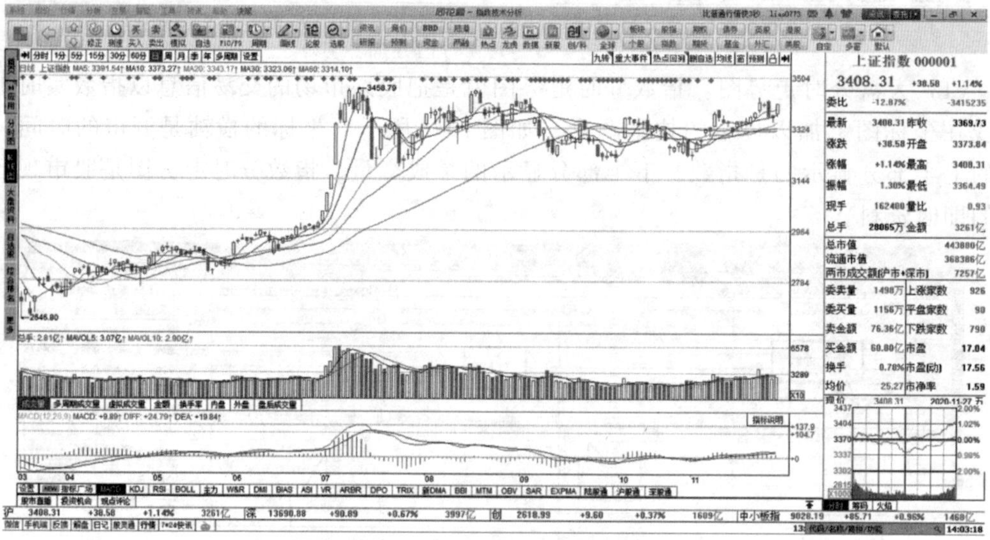

图10-7 上证指数的K线走势图

表10-2 大盘信息窗口中的项目及内涵

项目	功能
委比	（大盘委买-大盘委卖）÷（大盘委买+大盘委卖）×100% 大盘委买量指当前本类指数所有股票的委托买入数量之和 大盘委卖量指当前本类指数所有股票的委托卖出数量之和
最新	最新大盘指数
涨跌	当前上证指数比昨天收盘点位上涨或下跌的绝对数
涨幅	当前上证指数涨跌与昨天收盘指数之比的值
振幅	当前最大涨幅与最大跌幅之间的差距

续表

项目	功能
现手	表示上海证券交易所当天最近一笔成交的成交量，一手为100股
总手	表示上海证券交易所当天从交易开始累计到目前的总成交量
开盘	当日上证指数的开盘点位
昨收	表示前一交易日上证指数的收盘点位
最高	表示上证指数当天曾达到的最高点位
最低	表示上证指数当天曾达到的最低点位
量比	量比＝现成交总手数÷（过去5日平均每分钟成交量×当日累计开市分钟数）
金额	表示当日上海证券交易所从交易开始累计到目前的总成交金额
上涨家数	表示当前上海证券交易所股价高于昨天收盘价的股票家数
下跌家数	表示当前上海证券交易所股价低于昨天收盘价的股票家数
平盘家数	表示当前上海证券交易所股价与昨天收盘价相等的股票家数

知识拓展10-1　　**委比分析要点**

委比是用来衡量（较短）一段时间内买盘、卖盘力量对比强弱的指标，大盘委买代表了推动市场总体股价上涨的动力，大盘委卖代表了推动市场总体股价下跌的动力，其取值范围在-100～+100之间。如果委比大于零，表示买盘的力量强于卖盘，股价指数上涨的可能性较大；反之，如果委比小于零，表示卖盘的力量强于买盘，股价指数下跌的可能性较大。

（二）个股行情解读

个股行情界面有个股分时走势界面和K线界面。盘面显示的曲线和一些指标与大盘走势图的含义有一定的差别。

1. 进入个股行情界面的方法

（1）在“报价”菜单中单击“沪深股票/科创板/创业板/中小板”其中某一命令，就可以进入对应的沪深证券交易所行情列表主页面，如图10-8所示。投资者可以选择自己想要查看的个股行情界面。

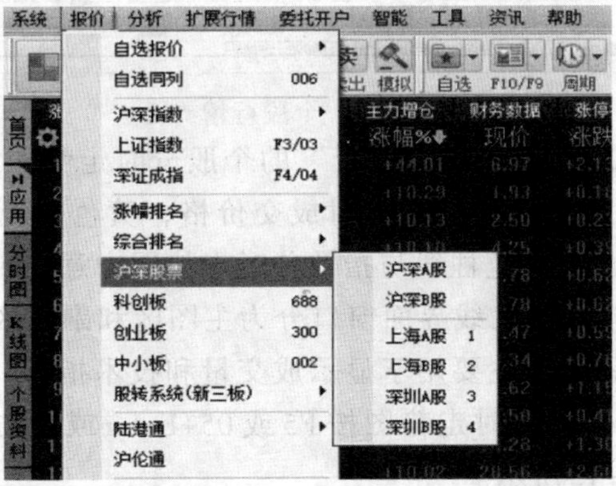

图10-8　从“报价”菜单进入个股即时行情

（2）进入同花顺证券行情界面，在英文输入法的状态下，直接输入“股票简称拼音第一个字母”并回车，就可以查看到相应个股的行情。例如，进入个股“贵州茅台”行情界面，可以输入“GZMT”并回车，界面显示如图10-9所示。

图10-9　首字母查找个股

（3）进入同花顺证券行情界面，投资者在知道某只股票的代码情况下，通过数字键盘输入6位数股票代码，就可以查找到个股并进入行情界面。如输入600519，“贵州茅台”的股票代码，然后按Enter键就可以进入该股票的行情界面，如图10-10所示。

图10-10　数字键盘查找个股

2. 个股行情界面说明

个股行情界面由个股分时走势图和个股信息窗口构成，如图10-11所示。

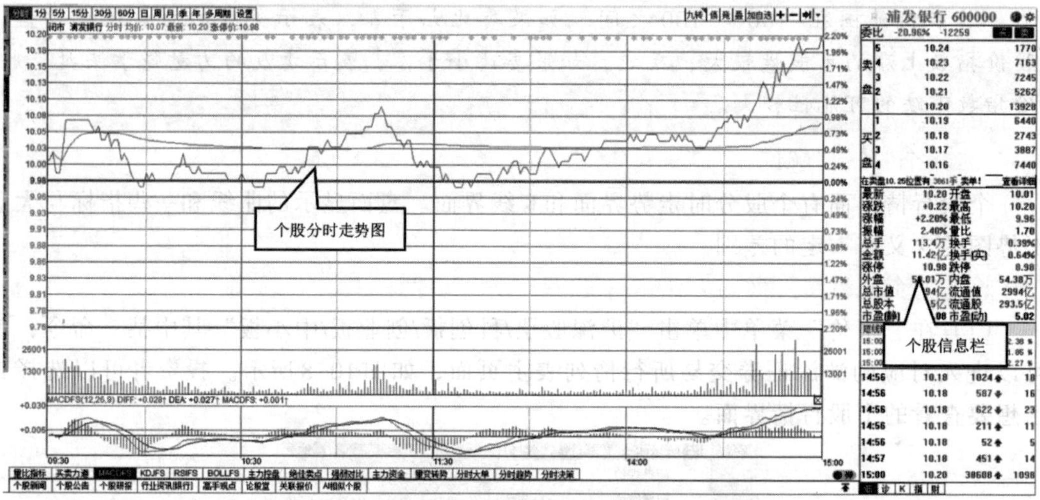

彩图10-5

个股行情界面

图10-11　个股行情界面

（1）个股分时走势图。以“浦发银行”的个股分时走势图为例（如图10-12所示）介绍如下：白色曲线表示该只股票的分时成交价格；黄色曲线表示该只股票的平均价格；成交量中黄色、蓝色和白色柱线与指数分时走势图中意义相同。

（2）个股K线界面。个股K线界面窗口分为主图区和副图区。主图区主要用于显示K线和技术指标叠加，副图区主要用于显示成交量和技术指标，如布林线指标、KDJ指标和MACD指标等。从个股分时走势图按F5或05+Enter或点击功能树“K线图”可以进入K线界面，如图10-13所示。

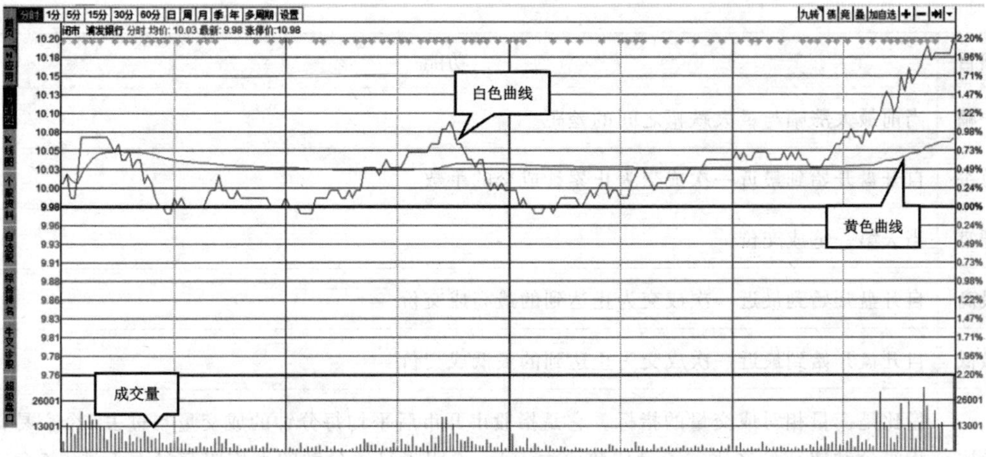

图10-12　个股分时走势图

彩图10-6

个股分时走势图

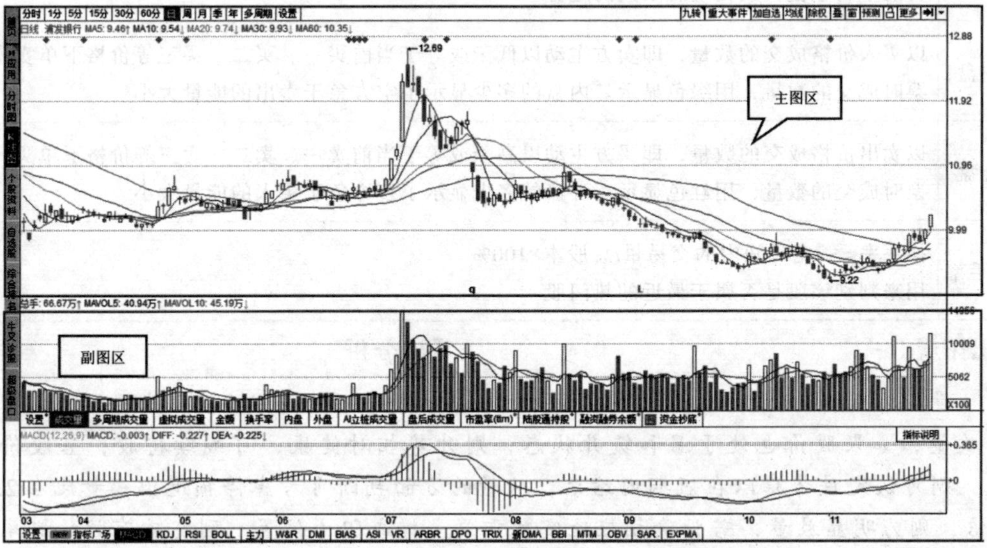

图10-13　个股K线界面

彩图10-7

个股K线界面

（3）个股信息窗口。个股（沪深股市）信息窗口如图10-11所示。下面简单介绍个股信息窗口中的项目及内涵，见表10-3。

表10-3　　个股信息窗口中的项目及内涵

项目	功能
委比	委比是衡量某一时段买卖盘相对强度的指标。它的计算公式为：委比=（委买手数-委卖手数）/（委买手数+委卖手数）×100% 委买手数：现在所有个股委托买入下三档的总数量 委卖手数：现在所有个股委托卖出上三档的总数量
最新	最近一次成交时的成交价格
涨幅	当前价格涨跌与昨天收盘价相比上涨或下跌的比值

续表

项目	功能
振幅	当前最大涨幅与最大跌幅之间的差距
总手	自开盘开始到最近一次成交为止累计成交的手数
开盘	当天第一笔成交价
最高	自开盘开始到最近一次成交为止达到的最高成交价
最低	自开盘开始到最近一次成交为止达到的最低成交价
量比	量比是衡量相对成交量的指标。它是指股市开市后平均每分钟的成交量与过去5个交易日平均每分钟成交量之比。若量比数值大于1，说明当日每分钟的平均成交量大于过去5个交易日的平均数值，成交量有放大的趋势
内盘	以买入价格成交的数量，即卖方主动以低于或等于当前买一、买二、买三等价格下单卖出股票时成交的数量，用绿色显示。内盘的多少显示了空方急于卖出的能量大小
外盘	以卖出价格成交的数量，即买方主动以高于或等于当前卖一、卖二、卖三等价格下单买入股票时成交的数量，用红色显示。外盘的多少显示了多方急于买入的能量大小
换手率	换手率= 一定时间内的交易量/总股本×100% 用来判别该股是否属于最近的热门股

知识拓展10-2　　量比分析

量比为0.8~1.5倍，则说明成交量处于正常水平；量比在1.5~2.5倍之间，则为温和放量，如果股价也处于温和缓升状态，则升势相对健康，可继续持股，若股价下跌，则可认定跌势难以在短期内结束，从量的方面判断可考虑停损退出；量比在2.5~5倍，则为明显放量，若股价相应地突破重要支撑或阻力位置，则突破有效的概率颇高，可以相应地采取行动；量比达到5~10倍，则为剧烈放量，如果是在个股处于长期低位出现剧烈放量突破，涨势的后续空间巨大，是“钱”途无量的象征。但是，如果在个股已有巨大涨幅的情况下出现如此剧烈的放量，则需要高度警惕。

任务实施

登录同花顺官网，尝试下载免费的证券行情分析软件，并安装到手机或者电脑上，根据提供的使用功能，查询行情信息并分析个股行情。

学习评价

教师查看学生下载证券行情分析软件的情况，随堂抽查学生进行操作演示，并进行评价。

任务二　模拟证券交易

情景导入

小金："股票、债券这些投资工具都学了，可以到交易市场小试身手了！赚点零花钱，也是不错的选择哦！"

小白："这才刚学了点投资知识的皮毛，你可不要太自信哦！老师都说了股市里十人九亏！"

小金："那也有一个赚钱的呀！如果有模拟的交易账户能试玩，亏钱也不会心疼！你说是吧？"

小白："嗯，应该有模拟的。我们可以问问老师！"

确实如这两位同学讨论的这样，很多证券公司或者软件公司能提供模拟证券交易的账号。除了资金是虚拟的，行情与现实行情相同，我们也建议同学先尝试模拟操作，累积操作经验。模拟证券交易怎么操作呢？让我们一起认识一下吧。

知识准备

一、常用的模拟证券交易平台

模拟证券交易平台是指模拟真实证券交易的网络平台，它包括电脑版交易软件的模拟证券交易、手机版交易软件的模拟证券交易和网页版交易软件的模拟证券交易。近年来随着证券市场的不断发展，各大券商的交易软件里都有模拟证券交易的功能，由于模拟证券交易平台利用的是真实的行情，所以使用者也能通过模拟交易体验真实交易的流程。下面介绍同花顺模拟炒股的操作方法。

知识拓展10-3　　模拟证券交易软件下载网址

（1）东方财富电脑版下载网址：www.eastmoney.com

（2）通达信电脑版下载网址：vip.tdx.com.cn

（3）叩富网网页版下载网址：www.cofool.com

（4）同花顺电脑版下载网址：www.10jqka.com.cn

二、注册、登录模拟炒股账号

同花顺证券模拟炒股交易账号可以在其官网（如图10-14所示）、电脑版交易软件（如图10-15所示）和手机版交易软件（如图10-16所示）进行注册和登录。

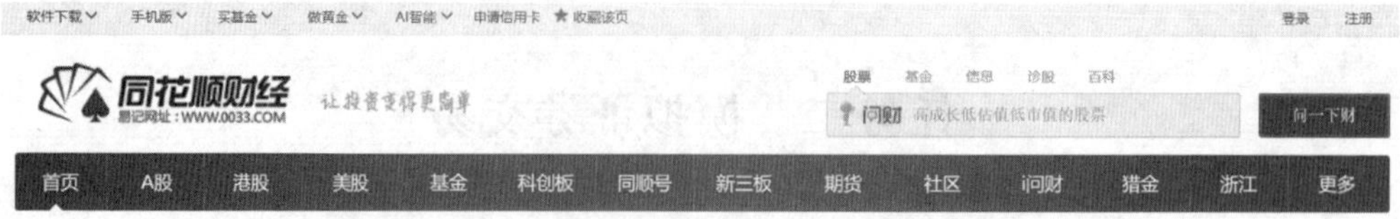

图10-14　同花顺证券模拟炒股交易官网注册、登录界面

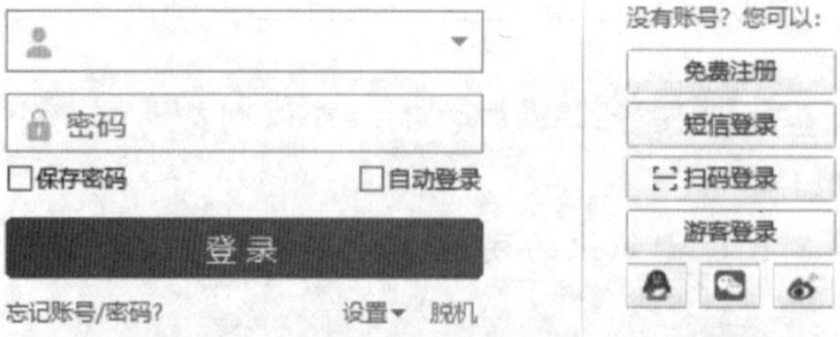

图10-15　电脑版交易软件注册、登录界面

图10-16　手机版交易软件注册、登录界面

三、模拟证券交易

登录同花顺模拟炒股账号后，进入模拟交易界面。该系统提供20万元的虚拟资金进行A股的模拟交易。

思维延伸 10-1　　**如何看待学生实盘炒股？**

根据《中国青年报》的数据，金融专业的学生圈子里面炒股已经是常态了，还有会计类、经济管理类、理工类的学生也想在股市里捞点零花钱。然而社会公众对他们这样的行为持有不同的态度：

态度一：为未来打基础，积累实战经验。大学生时间安排相对轻松，有较多的课余时间，利用自己的零花钱参与实盘交易，培养对股票市场的应变力和观察分析能力，也是不错的选择。

态度二：尚未成熟，不宜入场操作实盘。在没有专业知识的前提下，炒股这种方式太像赌博，容易让人成瘾。一些学生股民抱着“赢了还想赢”“亏了想翻本”的想法，普遍出现炒股“赚小钱、亏大钱”的情况，有些学生甚至将生活费和学费“搭”进股市，实在不应该。

思考：你怎么看待学生实盘炒股？

分析：学生利用自己手中的闲钱炒股，是锻炼自己的机会，可以积累一定的炒股经验，但是一定要设置好自己的盈亏点，不能影响正常的学习和生活。

（一）电脑版模拟证券交易

点击工具栏图标进入模拟证券交易界面，如图10-17所示。模拟交易系统与大多数证券公司真实交易系统基本相同，支持委托买入、委托卖出、撤单、查询资金股票、查询成交、查询委托和查询资金明细等功能。

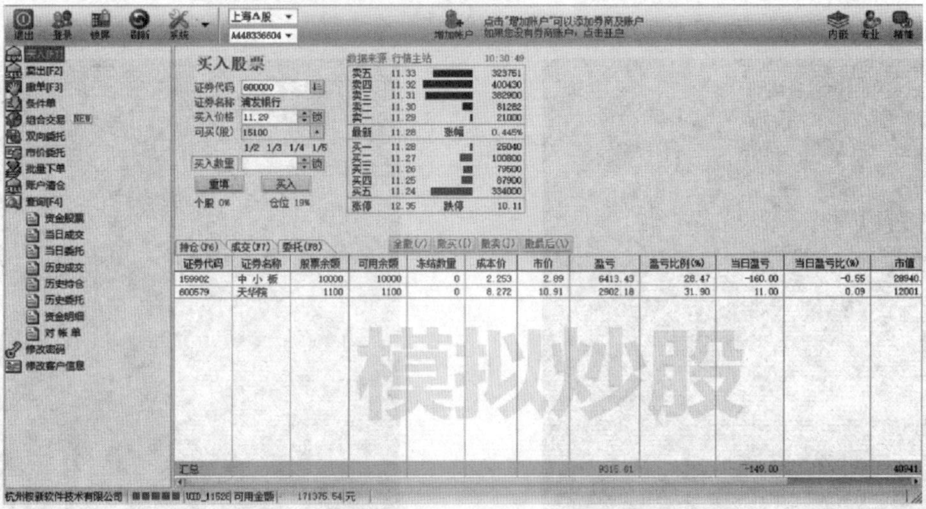

图10-17　电脑版模拟证券交易界面

（二）手机版模拟证券交易

使用手机登录同花顺账号，进入模拟证券交易首页，点击“更多”找到“特色服务”里的“模拟炒股”进入后，在手机右上方看到“切换模拟账户”，点击进入可看到“A股模拟”“港股模拟”“美股模拟”“黄金模拟”“融资融券”，投资者可以选择不同的模拟交易账户进行操作，如图10-18所示。

图10-18 手机版模拟交易账户

如果投资者选择进行A股模拟交易，直接点击对应的图标，就可以直接进入交易界面，如图10-19所示，同样提供了委托买入、委托卖出、撤单、查询成交、查询委托等功能。如果投资者选择“融资融券”图标，则可以进行融资融券的模拟交易，系统提供50万元的虚拟资金，如图10-20所示。

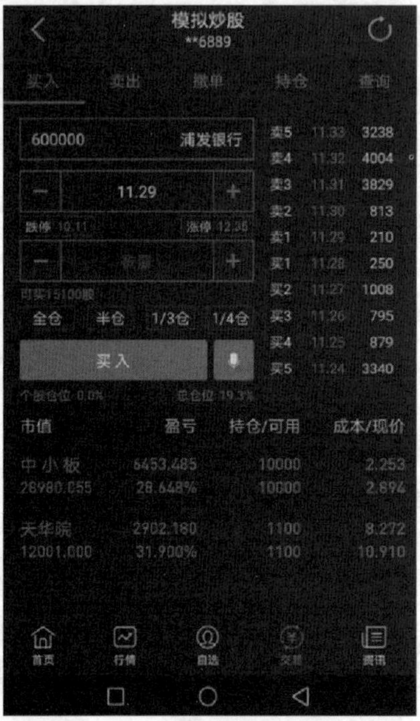

图10-19 手机版模拟炒股界面

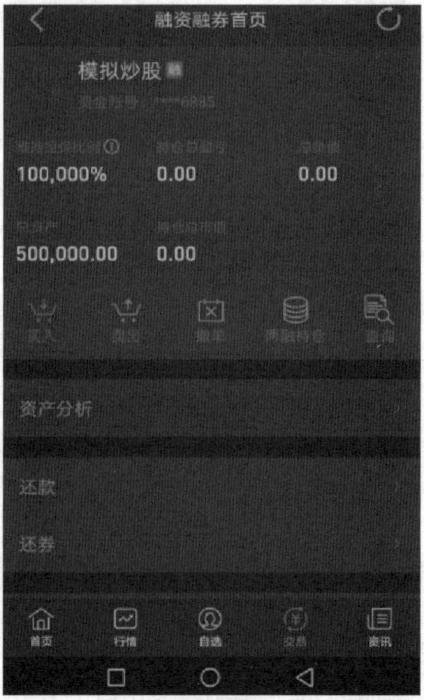

图10-20 手机版模拟融资融券界面

知识拓展10-4　　　　　　　　　　　　**股票T+0操作**

目前，我国证券市场实行的是T+1制度，这里所说的T+0操作只有在特定情况下才能够实现：一是你手中坚持持有一只你看好的股票，不想更换筹码；二是手中有一定的资金。这样你就可以在一个交易日内以不同的价位同时买入和卖出一只股票来实现T+0的效果。T+0操作的三个先决条件：

（1）需要震荡市，且个股能够在波动中有空间可操作。

（2）需要较高的换手率，个股3%以上的振幅空间，中小创题材较好。

（3）需要大量连续的盯盘时间，以及良好的操盘环境。

任务实施

学生登录同花顺网站的模拟赛场或者参加行业举办的证券比赛，进行模拟交易，并制作交易总结报告。

学习评价

教师查阅学生的交易总结报告，对模拟交易情况或者比赛情况进行点评。

项目小结

1.常用的证券行情分析软件：钱龙网上行情分析软件、大智慧网上行情分析软件、通达信网上行情分析软件、同花顺网上行情分析软件。

2.常用的证券模拟交易平台有：东方财富电脑软件版和手机版、通达信电脑版和手机版、大智慧电脑版和手机版、同花顺电脑版和手机版等。

3.同花顺行情分析软件的大盘和个股界面分别包括：分时走势界面和K线界面，信息界面主要包括委比、涨幅、振幅、开盘、最高、最低、内盘、外盘、量比以及换手率等。投资者根据盘面信息，指导买卖操作。

项目练习

一、单项选择题

项目练习10-1 单项选择题

1.查询某股票的基本资料快捷键是（　　）。

A.F1　　B.F5　　C.F8　　D.F10

2.根据现行制度规定，买入或卖出深圳中小板的股票在1个交易日内的交易价格相对上一个交易日收市价格的涨跌幅度不得超过（　　）。

A.15%　　B.10%　　C.5%　　D.3%

3.大盘分时走势图与K线图的切换快捷键是（　　）。

A.F1　　B.F5　　C.F8　　D.F10

4.K线周期切换的快捷键是（　　）。

A.F1　　B.F5　　C.F8　　D.F10

5.科创板单笔申报数量应不小于（　　）股。

A.50　　B.100　　C.150　　D.200

二、多项选择题

项目练习 10-2

多项选择题

1.上证主板A股代码前三位数字是（　　）。

A.600　　B.601　　C.603　　D.605

2.深圳证券交易所上市的股票代码前三位数字是（　　）。

A.000　　B.002　　C.003　　D.300

三、实训题

1.学生自己练习快捷键的使用，教师随机点名到讲台进行操作演示。

2.根据当日股票行情，使用快捷键60进行沪深A股综合排名，选择科创板、上证A股、中小板、创业板的股票加入自选股。

推荐阅读

[1] 龙飞. 从零开始学手机炒股：大智慧、通达信、同花顺实战详解 [M]. 北京：人民邮电出版社，2018.

[2] 龙马金融研究中心. 大智慧炒股软件从入门到精通 [M]. 北京：人民邮电出版社，2015.

[3] 同花顺模拟炒股平台，http：//moni.10jqka.com.cn.

主要参考文献及网站

[1] 王静. 证券投资实务 [M]. 北京：中国金融出版社，2016.

[2] 赵文君. 证券投资理论与实务 [M]. 北京：北京邮电大学出版社，2016.

[3] 张启富. 证券投资理论与实务 [M]. 上海：上海财经大学出版社，2016.

[4] 桂鉴霞. 证券投资学 [M]. 成都：西南财经大学出版社，2016.

[5] 胡海鸥，于丽. 证券投资分析 [M]. 上海：复旦大学出版社，2017.

[6] 彭明强. 证券投资分析 [M]. 北京：中国财政经济出版社，2017.

[7] 费玄淑. 证券投资理论与实务 [M]. 大连：东北财经大学出版社，2017.

[8] 中国证券投资基金协会. 证券投资基金 [M]. 2版. 北京：高等教育出版社，2017.

[9] 刘元春. 证券投资学 [M]. 上海：上海财经大学出版社，2018.

[10] 张云亭. 融资融券与投资者行为 [M]. 上海：中信出版集团，2019.

[11] 李向科. 证券投资技术分析 [M]. 6版. 北京：中国人民大学出版社，2019.

[12] 纪宣明，王堃. 证券投资学：中国视角 [M]. 北京：中国财政经济出版社，2021.

[13] 曾增. 可进可退的可转债投资入门 [M]. 北京：中国铁道出版社有限公司，2021.

[14] 吴晓求. 证券投资学 [M]. 5版. 北京：中国人民大学出版社，2022.

[15] 中国证券业协会. 金融市场基础知识 [M]. 北京：中国财政经济出版社，2022.

[16] 中国证券业协会. 证券市场基本法律法规 [M]. 北京：中国财政经济出版社，2022.

[17] 刘大赵. 证券投资基金 [M]. 大连：东北财经大学出版社，2022.

[18] 深圳证券交易所|投资者教育网站，http：//investor.szse.cn.

[19] 上海证券交易所|投资者教育网站，http：//edu.sse.com.cn.

[20] 北京证券交易所官网，http：//www.bse.cn.

[21] 中国期货业协会官网，http：//www.cfachina.org.

[22] 中国证券监督管理委员会官网，http：//www.csrc.gov.cn/pub/newsite.

[23] 中国证券业协会官网，https：//www.sac.net.cn.

[24] 中国证券投资基金业协会，http：//www.amac.org.cn.

附录　证券投资常用术语

一、股市基本术语

（一）蓝筹股、红筹股

蓝筹股是指在某一行业中处于重要支配地位、业绩优良、交投活跃、红利优厚的大企业的股票，在一些地方也将蓝筹股视为“绩优股”。蓝筹股并不等于具备很高投资价值的股票。这类企业股本规模大，盈利能力稳定，每年给股东较高的回报，股价走势稳健，在行业景气和不景气时都有能力赚取利润，风险较小。

红筹股是指在中国境外注册、在香港上市的带有中国内地概念的股票。

（二）绩优股、成长股、垃圾股

1. 绩优股

绩优股是指那些业绩优良，但增长速度较慢的公司的股票。国内外关于绩优股的定义有所不同。在我国，投资者衡量绩优股的主要指标是每股税后利润和净资产收益率。一般而言，每股税后利润在全体上市公司中处于中上地位、公司上市后净资产收益率连续三年显著超过10% 的股票当属绩优股之列。在国外，绩优股主要指的是业绩优良且比较稳定的大公司股票。这些大公司经过长时间的努力，在行业内达到了较高的市场占有率，形成了规模优势，利润稳步增长，市场知名度很高。

2. 成长股

成长股是指公司的规模和业绩持续增长，而且增长水平超过市场平均水平的公司股票。公司的销售额和利润额持续增长，而且其速度快于整个国家和本行业的增长。这些公司通常有宏图伟略，注重科研，留有大量利润作为再投资以促进其扩张。由于公司再生产能力强劲，随着公司的成长和发展，所发行的股票的价格也会上升，股东便能从中受益。

3. 垃圾股

垃圾股是指业绩很差的股票，公司业绩持续微利或者亏损，尤其是部分连续亏损的股票。这类公司或者由于行业前景不好，或者由于经营不善等，有的甚至进入亏损行列。其股票在市场上的表现萎靡不振、股价走低、交投不活跃、年终分红也差。

（三）黑马股、白马股

黑马股是指股票价值还没有被市场广泛认知，现阶段股价涨幅还不大，但是后市有望出现爆发性上涨的股票。黑马起初并不是股市中的术语，它是指在赛马场上本来不被看好的马匹，却能在比赛中让绝大多数人跌破眼镜，成为出乎意料的获胜者。黑马股是可遇而不可求的，如果被大家都看好的股票就很难成为黑马股了，投资者不用刻意搜寻黑马股，只要是好股票，就可以赚到钱。

白马股是指长期绩优、回报率高并具有较高投资价值的股票。因其有关的信息已经公开，业绩较为明朗，同时又兼有业绩优良、高成长、低风险的特点，因而具备较高的投资价值，往往为投资者所看好。市场表现大多为持久的慢牛攀升行情，有时也表现出较强的升势。市场上较为通行的衡量白马股的指标主要有每股收益、每股净资产值、净资产收益率、净利润增长率、主营业务收入增长率和市盈率。

二、股市行情术语

动画附-1

牛市与熊市

（一）牛市、熊市

牛市与熊市是股票市场行情预料的两种不同趋势。牛市也称多头市场，指市场行情普遍看涨，延续时间较长的大升市。熊市也称空头市场，行情普遍看淡，延续时间相对较长的大跌市。

（二）利好、利空

利好是指能引起股价上涨的消息或者因素。如上市公司经营业绩好转、银行利率降低、社会资金充足、银行信贷资金放宽、市场繁荣等，以及其他政治、经济、军事、外交等方面对股价上涨有利的信息。严格地说，利好是指能刺激股价上涨的信息披露。

利空是指引起股价下跌的消息或者因素。如上市公司经营业绩恶化、银根紧缩、银行利率调高、经济衰退、通货膨胀、天灾人祸等，以及其他政治、经济、军事、外交等方面促使股价下跌的不利消息。

（三）高开、低开，高走、低走

高开指当日开盘价超过上一交易日收盘价。低开，指当日开盘价低于上一交易日收盘价。高开高走是指高开后直接上涨，高开低走是指高开后直接下跌；低开高走是指低开后直接上涨，低开低走是指低开后直接下跌。

（四）反弹、反转

反弹是股指（股价）在连续下跌之后出现小幅上涨，但这种上涨是暂时的，很快又会重新下跌。反转是股指（股价）的运行性质出现了根本性的转变，比如从牛市转折为熊市，或者从熊市转折为牛市。

（五）突破、回抽

突破是指股价走势出现了对某个重要位置的穿越。自下而上的穿越，称为“向上突破”；自上而下的穿越，称为“向下突破”。突破有“有效突破”和“假突破”之分。衡量“有效突破”的标准是股价在3个交易日内是否回调，或者突破后的涨幅或者跌幅大于等于3%。否则这种突破就是假突破。

回抽是指股价突破某个重要位置后，例如前期高点、形态的颈线位置等，在数天内会重新回到该位置附近，以测试是否突破成功。股价完成向上突破或者向下突破后，均可能出现回抽的过程。股价完成突破后可能有回抽过程，也可能没有。如果出现回抽，那么往往会为投资者提供非常合适的买点或者卖点。

三、股市盘口术语

(一) 盘口

盘口最初用于足球博彩中。在股市交易过程中，“盘口”是看盘观察交易动向的俗称，指个股买进和卖出的委托挂单情况和交易情况。盘口信息最主要的是指股价或股指的分时走势图上所显示的信息。它详尽表现出了股价每日完整的交易过程。它可以清晰地反映当日投资者交易价格和交易数量，体现投资者的买卖意愿。

盘口信息主要包括：分时走势图、委托盘、委托买卖表、每笔成交量、价量成交明细图表、大手笔成交、外盘、内盘、总笔、当日均价线等。当然还包括当日最大成交量价格区域、最高最低价、开市收市价等。以上盘口信息构成综合的盘口信息语言。

(二) 崩盘、护盘、洗盘、震仓

1.崩盘

崩盘是指由于某种原因，短时期内大量恐慌性卖盘涌出，而买盘则寥寥无几，导致整体股市大幅度下跌。崩盘是金融市场逃不开的“自然灾害”，远的如美国股市在20世纪历经1929年、1987年等多次大崩盘，近的如中国股市在21世纪历经2008年、2009年和2015年等多次大崩盘。

2.护盘

护盘是指大势开始转弱，而政府或庄家出于某种原因，不希望股价下跌，并在某个位置利用资金托住股价，或者发布利好消息，意图稳定市场情绪。投资者需要注意的是，一旦大盘或者某只股票到了必须要“护”的地步，就说明自身肯定已经出现严重问题，因此当投资者听到“政府护盘”“庄家护盘”的消息时，还是应该谨慎一些，不要盲目入市。

3.洗盘

洗盘是指当庄家或主力筹集到一定的股票筹码后，为防止有人跟风或原持有的人搭乘顺风车而对股价进行打压的一种手法。庄家为达到炒作的目的，必须于途中让意志不坚的散户抛出股票，以减轻上档压力，同时让持股者的平均价位升高，以便于施行坐庄，达到牟取暴利的目的。洗盘的目的主要有：第一，让低价买入股票的中小散户出局，以减轻股票上升时的压力。第二，让持股者的平均成本上升，以使庄家在最终出货时顺利出逃。第三，庄家在洗盘时高抛低吸，降低自己的持仓成本，最大限度地提高自己的盈利。

4.震仓

震仓是庄家洗盘的一种惯用方式，目的在于将持股不坚定的获利盘（投资者持有的已经获利的股票）和短线盘（短线投资者持有的股票）清洗出局。庄家一般采用放量大阴线的方式，制造出货假象，诱使其他投资者卖出。

四、股市交易术语

动画附-2

带你认识斩仓

(一) 仓位、建仓、清仓、补仓、斩仓

仓位是对投资者持股数量的形象称呼。投资者用多大比例资金购买了股票，就称为有多大仓位。建仓，开始购入股票。清仓，把持有的股票全部抛售。补仓，继续买入已经持有的股票。斩仓（割肉），在买入股票后，股价下跌，投资者为避免损失扩大而低价（赔本）卖出股票的行为。

（二）满仓、半仓、空仓、重仓、轻仓

满仓，所有的资金都已经购买了股票。半仓，一半的资金已经购买了股票。空仓，没有购买任何股票。重仓，持有股票的市值超过剩余现金，即股票多，现金少。

轻仓，持有股票的市值低于剩余现金，即股票少，现金多。

（三）套牢、解套

套牢是指投资者在进行股票交易时所遭遇的交易风险。投资者预计股价将上涨，但在买进后股价却一直呈下跌趋势，这种现象称为多头套牢。相反，投资者预计股价将下跌，将所借股票放空卖出，但股价却一直上涨，这种现象称为空头套牢。

解套是投资者在高价套牢后所寻求的一种解脱方法。解套策略也称反套牢投资策略，任何涉足股市的投资者，都存在着在股市中被套牢的可能性，投资者一旦被高价套牢，则应根据套牢状况，积极寻求解套策略。

（四）出货

出货是指主力把手中的筹码出给市场的行为，原因有二：一是获利出局，二是因故弃庄。前者是以诱骗市场跟风为目的，股价在一派“美丽”景象中逐渐转市；后者则在一派“凄风苦雨”中突然转市，狼狈下跌。

（五）止盈与止损

止盈是指当股价涨幅达到一定百分比或价格上涨到某个价位时，就进行减仓。这种方式可以把利润控制在一定的程度，实现自身利益最大化。止盈的方法主要有静态止盈法和动态止盈法。静态止盈是指设立具体的盈利目标位，一旦到达盈利目标位时，要坚决止盈；动态止盈是指当投资的股票已经有盈利时，由于股价上升形态完好或题材未尽等原因，投资者认为个股还有继续上涨的动力，因而继续持股，一直等到股价出现回落，当达到某一标准时，投资者采取获利卖出的操作。

止损是指当某一投资出现的亏损达到预定数额时，及时斩仓出局，以避免形成更大的亏损。其目的就在于投资失误时把损失限定在较小的范围内。止损应该注意的问题主要有：其一，“凡事预则立，不预则废”，所有的止损必须在进场之前设定；其二，止损要与趋势相结合；其三，选择交易工具来把握止损点位。

五、股市参与者术语

（一）买空与卖空

买空是指交易者利用借入的资金，在市场上买入股票，以期将来价格上涨时，再高价抛出，从中获利的投机活动；卖空指交易者利用借入的标的，在股票市场上卖出，以期未来价格下跌时，低价买入，归还标的资产。

（二）多头与空头

多头是指投资者预期未来标的资产会上涨，在当期买入，后期以较高的价格卖出，进而赚取价差的投机性行为，其特点为先买后卖的交易行为；空头，指预期未来行情下跌，将手中股票按目前价格卖出，待行情下跌后买进，获得差价利润，其特点为先卖后买的交易行为。

（三）多翻空、空翻多

多翻空，原本看好行情的多头，看法改变，卖出手中的股票，有时还借股票卖出，这种行为称为翻空或多翻空。

空翻多，原本作空头者，改变看法，把卖出的股票买回，有时还买进更多的股票，这种行为称为空翻多。

（四）逼空、多杀多

逼空是指股价持续上涨，使得此前的空头纷纷踏空，迫使空头认错并只能在更高的价位买入。牛市当中的逼空行情经常出现。逼空行情的最大特征就是持续上涨。

多杀多是指大量多头认为股票会上涨而买入股票。但此后股价不涨反跌，刚入场的多头开始纷纷倒戈卖出，并迫使其他多头也跟随卖出。在熊市的中后期出现突发利好时，这种多杀多行情经常出现。

（五）多头陷阱、空头陷阱

多头陷阱（诱多），指庄家为了诱骗散户做多买入而设置的陷阱。通常发生在指数或股价屡创新高，并迅速突破原来的指数区且达到新高点时，大量多头看好后市纷纷入场，但是随后股价却开始下跌，将此前追入的多头悉数套牢。股价此前的突破上涨，对于这批多头来说，等于是一个陷阱。

空头陷阱（诱空），指庄家为了诱骗散户做空卖出而设置的陷阱。通常出现在指数或股价从高位区以高成交量跌至一个新的低点区，并造成向下突破的假象，使恐慌性抛盘涌出后迅速回升至原来的密集成交区，并向上突破原压力线，使在低点卖出者踏空。

（六）庄家

“庄家”一词最初见于赌博活动中，是指具备大量资金，并且以其最佳的地位因素来操控、影响赌局胜负的团体。股市中的庄家也具有赌局中庄家的一些特点，如资金量大、实力雄厚、操作优势等。股市中的庄家可以是资金量大的散户、券商、基金公司、符合要求的外国机构投资者等，它们以其各方面的优势和巨大的影响力，受到社会各界的关注。

股市中的庄家是指以尽可能多地获取利润为目的，利用自身在资金、人才、信息、交易技术等方面的优势，利用各种可能的操作手法有目的、有计划地完成对某一只股票或者某一类股票的建仓、拉升和获利的个人或者组织。庄家要想操纵股票必须先获取足够数量的流通筹码，一定要操控一半以上的流通股票，才可以完全控制股价的走势。当然减少十个百分点的筹码也可以达到控盘的目的，并且可以在不断的拉升中取得比较好的收益，这要视具体情况而定。

（七）大户、散户

股票交易中的大户，也就是资金实力较为雄厚的投资者，他们是股票市场中的一个特殊群体，主要由机构投资者组成，数量十分有限，其比例也就占股民的5%左右，但其资金实力要占到整个股市的2/3以上。由于大户的任何买卖行为都意味着资金的大举入市或离市，大户的操作很容易引起个股甚至整个股市的大幅震荡。

所谓散户，与大户相对，有狭义和广义之分。狭义的散户是指股市中投入股市资金量较小的个人投资者。广义的散户是相对于机构而言的，个人投资者（无论资金的多少）都可以称为散户。这主要是因为无论个人拥有多少资金，在资本市场面前都是极其少量的。散户的特征：资金少、人数多、缺乏专业投资知识。